KB097783

국가에 관한 질문들

국가에 관한 질문들

Philosophie politique

기욤 시베르탱-블랑 지음 — 이찬선 옮김

정치철학의 역사

오월의 봄

왜 정치철학 교과서가 필요한가?

박이대승

정치철학자,《'개념' 없는 사회를 위한 강의》저자

이 책은 프랑스대학 출판부PUF가 대학 학부생을 위한 교과서
로 기획한 리상스licence 총서 중 한 권이다. 오월의봄 출판사에서
이 책을 번역 출간하기로 했을 때는 기욤 시베르탱-블랑의 대
표작이라 할 만한《들뢰즈와 가타리의 정치와 국가: 역사-기계
적 물질주의에 관한 시론》Politique et État chez Deleuze et Guattari. Essai sur le
matérialisme historico-machinique이 영어, 스페인어, 일본어로 번역 출간
되던 중이었다. 그 당시 내 박사논문 지도 교수였던 시베르탱-블
랑이 다소 의아하다는 반응을 보였던 것이 기억난다. 학부생을
위한 교과서를 굳이 번역해야 할 이유가 있는지 묻는 그에게, 나
는 한국에 꼭 필요한 것은 전문 학술서가 아니라 체계적으로 작
성된 철학 교과서라는 점을 자세히 설명해준 적이 있다.

한국의 인문학 시장은 유럽의 지적 담론을 일종의 문화상
품처럼 수입하고 가공하고 유통한다. 철학자의 이름과 얼굴은 이

미지 상품으로 판매되고, 철학 개념은 떠다니는 기표처럼 여기저기에 붙었다 떨어진다. 그에 반해 지적 논의를 위한 공동의 기초는 너무나 허약하다. 수많은 사람이 철학 개념을 언급하며 정치에 참여하지만, 정치철학의 기초적인 문제들, 예컨대 이 책에서 다루는 인권과 시민권의 구별과 일치, 인민과 네이션nation 사이의 긴장, 정치와 사회의 구별 등을 진지하게 고려하는 경우는 극히 드물다. 자신이 사용하는 개념의 정확한 의미를 고려하면서 말하고 쓰는 사람도 많지 않다. 지금 가장 시급한 것은 지식 체계의 기초를 구성하는 개념과 문제들에 관한 공동의 이해를 수립하는 일이다. 여기에 이 책을 읽어야 할 가장 중요한 이유가 있다.

독자들은 이 책을 조금만 읽어봐도 한국에서 흔히 생각하는 교과서와 사뭇 다르다는 것을 알 수 있다. 일단 내용이 어렵고 설명도 그다지 친절하지 않다. 하지만 좋은 교과서 또는 입문서란 어려운 내용을 쉽게 설명해주는 책이 아니라, 지식을 구성하는 다양한 요소를 체계적으로 종합해주는 책이라는 사실을 기억하자. 이 책은 국가의 문제를 중심으로 19~20세기 정치철학 전반을 체계적으로 개괄한다. 한국에서 국가란 원래부터 그 자리에 있던 산이나 바다 같은 존재여서, 그 자체가 질문의 대상이 되지 않는다. 예컨대 복지국가는 최근 십여 년 동안 정당 정치의 주요 쟁점 중 하나였지만, 대부분은 '복지'에 집중할 뿐 '국가'의 문제는 고려하지 않는다. 하지만 저자가 2부에서 다루듯이, 복지국가 또는 사회국가는 무엇보다 국가 형태의 문제다. 이 책은 국가의 문제를 다루는 교과서이고, 여기에 한국의 독자가 이 책을 읽어야 할 두 번째 이유가 있다.

마지막으로, 쉽지 않은 작업을 완수해준 번역자 이찬선님에게 한 명의 독자로서 감사의 마음을 전한다. 이 책은 교과서임에도 불구하고 결코 쉽게 번역할 수 있는 텍스트가 아니다. 프랑스어 원문과 한국어 번역문을 비교해보면, 이 번역서가 좀처럼 보기 힘든 수준의 완성도를 갖추고 있음을 알 수 있다. 문장 하나하나 공들여 옮긴 것이 눈에 보인다. 번역자가 이 책을 한국어로 옮기기 위해 어느 정도의 노고를 투입했는지 상상할 수 있다. 지식 상품이 아니라, 지식 그 자체에 목말라 있는 독자들에게 이 책을 적극적으로 추천한다.

좌파적인 정치철학 교과서를 쓴다는 것

진태원
성공회대학교 민주자료관 연구교수

이 책의 저자인 기욤 시베르탱-블랑은 들뢰즈와 가타리 사상의 전문가로서, 현재 국제적인 마르크스주의 학술지 《현재적 마르크스》Actuel Marx의 편집위원장으로 일하고 있는 새로운 세대의 프랑스 마르크스주의를 대표하는 철학자 중 한 명이다. 그가 쓴 탁월한 정치철학 교과서인 이 책을 읽으면 다음과 같은 물음들을 자연스럽게 던지게 된다.

교과서를 쓴다는 것은 무엇인가? 특히 정치철학에 관한 교과서를 쓴다는 것은 무엇인가? 더욱이 좌파적인 입장에서 정치철학 교과서를 쓴다는 것은 무엇인가?

교과서는 알다시피 학생들을 위한 책이다. 교과서는 해당 분야의 지식을 체계적이면서 교육적으로 제시함으로써 해당 분야를 공부하는 학생들이 관련 지식을 성공적으로 습득하여 활용할 수 있도록 하거나 더 전문적인 지식을 쌓을 수 있게 발판을 제시해주는 책이라고 규정할 수 있다.

그런데 정치철학에 관한 교과서를 쓴다는 것은 필연적으로 모종의 당파성을 견지할 수밖에 없기에, 교과서에 대한 이러한 중립적인 정의를 위태롭게 만드는 요소를 포함하게 된다. 좌파적인 관점에서 정치철학 교과서를 쓴다는 것은 더 까다롭고 더 위험한 일이다. 왜냐하면 그것은 한 걸음 더 나아가 자기 자신의 실패에 관한 성찰, 따라서 어쩌면 자기 자신의 불가능성에 관한 성찰을 교과서의 필수적인 요소로 포함해야 하기 때문이다.

그것은 우선 이 책이 다루는 시기와 관련이 있다. 이 책은 19세기와 20세기, 곧 프랑스혁명에서 시작해서 러시아혁명을 거쳐 사회주의 체제의 몰락에 이르는 200년간의 정치철학의 역사를 서술하는 것을 목표로 하고 있다. 근대성의 시작을 알리는 한 혁명에서 근대성의 종결을 상징하는 또 하나의 혁명의 실패에 이르는 이 시기는 좌파 정치의 관점에서 보자면 쓰라린 실패의 여정일 수밖에 없는 시기이다. 하지만 동시에 새로운 실패를 거듭하지 않기 위해 철저하게 반성해야 할 시기이기도 하다. 저자가 프랑스혁명에서 출발하되, 혁명가들의 담론보다는 혁명에 대한 대응들인 보수주의와 자유주의의 형성 과정에 초점을 맞추는 이유를 여기에서 찾을 수 있으며, 러시아혁명 이후의 마르크스주의를 총체적 국가와의 대비 속에서 살펴보는 이유 역시 여기에서 발견할 수 있다.

그것은 또한 이 책을 서술하는 방법론적 전략과도 관련이 있다. 저자는 국가라는 역사적 실재를 이 책의 준거로 삼으면서, 역사적·이론적·비판적 관점에서 국가라는 대상을 둘러싼 정치철학의 역사를 서술하고 있다. '역사적' 관점은 국가라는 대상을 실체화하지 않고 역사적 변화 과정 속에서 이해하겠다는 뜻이며, 또한 국가를 둘러싼 철학적 담론들의 전개 과정 역시 그러한 역사적 변화와 연동하여 살펴보겠다는 뜻을 담고 있다.

또한 '이론적' 관점에는 정치철학이라는 담론을 불변적인 초역사적 실체로 간주하지 않고, 신학이나 법학, 경제학이나 사회학 같은 다른 담론들과의 마주침을 통해 정치철학 담론의 조건 자체가 변화하는 과정, 그리하여 정치철학이 매 시기마다 새로운 담론으로서 생성되는 과정을 살펴보겠다는 뜻이 담겨 있다. 따라서 법학과의 마주침에 의해 규정되는 정치철학과 경제학 및 사회학과의 마주침 이후에 생성된 정치철학은 하나의 동일한 담론이 아니다.

더 나아가 '비판적' 관점이 가리키는 것은 국가라는 대상의 우연성과 정치철학이라는 담론 자체의 우연성을 성찰하려는 태도다. 이것은 이중의 함의를 지닌다. 우선 이러한 비판적 관점은 20세기를 특징짓는 양 극단의 국가, 곧 한편으로는 전체주의적인 국가와 다른 한편으로는 혁명적인 국가의 생성의 원인과 실패의 이유를 성찰의 중심으로 삼겠다는 의도를 담고 있다. 다른 한편으로 이러한 관점은 보통 세계화라고 부르는 조건 속에서 우리가 알고 있는 국가 및 그에 대한 담론으로서의 정치철학이 근본적인 우연성, 즉 소멸 가능성에 직면해 있음을 사유하겠다는 뜻을 표현하고 있다. 자신의 불가능성의 조건을 성찰하는 정치철학만이 국가와의 상호정당화라는 악순환에서 벗어날 수 있는 기회를 얻을 수 있다.

그 결과 흔히 접하게 되는 정치철학 교과서와는 꽤 차이가 있는 교과서, 역사적 전개에 충실하면서도 방법론적으로 개성적이고, 정보가 풍부하면서도 명료한 논리적 일관성을 지닌 교과서를 (물론 역자의 공들인 번역 덕분에) 읽을 수 있게 되었다. 자신의 실패 가능성에 대한 성찰에서 출발하는 이 교과서에서 학생들은 물론 전문가들도 얻는 바가 적지 않을 것이다. 특히 진보적인 독자들에게 일독을 권한다.

일러두기

• 본문의 각주 중 옮긴이가 보충 설명을 위해 추가한
  각주에는 '—옮긴이' 표시를 하여 구분했다.
• ( )는 저자의 것이며, 〔 〕는 옮긴이가 본문 내용의
  이해를 돕기 위해 보충 설명한 부분이다.
• 인용 구절의 가독성을 위해 저자가 추가한 문구의
  경우 ( ) 안에 '—기욤' 표시를 하여 구분했다.
• 본문에서 인용된 문헌 중 국역본이 있는 경우에는
  〔 〕 안에 국역본의 제목과 쪽수를 표기했으며,
  국역본의 서지사항은 참고문헌에 정리했다.

이 교과서는 19~20세기 철학적 사유의 특정한 문제영역 questionnement의 장을 지정하기 위한 몇 가지 좌표들을 제시한다. 이는 이러한 장의 경계들과 특성들에 관련된 다음과 같은 몇 가지 질문들을 추출함으로써 이루어진다. "정치철학은 무엇에 관심을 두고 있는가?" "정치철학의 한계들과 경계들은 무엇인가?" "정치철학의 고유한 대상들과 종별적인 물음들은 무엇인가?" 이러한 질문들 중 그 어느 것도 단순하게 그리고 일의적으로 답해질 수는 없다. 반대로 이러한 모든 질문들은 오랜 기간 국가 현상, 국가라고 하는 중대한 역사적 사실과 결부돼왔고, 큰 틀에서 보면 여전히 그렇다. 그렇지만, 우리가 국가를 길잡이로 삼을 경우 즉각 요구되는 것은 방법적 주의들, 더 일반적으로는 철학 또는 사상사의 결정적 유의사항이라고도 할 수 있는 그런 방법적 주의들이다. 사실상 국가를 길잡이로 삼는 이 선택은 그 기획과 목표가 역사적·이론적·비판적이라는 삼중의 관점을 취한다는 조건에서만 정당화될 수 있다.

a) 국가는 하나의 사회적 현상이며, 그런 점에서 우리가 흔히 자연 현상들에 돌리곤 하는 무역사성anhistoricité을 갖지 않는다. 그렇다고 해서 국가가 여러 문명들의 역사 속에서 보편성을 지니는 것은 더더욱 아니다. 몇몇 사회들은 순전히 국가를 모르며, 이러한 국가의 부재를 어떤 결함이나 결핍으로 느끼지도 않는다. 따라서 국가는 인류학적이거나 문화적인 상수constante는 아닌 것이다. 국가를 경험했거나 경험하고 있는 여러 사회들에 대해 말한다고 해도 그 사회들이 공유하는 것이라고는 그저 다음과 같은 국가의 형태들, 그 구조들, 그 작동 방식들의 가변성뿐인 것 같다. 즉 행정부의 기능적인 차별화와 전문화 면에서의 가변적인 정도들, 통치 권력에서의 여러 가변적인 권한들, 위임이나 대의 제도의 매우 가변적인 형태들 및 발전들, 법적·재정적·군사적·치안적·사법적·징벌적 제도의 가변적인 독점화의 정도들 및 발전들, 마지막으로 이러한 상이한 장치들dispositifs에 있어서의 가변적인 집중화와 중앙집권화의 정도들 말이다. 그리고 이러한 국가의 가변성은 (앞서 언급된 모든 국가)장치들과 그것들이 삽입되어 있는 사회적 장 사이에서 행해지는 매우 다양한 상호작용의 양상들에 따라 결정된다. (따라서) 그 형태에 맞게 국가를 식별하기 위해서는, 이러한 상이한 심급들(행정적·통치적·법적 제도들, 강제적이고 억압적인 장치들appareils 등등)이 맞물려 변화하는conjugée 현존을 최소한 사실로 인정해야만 한다고 말할 수 있지 않을까? 사실 이 점이야말로 근대와 현대 역사를 거쳐 이루어진 정치적 조직들(국가)의 동질화 과정의 결과다. 하지만 이 동질화 자체에는

이론의 여지가 없다고 해도, 이 동질화가 매우 상대적인 채로 남아 있다는 것은 변함이 없다. 게다가 이러한 동질화가 국가 현상을 정의하고 기술하는 기준들에 일반적인 가치를 부여해준다고 해도 그러한 역사적 과정의 이유들을 설명하는 데는 충분하지 않다. 적어도 이러한 확증된 사실에 대해서, 국가 현상을 "본질화"하지 않도록, 즉 국가 현상을 일의적이고 불가변적인 어떤 형식적 정의 속에 고정시키지 않도록 주의를 기울이는 철학적 성찰이 요청된다. 이러한 관점에서, "국가"라는 단수형 명사는 애초에 확실히 의심스럽다. 본질주의가 매우 일관적인 철학적 입장일 수 있다고 해도, 그것이 철학적 사상사의 반성적 층위로까지 옮겨간다면 이러저러한 맥락들 속에서 이러한 본질주의 자체가 이론적 행위나 사유 활동으로서 유리하게 작동할 수 있도록 해준 역사적이고도 이론적인 조건들이 희미해질 위험이 있다. 이 모든 것들로 인해 역사적 접근법은 필수적인 것이 된다. 이러한 역사적 접근법 속에서 국가의 변화들과 관련을 맺으면서 정교하게 구상되어온 철학적 학설들은 물질적·지성적 맥락이라는 본래의 자리로 되돌려진다. 따라서 이러한 철학적 학설들은 국가 권력 및 그 물질적 구조들, 국가의 것이라고 여겨지거나 (또는 "국가" 스스로가 자신의 것이라고 여기는) 기능들, 국가가 따르는 규범들의 유형, 그리고 국가 그 자체가 그 대상이자 장소가 되는 갈등들, 즉 한마디로 말해서, 국가의 [유일한 본질적] **근거**raison가 아니라 국가의 [역사적] **이유들**raisons이 결정될 수 있는 제도·지식·실천의 변화들과의 관련 속에서 정교하게 구상되어온 것들이다.

    b) 만약 정치가 철학의 영역에 속할 수 있다면, 자신의 고유한 담론의 조건들에 관해서 성찰하는 것은 정치철학의 의무일

것이다. 독단론적이지 않은 비판적 태도를 규정하는 이러한 요구로 인해 정치철학은 어떤 이론가의 의해 어떤 학설의 맥락 속에서 구상된 문제들, 테제들, 개념들에 관심을 두어야 할 뿐만 아니라, **정치철학 그 자체의 담론**과 그 위상이 어떻게 변화하는지, 그리고 공동의 삶에 관련된 현상들과 그 현상들이 제기하는 고유한 문제들을 대상으로 하는 여타의 (법적·도덕적·경제〔학〕적·사회〔학〕적·역사〔학〕적인) 담론들 내지는 지식 형태들이 정치철학 담론과 맺는 관계들이 어떻게 변화하는지에도 관심을 두어야만 한다. 이러한 공동의 삶에 속하는 현상들을 〔우리에게〕 인식시켜주고, 이 현상들에 〔우리가〕 실천적으로 개입할 수 있도록 해주거나, 이러한 개입의 규칙들 내지는 규범들을 세우고자 하는 담론들이면 그것이 무엇이 됐든 간에 말이다. 예컨대, 만약 우리가 통치의 기예art, 정치적 권력의 본성과 그 목적destination, 그리고 군주의 과업들과 탁월함들virtus이 그 속에 반영되어 정당화되는 신학적 지식들을 고려하지 않는다면, 기독교적인 서구의 중세적인 정치적 사유와 그것의 개념들, 문제들은 이해될 수 없다. 마찬가지로 16세기부터 오늘날에 이르기까지 근대 정치철학이 국가에 관한 수많은 문제들을 법적 용어들로 말해왔다는 사실은 봉건제 권력들의 복잡한 체계에 맞서 군주제 권력이 중앙집권화되고 확대되는 과정에서 법적 지식과 사법제도들이 수행했던 역할과 결코 분리될 수 없다. 이와 동일한 관점에서 이 교과서의 2부는 정치경제학과 사회학이라는 두 가지 지적 형성물들을 논할 것이다. 국가와 사회를 파악하고 이해하는 도구들을 쇄신한 정치경제학과 사회학은, 그것들의 개념notion들이 차용되어 정치철학 내로 이전됨으로써 현대 정치철학의 문제들을 탈바꿈하는 데 기여했다.

c) 앞서 강조된 두 가지 주의점들은 우리를 세 번째 주의점으로 이끈다. 정치철학은 자기 고유의 우연성과 동시에 자기 대상의 우연성을 인정함으로써 마찬가지로 [자신에 대해] 비판적이어야만 한다. 지금 우리가 이러한 어려운 요구를 떠맡으려고 하는 이유는 아마도 다음과 같은 역사적이면서도 이론적인 이유들 때문이다. [먼저 역사적인 이유에서] 한편의 총체적 지배라는 정치적 기획의 경험들, 다른 한편의 (군사적·산업적·금융적인) 초국가적 위력들puissances—지난 20세기부터 지금 우리의 눈앞에 이르기까지 이는 날로 강해지고 있다—의 발전에 의해 야기된 국가 제도들의 심오한 변화들, 양편 모두는 이전 세기들 내내 주조되어 온 제도 및 정치적 실천 형태들의 불안정성을 각기 상이한 방식으로 감지하도록 만들기 때문이다. 다음으로 이론적인 관점에서 보자면, 많은 사상가들이 매우 다양한 방법들로 국가와 철학 사이에서 나타날 수 있는 어떤 악순환을, 즉 그 속에서 정치철학은 국가사상이 되고, 국가는 그러한 철학 속에서 한낱 자신의 정당화 수단을 발견하는 식으로 양자가 상호적으로 규정되는 악순환을 끊고자 애써왔기 때문이다. [이러한 악순환을 끊는 다양한 시도들 중에서] 예를 들어 보자면, 한나 아렌트Hannah Arendt에게 관건이 정치라는 개념을 주권 이론과 국민국가l'État-nation의 법적-제도적 패러다임 이론의 형이상학적 전제들로부터 벗어나서 재정의하는 것이라고 한다면, 미셸 푸코Michel Foucault에게 관건은 국가의 속성 또는 특성으로 이해된 권력에 대한 실체론적이고 "국가중심적인statocentriste" 공리들에서 벗어난 권력-관계들을 분석할 수 있는 새로운 도구들을 가공하는 것이며, 또한 질 들뢰즈Gilles Deleuze에게 관건은 더 이상 국가 형태를 내면화하지 않을 수 있을 새로운 "사

유-이미지"를 구축하는 것이다. (그런데 이러한 모든 시도들 속에서 우리는) 다음과 같은 반-목적론적인antitéléologique 동일한 요구를 듣게 된다. 즉 국가의 필연성과 동시에 또한 이러한 필연성의 우연성을 사유해야만 한다는 요구 말이다. 다시 말해 그것은 국가의 필연성의 한계들 또는 그 필연성의 상대성을 사유해야만 한다는 요구다. 그리고 이는 정치철학 역시 자신의 고유한 유한성과 오래전부터 공동의 삶의 문제들이 이해되어온 범주들의 있을 수 있는 소멸 또한 사유해야만 한다는 것을 뜻한다. 이 교과서의 3부는, 권력의 극단성과 절멸anéantissement의 위협이라는 이중의 의미에서 "양극단의aux extrêmes" 국가에 대한 현대의 경험들을 개념화하기 위한 몇몇의 시도들을 제시함으로써, 이러한 성찰로 우리를 인도한다. 모든 여타의 것들보다도 특히 더 이러한 정황들은, 정치적인 것le politique의 개념과 국가의 개념을 떼어놓을 수 있는, 다시 말해서 지금까지는 국가 현상에 중심을 두어왔던 정치철학의 공간을 다시금 문제시할 수 있는 가능성에 대한, 그리고 아마도 그것의 필연성에 대한 문제영역questionnement을 연다.

이 교과서를 구성하는 세 부분들의 서술 순서들은 연대기적 순서와 완전하게 맞지는 않는다. 그 순서는 매번 문제영역들에 의해 표시되는 일반적 문제화problématisation의 계열들을 따른다. 사람들은 이러한 문제영역들이 외견상 매우 멀리 떨어진, 심지어는 대립되는 저자들을 관통해서 지속된다는 점을 알아차리게 될 뿐만 아니라, 이론적인 비판들, 개념적인 쇄신들, 이데올로기적 대립들에 의해, 또는 사회적이거나 정치적인 정세의 급변에 의해 그 지향점들이 새롭게 조정된다는 점도 알아차리게 될 것이다. 따라서 동일한 저자가 상이한 조명 아래에서 여러 번 다시 등

18

장할 수 있으며, 동일한 어떤 개념 또한 매번 그 개념을 동원하는 문제와 관련해서 여러 장소에 개입할 수 있다. 어떤 텍스트에 준거한다는 것은 그 텍스트를 이론적이고 역사적인 관점에서 더 넓게 조망하려는 것과 다르지 않다. 독자들은 어떤 저자나 어떤 개념notion들이 새롭게 출현할 때마다 이 책 끝에 붙어 있는 '찾아보기'를 참조하여 그것들을 확인할 수 있을 것이다. 책 본문에서 인용된 저서들의 서지사항은 본문 내에서 소개했으며, 각 장의 끝에 그 장에 해당하는 참고문헌들을 작성했다.* 이 모든 것들은 독자들로 하여금 이 책이 다루고 있는 텍스트들을 직접 읽어보도록 권유하는 일종의 초대장 같은 것이다. 이 교과서가 독자들의 직접적인 독서에 도움을 주되 그것을 대체할 순 없지만 말이다.

---

* 한국어판에서는 장별 참고문헌을 책 후반부에 일괄 배치했다.—옮긴이

< 차례 >

추천의 글 | 왜 정치철학 교과서가 필요한가? **박이대승**　　　　5

　　　　　좌파적인 정치철학 교과서를 쓴다는 것 **진태원**　　　8

서론　　　　　　　　　　　　　　　　　　　　　　　　13

1부 | 국가의 근거들　　　　　　　　　　　　　23

1장 | 국가의 토대: 주권과 법적 질서　　　　　　30

　1 혁명과 반-혁명적 반작용　　　　　　　　　　32

　2 혁명과 자유주의적 반응　　　　　　　　　　　44

2장 | 국가의 정초: 인민과 국민/민족nation　　　66

　1 nation-국가: 혁명적 전통의 정치적 재정초와 창조 사이에서　69

　2 역사 속의 국가, 국가 속의 역사: 민족적 원환　　83

　3 민족적 패러다임의 확장과 민족국가의 위기들　　89

3장 | 국가의 이성: 정치와 사회　　　　　　　99

　1 이성적 국가　　　　　　　　　　　　　　　　99

　2 정치적 비판으로부터 정치적인 것에 대한 비판으로　121

2부 | 국가에 대한 지식들과 실천들　　139

1장 | 경제와 정치 사이에서: 자유주의 국가 패러다임　　143

1 관방학으로부터 정치경제학으로: 복지국가, 법치국가, 자유주의 국가 147
2 사회주의적 반응들　　167
3 "영원한 생-시몽주의"에 반해서: 신자유주의와 가장 작은 국가　　178

2장 | 사회적인 것에 대한 과학들과 사회적 국가　　189

1 사회학 또는 철학: 사회물리학으로부터 정치과학으로　　192
2 정치적 사회학자 뒤르켐: 사회주의적-자유주의의 국가 이론　　199
3 사회적 국가의 형상들: 공적 업무, 사회적 권리, 연대주의적 공화제　221

3장 | 관료주의 국가　　231

1 권력의 관료주의화와 정치적 자유　　236
2 관료주의와 계급투쟁: 기계-국가　　243
3 관료주의적 지배와 사회정치(학)적 합리화　　251

3부 | 양극단의 국가   263

1장 | 총체적 국가   265

  1 정치, 법, 사회: 총체적 국가   269

  2 대중과 당: 전체주의 운동   279

  3 경제와 총력전: 자멸적 국가   287

2장 | 혁명에서의 국가   297

  1 마르크스-레닌주의의 국가와 혁명   302

  2 혁명 속에서의 당과 국가   307

  3 혁명적 사유 속에서의 위기, 국가에 대한 비판적 사유   316

결론 | 국가의 가장자리들에서, 민주주의의 경계들   329

참고문헌   335

찾아보기   347

옮긴이 후기   352

1부 ─ 국가의 근거들

1장 ─ 국가의 토대: 주권과 법적 질서

2장 ─ 국가의 정초: 인민과 국민/민족nation

3장 ─ 국가의 이성: 정치와 사회

국가의 근거를 해명하는 것은 일차적으로 국가의 필연적 실존을 부여하는 원인들에 국가를 결부시킴으로써, 국가의 근거에 대해 충분하게 설명하는 것이다. 하지만 이는 또한, 국가는 자신의 토대에 의해서, 즉 국가를 정당하게 만드는 규범적인 원천에 의해서 존재**해야만 한다**는 점을 국가의 실존에 결부시키는 것이기도 하다. 그리고 마지막으로 이는 국가의 척도ratio 내지는 국가의 기준을 확립하는 것인데, 이러한 척도 내지 기준은 국가가 존재하거나 존재해야만 한다는 사실에 국가가 부합하도록 만듦으로써 국가가 행하거나 행할 수 있는 것에 한계를 지정하고, 그리하여 국가를 실현 가능하며 오래 지속될 수 있게 만든다. 따라서 국가의 근거에 대한 이러한 질문이 전쟁, 내전guerre civile, 혁명의 극도로 혼란스러운 정세들 속에서 철학적 사유에 강렬하게 부과된다는 점은 우연이 아니다. 18세기 말 몇 년의 간격을 두고 대서양의 양쪽에서 두 개의 혁명들이 발발한다. 첫 번째 혁명[미국혁명]은 영국의 오랜 식민 지배를 받았던 미국의 독립전쟁과 더불어 발생한다. 두 번째 혁명[프랑스혁명]은 구체제로 대표되었던 프랑스 사회의 변화와 부르주아 계급의 비약적 발전, 그리고 귀족의 상대적인 쇠퇴(권력이 군주제로 집중됨에 따라 귀족의 권력은 약화되었다)로부터 유래한다. 하지만 이 두 번째 혁명 이전에 또한 이론적이고 철학적인 유구한 역사가 존재해왔는데, 이 역사가 [당시] 정세의 성급함 속에서 혁명을 사유하기 위한, 그리고 혁명을 사유하면서 혁명 속에서 행동하기 위한, 그리고 새롭고 안정된 사회적·제도적 질서 속에서 혁명을 진정시켜 장래로 유도하기 위한 도구들을 제공했다고 할 수 있다. 그럼에도 불구하고 "혁명을 종결시키기", 이 말은 19세기 말에도, [더 나아가] 19~20세기 전환기의 일시적이기는 하지만 공화정체의 안정화[시기]에도 계속해서 온전히 유지된다.

　　이 슬로건은 실천적인 과업이자 동시에 이론적인 과업이다. 이 두 과업 모두는 이전까지는 이론적으로만 사유되어왔던 민주주의 공화제의 실현과 인민 주권 속에서 정초된 공화국의 창설이 처음으로 [실천적 과업에] 부과되었던 바로 그 혁명적인 시기에 직면했던 어려움들을 회고적으로 드러내준다. 공화제의 이념은, 이탈리아 르네상스의 시민적 인본주의humanisme civique 전통 이후에, 시민권을 정의 내리는 두 원리들을 공포했다. 법이 지니는 최고의 권위, 이는 시민 개개인들을 법질서에만 종속시키며, 군주의 권력을 포함해서 개별적인 모든 권력의 자의성으로부터 이처럼 시민 개개인들을 보호한다(적법성légalité의 원리). 시민들은 공적인 활동fonctions에, 즉 공동의 이익, 공동의 사안, 공적인 것res publica에 관한 심의에 참여할 수 있는 권리를 지닌다(정치적 권리의 원리). 이 두 원리들은 매우 다양한 제도적 장치dispositif들을 야기할 수 있지만, 직접적으로는 이 모든 경우에서 이 원리들은 시민들과 공적 제도들의 상호적인 의무들 및 권리들을 규제하는, 법적-정치적 질서의 조직화 내지는 **헌정**constitution의 문제들을 제기한다. 역으로 민주주의의 이상은 직접적으로 그러한 바대로의 정치 권력이라는 사태 위에서 지탱된다. 그러니까 정치 권력의 제도적 조직이 무엇이든 간에, 민주주의의 이상은 그 조직의 토대, 즉 그 조직의 최종적인 원인이자 동시에 그 정당성légitimité의 원리, 그 실존 및 타당성validité의 원천을 문제 삼는데, 우리는 이것을, 중세의 신학적-정치적 전통 이래로, 주권souveraineté이라 불러왔다. 따라서 민주주의의 이상은 단지 적법성 원리의 우위만을 정립하는 것이 아니라, 그 원리의 실체적인 근거, 즉 법이 그것에 근거하여 자신의 정당성을 끌어내는 주권적 역량—따라서 이 주권적 역량은 자신이 공포한 법을 중단시킬 수 있다—을 요구한다. 즉 민주주의의 이상은 정치적 통치가 법의 규정들에 종속되어야 함을 주문할 뿐만 아니라, 정치 권력이 주권적 역량의 이름으로 행해져야 하며, 그렇지 않다면 정치 권력은 주권적 역량에 의해 박탈당해야 함을 요구한다. 이러한 주권적 역량에 민주주의의 이상은 하나의 이름을 부여한다. 즉 인민peuple이라는 이름을 말이다. 따라서 인민은 시민들의 공동체 그 이상의 것이거나 그것과는 다른 어떤 것, 즉 시민들의 공동의 의지인데, 장-자크 루소Jean-Jacques Rousseau는 이를 "일반의지"라 부른다.

　　이러한 민주주의의 요구를 공화제의 법적-제도적 질서에 기입시키기, 이것이야말로 여러 측면에서 혁명적 공화주의가 애썼던 과업이다. 유럽 도처의 혁명 당시의 많은 사람들과 그 혁명의 많은 계승자들은 그 과업에서 또한 어떤 지나침을, 즉 과도한 사회적 열망 및 정부에 대한 요구의 원천이자 계속되는 제도적 불안전성의 원인을 보기도 했다. 끝으로 이는, 19세기 내내 전(全) 유럽에 걸쳐 다양한 민주주의적 요구들이 길어 올려지게 될 원천이기도 했다. 혁명적 사건에 대한, 모순적이지는 않지만, 대조적인 이러한 반응들에 대해서, 1부는 각 반응들의 철학적 옹호자들과 그 성과들을 검토할 것이다. 이때 문제는 이를 통해 이러한 혁명적 사건 자체를 절대적인 기원으로 승격시키는 것이 아니다. 정치적 관념들을 다루는 역사학자는 사회적이고 정치적인 역사를 고려해야만 하며, 이 역사로부터 드러나지 않은 채로 남아 있는 전제, 즉 "관념들"에 은밀하게 자율성을 부여하는, 바로 그 전제와 관련된 교훈들을 이끌어내야만 한다. 모든 유용한 목적들에 가닿기 위해서, 우리는 혁명적인 전복 아래에 사회적이고 정치적인 심원한 연속성들이 흐르고 있다는 것을, 〔그리고〕 그 시기에 이미 행정적으로 매우 중앙집중화되었으며 합리화되었던 유럽의 여타의 국가들에서와 마찬가지로, 프랑스에서의 정치적 구조들의 변형들이 바로 18세기 말이라는 상류로 거슬러 올라간다는 것을 기억할 것이다. 그렇지만, 18세기의 마지막 수십 년이, 혁명적 사건에 대해 몇몇의 주역들과 관객들이 보고 있다고 믿었던 그만큼의 발본적인 단절을 표시하지 않는다고 할지라도, 그 당대의 철학자들뿐만 아니라 또한 법률가들, 역사가들, 그리고 통치자들homme d'État이 그 사건을 지각하고 성찰했던 방식은 적어도, 그들이 이러한 극도의 위기의 상황 속에서 새로운 **이론적이고 비판적인 전통**(혁명적·반혁명적·자유주의적 전통)을 받아들일 수밖에 없었다는 점에서 중요하다. 이 새로운 전통 속에서 사상가들과 활동가들의 두 세기[19~20세기]는 국가가 무엇일 수 있으며 무엇이어야만 하는가를 분석하는 도구들, 정치적 공간 및 행위의 가지성의 도식들, 또한 많은 경우에 [국가]개입의 모델들과 그 모델들을 증명하여 정당화하거나 아니면 그 모델들의 자격을 박탈하기 위한 논거들을 길어 오게 될 것이다.

1장

국가의 토대: 주권과 법적 질서

프랑스혁명을 "종결시키고", 이러한 혁명의 완성 조건들을 이론적으로 사유하는 데서 혁명의 주역들이 부딪혔던 난점들은 비단 그 사건의 내적 복잡성에서만 기인하지 않았다. 물론 그러한 차원이 결정적이기는 했지만 말이다. 이 난점들은 또한 혁명의 주역들이 물려받은 이론적 장치들의 무너지기 쉬운 균형 상태를 보여주는데, 혁명적 정세 속의 대립이 몰고 간 극심한 당파성은 바로 이러한 이론적 장치들의 문제적인 불안정성을 심화시킨다. 이 중 특히 중요한 한 가지를 언급하기로 하자. 주권 권력 문제를 사유하는 데서 혁명적 공화주의가 그 기초를 둔 중심적인 개념적 장치는 사회계약의 이념 또는 더 정확히 말해 사회계약의 이념과 "자연권droits naturels" 이념의 접합이다. 그런데 양자는 매우 다른 두 전통들로부터 연원한다. 이 다른 두 전통들의 까다로운 종합을 수행하는 것이 토머스 홉스의 원래 소관이었다(Terrel, 2002,

p. 18-20, p. 133 이하). 고대 라틴 전통에서 태어난 자연권 이념은 구체제하에서 질서상의 특권을 부여받는 어떤 세습 권리들에 대한 항의가 되었다. 그러니까 자연권 이념은 인간 본성에 어떤 근본적 권리들이 속한다는 점을 주장한 것이다. 이 권리들의 내속성이 여느 개인에게 "본성적인 자유들"을 부여하는데, 이 자유들은 [타인에게] 양도될 수 없고, [타인으로부터] 침범될 수도 없다. 사회계약 개념은 정치적 주권에 대한 모든 초월적 토대에 대항하는 하나의 무기machine de guerre인데, 정당성légitimité에 대한 신학적 원리는 16세기와 17세기를 갈라놓은 종교전쟁에 의해서 정치적 주권에 대한 권리를 상실한 참이었다. 그런데 사회계약 이론에 대한 루소주의적 급진화는 주권을 분할될 수 없는 일반의지 속에서 정초하는 데에 있는데, 이러한 일반의지 내에서 개인들은 그들의 자연권 전부를 포기한다. 바로 이 점이 앞서 언급된 개념적 장치 내의 어떤 불균형을 야기하며, 게다가 이는 자연스럽게 두 평면 위로 나뉘어 배치된다. 우선 개인 그 자체가 자신의 사회적 존재와 정치적 존재로 둘로 나뉘며, 개인은 사인particulier이자 동시에 정치적 주체, 또는 루소의 용어를 따르자면, "부르주아"이자 "시민"이다. 그리고 이 두 차원들 사이에, 마찬가지로 주권적 법loi과 사인들의 권리들droits 사이에 끝없는 긴장 및 갈등의 잠재적인 장이 열리게 된다. 그뿐 아니라 일반의지 자체도 그것의 직접적인 주권적 표현과 그것의 실행의 제도적 조건들(대의, 위임, 양도 등등) 사이에서, 혹은 인민의 의지의 보편성과 그 보편성의 실행을 보장한다고 여겨지는 권리상의 특수한 제도 및 규정들 사이에서 분열된다. 절대적이고 무제한적인 특성을 지니는 주권 권력의 토대와 권력상의 상대적인 구조들(행정권의 정부 구조들, 입법

권의 구조들, 사법권의 구조들)—그 구조들은 그것들을 정초하는 것 (주권 권력의 토대)에 대해 상대적이며, 그것들은 상호 연관되어 있다는 두 가지 의미에서—속에서의 제도화 사이에는 불가피하게 불균형이 존재한다. 이러한 불균형 속에서 (특히 정치적 자유주의의 영국적 전통에 의해 만들어진) 법치국가의 제도적 장치들—정치적 대의 체제로서의 의회장치, 권력 간의 상호적인 견제와 제한을 통해 각기 권력의 강화를 보장하는 권력 간의 분리와 균형장치—은 급진적 또는 민주적 공화주의 원리들과 대결한다. 사람들이 그러한 국가의 제도적 장치들을 공화주의 원리들의 이름으로 거부하든, 아니면 그 장치들을 공화주의 원리들과 양립 가능하도록 만들고 주권 권력의 정당성의 토대와 법치국가의 적법성의 질서 간의 균형을 재건하기 위해 장치들의 제도적 형태들modalités의 개정을 모색하든 말이다. 혁명적 사건의 변화가 18세기와 19세기 전환기에 바로 이러한 정치적이자 이론적인 불안정성을 명명백백하게 드러냈다. 고전 정치철학은 이 불안정한 이론적 종합을 물려주었고, 비판적 반동들, 즉 "혁명정신"에 또는 1790년대부터 최초의 반-혁명론자들이 혁명의 "정치적 형이상학"이라 칭한 것에 대항하는 다양한 전선에서 이루어진 비판적 반동들은 이를 부수는 데 전념한다.

1.   혁명과 반-혁명적 반작용

프랑스혁명의 들끓는 현실 속에서 "반-혁명론자" 또는는 "보수주의자"라 칭해지는 여러 사상가들이 두각을 나타냈다. 프랑스의 루이 드 보날드Louis de Bonald, 프랑수아 드 샤토브리앙François de Chateaubriand, 조제프 드 메스트르Joseph de Maistre, 독일의 칼 루트비히 폰 할러Karl Ludwig von Haller, 그리고 영국의 새뮤얼 테일러 콜리지Samuel Taylor Coleridge, 에드먼드 버크Edemund Burke가 그들이다. 무엇보다 에드먼드 버크는 영국 근대 보수주의의 창시자이자, 특히《자연적 사회의 옹호론》A Vindication of Natural Society(1756),《프랑스 혁명에 관한 성찰》Reflection on the Revolution in France(1790)의 저자다. 동질적이지 않음에도 불구하고, 전반적으로는 왕권과 교회의 옹호자들의 부류라고 성급하게 치부된 이 이론적 흐름이 가지는 중요성은 종종 간과되곤 한다. 하지만 이 이론적 흐름은 여러 면에서 결정적이다. 그 흐름은 이후 보수주의 사상들에 이론적 자양분을 제공할 테제들을 만들었다. 그것은 또한 19세기 초 자유주의자들에게는 애매한 적이 될 것이다. 왜냐하면 혁명주의자들이 품었던 이상들에 대한 공통된 반대 속에서 자유주의자들은 민주주의 정체에 대한 그들의 비판적 진단을 내리기 위해 이 이론적 흐름으로부터 다수의 논거들을 빌려올 테지만, 동시에 그들은 구질서에 대한 모든 변호론으로부터 자신들이 구분되도록 그들 고유의 독트린을 명확히 할 수밖에 없는 상황에 처할 것이기 때문이다. 마지막으로 그 이론적 흐름은 사회과학들의 계보학에서 중요한 하나의 계기를 구성할 것인데, 이 계기는 고전주의 시대로부터 태어난 정치사상의 몇몇 경향성들―프랑스혁명은 이 경향성들이 역사라는 무대 위에서 현실적으로 실현되는 시대가 왔음을 알려준다―에 대항해서 사회학이 실제로 구성되었던 방식을 밝혀준다.* 일차적으로 보자면, 이 이론적 흐름을 주도하는 몇몇 테제들은 이 흐름에 속하는 사상가들을 반-혁명론자들이라고 묶을 수 있게 해준다. 그 사상가들은 자연권과 사회계약 이론들에 반대해서, 신권droit divin과 전통으로부터 물려받은 권리들의 우위성을 주장한다. 이어서 그들은 분열과 무한한 대립을, 즉 사회체의 해산과 혼란을 발생시킨다고 받아들여진 평등이라는 추상적인 민주주의적 원리에 반대해서, 옛날부터 내려온 위계질서를, 더 일반적으로 말해, 사회적 질서의 유일한 실제적 보증물로서 세대들과 관습들의 연속성을 주장한다. 또한 계몽주의가 선언한 절대적 개인의 자유 원칙이 방종과 이기주의, 무질서의 지배를 야기한다고 보고, 이에 맞서 역사적으로 믿을 만한 종교적·사회-정치적 권위들을 중시한다. 이러한 비판들은 고전적인 합리주의와 계몽주의가 내포하는 이론적 개인주의에 대한 고발로 수렴된다. [이러한 고발에 따르면] 합리주의와 계몽주의는 전통적인 공동장소들(교회, 가족, 동업조합, 코뮌commune), 즉 혁명주의자들에 의해 파괴되기 이전에 사회 구성원들이 그 속에서 자신의 안전과 연대의 조건을 발견했던 전통적인 공동장소들의 조직 방식 및 안정성에 내재하는 특권들과 위계들의 사회적 필요성을 인식하지 못했던 것이다.

하지만 혁명적 시기의 분쟁 속에서 놀라운 점은 이러한 "복고주의자들 rétrogrades"이 그러한 시기가 비준한 제도적이고 상징적인 단절을 비난하는 데 조금도 만족하지 않았다는 점이다. 반대로 그들은 오히려 이러한 단절이 그것의 징후이자 효과처럼 나타난 어떤 역사적 경향들에 대한, 즉 근본적으로 구체제 속에 그 뿌리를 박고 있는 개인주의와 정교분리화laïcisation의 경향들에

---

* 2부 2장 1절을 보라.

대한 심도 깊은 분석을 전개했다. 이처럼 단순한 과거로의 복귀에 대한 모든 정신을 무효화하는 이러한 관점 때문에 그들은 전무후무하고 역설적인 보수주의를 정교하게 구성해냈다. 다시 말해 그들은 피에르 마슈레Pierre Macherey의 탁월한 모순어법을 따르자면 "새로운 전통"(Macherey, 1987)을 창조해낸 것이다. 특히 이흐름에 중요하게 기여한 인물, 즉 에드먼드 버크에 집중함으로써이를 살펴보도록 하자.

> 유럽의 수많은 지역들이 혼란 속에 빠져 있다. 여타의 지역에서 우리는 들리지 않는 은밀한 중얼거림을 듣고, 대지를 동요케 할 정도로 정치적 세계를 뒤집어엎으려 위협하는 혼란스러운 운동들을 감지한다. (Burke, 1790, p. 198〔국역 252쪽〕)

에드먼드 버크(1729~1797)가 1790년 초에 집필한《프랑스혁명에 관한 성찰》은 프랑스에서 같은 해 11월에 출판됐다. 이 책은 프랑스 반-혁명론적 사상가들의 논거에 미친 직접적인 영향력 면에서나, 한편으로는 혁명적 이론가들 사이의 중간적인 입장과 다른 한편으로 "복고주의"에 반대하는 입장을 모색할 자유주의 사상의 형성에 미친 간접적인 영향력 면에서 꽤 중요하다. 바다 건너 영국에 혁명적 사상들이 전파되던 시기에, 버크의 직접적인 목적은 영국의 명예혁명과 프랑스혁명 간의 차이를 부각하는 것이었다. 사려 깊은 평화의 작업—보다 더 정확히 말해 반성없이도 지혜로운 것이자 그 이상의 것인 자연을 모방한 작업—인 명예혁명은 왕의 정당성을 인민의 의지 위에 정초하려고 하지 않고 영국인들로부터 물려받은 권리들을 보장하는 데 전념했다. 프랑스혁명은 여러 세기에 걸쳐 검증되어온 "유럽의 관습법적인 오래된 권리"를 백지화하려는, 그리하여 단지 비물질적인 이성의 허약한 추상들에 발 딛고 있는 인간의 자연권을 설립하려는 체계적 정신의 한낱 난폭한 산물에 지나지 않는 것이었다. 따라서 제도적인 관점에서 버크는 대대로 내려오는 원리, 즉 왕실Couronne과 귀족에 대해서뿐만 아니라 "선조들의 길고 긴 계승의 전통에 따라 그들의 특권, 자치권, 자유를 보존하는 코뮌 의회Chambre des Communes와 인민"에 대해서도 대대로 내려오는 원리를 열렬하게 옹호했다. 따라서 버크에게 경종을 울린 것은 무엇보다도 이러한 원리에 대한 혁명적인 단절의 관념 그 자체였는데, 이는 "일반적으로 이해타산적인 기질과 편협한 관점의 결과물인" 혁신 정신의 징후였다. 이러한 맹목성에 대비하기 위해, 국가는 그러한 바대로의 과거에 불합리하게 목매는 "낡은 맹신"으로부터가 아니라, "유비의 철학"으로부터 영감을 얻어야만 한다. 전통héritage의 토대적인 원리를 최대한으로 확장시키는 이러한 철학은 세계 및 삶의 질서와 유비적으로 들어맞는 상응체계 속에 정치 질서를 들어앉힌다.

인간 사회의 이해할 수 없는 일관성을 보증하는 이러한 놀라운 지혜로움 (덕분에—기욤), 모든 것이 옛날의 한 시기에, 아니면 새로운 한 시기에, 또는 두 시대 사이에 있는 것이 아니다. 반대로 모든 것은 언제나 새롭게 시작되는 쇠퇴와 몰락, 부활, 그리고 진보의 흥망성쇠를 통해 결코 그 자체와 동일한 것으로 남지 않는다. 또한 사태가 자연의 거동을 좇아 이루어지는 국가에서 향상된 부분들은 결코 완전히 새로운 것들이 아니며, 보존된 부분들 또한 결코 완전히 노쇠한 것들이 아니다. (Burke, 1790, p. 42-44[국역 82~83쪽])

이처럼 현상들 전체로 확장된 자연주의는 정치체의 근거를 자발적으로 합의된 조약 위에 정초시키는 사회계약의 인공적 이론에는 반대하지만, 버크가 보기에 이 자연주의가 자유의 열망이나, 사회적 진화와 진보를 거부하는 것은 아니다. 자연주의는 오히려 총체적인 [권리의] 양도와 절대적인 자유라는 환상들에도, 근본적인 새로움의 창설과 정적인 질서 내의 순전한 침체라는 공상적인 표상들에도 동일하게 거리를 취하면서, 자유, 진화, 진보를 자신들의 현실적인 동역학 속에 다시 갖다놓는다.

전통의 관념은, 향상의 원리를 조금도 배제하지 않은 채, 보전과 전승이라는 신뢰할 만한 원리를 제공해준다. 그 관념은 획득해야 할 자유를 남겨주는 한편, 이미 획득된 것을 보존한다. (Burke, 1790, p. 42[국역 82쪽])

모든 면에서, 버크는 절대적인 것에 적대적인 입장을 취하는 관계의 사상가처럼 보인다. 그는 중앙집중화된 행정 권력과 정치 권력을 창설하는 혁명주의자들의 "기하학적인" 체계에, 권위의 관계들로 짜인 전통적인 망을 대립시킨다. 이 권위의 관계들은, 버크가 강조하는 것처럼, 그 지배가 원칙적으로 상징적인, 왕으로 정점에 달하도록 우선 가족의 층위에서 만들어지며, 그다음에는 사회공동체communauté의 층위에서, 그다음에는 왕국province의 층위에서 만들어진다. 여기에서 권위는 특정한 사회적 심급이 점하는 과잉적인surplombant 권력과 동일시되지 않는다. 이와는 반대로 권위는 권력의 관계적인 본성, 즉 본질적으로 중재하는 권력의 기능과 권력이 구성하는 사회적 질서에 내재적인 조직화의 원리로서의 권력의 구성적 실효성과 하나가 된다. 이러한 개념화는 루이 드 보날드의 저서《합리적 추론과 역사에 의해 드러난 시민사회 속의 정치적·종교적 권력 이론》Théorie du pouvoir politique et religieux dans la société civile, démontrée par le raisonnement et par l'histoire(1796)에서 다시금 취해진다. 세력 관계, 불평등, 그리고 불평등이 야기하는 갈등들은 동일하게 보날드에게서 [사회를] 구조화하는 구성 요소 및 상보성의 요소로 나타난다. 우리가 다음을 발견하는 한, 국가와 사회는 이러한 규칙에서 벗어날 수 없다.

…… 이익들이 결합하고 대립하는 이러한 작용 및 반작용의 체계는 자연 세계에서와 마찬가지로 정치 세계에서도 불일치하는 모든 힘들 간의 충돌하는 조화를 만들어낸다. (프랑스에서—기욤) 당신들이 당신네들의 오래된 헌법의 그토록 커다란 결함처럼 생각할, 그리고 이는 우리 영국 헌법 또한 마찬가지라고 생각할 이익들 간의 갈등들은 모든 성급한 해결책들을 이로운 장벽과 대립시킨다. 이 갈등들은 심의를 하나의 선택지가 아니라 하나의 필연성으로 만든다. 그것들은 모든 변화를 본성상 절제를 함축하는 **타협**에 종속시킨다. 그리고 이러한 타협책들entreprises에 상호 간의 균형들tempéraments을 강제함으로써, 이 갈등들은 난폭하고 피상적이며 합의가 이루어지지 않은 개혁이 야기하는 악행들과 고통들을 경고한다. 마찬가지로 이 갈등들은 모든 추상적인 권력, 즉 폭군의

권력과 마찬가지로 군중의 권력의 범람을, 뛰어넘을 수 없는 방벽防壁과 대립시킨다. (Burke, 1790, p. 44~45〔국역 85~86쪽〕)

버크는 추상적인 평등과 자유의 절대적 원리들에 반대했다. 그는 이 같은 상보성과 협력이라는 현실적인 행위들, 다시 말해 극단주의를 절제하고 "성급한 해결책들"을 완고하게 거부하는 현실적인 지혜로움, 열망들의 중용, 균형을 낳는 타협의 메커니즘들을 다시금 긍정하고자 했다. 사회-정치적 공간에 대한 이러한 개념화는 자연권과 사회계약 이론가들에 대한 그의 비판의 기초가 되었을 뿐만 아니라, 통치론에 대한 그의 개념화에도 기초가 되었다. 이러한 두 차원의 교차에서 문제가 되는 것은 사실상 정치적 사유와 정치적 실천 간의 동일한 관계다.

계몽주의가 함축하는 합리주의와 이러한 합리주의의 결말을 보여주는 혁명정신을 비판함으로써 버크는 홉스 이래로 근대 정치철학이 수행하고자 전념해왔던 자연권 이론과 사회계약 이론 간의 까다로운 종합의 매듭을 끊어내고자 했다. 게다가 이러한 단절은 자연권 이론과 사회계약 이론 상호 간의 의미작용을 심대하게 변형하는 것이기도 했다. 실제로 자연권으로부터 버크가 이해한 것은, 전前-정치적인 권력 또는 자유가 아니라, "사회체의 앎과 노력이 선사해준 모든 이점들 전체"(노동의 과실을 맛보기, 자식들을 부양하고 가족을 꾸리기, 동료들에게 판결을 받기)였다. 〔반면 자연권과 사회계약 이론의 종합의 논리에 따르자면〕 "자신 스스로를 통치"할 수 있고 스스로가 자신의 고유한 권리를 판단하고 방어할 수 있는 자연적 인간의 소위 기본권을 필두로 자연 상태로 돌릴 수 있는 모든 여타의 권리는 어떤 권력 내지는 어떤 요구를 정초할 수 있기는커녕, 시민사회 자체가 성립 가능하기 위해서 시민사회로부터 배제되어야만 한다. 루소도 거부하지 않았을 이 마지막 원칙은 그럼에도 불구하고 버크에게서는 사회계약의 테제들과는 매우 이질적인 결과들을 낳게 된다. 첫째로, 그것이 곧 사회이기도 한 이러한 "선행 제도"가 만들어내는 이점들 전체로 자연권들을 재정의함으로써, 버크는 자연권들 중에서 개인들에게 독립적이며 외부적인, 심지어는 모든 여타의 자연권들을 넘어서는 강제의 권력pouvoir de contrainte을 필연적으로 해명해야만 한다고 결론 짓는다.

(개인들의 양도될 수 없는 권리들을 충족시키기 위해서, 사회는— 기용) 집단과 대중으로서 행동하는 인간 성향을 방해하고, 이러한 집단적인 의지를 지배하며, 이러한 대중의 정념을 정복하기를 매우 자주 원한다. 이러한 효과를 내기 위해 필요한 권력은 당사자로서의 개인들 내에 존재할 수 없다. 그것은 **독립적인 권력**이어야만 한다. 이 권력은 그것의 기능들의 실행 속에서 이러한 의지와 이러한 정념들에서 벗어나며, 그것들을 길들이고 복종시키는 것을 자신의 과제로 삼는다. 이러한 의미에서 강제는 자유와 동일한 지위로, 인간의 권리들에 속하게 된다. (Burke, 1790, p. 76〔국역 120쪽〕)

그럼에도 불구하고 여기에서 우리는 "자연권"과 "인간의 권리"라는 개념의 사용이 무엇보다 전략적이라는 것을 간파하게 된다. 사실상, 버크가 이를 재정의하면서 자연권과 인간의 권리는 시민권과 구별되지 않기에 이른다. 그리하여 관건이 되는 것은 실로 자연권과 인간의 권리에 대한 이론적이자 무엇보다도 실천적인 단순한 자격박탈이다. 실제로 우리는 보통 이러한 자연권들을, 우리가 그것들에 기초해서 인간들의 통치를 수립한다고 주장하는 단순하고 명백한 원리들로 간주한다. 하지만 자연권들은 버크가 보여준 것처럼, 빽빽한 물질적 매질을 관통하는 어떤 광선, 즉 사회들의 역사적·사회적·도덕적 복잡성 속에서 수많은 방식으로 굴절되는 광선과 훨씬 더 닮아 있다. 따라서 사회의 정치적 집행을 규제하기 위해, "마치 자연권에 그것의 원초적인 단순성을 함축하는 무엇인가가 남아 있다"는 식으로 자연권에 의존하기를 바라는 것은 터무니없는 일이 된다.

> 국가의 헌정constitution과 그 권력들의 올바른 분배가 특히나 까다롭고 복잡한 문제가 되는 것은 바로 이러한 이유 때문이다. 이 문제는 인간의 본성 및 그들의 필요들에 대해, 시민적 제도들의 메커니즘이 그것들에 기여해야만 하는 다양한 의도들을 용이하도록 하거나 방해하는 모든 고유한 것들에 대해 심오한 인식을 요청한다. 국가에 필요한 것은 그 힘을 유지하고 장애들을 복구할 수 있는 그 어떤 것이다. 하지만 누구나 먹고 건강할 수 있다는 권리의 추상성 속에서 논의하는 것이 무엇에 쓸모가 있을까? 모든 문제는 어떻게 음식물을 얻게 되는지 어떻게 약을 처방하는지를 아는 것이 되어버린다. (Burke, 1790, p. 77〔국역 120~121쪽〕)

그러므로 버크는 혁명정신이 정치를 단순한 형이상학 속에 정초했다고, 마찬가지로 그것이 정치적 행위의 전개에 대한 경험적인 조건들을 무시하고, 그 행위 그 자체에 대해 형이상학적 개념화를 만들었다고 비난할 수 있었던 것이다. 결국 이러한 혁신 정신은 정치적 행위와 그 행위에 상응하는 지식의 유형을, 다시 말해 그 행위와 지식의 근본적인 차원인 시간과 지속성을 단순하게 무시했던 것이다. "국가를 구성하고, 그것을 쇄신하며, 개혁하는 학문"을 선험적으로 연역한다고 주장하면서, 그 혁신 정신은 자신들이 서둘러 건립한 정치적 구성물이 지닐 불확실한 수명에 대해 전혀 주의를 기울이지 않았으며, 마찬가지로 여러 세대에 걸쳐 인내심을 요하는 경험들의 축적을 통해 무엇보다도 정부에 대한 현실적인 학문을 얻기 위해 필요한 시간을 등한시했다("도덕적 원인들의 진정한 효과들이 언제나 즉각적으로 느껴지는 것은 아니다. 왜냐하면 처음에 해로운 것으로 보이는 어떤 것이 장기적인 관점에서는 탁월한 결과물들을 만들어낼 수 있으며, 심지어는 이러한 결과물들이 초기에는 단점들로 확인된 것들로부터 기인할 수도 있기 때문이다"). 요컨대 이러한 혁신 정신은 "오랜 세월 동안 조금이라도 인정될 수 있는 방식으로 사회의 일반적인 목적에 부응해왔던 건축물"을 근본적으로 개혁하거나 심지어는 파괴하는 데서, "또는 그 혁명정신을 입증해주었던 모델들이나 범례들이 눈앞에 보이지 않는 상태에서 그 건축물을 재건"하는 데서 필요한 무한한 인내심과 신중함을 대수롭지 않게 여겼던 것이다(Burke, 1790, p. 77-78〔국역 121쪽〕).

이러한 맥락 속에서, 사회계약이라는 관념은 어떤 의미를 지닐 수 있을까? 버크에게 있어서 사회계약은 이중 작업의 대상이 된다. 우선 사회계약에 대한 비판적 축소가 있고, 그다음으로 사회계약의 의미를 신학적 우주론이라고 부를 수 있는 것의 틀 내에서 쇄신하는 확장이 있다. 첫째로 19세기 내내 다시금 취해지고 변형될 비판을 개진하면서 버크는 계약이라는 개념 자체에 전제되어 있는 사회와 추상적 인간 집단의 동일시를 확인한다. 즉 출생, 학식, 직업, 나이, 도시 및 시골 주거지 같은 모든 특성들을 박탈당한 일종의 원자들 내지는 입자들의 집합 같은 추상적 인간 집단 말이다. 혁명정신은 사회적이고 정치적인 제도들의 실제적인 의미가 규정되는 구체적인 사회적 관계들을 체계적으로 은폐하다가, 결국에는 불가피하게 사회의 토대를 추상적인 개인들의 집합, 이를테면 원자화된 개인들의 집합으로 상상하기에 이른다. 하지만 이러한 비판적인 기반 위에서 버크는 사회계약 관념을 쇄신한다. 그에 따르면 사회계약은 "권력에 관련된 어떤 사안이든 커피에 관련된 어떤 사안이든 간에" 사적 권리로부터 발생하는 사인들끼리의 연합 조약 형태를 모방하는 의지적인 설립 행위가 아니다. 사회계약을 사람들이 동의해야 할 의무가 있는 어떤 장소로, 즉 사회를 제국 속의 제국처럼 창설하는 것이 아니라, 정반대로 사회를 모든 인간 활동과 자연 활동, 살아 있는 것들과 죽은 것들, 가시적인 창조물들과 비가시적인 창조물들이 단절 없이 서로 이어지는 보편적 왕국 전체와 연결하는 어떤 장소로 이해할 필요가 있는 것이다. 그런데 버크에 따르면 이러한 개념화는 국가의 권한을 약화시키기는커녕 국가에 모든 영향력을 부여하며, 이 영향력이야말로 "순간적으로 소멸할 수 있는 자연"이 불러일으킬 수 없는 존경의 원천이 된다. "각각의 특수한 국가에 고유한 계약은 영원한 사회의 위대한 원초적 계약 내의 한 조항에 불과하며", 따라서 개인들은 그 질서에 복종함으로써 자의적이고 우연한 의지에 예속되는 것이 아니라, "불가침의 맹세를 통해 비준된 불변의 계약—이 계약은 물리적 자연과 도덕적 자연 모두를 각각의 할당된 자리에서 보존한다—에 따라, 가장 밑바닥에 있는 자연들과 가장 높은 곳에 있는 자연들을 묶어주며 가시적인 세계를 비가시적인 세계와 연결해주는 이러한 보편적인 질서"에 예속되는 것이다(Burke, 1790, p. 122-123〔국역 171~172쪽〕). 그렇기 때문에 국가에 모든 것을 걸고 밑바닥에서부터 꼭대기까지 국가를 재구축하려는 혁명적 교조주의자들의 시도는 부질없는 것이다. 반면에 국가는 한 총체성의 작은 부분일 뿐이다. 따라서 국가는 이러한 총체성과 긴밀하게 결속되어 있으며, 반목과 무질서, 그리고 절망의 지배 속에 스스로를 내던지지 않고서는 그러한 총체성으로부터 국가를 떼어낼 수는 없다.

이 보편적 왕국에 속하는 지방 정부들은, 도덕적으로 봤을 때, 가능한 진보에 대한 무모한 사변적 신념에 근거해서 자신들이 지배하는 하위 공동체 전체로부터 완전히 분리되도록 마음대로 결정할 권리가 없다. 또한 자신들과 하위 공동체를 묶어주는 유대를 끊어내도록, 그리하여 그 하위 공동체가 단순한 입자들의 비사회적이며 비시민적이고 비일관적인 무질서에 빠지도록 결정할 권리가 없다. (Burke, 1790, p. 123〔국역 172쪽〕)

2.   혁명과 자유주의적 반응

정치 이론으로서 "자유주의"는 동질적인 하나의 학설을

형성한 것도, 프랑스혁명의 결과로 태어난 것도 결코 아니다. 〔자유주의는〕 개인을 권리의 원천이자 정치적 행위의 한계를 설정할 수 있는 단위principe로 간주하며, 국가를 개인의 자유를 실현하기 위한 수단으로 삼고, 따라서 개인의 자유를 정치 권력의 본성과 사회적 삶에서 정치 권력이 행하는 기능, 그 권력이 지니는 권한의 한계 및 실행 양상과 관련된 모든 질문들의 원칙이자 목적으로 설정하는 이론들이다. 간단히 말해 18세기와 19세기 전환기에 이 이론들은 당대의 다수 요인들의 결합 속에서 심대한 변형을 겪었다. 그 첫 번째 요인은 〔자유주의 이론들이〕 프랑스혁명과 맺는 양가적인 관계에서 기인한다. 오랫동안 (절대군주제와 교회 권력, 질서상의 특권들과 인간 정신의 해방을 방해하는 전통들에 반대하여 종교적 관용과 양심의 자유를 옹호하는) 비판적 담론으로 구성되어온 자유주의는 프랑스혁명과 함께 혁명적 공화주의가 표방한 민주주의적 이상들 내부에서 재편되어야만 했다(다수의 "자유주의자"들은 혁명적 공화주의의 원리들과 국민의회에서 도출된 공화주의적 정체政體에 동조했다). 또 〔동시에〕 그러한 민주주의적 이상들에 반대해서 자신들의 비판적 영향력을 재구축해야만 했다(대체로 개인들에 대한 생각은 같았지만, 공포정치 이후에 상황은 달라졌다). 개인을 예속화하는 모든 관계로부터의 해방, 법 앞에서의 평등, "법률을 승인하고" 사법관직과 공직에 참여할 수 있으며 공동의 이익에 대해 심의할 수 있는 정치적 자유에 대한 인정, 이 모든 것들은 반-혁명주의적인 보수주의자들이 내세운 권리 및 특권의 세습 원리에 맞서 정치적 자유주의가 이룩한 수많은 승리들이다. 하지만 혁명적 행위에 대한 모든 양가성은 그 혁명적 행위의 민주주의적 단언에 대한, 다시 말해 그 행위가 설립한다고 주장하는 기초적인 주권 유형에 대한 해석에 걸려 있다. 뱅자맹 콩스탕Benjamin Constant(1767~1830)의 다음과 같은 발언은 정치 권력―정치 권력은 이제 확실한 주권적 기초를 신 또는 왕으로부터 인민으로 전치시키기를 요구할 수 있지만, 동일하게 절대적이고 무제한적인 것으로 남는다―에 노출된 개인의 자유를 바라보며 느끼는 불안감을 상징적으로 보여준다.

시민들의 보편성이야말로 주권자이며, 이러한 의미에서 어떤 개인도, 어떤 분파도, 어떤 부분적인 협회도 주권이 그들에게 위임되지 않는다고 해서 주권을 찬탈할 수 없다. 하지만 이로부터 시민들의 보편성 또는 그 보편성을 통해 주권이 부여된 자들이 개인들의 실존을 주권을 통해 마음대로 할 수 있다는 결과가 뒤따라 나오지는 않는다. 정반대로 인간 실존의 한 부분이 존재하는데, 이 부분은 필연적으로 개인적이고 독립적인 것으로 남으며, 권리적으로 모든 사회적 권한 외부에 위치한다. (Constant, 1815, p. 312-313)

콩스탕은 (이후 몇 십 년간 되풀이될) 어떤 논증적인 전략을 확립하는데, 이 전략은 고대 "전제 군주제"와 새로운 "민주주의적 전제정치"를 더 잘 겹쳐놓고 양자를 동일시하기 위해 나란히 놓으면서 (구체제의 위계질서에 반대하는) 평등을 위한 투쟁과 (고전적인 질서들의 특권들에 반대하는) 자유를 위한 투쟁 간의 동일시가 더 이상 자명해지지 않는 새로운 중간적인 방식으로 문제를 제기한다. 문제가 되는 것은 한편으로 국가(국가의 정치 권력은 모든 제한으로부터 자유로워지기를 지향할 것이다)로부터, 다른 한편으로 다수의 의지(다수의 의지가 지니는 사회적 권력 또한 모든 억제로부터 벗어나기를 지향할 것이다)로부터 개인의 자유를 보호하는 것이다. 현대 정치적 자유주의의 모든 역사를 다양한 정도로 구조화하는 이러한 양극성은 정치 권력의 권한들의 제한에 대한 고전적인 문제설정이 바뀌었음을 보여준다. 여기에서 콩스탕은 명시적으로 루소의 일반의지론을 겨냥한다. 그는 루소의 일반의지론이 이러한 제한의 문제를 단지 정부의 차원에서 그리고 주권적 인민에 의해 위임된 권한들의 차원에서만 제기할 뿐이라고, 그리하여 주권적 인민에게는 무제한적인 권한을 보존한다는 이유로 그 이론에 반대한다. 이 이론에는 새로운 유형의 전제주의, 즉 민주주의에 고유한 전제주의의 원천이 존재할 뿐만 아니라(그 어떠한 정부가 인민 주권을 표방하지 않겠는가?), 항구적인 제도적 불안정성을 야기하는 원인 또한 존재한다(그 어떠한 정부가 일반의지를 배반한다는 혐의에서 자유로울 수 있겠는가?). 이러한 두 가지 타락을 피하기 위해 정반대로 필요한 것은 주권 그 자체의 상대적이고 제한적인 성격을 확립하는 일이다. 이는 주권의 기초가 무엇이든, 설사 일반의지 내에서라도 주권은 스스로의 한계를 설정할 수 없으며, 주권의 제한 원리는 주권 외부에서 와야만 한다는 것으로 귀착된다. 확실히 《사회계약론》Du contrat social에서 루소는 일반적인 것에 관심을 기울이는 것과 사적인 것에 관련되는 것 사이의 구별만을 근거로 해서 주권적 역량의 무제한적인 성격을 확립했으며(《사회계약론》, 2권, 4장), 이로부터 그는 정부 행위 영역의 경계를 연역해냈다(《사회계약론》, 3권). 하지만 콩스탕이 비난하는 것은 일반적인 것과 사적인 것 사이에서 이러한 단절을 표시하는 것 자체가 주권의 소관이며, 따라서 주권과 관련되지 않는 것을 한정하는 것이 주권의 권한이라는 루소의 바로 그 생각이다. 그렇다고 해서, 보날드 또는 버크 같은 반-혁명주의자들이 옹호했던 것처럼, 이러한 한계설정이 사회적 구조 그 자체로부터, 그 구조의 다양한 권위들의 직조물로부터 유래하는 것도 아니다. 전제적인 국가의 권한만큼이나 전제적인 사회적 권력을 염려하면서 콩스탕은 개인에 호소하는데, 여기서 개인은 그것의 사실적인 실존이 동시적으로 원리적인 독립성을 부과하며, 따라서 이렇게 개인만이 한계설정의 탁월한recherché 기준을 제공할 수 있는 것이다. 만약 인간 실존의 한 부분이 정당한 권위의 관할권에서 벗어난다면, 이는 개인이 충만한 자율성을 향유하는 사적 영역과 국가가 정당하게 구성원들에 대해 자신의 권력을 행사하는 공적 영역 간의 경계선을 그을 수 있는 권한이 바로 개인의 자유에 속하기 때문이다.

> 주권은 오직 제한적이고 상대적인 방식으로만 존재한다. 그것의 권한은 개인의 독립성과 그 실존이 시작되는 지점에서 멈춘다. 만약 사회가 이 선을 침범한다면, 사회는 사람들을 말살시키는 칼만을 자격으로 지니는 전제군주와 마찬가지로 잘못을 범하게 된다. 사회는 찬탈자가 되지 않고서는 자신의 권한의 한계를 넘을 수 없으며, 대중은 반란분자가 되지 않고서는 자신의 권한의 한계를 넘을 수 없다. (Constant, 1815, p. 313)

이러한 테제의 핵심에는 존 로크John Locke에 의해 옹호된 자연권 개념화에 대한 콩스탕의 재정식화가 존재한다. 단순히 논점 선취의 오류와도 같은 자연권 관념은 사회계약의 기초가 되는 계기 속에서 이러한 자연적 자유의 양도가 필연적이라는 루소의 논증을 막지는 않았다(《사회계약론》, 1권, 6장). 콩스탕은 "시민들이 모든 사회-정치적 권위로부터 독립적인 개인적 권리들을 소유한다"고 주장하는 테제를 인간 본성에 대한 이론에 위탁하기보다, 《고대인들의 자유와 근대인들의 자유 비교》De la liberté des Anciens comparér à celle des Modernes(1819)에서 대두되는 어떤 역사적 담론 속에 재통합한다. 근대 사회와 고대 사회의 비교 조사의 토대 위에서 콩스탕은 자연적 자유 개념을 역사화하는데, 사실상 [이를 통해 드러나는 것은] 정치적 자유가 개인적 자유에 점점 더 종속되는 문화적 과정의 결과물로서의 자연적 자유 개념이다. "고대"의 자유는 주권의 책무들을 집단적으로 그리고 직접적으로 수행하고, 행정, 사법의 행위들을 공적 장소에서 검토하며, 공동으로 법률과 전쟁 그리고 평화에 대해 심의하는 것으로 구성되었다. 이렇게 사유된 자유는 시민들 간의 사회적 권력의 나눔 속에서 체험되고 실천되었는데, 이때 시민들은 "전체의 권위에 개인이 완전히 예속되는 것을 이러한 집단적 자유와 양립 가능한 것으로서 받아들였다". "주권자는 거의 관습적으로 공적 사안들 속에 존재했으며", 개인은 이 속에서 어려움 없이 "모든 사적 관계에서 노예"가 되는 것을 감수했다(Constant, 1819, p. 594-595). 근대 사회에 이르러 개인적·집단적 행복에 대한 사회-정치적 조건들이 바뀌어가면서 사실상 이러한 접합은 불가능해졌다. 따라서 이러한 접합은 사회체 전체가 어떤 심대한 불균형에, 즉 아나키와 전제정치의 위험에 빠지지 않고서는 부과될 수 없는 것이었다. 실제로 콩스탕에 따르면 이제부터 자유롭다는 것은 시민적 참여 속에 온전히 집중된 자유를 뜻하는 것이 아니라, "반대 의견을 낼 수 있는 권리"이자, "자신의 생업을 선택하고 그것을 행할 수 있는 권리", "재산을 소유하고 심지어 그것을 마음대로 사용할 수 있는 권리", "허가를 받지 않고 또 그 이유나 동선을 밝히지 않고 자유롭게 이동할 수 있는 권리" 그리고 "저마다 그들의 관심사를 나누기 위해, 또는 그와 그의 동료들이 선택한 종교 행위를 행하기 위해, 아니면 단순히 그들의 성향이나 욕망에 따라 시간을 보내기 위해, 다른 개인들을 만날 수 있는 권리"를 뜻하게 되었다 (Constant, 1819, p. 593). 정치적 권리들(모든 또는 몇몇의 관리들을 임명하거나 아니면 정부 당국이 다소간 고려할 수밖에 없는 항의, 탄원, 요구를 통해 누구나 정부 행정에 영향을 미칠 수 있는 권리) 자체가 (이제는) 그 권리를 자유롭게 행사하지 않을 수 있으며 정치적 사안에 무관심할 수 있는 개인들의 재량권에 맡겨져야만 한다. 이제부터 자유는, 더 이상 혁명주의자들이 그것에 대한 환상을 시대착오적으로 부활시켰던 시민적 덕목의 활동성으로서의 행복이 아니라, 한창 부흥하고 있었던 부르주아 사회의 관행들과 가치들에 맞게 사적 즐거움의 부단한 추구와 그것의 보장으로서의 행복과의 상호관계 속에서 재정의되었다. 고대인들이 발견했던 바와 같은 즐거움들을 정치적 자유의 실행이 더는 제공해주지 않게 되자, 이제 자유에 대한 권리는 정치의 측면에서 사적 추구와 그것의 안정성을 제도적으로 보장해주는 기본적인 임무를 띠게 되었던 것이다.

그럼에도 불구하고 콩스탕은 이러한 사적 자유의 자율화를 엄습하는 위험을 감지했다. 즉 정치적 역량이 개인의 행복을 보장하는 것에 그친다면 사적 자유는 모든 정치적 자유를 포기할 준비가 되어 있었던 것이다. 1819년의 그의 저서가 행복을 상대화하는 것으로 끝나는 것은 바로 이 때문이다. 즉 행복이 인간 종의 유일한 목적일 수는 없는 것이다. "우리 본성의 가장 훌륭한 부분, 우리를 쫓아다니면서 우리를 괴롭히는 이러한 고귀한 불안감, 우리의 이성lumière을 확장시키는 이러한 격정"은 우리의 "도덕적 능력"의 "완전화"라는 높은 소명을 가지고 있다. 입법가와 국가의 임무는 개인의 자유가 보장할 수 있는 사적 행복에 인민이 안심하고 만족하도록 하는 것에 그치는 것이 아니라, "제도들이 시민들의 도덕적 교육을 완성한다"는 것을 확인하는 데까지 나아가야만 한다. 다시 말해 그 임무는 인간종의 운명에 필수적인 두 가지 자유, 즉 "고대인들의" 자유와 "근대인들의" 자유를 결합할 수 있는 정치적 조건을 창출해야만 하는 것이다. 정치의 이러한 궁극적인 목적성은 콩스탕에게 미친 칸트 철학의 영향력을, 더 일반적으로 말해서 "복지국가Wohlfahrtsstaat, l'État de bien-être"에 대항하여 독일에서 발전된 비판적 성찰들(예를 들어 빌헬름 폰 홈볼트 [《국가 행위의 한계들에 관한 시론》Essai sur les limites de l'action de l'État, 1791~1792))의 영향력을 보여준다.*

국가가 그것의 후견인으로 그칠, 개인적이고 사적인 자유의 지배가 야기하는 위험은 알렉시스 드 토크빌Alexis de Tocqueville(1805~1859)의 사유의 핵심을 차지하는데, 그는 콩스탕과는 다른 방식으로 자유주의 사상의 핵심적인 테제들을 개인주의에 관한 그 사상의 전제들이 다시금 문제시될 정도로 굴절시킨다. 그 이유는 무엇보다 민주주의적 사태에 대한 토크빌의 정교

---

*   "복지국가"에 대해서는 2부 1장을 보라.

하고 복잡한 분석에서 드러난다. 토크빌은 당대의 다수가 그러했던 것처럼 혁명적 사건 및 그것의 직접적인 여파에 대한 정치적이고 제도적인 교훈에 근거해서 자신의 분석을 뒷받침한 것이 아니라, 지리적 거리와 시간적 거리라는 두 간극을 토대로 해서 자신의 분석을 전개했다. 미국의 징벌 체계를 조사한다는 애초의 목적으로 신생 국가 미국을 여행함으로써, 토크빌은 이러한 지리적 거리를 토대로 미국의 민주주의를 평등과 자유의 미증유의 결합으로 향하게 만든 사회적 경향들과 제도적 고안물들을 생생하게 분석할 수 있었다(《아메리카의 민주주의》De la démocratie en Amérique, 1835, 1840). 프랑스혁명을 여러 시대에 걸친 하나의 과정(특히 국가 권력과 중앙집중화의 증대, 그리고 사회적 집단들뿐만 아니라 결국 개인들까지도 그 자신들 내로 유폐시켜버리는 "계급 분할"의 강화로 특징지어지는 과정)의 연속성 내로 재기입하는 역사적 연구를 거치면서, 토크빌은 시간적 거리를 통해서 프랑스혁명이 부각시키고 풍부하게 만들기 이전부터 구체제하에 존재해온 프랑스 민주주의의 경향성들, 즉 모든 사회적 풍습 속에서 마찬가지로 제도들 속에서 모든 정치적 자유들이 소멸되는 경향성들의 좌표를 식별할 수 있었다. 따라서 토크빌의 정치적 사상은 이중의 테제 위에 기초한다. 즉 정치적·사회적·도덕적 현상으로서의 민주주의적 사태의 불가피하고 불가역적인 성격, 그리고 독창적인 사회-정치적 형태로서의 자유주의적 민주주의의 발명과 일반화된 예속의 정체 내에서의 대중 전제정치의 감내라는 민주주의 효과들의 양가성.

무엇보다 토크빌의 독창성은 이러한 양가성의 원천에 대한 그의 이해에서 연원한다. 이러한 양가성은 추상적 이념형으로서의 "민주주의"를 문제시하기보다는 민주주의를 추동하는 원리적인 경향성을 문제시하는데, 이러한 원리적인 경향성은 법적인 주체들이 법 또는 공적 제도들과 맺는 관계에 관련될 뿐만 아니라, 더 근본적으로는 풍습들, 작업들, 행동들, 사유들 같은 사회적 삶 전체에 관련된다. 이때 이 원리적인 경향성이란 사회적 조건/신분들conditions 및 지위들에 대해 점증하는 균등화의 경향성을 말한다.

> 오늘날 나라들은 그 내부의 조건들을 불평등한 채로 내버려 둘 수 없다. 하지만 평등이 그 국가들을 예속으로 이끌지 아니면 자유로 이끌지는 그 국가들에 달렸다. (Tocqueville, 1840, p. 402〔국역 577쪽〕)

이러한 양자택일—토크빌의 저서는 결론으로서 이러한 양자택일에 다다르며, 결정을 내려야만 하는 정치적 과업은 이 양자택일에 집중된다—에 마주해서, 토크빌은 정치적 자유에 대한 개인적 자유의 단순한 우위(소여로서 주어진 우위)에 만족할 수도, 대중의 전제정치와 개인의 양도될 수 없는 권리로서의 자유의 전제정치에 반대하여 정치적 자유(개인적 자유의 조건이 될 정치적 자유)를 재긍정하는 데 그칠 수도 없었다. 실제로, 막 자라나고 있었던 고유한 사회학적 관점 속에서 토크빌은 근대 개인성의 형태 자체를 조건들의 경향적 균등화가 야기한 주요한 효과들 중 하나로 파악한다. 엄밀하게 말해서 민주주의적 개인주의와 대중 민주주의는 서로 상관적이기 때문에, 이러한 균등화의 경향은 대중 민주주의를 초래하지 않고서는 "민주주의적 개인주의"를 낳을 수 없다. 따라서 토크빌의 개인주의가 사회적 권위와 국가 권력을 제한해서 그 자체로 유효할 개인적 권리들을 보호하는 것을 지지하는 데에 만족할 수 없다는 것은 당연하다. 콩스탕과는 반대로, 토크빌은 사적 자유와 정치적 자유 사이에서 망설이지 않는다(Constant, 1819). "평등이 초래할 수 있는 악행들"과 특히 시민적 덕성들에 대한 개인주의적 무감함apathie 및 유기에 대한 유일한 "효과적인 치료책"은 바로 정치적 자유 속에서 모색되어야만 한다(Tocqueville, 1840, p. 135〔국역 201쪽〕). 또한 제도적 조건들은 평등이 초래할 수 있는 집단적 약화와 개인적 노예화의 효과들을 피하면서도 평등의 경향성에 의거하기 위해 정치적 자유의 평등에서 출발해서 재정의되어야만 한다.

이러한 관점에서, 강력하고 독립적인 사법 권력을 발전시킬 필요성 그 이상으로, 토크빌은 단순히 개인적 권리로서가 아니라, 직접적으로 정치적인 의미를 지니는 제도적 필연성으로서 고려된, (정치적·산업적일 뿐만 아니라 지성적이고 도덕적인) "단체들communes" 내지는 "협회들associations"의 원리에 가장 큰 중요성을 부여한다(Tocqueville, 1835, p. 274-282〔국역 317~329쪽〕; 1840, p. 137-152〔국역 202~224쪽〕).

자유로운 인민의 힘은 바로 단체 속에 거주한다. 초등학교가 학문에 속하는 것처럼 공동의 제도들은 자유에 속한다. ……공동의 제도들 없이도 국가는 자유로운 통치의 모습을 띨 수 있지만, 자유의 정신을 가질 수는 없다. (1835, p. 123〔국역 104쪽〕)

이러한 자유의 정신은 하나의 단체로 결집된 집단적 기획들 및 의지들로부터만 국가nation에 생겨날 수 있다. 이러한 단체들formations만이 국가 권력의 독점적인 집중화와 동시에 (점점 더 무력해질수록 그들의 사적인 이익들에 유폐되며, 점점 덜 실제적으로 자유로워질수록 고립되는) 개인들의 원자화를 약화시킬 수 있다. 이러한 연합을 수단으로 해서 미국의 민주주의는 바로 모든 형태의 전제정치의 구실 노릇을 할 수 있는 위험한 "일반의지"의 가상에서 벗어난, 구체적인 인민 주권의 제도적 조건들을 실현하는 데 성공할 수 있었다(1835, p. 117[국역 96쪽]; 1840, p. 147-152[국역 216~224쪽]). 그렇다고 해서, 외부의 미국 모델을 상이한 현실에 적용시키는 것이 능사는 아닐 것이다. 반대로 유럽의 오래된 나라들의 고유한 역사를 감안해서, 특히나 그 나라들에서 귀족정이 점하고 있던 역할을 감안해서, 그 모델의 가능한 독창적인 발전을 사유하는 것이 적절하다. "(귀족들이─기욤) 자신들과 의존관계하에 놓여 있었던 모든 이들을 모아 구성한 지속적이고 강제적인 연합들"을 통해, 귀족정은 실제로, 개인의 필요에 대한 권력의 책무를 후견적인 국가에 떠넘기면서 고립되고 마는 민주주의적 개인성의 무감함과는 완전히 반대로, 국가 권력의 집중화에 만족하면서 "수많은 노력, 거대한 계획, 견고한 저항, 장기간의 구상, 위대한 사유"를 선도할 수 있는 집단적인 사람들의 조직을 보장했다(Tocqueville, 1840, p. 385[국역 204쪽]). 그럼에도 불구하고, 중요한 것은 복고주의적 향수를 조장하는 것이 아니라 제도적 해결책을 모색하는 것이다. 이 제도적 해결책은 현재 상황에 적합하면서도 역사적 유산 속에서 자신의 정식화 및 실행과 유사한 요소들을 길어낸다. 우리는 이처럼 앞서서 지리적 거리와 역사적 거리로 환기되었던 이중의 작업을 재발견하게 되는데, 이제 이 이중의 작업은 하나의 실천적 함의를 갖는다. 미국이라는 새로운

나라가 어떤 의미에서 본능적으로 실현하는 데 성공했던 그것을
유럽의 오래된 나라들은 귀족정신과 그 덕목들을 미증유의 민주
주의적 제도들 속에서 되살림으로써 달성할 수 있을 것이다.

민주주의적 인민들에게 있어서, 조건의 평등이 사라지게 만
들었던 역량 있는 개인들의 역할을 해야만 하는 것은 바로 협
회들이다. …… 우리가 이 세상에 귀족정을 다시금 세울 수
없을 것이라고 나는 굳게 믿는다. 하지만 그저 시민들만이 서
로 연합함으로써 이 세상에 매우 풍요롭고 영향력 있으며,
매우 강력한 존재자들, 한마디로 귀족적인 사람들을 구성할
수 있다고 나는 생각한다. 이러한 방법으로 우리는 귀족정의
부정의도 귀족정의 위험도 없이, 귀족정이 지닐 수 있는 가
장 큰 정치적 이점들을 획득할 수 있을 것이다. 정치적·산업
적·상업적, 심지어는 과학적·문학적 연합은 식견을 갖춘 역
량 있는 시민이며, 우리가 제멋대로 음지로 내몰아 억압할 수
없을 이러한 시민은 권력의 요구들에 반대하여 자신의 권리
들을 옹호함으로써 공동의 자유들을 지켜낸다. (Tocqueville,
1840, p. 140, p. 391[국역 207~208쪽, 561쪽])

연합 원리에 부여된 중요성 속에서 우리는, 민주주의 체제
에 내적인 자유와 평등 간의 모순에 대한 해결책까지는 아니더
라도, 최소한 이 해결책이 그 속에서 모색되어야만 하는 "귀족-
민주주의적aristo-démocratique"길을 볼 수 있다. 여타의 모든 자유주
의 중에서 토크빌의 자유주의를 독특하게 만드는 이 귀족-민주
주의는 "귀족적 가치들(자유에 대한 특정한 개념화)에 대한, 동시에

귀족정이 구현할 줄 알았던 사회-정치적 제어 원리(자유의 특정한 "연합적" 제도화)에 대한 보편화 즉 민주화"를 변호한다(Chanial, 2001, p. 234-238). 마찬가지로 이 귀족-민주주의에서 우리는, 이러한 귀족정에 대한 준거를 포기하면서 "개인"과 "국가" 간의 총괄적인 항대항 관계라는 무척 추상적으로 여겨진 표상에서 빠져나오기 위해 새롭게 "매개적 몸체/집단corps"들의 질문을 중심에 갖다놓을 사유 흐름들(예를 들어 뒤르켐의 사회학 학파, 또는 한나 아렌트의 정치적 사유)*의 선구자를 목격할 수 있다.

프랑스에서 혁명 이후의 정세 속에 국가에 대한 자유주의적 이론들을 변형시킨 마지막 요인을 언급해보자. 자유주의 사상은 19세기 초반 수십 년을 (심지어는 1848년 이후에도) 뒤흔든, 대의제와 헌법에 의한 국가 형성의 복잡한 과정 속에서 단순히 비판적인 학설에만 머무르지 않았다. 바야흐로 자유주의 사상은 그것이 실제로 자유주의 국가의 실제적 제도화의 문제들에 대면해야만 했다는 의미에서 **권력에 대한 사상**이 되었다. 아메리카 대륙의 신생국가 미국, 그리고 무엇보다도 새로운 자유주의자들이 신봉하던 인물 몽테스키외에게 이미 그토록 깊은 영향을 미쳤던 영국의 입헌군주제는 여기서 중요한 모델들을 제공한다. 하지만 [부르봉 왕조의] 왕정복고와 7월 왕정이라는 혁명 이후의 제정의 맥락은 프랑스에서 특수한 문제들을 제기했다. 1789년 프랑스혁명의 민주주의적 열망들의 고수와 자유주의자들을 반복해서 의회 내의 대립 속으로 내몬 보수주의자들의 성공들 사이에서 자유주의의 독특한 흐름은 주권 또는 정치 권력의 정당성 문제를 재정

---

*   2부 2장 2절과 3부 1장 2절을 보라.

식화하는 데 전념했다. 특히 이는 절대군주제나 민주주의적 "전
제정치", 민주주의적 "무정부주의" 모두로부터 동일하게 거리를
취하면서 단순히 양도 불가능한 개인적 자유의 긍정에 그 원리의
기초를 둘 수 없는 대의제 정부의 존재 이유들 및 그 양상들을 재
정식화하는 것이었다.

권력의 본성 및 그 조건들을 숙지하고 있다는 측면에서 새로
운 프랑스의 동맹국들은 특히나 훌륭하다. 그들은 하나의 정
부, 즉 건립해야 할 혁명정부를 가지고 있다. 이러한 건립에
성공하기 위해서는 무기들이나 대립되는 이론들 말고 다른
것이 필요하다. (Guizot, 1821)

"교조주의자들"이라 일컬어지는 흐름은, 불안정하지만
동시에 (특히 제정과 왕정복고 치하에서 교편생활을 통해 몇몇이 얻
은 명성들을 통해, 그리고 무엇보다 7월 왕정에서 그들이 점한 정치적 요
직들을 통해) 그들의 주장들을 전파하는 데서 이데올로기적으로
유리한 정치적 정세 속에서 이러한 과업에 매달렸다. 이러한 흐
름—피에르-폴 로와이에-콜라르Pierre-Paul Royer-Collard(1763~1845)
에 의해 선도되었으며, 여기서 우리는 그 흐름의 주도적인 옹호
자들 중 한 사람인 프랑수아 기조François Guizot(1787~1874)를 제시
할 것이다—의 중요성과 그 독특성은, 단순한 비판적 자유주의
에 반해서, 자유주의적 학설이 국가 권력의 충만한 실정성, 즉 사
회적 삶 속에서 정부의 개입이 야기하는 실정적인 동기화들을 수
용할 수 있도록 그 학설을 제도화하는 기획으로부터 유래한다.
이로부터 이 흐름은 반-혁명주의적 보수주의자들뿐만 아니라,

단순히 비판적인 자유주의라는 "반대 이론들"의 옹호자들과도 구분된다. 베리 공작의 암살* 이후 과격 왕당파들이 정부를 장악하는 동안, 1823년 기조가 민주주의 원리에 대해 제시한 재해석은 이를 증명해준다. 기조가 인민 주권의 원리를 거부한다고 해도, 이는 민주주의에 반대하기 위해서도, 또 민주주의의 의미를 재정의해서 혁명의 숨길 수 없는 긍정적 유산을 재평가하기 위해서도 아니다. 기조가 보기에 민주주의 체제가 가져온 뛰어넘을 수 없는 공헌은 사실상 주권의 새로운 기초를 제시했다는 데 있는 것이 아니라, 주권의 문제를 **문제로서** 제기했다는 데 있다. 정부로부터 주권을 박탈함으로써 혁명주의자들은 정치 권력을 "그 정당성을 끊임없이 증명해야만 하는 의무"에 종속시켰고, 그리하여 그들은 기초의 불확실성 속에서 극복 불가능한 국가의 지평을 발견했다. 반대로 "절대군주la monarchie pure"제는 군주의 통치가 권리상의 주권을 갖고 있는 것으로 여기면서 "권력의 정당성을 절대적으로" 가정하는 데 만족했고, 그리하여 "이러한 정당성을 증명해야만 하는 모든 책무로부터 …… 스스로를 면제시켰다"(Guizot, 1823, p. 371-372). 혁명주의자들이 자신들이 이제 막 발견한 "인간 사회의 진정한 원리", 즉 주권의 절대적 기초의 부재를, 인민을 새로운 기초로 내세움으로써, 그리고 권력의 정당성이 단번에 모든 이들에 대해 확정적으로 수립될 수 있다고 믿는

---

*   베리 공작duc de Berry. 베리 공작 작위는 프랑스 왕가 일족들을 위해 만들어진 작위로서, 여기서 베리 공작은 샤를-페르디낭 다르투아Charles-Ferdinand d'Artois를 말한다. 샤를 10세 국왕의 둘째 아들인 그는 프랑스혁명 시기에는 프랑스를 떠나 있다가 이후 왕정이 복고되면서 프랑스로 돌아왔다. 1820년 2월 14일 파리 국립 오페라에서 관람을 마치고 마차에 타려는 순간, 안장 제조업자로 일하던 루이 피에르 루벨Louis Pierre Louvel이 휘두른 칼에 찔려 암살당했다.—옮긴이

인민을 과거 군주제의 위험 속으로 다시 빠뜨리면서, 은폐해버렸다는 것은 사실이다. 하지만 말하자면 바로 거기에서 그 순간에 민주주의 정신은 자유의 권리에 대한 진정한 함의를 발견했다.

> 자유의 이러한 권리는 개인들의 의지들이라 일컬어지는 주권으로부터도, 의지들 전체의 동의에 입각해서 최소한 한번 체결된 협약으로부터도 귀결되지 않는다. 인간들의 의지 속에서 자유의 권리의 원천을 찾는 것은 그 권리에 너무나도 작은 기원을 제공하는 것이며, 인간 계약에 입각해서 자유의 권리를 정초하는 것은 그 권리에 너무나도 허약한 토대를 제공하는 것이다. (Guizot, 1823, p. 371)

자유는, 모든 권력으로부터 해방되기 위해서, 그리고 심지어는 정당한 권력을 정초하기 위해서 주어지는 것이 아니라, **권력 그 자체를 그 권력의 정당성 문제에 부침으로써**, 정당한 권력에 복종하기 위해서 주어진다. 바로 이러한 점이 민주주의 체제가 알아차렸지만 바로 무시해버린 자유의 의미이자, 자유가 도달한다고 믿는 절대적인 것을 끊임없이 포기해야만 하는, 또는 자유 그 자체를 포기하지 않고서는 중단될 수 없는 〔자유의〕 무한한 추구와 염려가 의미하는 바다.

정당한 권력은 알려지고 고정된 어떤 소여가 전혀 아니다. 반대로 그것은 우리가 찾는 가변적인 미지의 것이며, 그 어떠한 엄밀한 해결책도 결코 절대적으로 그것을 가져올 수 없다. …… 참된 법에, 그리고 오직 그 법에만 복종하기 위해 태어난 (인간은—기욤) 그 법을 찾는 일에, 그리고 다시 자신의 왕국을 방어하는 일에 서약한다. 그는 정당하지 않은 권력에 맞서 자신의 자유를 방어해야만 하고, 자기 고유의 자유에 맞서 정당한 권력을 방어해야만 한다. 민주주의 체제는 이러한 두 가지 과업을 스스로에게 부과한다. 정부로부터 주권을 박탈함으로써, 그는 정당한 권력을 가정하는 대신 어쩔 수 없이 그러한 권력을 끊임없이 찾아야만 한다. 자유의 권리들을 선포하면서도, 그는 자유로 하여금 정당한 권력의 법을 따르도록 스스로에게 의무를 지운다. 왜냐하면 이러한 대가로 사회가 존재하기 때문이다. 따라서 오직 그만이 스스로에게 참된 문제를 제기하며 모든 어려움 속에서 그 문제를 풀고자 시도한다. 그는 자신이 그 문제를 해결했다고 너무 쉽게 확신한다. 그가 인민 주권을 선포할 때, 그는 정당한 권력을 찾는 것에, 자유의 권리들에 주의를 기울이는 것에 지쳐버린 것이며, 휴식을 취하기 위해 전제정치의 길들로 되돌아가는 것이다. (Guizot, 1823, p. 372)

우리는 이러한 상황, 분명히 본질적으로 역동적인 상황으로부터 불가피한 사회적 불안정성을 도출해내지는 않을 것이다. 반대로 문제가 되는 것은 정치적 대의제의 조건들을 새롭게 다시 정의하는 것이다. 실제로, 정치 권력의 정당성이 확정적인 방식으로 절대적인 토대 속에서 결정될 수 없다고 주장하는 것은 이 정당성이 필연적으로 정부와 사회 간의 관계들에 상관적이라는 것을 함축한다. 진정한 대의제 정부의 본성상 그것에 의존할 수밖에 없는 이러한 관계들은 필연적으로 유동적이고 변화 중에 있으며, 따라서 대의는 어떤 과정이자 기조가 말한 바대로 영속적인 어떤 "일"이고, 정당성은 정치 권력에 결부되어 있는 어떤 질實이 아니라 계속되는 정당한 과정으로서의 대의적 과정으로부터 끊임없이 재생산되는 효과다. 그렇다면 이러한 과정은 무엇으로 구성될까? 우리는 두 가지 상이한 방법들을 통해 반-혁명적 보수주의자들과 혁명 이후의 비판적 자유주의가 새로운 심급을 의식했음을 보았다. 그 새로운 심급이란 바로 고유한 의미에서의 사회적 권력인데, 그것은 때로는 국가의 입법, 행정의 유일한 수단들만을 통해 사회를 변화시키고자 하는 혁명적 의도에 반대해서 주장되었으며, 또 때로는 자유로운 개인성에 대한 새로운 억압의 원천으로 파악되었다. 이와는 반대로 기조는 이러한 사회적 권력으로부터 통치의 기예에 대한 새로운 개념화를 이끌어내는데, 이는 대의가 지니는 근대적 의미를 규정하는 것이었다. 그 어느 때보다도 더, 근대라는 시대는 바로 국가 권력과 사회 권력의 강렬한 뒤얽힘으로 특징지어지는 시대이며, 정부는 더 이상 "별도의 영역" 내로 격리되지 않으며, 몇몇의 유력 가문들에 이익이 되는 어떤 특수한 대상들에 제한되지 않는다. 반대로 "정부는 그 자체로 훨씬 더 일반적이고 더 직접적이며 더 보편적으로 시민들 전체의 이익들 및 그 삶과 연관된다. 그에게 돈이 필요한가? 정부는 모두에게 묻는다. 법이 필요한가? 그 법은 모두를 위한 것이다. 정부는 두려워하는가? 그 두려움의 대상은 누구나 될 수 있다". 국가 권력의 이러한 사회화에는 그것의 엄밀한 상관물로서 사회적 삶의 정치화가 대응된다. [이러한 사회적 삶의 정치화 속에서] "정부의 권한은 그 권한을 판단하기를 열망하며" 그 권한이 "모든 경우에서 자신의 행동을 정당화하기를" 요구하는 정신들과 도처에서 마주친다(Guizot, 1822, p. 110-114; 144-148). 이때부터 정부의 대의적 성격은 더 이상 권력을 보유하고 있는 정치적 심급("정부 당국")과 그 심급에 다소간 복종할 사회적 공간의 구분 위에 기초를 두지 않는다. 반대로 그러한 대의적 성격은 정부가 그 속에서 자신의 필수 불가결한 보조자들과 자신의 행위의 실제적인 동기들을 발견해야만 하는 사회적 권력들의 사실적인 실존으로부터 그 온전한 의미를 갖는다. 정부가 외부로부터 사회에 개입할 심급으로서가 아니라, 사회적 삶 속에서 구성되는 "본성적 탁월성들supériorités naturelles"을 자신에게 합류시킴으로써 사회 속에서 행위를 증대시켜야만 하는 이유는 바로 정부 자신이 대의적 성격을 갖고자 하기 때문이다. 이를 통해 우리는 (개인이든 집단이든) 그들의 직업 내지는 그들의 사회적 지위 때문에 특별한 영향력을 부여받은 모든 사람들이 "정부의 수단들"이 되어야 한다는 점과, 이때 정부는 국가 정부의 보조자들로 이해된 유력인사들로 구성된 정부라는 점을 이해하게 된다.

> 통치의 기예는 외면적으로 모든 힘을 자신의 것으로 삼는 데 있는 것이 아니라, 존재하는 모든 힘을 사용하는 데 있다. 왜냐하면 힘은 그 자체로 존재하기 때문이며, 그것은 정부 당국의 뜻대로 움직여주지 않기 때문이다. 정부 당국은 그 힘을 오인하여 그것이 활동하지 못하도록 축소시켜버릴 수 있다. 하지만 그러면 정부 당국은 그 힘으로부터 그 어떠한 이점도 얻지 못하며, 자신이 무시해버린 것을 대체하는 데 필요한 것을 자신의 고유한 토대에서 조금도 길어내지 못한다. (Guizot, 1821)

개인의 자유를 보호하기 위해 정부의 권력을 제한하는 것은 더 이상 문제가 되지 않는다. 문제가 되는 것은 정부의 권력을 증대시키기 위해 사회적 자유를 이용하는 것이다. 국가와 사회 사이에서 권력은 일방향적이고 강제적으로 행위하기를 그친다. 그 대신 권력은 이러한 두 극들 사이를 순환하는 과정이 되며, 이 두 극들이 서로를 인정함으로써 강화된다. 앞서 언급되었던 연속적인 정당화 과정은 바로 이렇게 구성된다. 정부의 권한은, 사회적 권력의 장소들이 변화했음에도 불구하고 그 권한이 여전히 고정되어 있을 때 정당성을 잃는다. 역으로 정부의 권한은 사회에 내재적인 영향력을 통해 그 권한을 적절하게 조정하는 데 주의를 기울임으로써 끊임없이 정당화된다. 바로 이것이 의회, 공적 토론, 선거와 자유로운 언론, 그리고 수많은 제도들의 정치적 기능이다. 이 제도들은 "끊임없이 사회를 뒤져서 사회가 포함하고 있는 모든 종류의 탁월한 인물들supériorités을 드러내고, 그 탁월한 인물들을 권력으로 이끌며, 그렇게 그 인물들이 권력의 자리에 위치하게 된 이후에, 그 인물들에게 오직 공적으로만 그리고 모든 사람들이 접근할 수 있는 수단들을 통해서만 권력을 사용하도록 강제함으로써, 그 인물들이 권력을 잃고 싶지 않다면 권력에 걸맞은 자격을 갖추도록 의무를 지우는" 것을 자신의 기능으로 갖는다. 이 모든 제도들은 대의제적 정부의 다음과 같은 기본적인 원칙 위에 기초를 둔다. "사실상 권력이 더 이상 존재하지 않는 곳에 권리상 권력이 남아 있지 못하도록 막으면, 자신의 목적에 따라 권력을 행사할 줄 아는 현실의 탁월한 인물들이 계속해서 권력을 쥘 수 있다." 그리고 대의제적 정부 체제는 이렇게 "한편으로 권력을 오직 탁월성에만 일치시킴으로써, 다른 한편으로 자기 자신을 증명하고 끊임없이 인정받도록 만들어야 한다는 법칙을 탁월성에 부과함으로써, 권력을 자유에 결합시키는 문제를 해결한다"(Guizot, 1821).

2장

국가의 정초: 인민과 국민/민족 nation*

국민nation과 국가가 불가분의 관계를 맺고 있는 것처럼 보일 정도로, 그리고 "국민국가État national"라는 표현이 중복된 표현처럼 보일 정도로, "국민nation"이라는 용어는 국가라는 개념과 밀접한 것이 되었다. 여기서 'nation'에 대한 담론들의 팽창이 뒤늦게 이루어졌음을 기억하는 것이 중요하다. 19세기가 되어서야 그 담론들은 여러 영역들 속에서 발전했다. 게다가 이 영역들은 국가 사상의 범위를 초과하는 것이었고(그렇다고 국가 사상과 그렇게 멀지는 않았다), 'nation'에 대한 접근법을 다양화했으며 그 의미들을 복잡하게 했다. 실제로 역사학, 지리학, 언어학, 심리학 연구들뿐만 아니라 철학 연구들까지 'nation'이라는 기표를 낚아챘

---

* 'nation'과 그 파생어에 대한 역어 선택은 옮긴이 후기(360~363쪽)를 참고하라.―옮긴이

다. 'nation'이 지니는 고유한 정치적 의미로서의 그것은 18세기
에 출현했는데, 그렇다고 'nation'이 가지고 있던 다음과 같은 이
전의 의미층들이 사라진 것은 아니었다. 즉 기독교의 영향을 받
은 라틴어에서 'nationes'는 유대교와 기독교에서 말하는 "신
의 민족peuple de Dieu"과 대조적으로 이교도 주민들을 뜻했다. 또
한 12세기 'nascion'은 (인종race 또는 신체적 유사성에 근거한 민족gent
과 다르게) 출생, 출신, 언어, 문화 공동체를 의미하다가 17세기
에는 이익 내지는 직업 공동체를 의미하는 것으로 확장되었다.
'nation'의 의미가 정치적 의미로 변화하게 된 것은 18세기 중반
에 드니 디드로Denis Diderot와 장 달랑베르Jean d'Alembert가《백과전
서》Encyclopédie에서 'nation'을 정의한 데서 감지된다.

'Nation'. 특정 경계들로 제한된 특정 지방 영역에 거주하며
동일한 통치행위에 복종하는 사람들의 막대한 양을 표현하
기 위해 사용하는 집합적인 단어.

이처럼 'nation'은 주거 공동체뿐만 아니라 또한 하나의 정
치적 권위에 대한 복종 영역을 한정하는 영토의 경계들에 결부되
었다. 이로써 이 개념은 공화주의 주권 담론 속에 편입될, 그리고
주권 인민과 동일시될 준비가 된 것처럼 보였다. 예컨대 "왕권모
독죄"를 "국민nation 모독죄"로 대체한 1789년 7월 23일의 법령은
국민nation을 "국가를 구성하는 개인들 전체에 의해 헌법상으로
구성된 법적 인격"으로 규정했다.
　　그렇다면 '국민nation'이 "인민을 인민으로 만드는 것"의 완
벽한 동의어가 된 것처럼 보이는 결합지점에서 출발해서, 다양하

면서도 변화무쌍한 담론들, 이론들, 이데올로기들 내로 "국민적/민족적national"이라는 용어가 주요하게 재편성된 점을 어떻게 설명할 수 있을까? 이러한 결합은 실제로 동의어들의 결합이라기보다는 그 뜻이 두 가지로 해석될 수 있는amphibologique* 결합이었다. 다르게 말해서, "인민 주권"을 "국민nationale 주권"으로 규정하는 것은 단순히 동일한 두 담론을 겹쳐놓는 것이 아니다. 왜냐하면 'nation'이라는 용어 자체가 주권을 군주(왕국-국가)로부터 인민(공화제-국가)으로 이전시키는 운동과 단순하게 일치하지는 않기 때문이다. 혁명적 혼란기에서부터 'nation'이라는 용어 주위에서 새로운 유형의 담론이 구성되었는데, 이 담론은 정치체 및 법치국가의 기초로서의 정당한 주권에 대한 담론 속에 도입되었다. 국가/자연권의 쌍에는 어느 정도의 긴장관계하에서 국가와 민족적national 영토의 쌍이 포개진다. 또한 개인들과 그들의 주체적 권리들의 자발적인 연합에 의해 형성된 정치적 주체에는, (사회계약이 사회-정치적 질서를 수립한다는 의미에서) 메타정치적인 행위로서의 순수한 구성적 계약으로부터가 아니라 역사, 지리, 언어의 두께로부터, 요컨대 "문화"의 근간이 되는 깊이로부터 길어온 또 다른 집단적 주체, 즉 민족적national 인민이 포개진다. 그런데 국가적national 인민이라는 관념은 시민들의 공동체라는 관념과 뒤섞이지 않는다. 오히려 그 관념은 **시민권**citoyenneté 그리고 그 자체가 역사의 산물인(서유럽의 몇몇 특정 국가들에서는 특히 그렇다) '**민족성**nationalité'이라는 두 개념의 유착의 결과다. 따라서 검토되어야만

---

*   우리는 "amphibologique"라는 말을, 상이한 두 의미로 해석될 수 있는 한 표현의 애매성에 근거한 논증 내지는 추론으로 규정한다.

하는 것은 정치적·이데올로기적이면서 철학적인 이러한 역사적 쟁점들이다. 우리는 이 장에서 국민/민족nation국가라는 철학적 문제가 **인민 주권의 이론에 내적인 긴장** 속에 뿌리를 내리고 있다는 것을, 그리고 역으로 이러한 이론이 프랑스혁명에서부터 그리고 19~20세기 내내 국가적national 동기 속에서 그 이론을 확장하는 데서, 따라서 또한 그 이론의 내적 긴장을 확장하는 데서 핵심적인 요인들 중 하나를 발견한다는 것을 살펴볼 것이다. 이러한 내적 긴장을 상대적으로 추상적인 정식으로 요약해보자면, 이러한 긴장은 일반의지가 자신의 동일성 문제에 마주쳤을 때, 다르게 말해서 일반의지가 창설하는 보편성이 그 보편성의 한계들의 물음에 부딪쳤을 때 일반의지의 사유를 사로잡았던 긴장이며, 이로부터 일반의지는 **타자**(즉 가능한 또 다른 보편성)의 형상 속에서 (정말 진실로) 있음직한 자신의 특수성의 이미지를 받아들였던 것이다.

1. nation-국가: 혁명적 전통의 정치적 재정초와
    창조 사이에서

어떤 의미에서, 'nation' 개념의 기반이 되는 물음은 루소에 의해 정식화된 다음의 물음과 다르지 않다. "인민을 인민으로 만드는 것은 무엇인가?" 그럼에도 불구하고 'nation' 개념은 이 물음에 감지될 수 있는 어떤 간극을 도입한다. 정치체의 기초이자 공화주의적 시민권의 원리이며 권력의 정당성의 원천으로서의 주권의 기원 및 그 본성에 대한 성찰 속에서 제기된 이 루소적 물음은 무엇보다도 **통일성**에 대한 물음이다. 즉 타협을 모르며

경향적으로 갈등에 빠지는 이해관계들 내의 다수의 특수한 개인들을 일반의지만큼이나 보편적인 존재, 일반 이익 그 자체의 보편적 주체(모든 특수성들을 초월하기 때문에)인 하나의 **전체**로 만드는 것은 무엇인가? 하지만 "인민을 '**국가적**national' 인민으로 만드는 것은 무엇인가?"라는 물음은, 정치체의 통일성의 물음을 그 정치체의 **정체성**identité의 물음으로 되돌리면서 (두 물음을) 겹쳐놓는다. 이러한 물음이 불가피하게 정체성의 불확실성에 대한, 즉 정체성의 응집력과 그것의 완전성, 심지어는 그것의 동질성 또는 순수성을 위협하는 것에 대한 불안감에 시달리는 것은 바로 이 때문이다. "국가적인 것le national"에 관한 담론들이, 주지하다시피 정치사상 내의 극심한 대립 노선들(과 그것의 이데올로기적 지지자들)만큼이나 정체성들의 강력한 집결 장소들을 표시한다는 확증된 사실이 이를 방증한다. 사실상 두 세기 전부터 "국가적national 사태"는 규칙적으로, 때때로 분기하며, 대체로 갈등적인 정치적 입장들(공화주의, 전통주의, 자유주의)에게 "신성한 연합"은 아니더라도 합의의 지반을 제공해왔다. 이는 내전 또는 전쟁 같은 대내외적으로 위태로운 정세들 속에서, 국제관계들 속에서 또는/그리고 사회적 투쟁들 속에서 전형적인 것이었다. 프랑스혁명기부터 'nation' 통념이, 자유의 (프랑스 제1공화국) 첫 해(1792년)에 벌어진 전쟁* 속에서 국가(로베스피에르Robespierre의 구별에 따르면, 설립 도중에 있지만 아직 **헌법**을 갖고 있지 않은 국가) 안팎으로 자유를 방어하는 것이 긴급했던 시대에 바로 이러한 대내외적 두 차원들

---

*   프랑스혁명 전쟁. 1789년 프랑스혁명 이후 탄생한 공화국 정부가 기존 왕당파를 비롯한 유럽 각국의 왕정 세력들과 벌인 전쟁을 말한다.—옮긴이

을 한데 묶어냈다는 것은 주목할 만하다.

대외적 수준에서, 'nation' 개념에 부과된 긴장은 〈인간과 시민의 권리선언〉이 함축하는 보편성의 의미와 관련된 로베스피에르와 당통Danton 간의 대립 속에서 여실하게 나타난다. 1793년 4월 24일 공안위원회가 제출한 초안에 대해 로베스피에르는 다음과 같이 반박한다.

사람들은 당신의 권리선언이, 자연이 그에게 활동무대이자 안식처로서 대지를 선사했던 거대한 가족을 위해서가 아니라, 지구의 한 구석에 갇혀 있는 한 무리의 피조물로서의 인간들을 위해 행해졌다고 말할 것이다.

이때 로페스피에르는 'nation'을 "인간종"과 동일시한다.

만국의 인간들은 형제이며, 같은 국가의 시민들이 그러한 것처럼, 서로 다른 민족들peuples은 그들의 능력pouvoir에 따라 서로를 도와야만 한다. (Robespierre, cité in Guiomar, 1974, p. 146; 146〔국역 배기현 옮김, 〈인간과 시민의 권리 선언 초안〉, 《로베스피에르: 덕치와 공포정치》, 프레시안북, 2009, 165~166쪽〕)

이에 당통의 동지, 로베르Robert는 다음과 같이 응수한다.

모든 측면들에서 인류애를 검토하는 책무는 철학자들에게 맡겨놓자. 우리는 인간종의 대표자가 아니다. 따라서 나는 입법자가 그의 나라에 전념할 수 있도록 잠시 동안 세계를 잊기를 원한다. …… 나는 모든 인간들을 사랑하며, 특히 모든 자유로운 인간들을 사랑한다. 하지만 나는 세계의 모든 여타의 인간들보다 자유로운 프랑스인들을 더 사랑한다. 따라서 나는 일반적인 인간의 본성이 무엇인지가 아니라 프랑스 인민의 특성이 무엇인지를 찾고자 할 것이다. (Guiomar, 1974, p. 147)

이러한 대립을 구체화함으로써, [일련의] 프랑스혁명 전쟁들은 'national'에 관한, 그리고 법치국가와는 이론적으로 구분되는 패러다임인 '국민/민족national'국가의 구성에 관한 담론들이 지니는 본질적인 차원의 선동의 장이 될 것인데, 이 본질적인 차원이란 주권적 인민이라는 법적-정치적 주체를 영토 내에서 (재) 자연화하는 것을 말한다. "하나이며 나뉠 수 없는" 공화국은 단순히 법적으로는 그렇게 될 수 없다. 그 대신 공화국은 자신의 땅 내에서 그렇게 존재해야만 하는데, 이때 이 땅은 국가nation의 자연적 신체이지, 더 이상 왕이 영유하는 땅, 도미니움dominium이 아니다. "이러한 아름다운 결사는 조그마한 영토의 경계들로 좁혀지지 않는다. 그 결사는 프랑스 전역에 걸쳐서 하나이자, 나누어질 수 없다."(Buzot, 1792년 8월 8일) 국가nation의 통일성은 단지 정치적 대의 속에서만 구현되지 않는다. 그것은 내부의 분열들과 외부의 적들에 맞서서 영토적 소속의 동일성 내에서 구현되어야만 한다. 이러한 기반 위에서, 구체제의 왕조들 간의 싸움들로부터 물려받은 자의적인 [영토의] 윤곽선과의 단절을 주장하면서 1792~93년에 전개된 "자연국경"설*은 앞서 살펴본 로베스피에

---

* 프랑스혁명 시기에 만들어진 정치·지리적 이론으로서, 라인 강, 대서양,

르파와 지롱드파 간의 긴장을 해결하기보다는 전치시킨다. 그 학설은 민족national 국가의 담론 속에 양가성을 도입하는데, 이 양가성은 영토 폐쇄와 영토 확장 사이에서, 정당한 온전성의 보호와 자유로운 주권의 정당한 보편화/세계화universalisation의 확장 사이에서, 저항 내지는 해방 전쟁과 식민지 전쟁 사이에서 분기하는, 그 담론에 대한 재전유들의 역사를 〔하나로〕 관통하지 못하도록 만들 것이다. 프랑스혁명 전쟁들의 맥락부터 살펴보면, 자연국경들의 "재정복"에 대한 호소는 심대하게 양가적인 것으로 드러난다. 당통과 지롱드파들은 자연적으로 그 표식/경계가 설정되어 있는balisé 영토상의 공화국의 이름으로, 다시 말해 신성동맹에 맞서는 전쟁의 제한 원칙의 이름으로, 보편적/세계적universelle 공화국의 이념을 비판하면서 이러한 호소를 혁명적 제국주의를 자제시키는 수단으로 만들었다. 하지만 동시에 이 자연적 영토 이데올로기는 인민 주권의 보편성 원리가 자연적 영토 〔내로 제한된다는〕 종속관계를 전도시켜서 자연적 영토가 자유로운 인민의 체제와 동일한 외연을 가진다고 간주했고, 이에 따라 점점 더 광대한 영토들을 위한 '위대한 국가Nation'〔즉 제국〕의 확장의 서막으로 쓰일 수 있었다. 이러한 의미로 계몽주의의 범세계주의를 해석하는tournant, "인류"를 대표하는 외국인 대표단의 장이었던 애나카시스 클루츠Anacharsis Cloots는 1790년 프랑스혁명 1주년 기념 축제에서 이러한 비타협적인 보편주의의 대변인이 되었다.

지중해, 피레네 산맥, 알프스 산맥이라는 자연지물로 둘러싸인 영역이 프랑스 민족의 거주지역이며, 따라서 이 영역을 모두 프랑스의 영토로 편입시켜 자연지물을 국경으로 삼아야 한다는 주장으로 요약된다.—옮긴이 우리와 혼합될 최초의 이웃의 인민은 세계적인/보편적인 연방의 신호를 줄 것이다. 우리는 유일한 국가nation 속에서 가능한 한 가장 훌륭한 정부와 함께 가능한 한 가장 최소한의 비용을 발견할 것이다. 그들의 선로들에서 이탈한 사람들은 우리에게 자문을 구할 것이다. 우리는 그들을 개인들의 복된 연맹에 초대함으로써, 대중들의 일시적인 연맹에서 그들을 벗어나게 해줄 것이다. 오직 하나의 대양만이 있으며, 오직 하나의 국가nation만이 있다. (Anarcharsis Cloots, 1792년 9월 9일,《구텐베르크에게 바치는 찬사》Éloge de Gutenberg)

이어서 클루츠는 민족주의적 배타주의particularisme nationaliste에 반해서 민족nation의 보편주의를 되돌려놓는다. "수천 개의 동등한 지역으로 나누어진 세계는 고대의 민족적nationales 호칭들과 분쟁들에 대한 기억을 잊게 될 것이다." 'nation'의 개념은, 혁명적 공화주의에 의해 벌어진 채로 열려 있는 보편적인 것의 특수성이라는 문제—만약 주권이 일반의지 속에서 정초된다면, "일반적인" 것은 어디에서 그치는가?—를 해소한다기보다는, 말하자면 내면화한다. 이러한 물음은 나폴레옹의 제국주의 전쟁 속에서 다시 매우 결정적인 물음이 될 것이다.

우리는 급진적인 보편주의와 보편성의 특수화 간의 동일한 긴장을 내적 방어 속에서 재발견하게 된다. 정치체의 객관적인 정체성을 영토에 연결시키는 자연국경이라는 관념은 (민족적national 인민들이 신성동맹의 "인민 없는 전제주의"에 대해 벌이는 대결 속에서) 'nation'의 의지를 그것의 고유한 보편화의 조건들 및 한계들에 대질시키는 문제를 제기했다. 이제 문제가 되는 것은 자신의 영토 내부에서 주권적인, 인민의 주관적 정체성이다. 프랑스혁명이 벌어지기 몇 달 전에, 사제 에마뉘엘-조제프 시에예스Emmanuel-Joseph Sieyès(1748~1836)는 그의 유명한 논고, 《제3신분이란 무엇인가?》Qu'est-ce que le Tiers-État?(1789)에서 이 문제를 완벽하게 예증한다. 특권들에 반대하는 변호론을 펼치며, 시에예스는 사회가 특수한 신분질서들로 나뉘는 것의 무용함을 보여준다. 성직자는, 여타의 직업들 중 사회 조직에 완전하게 통합되는 "공직"과 마찬가지로 특수한 신분질서를 구성하지 않는다. 역으로 귀족은 비정상적인 "특권 계급caste"을 구성한다. 공동의 질서와 공동의 법에 예외적으로, "그의 시민적이고 정치적인 특권들을 통해 우리들 한가운데에 존재하는 외국인", "위대한 국가Nation 속에 별도로 존재하는 사람들peuple", 즉 귀족의 특수성은 국민nation이라는 일반적인 집합 내의 부분집합의 특수성이 아니라, 조금도 사회 조직의 일부를 이루지 않는 기생적인 요소의 특수성이다. 사회 조직에 피해를 입혀가면서만 살아가는 이 기생적인 특수성은 국가Nation의 한 "부분"이라기보다는, 국가Nation에 대한 **짐charge**이다. 따라서 유일한 제3신분의 질서만을 남기고, 모든 신분상의 차이를 철폐하자. 그렇게 된다면 분명히 이 제3신분은 스스로를 국가nation 자체와 동일시하기 위해 특수한 신분으로 존재하기를 그칠 것이다.

우리가 특권 질서를 제거한다면, 국가Nation는 국가 이하의 어떤 것이 아니라, 국가 이상의 어떤 것이 될 것이다. 그러므로 〔지금〕 제3신분이란 무엇인가? 그것은 전체, 하지만 구속되고 억압받는 전체다. 특권 질서가 없다면 제3신분은 무엇이

겠는가? 그것은 전체, 하지만 해방되어 번영하는 전체다. 그 무엇도 이 전체가 없이는 나아갈 수 없으며, 전체는 타자들을 갖지 않은 채 무한하게 좋아질 것이다. (Sieyès, 1789, ch. 1〔국역 22쪽〕)

역설적으로 그 무엇도 잘라내지 않는, 하지만 정반대로 완전성을 실현하는 이러한 삭제를 통해 제3신분은 자신의 특수한 신분 지위로부터 해방되며, 귀족의 기생적 특수성에 의해 은폐되었음에도 불구하고, 사실상 이미 그렇게 존재했던 어떤 것, 즉 보편적인 것이 된다. 이러한 귀족의 선동적인 특수성이야말로 자신의 관점에서 제3신분을 단순한 하나의 특수성으로 나타나도록 만들었던 것이다. 이처럼 귀족의 특수성은 철폐되고, 제3신분의 특수성은 자신의 진정한 본성을 드러낸다. 제3자, 그것은 전체다. 이러한 토대 위에서 시에예스는 귀족의 특권들을 정당화하기 위해서 프랑크족(귀족은 거기에서 자신의 혈통적 기원들을 발견했다)의 침략들에서 연원하는 정복의 권리를 내세우는, 18세기에 폭넓게 전개되었던 논증을 뒤집는다.

인정하건대, 조금 더 높은 곳으로 거슬러 올라가기를 희망할 것이다. 하지만 제3신분은 과거의 세월로 거슬러 올라가는 것을 두려워해서는 안 된다. 제3신분은 정복 이전에 선행했던 시대에 자신을 결부시킬 것이다. 오늘날 제3신분이 자신을 정복하도록 내버려두지 않을 정도로 매우 강력한 이상, 제3신분의 저항은 아마도 매우 강력할 것이다. 어째서 제3신분은 자신들이 정복자들의 혈통에서 연원하는 가문들famiiles이라고, 그래서 자신들은 **정복의 권리들**을 물려받았다고 정신 나간 주장을 줄곧 해대는 모든 가문들을 〔독일〕 프랑켄의 산림지대로 되돌려보내지 않는 걸까? 〔순수한 것으로〕 정화된 국가Nation는, 생각건대, 자신이 골족과 로마인들의 후손들로만 구성된다고 믿도록 축소되었다고 자위할 수도 있을 것이다. 진실로, 우리가 어느 귀족가문naissance과 또 어떤 귀족가문naissance을 구분하고 싶다면, 우리는 우리들의 가련한 동향인들/동시민들Concitoyens에게 우리가 골족과 로마인들에게서 취해온 귀족가문이 최소한 시캉브르족, 벨슈족, 그리고 고대 게르마르니의 숲과 습지에서 나온 다른 야만족들에게서 유래한 귀족가문과 동일한 가치를 지닐 수 없음을 보여줄 수 있어야 하지 않을까? (Sieyès, 1789, ch. II〔국역 27~28쪽〕)

그 항들을 전도시키는 논증의 지반 자체에 스스로가 자리하면서, 동시에 혈통 및 가계의 귀족적 기준을 인민이라는 정치적 주체의 기준에 연결함으로써, 시에예스는 'nation' 개념에 지속적으로 흔적을 남길 하나의 이론적 제스처를 보여준다. 그는 'nation'이라는 개념을 기원에 대한 담론 속에 기입하며, 역으로 이 기원에 대한 담론은 민족적national 정체성을 국가 비판contestation 및 국가 재정초의 원리로 만든다. 이처럼 민족nation 개념을 통해 제기되는 것은 바로 혁명을 혁신하고 재건하는 특성이다(하지만 이는 'nation'의 일차적인 뜻 중 하나일 뿐이다). 즉 '민족적national' 혁명은 전례 없는 순수한 단절로 이해되지 않는다. 반대로 그것은 기원으로의 복귀이며, 공간 속에서와 마찬가지로 시간 속에서 표현되는, 〔하지만〕 억압되고 은폐된 정체성의 재전유다. 자신의 "자연국경들"을 수복하는 것은 압제자들에 의해 조각나버린 자신의 기원적인 〔공간〕영역을 재발견하는 것이다(클루츠가 "오직 하나의 대양만이 있으며, 오직 하나의 국가nation만이 있다"라고 말한 것처럼, 이러한 기원적인 영역이 대지 전체로 확장된다는 것을 감수하고서 말이다). 또한 제3신분으로서 자신의 주권을 회복하는 것은, 전제군주제와 귀족들의 특권이 제3신분을 환원시켜버린 것—"무"—을 극복함으로써, 제3신분이 자기 최초의 정체성 내에 존재한다는 것— "전체"—을 재발견하는 것이다.

앞서 인용했던 자유의 〔프랑스 제1공화국〕첫해의 담론들 속에서, 국가는 아직 정초되지 않았다. 로베스피에르의 구분법에 따르자면, 국가는 **정초**의 도중에 있지만, 아직 **헌법**을 가지고 있지 않다. 역으로 생각해보면, 국가의 상황은 자신의 헌법을 잃어버린 셈이며, 자신의 기초를 재발견하는 것으로 시작되어야만 한다. 독일의 철학자 요한 고틀리프 피히테Johann Gottlieb Fichte(1762~1824)가 나폴레옹의 승리로 인한 재앙의 한가운데에서《독일 민족/국민에게 고함》Discours à la nation allemande(1807)이라는 자신의 글을 독일 민족/국민에게 부칠 때, 독일의 상황이 특히 그러했다. 그는 이 글에서 민족peuple 내지는 원민족Urvolk의 기원적 통일성에 대한 이론을 전개함으로써, 법치국가의 기초라는 공화주의적 물음의 위치를 확연히 옮겨놓는다. 이 물음의 위치는 법적-정치적 문제설정 즉 계몽주의의 자연권을 통해 표명되고 이 자연권으로 하여금 무엇보다도 특히 칸트가 정립한 법droit과 도덕 간의 관계를 문제시하도록 만들었던 데서,* '역사적-문화적

---

*   예나에서의 교편생활을 시작하고 몇 년간, 프랑스혁명을 열렬하게 옹

문제설정 즉 민족적nationales' 통일성 및 정체성 문제의 핵심에 역사 내지는 자연적 지리가 아니라, 무엇보다도 먼저 언어를 놓는 데로 이동한다. 실제로, 피히테에 따르면 국가의 통일성은 법적-정치적이지 않다. 그렇다고 해서 국가의 통일성이 영토의 객관성 내에서 내비쳐지는 것도 아니다. 단적으로 말해서, 국가의 통일성은, 피히테가 자신의 글을 작성할 당시 나폴레옹의 승리가 막 파괴해버린 것(독일 영토)으로 환원되지 않는다. 국가의 통일성은 더욱 근본적인 통일성 속에 존재하는데, 정치적 제도들과 마찬가지로 지리적 국경들은 더욱 근본적인 통일성의 경험적 결과물 또는 현상적 표현에 불과하다.

> 사람들이 산과 강의 일정한 경계 내부에 산다고 해서, 그들이 통일된 민족을 형성하는 것은 결코 아니다. 반대로 그들은 무한히 높은 자연의 법에 맞게 이미 통일된 민족을 형성했기 때문에 함께 사는 것이며, 그들의 운이 잘 따라준다면 산과 강의 보호를 받는 것이다. (Fichte, 1807, p. 324(국역 188쪽))

이러한 법의 자연성은 언어, 즉 전前정치적 본질로서의 기원적 언어Ursprache(왜냐하면 모든 의지적인 협정과 마찬가지로 모든 정치적 기예는 언어를 전제하기 때문에) 속에 담긴 정신적 자연/본성

호했던 칸트의 신봉자였으며 마찬가지로 루소의 애독자였던 피히테는 순수 자아 이론으로부터 권리를 합리적으로 연역해내는 기반 위에서 우선적으로 "인민을 인민으로 만드는 것은 무엇인가?"라는 물음을 재가공하는 데 착수한다. *Contribution à la rectification des jugements du public sur la Révolution française*, 1793.

nature에 속한다. 또한 이 언어는 "보이지 않는 유대들의 다수성"에 의해 전체로 결합된 부분들의 (상호)이해 또는 합의라는 요인 속에서 민족peuple의 통일성을 정초한다.

> 상호적으로 서로를 이해하며 언제나 더 명확하게 서로를 이해할 수 있는 능력을 소유하고, 동일한 전체의 일원인 사람들은 자연스럽게 하나이며 분할 불가능한 전체를 형성한다. (Fichte, 1870, p. 324〔국역 188쪽〕)

피히테는 13번째 강연에서 그것의 귀결을 다음과 같이 끌어낸다.

> 이러한 민족peuple은, 적어도 그들이 혼란 속에 빠지거나 그들 문화의 진보의 연속성이 급격하게 어긋나지 않고서는, 혈통과 언어를 달리하는 다른 어떠한 민족도 자기 품으로 받아들일 수 없으며 그 다른 민족과 뒤섞이기를 원할 수 없다. (Fichte, 1870, p. 324〔국역 188쪽〕)

문화적으로 이질적인 민족들peuples과 뒤섞이게 되면, 민족의 정신적 정체성과 심지어는 그 민족의 역사의 의미—그 역사의 미래는 불가피하게 이러한 뒤섞임에 타협하게 된다—까지도 파괴될 수 있다. 무엇보다도 이러한 테제가 프랑스의 점령이라는 정세에 결부되어 있다면, 우리는 피히테의 텍스트로부터 취해올 수 있을 민족주의적nationalistes 용법들 역시 이해할 수 있다. 비스마르크가 독일의 민족적nationale 통일성을 건립하고 있던 와중에 게

르만 제국주의의 인종주의적 이데올로그들은 피히테의 공화주의에 더 멀찍이 거리를 두고 민족주의를 독일 팽창 정책의 이데올로기적 장치에 통합하려고 노력했다. 즉 그들은 인종, 역사, 문화, 그리고 튜튼 기사단에서 내려오는 민족 정신 속에서 비스마르크에게 객관적인 근거를 제공하기 위해 피히테의 텍스트를 내세운 것이다(예를 들어 하인리히 폰 트라이치케Heinrich von Treitschke,《19세기 독일 역사》Histoire de l'Allemagne au XIXe siècle, 1879~1894).

더더욱 중요한 것은 피히테 글의 내적인 양가성을 다음과 같은 정세 속에서 강조하는 것이다. 그 정세하에서,《군주론》말미의 마키아벨리처럼, 피히테가 예나전투와 틸지트Tilsit 조약*의 패배로, 그리고 나폴레옹에 의한 신성로마제국 해체 선언으로 충격에 휩싸여 분열되어 비탄에 잠긴 독일 민족/국민nation에게 던지는 호소는 무엇보다도 저항에의 호소였다. 하지만 이러한 저항은 어떤 성격의 저항인가? 피히테가 14번째 강연에서 긴급한 "결의"로 내세우는 이러한 호소의 내용은 정확하게 무엇인가? 우선 이 해법이란 각자가 (사실상 무너져버린) 국가의 경험적 현실 속에서 원민족Urvolk를 재발견하기 위해 애써 행해야만 하는 결의다. 민족peuple 내지는 공동체의 이러한 기원적 통일성 또는 민족적nationale 동일성이야말로 결의의 원천이며, 국가의 외부적

---

* 1806년 프로이센의 프리드리히 빌헬름 3세는 프랑스의 나폴레옹에게 선전포고를 했으나 예나-아우어슈테트 전투에서 대패한다. 뒤늦게 러시아는 프로이센과 동맹을 맺고 폴란드에서 지원하려 했으나 프리틀란트 전투에서 나폴레옹에게 격파당한다. 전후처리를 위해 1807년에 맺어진 틸지트 조약의 결과, 프로이센이 차지했던 폴란드의 옛 영토에는 바르샤바 대공국이, 북부독일 지역(엘베강 서쪽)에는 베스트팔렌 왕국이 각각 세워지면서 프로이센의 영토가 절반 이상으로 축소되고 만다. ─옮긴이

또는 현상적 정치체가 포로가 되거나 파괴되었을 때, 회복해야만 하는 영속적인 최후의 보루다. 국가를 재정초할 수 있는 가능성 자체는 이러한 궁극적인 통일성의 원리를 보호하는 데 달렸으며, 이러한 통일성의 원리는 또한 군사적 재무장과 실질적인 재정복의 토대가 되는 정신적·도덕적 쇄신을 시작할 수 있는 궁극적인 장소다. 독일을 하나의 민족적national 국가로 통일시키는 정치적 재구축은 이처럼 독일의 정신적 통일성에 대한 의식을 토대로 한다. 그리고 이러한 독일의 정신적 통일성은 그 구성원들 각각에게 언제나 현재적이며, 구성원들 각각이 자신 내에서, 자신에 대해서 되살려내야만 하는 것이다. 국가가 존재하든 그렇지 않든 간에, 각각의 개인이야말로 자신의 언어를 통해 민족nation 전체를 자신 내에서 지탱하고 책임지며, 그리하여 자기 자신을 프랑스 침략자에 맞선 비타협적인 저항의 중심으로 만듦으로써 그 전체를 책임져야 한다. 자신 속에서 각자가 원민족Urvolk을 보존하려는 이러한 결의가 있고나서부터, 에티엔 발리바르Étienne Balibar가 지적한 것처럼, "피난처Zufluchtsort"의 추구 또한 그 의미를 갖게 된다(Balibar, 1997, p. 137~140〔국역 172~176쪽〕). 이러한 이차적인 측면은 영토적 국가의 외적 재정복의 관점을 부차화시키며, 그 대신 민족적nationale 정체성을 그것의 본질적인 현실 속에서 순수하게 정신적인 공동체의 윤리적 정체성으로 천착하는 것을 더욱 강조한다. 따라서 피히테의 호소는 복수의 호소라기보다는 자기 자신 내로 침잠하자는 호소다. 외적 〔영토의〕 재정복의 조급함은 모든 도덕적 수동성과 독일 민족nation을 외국으로 와해시켜버릴 위험이 있는 무기력, 체념에 맞서는 〔자기〕 내적 재정복에 자리를 내준다. 그러므로 근본적으로 문제가 되는 것은 정신적인 공동체 또는 민족peuple의 "자기Selbst"를 도맡기를 포기하는 것에 맞서 자기 자신 내에서 투쟁하라는 호소다. 궁극적으로 민족적national 성격은 이러한 공동체 속에, 즉 독일어와 도덕성의 도야culture 간의 상호적인 내속성과 혼융되는 공동체 속에 뿌리내리고 있는 것이다. 민족peuple과 언어의 상호적인 함축 속에 존재하는 "메타정치적" 토대에 도덕적 목적으로서의 "초정치적suprapolitique" 목적이 합치하게 된다. 이에 따라 민족nation과 국가 사이의 **유리**, 더 정확하게 말해서, 언어에 공동으로 귀속되는 민족적 인민national peuple과 역사의 경험적 무대 위에서 벌어지는 열강들 간의 정치적 행위 및 세력 관계의 장 사이의 유리는 비판받게 된다. 프랑스 혁명주의자들에게서 보았듯이, 국가가 아직 정초되지 않았거나 구성되지 않았을 때, 아니면 국가가 "헌법을 가지고 있지 않을déconstitué" 때, 국가의 재구성에 선결되어야 할 필수적인 **국가적nationale 정초**의 관념이 요구된다는 점은 역설적이다. [왜냐하면] 혁명을 재전유하든 아니면 도덕을 재활성화시키든 간에, 이러한 국가적 nationale 정초는 국가의 법적–정치적·제도적 **토대**에 전제되어 있는 것으로 나타나기 때문이다.

2.   역사 속의 국가, 국가 속의 역사: 민족적national 원환

이제부터는 'nation' 개념을, 이 개념이 주권의 제도화로서의 국가 개념과 맺는 불안정한 관계(인접관계와 간극관계) 속에서 주목하고자 한다. 이때 'nation' 개념은 고전 정치철학에 의해 특권화된 법적 지식과는 다른 다양한 지식의 형태들—언어, 지리,

역사 연구들—과 정치사상 간의 긴밀한 접합의 장소가 된다. 이러한 접합은 19세기 초 독일에서 시작되었고 이후 영국과 프랑스에서 시작된, 근대 대학의 형식 속에서 이러한 분과학문들이 제도화되는 과정과 함께 19세기 내내 전에 없이 풍부해질 것이다. 이러한 맥락 속에서 역사학 분과는 가장 중요한 역할을 차지하게 되었고, 정치철학에 대해서나 정치철학 **내에서나** 이러한 역사학 담론이 점한 중요성은 그 자체로 철학적 질문의 대상이 되었다. 역사학의 이 같은 중요성은 앞서 우리가 피히테에게서 보았듯이, 작동하고 있는 민족적national 주체 내지는 민족peuple과 국가 간의 유리를 기억한다면 더 잘 이해할 수 있을 것이다. 19세기 내내 다수의 "민족nationale 해방" 운동들, '민족nationaux' 국가 창설을 위한 다수의 투쟁들은 민족적national 주체 또는 민족과 국가 간의 이러한 간극을 끊임없이 은폐하거나 축소하려고 애썼다. 그리고 이러한 축소를 정당화하기 위해, 다시 말해 민족적national 인민의 정체성이 공동체에서 인정되도록 강요하기 위해, 그리하여 이처럼 독립적인 국가 창설의 요구를 정당화하기 위해 정치적 성찰이 호소할 곳으로서 문헌학, 문학, 지리학, 그리고 무엇보다도 역사지식들〔역사학〕(어떤 면에서 앞선 학문들은 역사지식의 영역에 속한다)이 등장했다. 현대 역사학의 문턱에서, 이처럼 민족적national 국가 패러다임 내에서 정치사상과 역사학 담론은 긴밀하게 서로 묶이며, 더더욱 이 역사학 담론은 이러한 정치사상과 연계되면서 자율적인 분과학문으로 제도화되는 자신의 조건들을 발견한다. 여기에 역사학의 자율화 과정 자체가 19세기에 강력하게 정치적으로 과잉결정된surdéterminé 대상(민족nation 또는 민족적national 인민)에 집중됨으로써 이루어졌다는 역설이 존재한다. 우리는 민족국가État-nation라는 정치적 모델과 역사학 담론의 이러한 복잡한 얽힘을 "민족적national 원환"이라 칭할 수 있다.

> (19세기 말에―기욤) 역사(학)은 민족Nation의 사안이 되었으며, 역사성은 집단적 의식의 차원이 되었다. 민족적national 과거에 대한 인식은 동일한 국가의 권위하에 결합된 공동체의 통일성을 견고하게 만드는 수단으로 나타난다. 그리고 이러한 인식의 객관성이 확언되자마자, 곧이어 [민족적] 역량에 대한 새로운 신화들, 수단들이 창조된다. (Pisier, 2004, p. 336)

프랑스에서 역사(학)와 정치사상의 뒤얽힘은 조직적으로 학파를 이루었던 공화주의적 역사학자들 그리고 가브리엘 모노Gabriel Monod와 같이 《역사학 잡지》Revue historique를 창간했던 사람들에 의해 제3공화국에서 절정에 달한다. 이 중 상징적인 인물은 에르네스트 라비스Ernest Lavisse(1842~1932)다. 그는 교육부 고문으로서 중등교육 개혁을 앞장섰고, 기념비적인 저서 《프랑스사》Histoire de la France(1913)의 저술을 주도했다. 이 책의 발간작업은 20세기 초 20년간 계속되었으며, 그것의 요약본인 교과서 판본은 "젊은 애국자들의 세대를 주조하는" 임무를, 1870~1871년 프랑스의 패배로 인한 "굴욕"과 대대로 내려오는 독일이라는 적에 맞선 복수심의 관점이 깊이 새겨진 프로그램을 스스로에게 부과했다. 이 같은 공화주의 사상이 이미 19세기 초반부터 역사(학)를 장악하던 때에 쥘 미슐레Jules Michelet(1798~1874)가 그것의 선구자로 등장한다. 미슐레의 저서 《프랑스사》Histoire de la France(1858)는 제도들과 집단적인 상상들이, 인민 대중들과 단독적인 영웅들이,

삶의 양상들과 정치적·군사적 사건들이 서로 뒤섞이는 광대한 묘사를 보여주는데, 이러한 뒤섞임들을 통해 역사의 진정하고도 유일한 주체, 곧 프랑스 인민peuple이 출현한다. 프랑스 인민peuple 의 민족적national 몸체는 세월의 시련 속에서 주조되었다. 이 프랑스 인민에게 그 자신의 풍부한 삶, 맹목성들, 투쟁들, 그리고 마침 내 프랑스혁명에서 실현되어 드러난 그 자신의 진보적 도래를 되 돌려주는 것이야말로 역사가의 책무였다. 특정한 측면에서 보자 면, 미슐레를 시인이자 역사철학자이며, 특히 《인류의 역사철학 에 대한 이념》Idée sur la philosophie de l'histoire de l'humanité(1784~1791)의 저 자인, 요한 고트프리트 헤르더Johann Gottfried Herder에 가까이 놓을 수 있다. 어떻게 보면, 수십 년의 격차를 두고 과거 민족들peuples의 영혼을 소생시키는 데 헌신했던 역사학자이자 낭만주의 역사 시 인인 헤르더에 대한 프랑스적·공화주의적 반향이 바로 미슐레 라 할 수 있는 것이다. 헤르더와 마찬가지로 미슐레는 자신의 모 든 관심과 열정을, 그 정신적 삶이 지형, 영토, 언어, 예술, 문화에 서 드러나는 각각의 민족의 특수성 속을 꿰뚫고 들어가는 데에 쏟는다. 하지만 프랑스 계몽주의의 보편주의에 적대적이었던 헤 르더─그는 문화들의 풍요로운 다양성을 부성하며, 이처럼 〔그 다양성에 대한〕 끝없는 억압의 원천을 제공했다는 이유로 프랑스 계몽주의를 비난한다─는 각 민족의 환원불가능성과 그 민족의 생생한 내적 통일성을 형성하는 "민족적national 재능"의 환원불가 능성(헤르더가 오스트리아-헝가리 제국 내에서의 해방투쟁들 속에서 슬 라브 언어를 쓰는 민족들, 특히 체코인들에게서 민족주의가 출현하는 데 에 영향을 미치게 될 이유들 중 하나)을 강조했다. 그에 반해 미슐레 는 〔민족〕혼합에 있어서 민족들의 차이 나는 소질, 즉 이러한 혼합 속에서 〔자신을〕 통일화하는 민족들의 차이 나는 소질을 연구한다. 혼합 속에서의 통일화에서 미슐레는 보편성의 가치가 구성(발생과 동시에 진보)되는 역사적 과정을 발견한다. 그가 보기에 프랑스 민족이 지니는 특권성은 바로 여기에서 발견된다. 프랑스 민족이 담지하고 있는 보편성은 역사와는 무관하게 선재하는 정체성에 결부되지 않는다. 만약 그렇다면 역사는 〔기껏해야〕 선재하는 정체성을 점진적으로 드러내줄 뿐이다. 반대로 그 보편성은 이러한 역사 자체 속에서, 그 역사 자체를 통해 전개되는 통일화의 역량 속에 존재한다. 그러므로 이러한 역사는 시간 속에서 진보하지만 또한 지리적 지역들에 따라 불균등하게 실현되는 해방의 과정으로 파악된다. 이러한 두 측면들은 실제로 서로 엄밀하게 연계된다. 지리적 지역들은 어떤 탁월한 특수성을 구성하는 요소이며, 이 탁월한 특수성이야말로 한 민족적national 인민이 특수하고 환원 불가능하게 변별적으로 지니는 것을 결정한다. 역으로 "인종들의 교차, 대립되는 문명들의 혼합은 …… 자유의 가장 역량 있는 보조자다. 문명들이 이러한 혼합 속으로 가져오는 다양한 불운들fatalités은", 스스로 구축되어 자신을 구성하는 다양한 요소들과의 내밀한 융합을 통해서만 자신의 통일성을 강화하는 조직체의 과정과 유비적인 동화의 과정을 통해서, "그 혼합 속에서 서로 상쇄되며 중화된다"(Michelet, 1827, p. 447).* 프랑스 인

---

* 상이한 역사적·이데올로기적 정세 속에서, 에르네스트 르낭Ernest Renan (1823~1892)은 〈'nation'이란 무엇인가?〉Qu'est-ce qu'une nation?(1882)라는 자신의 유명한 강연문에서 이러한 생각을 재발견했다(하지만 이 발견은 그 생각을 오직 "프랑스nation"의 전유물로 만드는 것이 아니라, 모든 'nation'에 적용하기 위한 것이다). (인종을 심리적·지리적 또는 민족적ethnique 항들에 포함시키거나, 아니면 더 나아가 언어 또는 종교적 고백 속에 놓는 것처럼) 민족적nationale 정체성을 "탈

민peuple의 "고유한 재능"은 따라서 특수한 자질 내지는 특성들에서 기인한다기보다는 "보편적인 것의 수용성réceptivité universelle"과 그것들이 무엇이 됐든 간에, 민족적ethniques, 지리적, 또는 인종적raciales 특수성들 전체를 하나로 융합시키는 자질에서 기인한다. 미슐레에 따르면, 이러한 자질로부터 또한 민주화에 내재적인 경향성이 유래한다. 요컨대 이러한 경향성은 "신분/조건들의 평등화rapprochement des conditions와 마찬가지로 인종들의 융합"을 주재한다(Michelet, 1827, p. 459). 이러한 의미에서 프랑스혁명은 (군주가 [주권자로서의] 그 자리를 부당하게 차지했던) 인민peuple과 (봉건적 분할들로부터 자유로워진) 민족nation 간의 화해를 표시하며, 동시에 보편적인 해방의 길을 연다.

국가들nations 간의 결속에 대한 모든 사유는 프랑스에 의해 드러난다. 프랑스는, 그리스가 아시아의 진리/말씀verbe을 설파했던 것처럼, 유럽의 진리/말씀을 설파한다. 누가 이러한 책무를 프랑스에 가져다주었는가? 프랑스에서는, 그 어떤 민

인종화déracialiser"하는 유사한 논증적 목적 속에서, 이 민족적 정체성은 지속의 결과물이자 현재적인 과업의 결과물이라는 이중의 의미에서 역사의 산물이 된다. "하나의 'nation'은 하나의 영혼이자, 하나의 정신적 원리다. 사실대로 말하면, 하나의 'nation'만을 구성하는 두 개의 것(하나는 과거에 존재하며 다른 하나는 현재에 존재하는 것)이 이러한 영혼과 정신적 원리를 구성한다. 과거에 있는 것은 기억이라는 풍부한 유산legs의 공동 소유다. 현재에 있는 것은 오늘날의 동의이자, 함께 살고자 하는 욕망이고, 우리가 분할 불가능한 것으로 물려받은 유산héritage을 계속해서 개발하려는 의지다"(Renan, 1882, ch. III). 과거에 있는 것도, 현재에 있는 것도 이러한 정신적 원리를, "정치를 초월하는 것들", 즉 인종, 언어, 이익, 종교적 친연성, 지리, 군사적 필요성이 자신의 구실로 삼는 원리들에 종속시키지 않는다.

족peuple보다도 빨리, 이론에 있어서나 실천에 있어서나 사회적 일반성의 자각sentiment이 발전되고 있다. 이러한 자각이 다른 민족들에게도 보이기 시작함에 따라, 이 다른 민족들은 프랑스의 재능에 공감하며, 그들은 프랑스가 된다. 그들은, 적어도 그들의 무언의 모방을 통해, 프랑스에 새로운 교황의 지위pontificat를 수여한다. (Michelet, 1827, p. 470)

따라서 우리는 민족peuple에 대한 미슐레의 신화가 민족국가État-nation 패러다임의 비약적 발전뿐만 아니라, 그 패러다임의 내적 긴장의 격화에도 기여한 19세기의 다양한 "민족 해방libération nationale" 투쟁에 강조점을 부여할 수 있었음을 이해하게 된다.

3. 민족적national 패러다임의 확장과
    민족국가État-nation의 위기들

"민족국가의 위기"에 대한 진단은, 사람들이 이 위기를 이러한 이론적이고 실천적인 패러다임의 고유한 구성요소로 만들고 싶어 할 수 있을 정도로, 많은 다양한 정황들 내에서 자주 이야기되고 선언되었다. (하지만) 더 계발적인 것은 빈번하게 발생하는 이러한 위태로운 상태를 민족국가 패러다임의 정치적이고 이데올로기적인 성공의 역설적인 효과로 고려하는 것이다. 이 패러다임은 실제로 19~20세기에 걸쳐, "민족nationale 해방" 운동들의 요구뿐만 아니라 유럽 국가들 간의 세력 갈등, 그리고 식민지 침략뿐만 아니라 식민지 해방 전쟁을 옹호했다. 이러한 형태의 정치적이고 이데올로기적인 확장은, 그 패러다임 담론이 아마도 본래적으로 가지고 있었을 모순들의 격화로 이어졌고, 이론적으로나 실천적으로 이 모순들에 개입하고자 했던 불안정한 정세들은 끊임없이 이 모순들을 이동시켰다. 나폴레옹 전쟁에 의해 전복되어버리고 이어서 산업 자본주의의 발전에 따른 사회-정치적 영향들에 의해 만성적으로 불안정해져버린 유럽의 세력 균형 한가운데에서, 민족국가 형태는 가장 대조적인 담론들, 주장들, 요구들의 핵심에 놓이게 되었다. 사람들은 이 형태를 제국주의 지배에 맞서는 유럽 인민들의 보편적인 형제애를 향한 필수적인 단계로 삼았다.* 동시에 이러한 필수적인 단계는 점차 첨예해지는 경제위기와 씨름하는 국가들 사이에서 다양한 민족주의를 만들어냈다. 그중에는 'nation'을 영토의 영혼이자 역사적 민족의 영원한 실체로 부르는 포스트낭만주의적 민족주의, 그리고 인종들과 민족들의 심리학을 옹호하기 위해 역사학과 지리학의 교훈들을 내세우는 실증적 민족주의(예컨대, 이폴리트 텐느Hyppolite Taine,《현대 프랑스의 기원들》Origines de la France) 등이 있다. 오스만 제국, 오스트리아-헝가리 제국의 지배로부터 벗어나려는 최초의 해방 운동들, 1848~1849년의 봉기들, 그리고 민주주의적이고 "민족성에 기반을 둔nationalitaire"혁명들의 최초의 시도들은 국가들의 신성

＊ 합스부르크왕가와 차르의 후견에 대한 복종을 동시에 거부한 그리스, 이탈리아, 폴란드, 헝가리의 정치 운동들은 민족 주권으로서의 인민 주권의 원리를 표방한다. 예를 들어, 오스트리아의 속박으로부터 해방된, 이탈리아의 통일을 위해 싸웠던 주세페 마치니Giuseppe Mazzini(1805~1872)는 자신의 에세이《인민들의 신성동맹》La Sainte-Alliance des peuples(1849)에서 미슐레의 어조들을 재발견한다. 이 에세이에서 마치니는 민족주의적 투쟁을 유럽의 인민들의 보편적 형제애를 향한 첫 번째 단계로 파악한다.

동맹을 통해 세워진 유럽의 균형을 위협하는 다음과 같은 갈등들을 드러냈다. 즉 산업 발전과 점차 자신의 힘을 의식하게 된 다수의 노동자 계급의 요구들(그들의 국제주의적 목적은 명확했다)로부터 야기된, 〔소위〕 "선진"국 내부의 갈등들, 그리고 경제위기와 씨름하던 가장 강력한 국가들 간의 갈등이 일어난 것이다(경제위기는 틀림없이 그 국가들을 서로 대립하도록 만들었을 것이다). 이러한 맥락 속에서, 프랑스, 독일, 영국에서는 전통적인 민족주의들이 발전하게 되는데, 이 민족주의들은 "민족적nationale 문명"의 내적인 쇠퇴 또는 무질서 그리고 외부의 적에 맞서, '민족/국가nation'의 영혼 또는 정체성을 보존하거나 수복하기 위해 가족, 조상, 고향의 가치를 토대로 복종과 애국적 희생의 도덕을 정당화했다. 19세기 후반 제국주의적 정책들의 발전은 이러한 이데올로기적-정치적 모순들을 줄곧 심화했다. 민족nationale 주권의 이론들을 주조해낸 유럽의 국가들은 그 국가들의 제국주의적 팽창주의에 고통을 겪었던 바로 그 사람들에 의해 이 이론들이 역이용되는 것을 목도하게 될 것이었다.

20세기 중반 탈식민주의 전쟁이 한창일 때, 작가이자 정신과 의사이며 알제리 해방 전쟁의 파르티잔이었던 프란츠 파농Franz Fanon(1925~1961)은 이러한 입장을 전형적으로 보여준다(식민지화의 폐해들을 비타협적으로 고발하는 데 바쳐진 문학적 재능이 그의 고유한 이론적인 관심사를 가려서는 안 된다). 1952년의 저작 《검은 피부, 하얀 가면》Peau noire, masques blancs에서 파농은 식민지를 건설하는 국가들의 민족적national 담론이 식민화 과정 속에서 어떻게 원주민의 복잡한 정체성들을 심대하게 파괴시키는지, 그리고 이러한 파괴가 해결 불가능한 모순들을 어떻게 식민지 피지배자의 생물심리학적biopsychique 삶 속에서 야기하는지 보여준다. 소외, 즉 모든 고유의 정체성의 박탈은 개인들이 그들 고유의 언어, 그들의 문화적 가치, 신념, 심지어는 신체, 다시 말해 그것을 통해 자기의식이 구축되는 모든 것과 맺는 관계를 관통한다. 이때부터 정체성의 재발견은 더 이상 토착의 가치들에 대한 복고적 향수 속에서 구성될 수 없으며, 오직 그들의 민족적nationale 실존과 민족적 독립성을 위한, 식민지 피지배자들의 투쟁을 통해서만, (또는 식민지 피지배자들이 이러한 투쟁 자체 속에서, 그리고 그것을 통해 스스로를 "민족peuple"으로 구성함으로써만) 가능하다. 이러한 투쟁 속에서 정치적 저항과 주체의 회복은 긴밀하게 서로 묶인다. 그럼에도 불구하고, 이 투쟁은 민족국가 모델에 내재하는 모순들을 내면화할 위험에 처한다. 파농은 사실상 이러한 민족적nationale 투쟁이 복고주의와 전통주의 그리고 그가 보기에 모든 민족주의로부터 분리 불가능한 특수주의 내로의 유폐의 철폐를 향한 이행의 한 단계만을 구성할 따름이라고 보았다. "민족주의가 명확해져서, 풍부해지고 깊어지지 않는다면, 민족주의가 재빨리 정치적·사회적 의식으로, 휴머니즘으로 변모되지 않는다면, 민족주의는 교착상태에 빠지게 된다"(Fanon, 1961, p. 247[국역 186쪽]). 파농에 따르면, 이때 휴머니즘은 사회주의적 국제주의 속에서 자신의 정치적 내용을 발견한다.

민족의nationale 구축이 참된 것이라면, 다시 말해 그러한 구축이 … 인민의 명백한 의지를 표현하는 것이라면, 그것은 필연적으로 가치들이 얼마만큼 보편화될 수 있는지에 대한 발견을 수반하게 된다. 국제주의적 의식이 고양되고 검증되는 곳은

바로 민족의식 한가운데다. (Fanon, 1961, p. 235〔국역 228쪽〕)

 민족국가 모델의 이러한 위기를 명확하게 하기 위해, 그
모델이 특히나 문제적인 것으로 드러난 정세에서 독일의 철학
자 한나 아렌트가 제시한 주목할 만한 분석을 검토해보자.* 자신
의 저서《제국주의》L'Impérialisme(1951/1958 2판)에서 아렌트는 1차
대전 직후 승리한 열강들에 의해 서명된 평화 조약들이 동유럽과
남부유럽의 영토들을 광범위하게 재분할하고, 오스트리아-헝가
리 제국, 러시아 제국, 오스만 제국의 해체를 배경으로 새로운 민
족국가들(폴란드, 헝가리, 체코슬로바키아, 오스트리아, 유고슬라비아
등)을 건립한 조건들을 검토한다. 교묘하게 독일과 오스트리아의
고립을 알선한 이러한 민족국가들의 창립은 민족자결주의, 새로
운 민족적 인민들의 자유로운 자결권을 표방했다. 문제되는 인민
들의 이러한 주권적 자유가 "위로부터" 선포되었다는 점에 아마
도 첫 번째 역설이 존재할 것이다. 하지만 아렌트가 보기에 더 놀
라운 역설은 무엇보다도 전全 유럽에, 민족국가들에게는 불가피
한 것으로 드러났던 세계적 갈등〔1차대전〕 속에서 가장 극심한 위
기를 방금 막 겪었던 하나의 동일한 법적-정치적 조직화 모델을

---

* 마르틴 하이데거의 제자였으며, 이어서 칼 야스퍼스의 제자였던 독일의
철학자 한나 아렌트는 1933년 나치 독일을 피해 그녀가 베르톨트 브레히트, 발
터 벤야민과 우정을 나누게 될 파리로 우선 망명하고, 이어서 1941년에는 뉴욕으
로 건너가 정착하게 된다. 뉴욕에서 그녀는 한 저서의 집필에 착수하는데, 이 책
이 바로 1951년에 출판되자마자 그녀를 유명하게 만든《전체주의의 기원들》Les
Origines du totalitarisme이다. 총 3부로 구성되어 있던 이 책은 1968년에《반유대주
의》Sur l'antisémitisme,《제국주의》L'Impérialisme,《전체주의》Le Système totalitaire라는
제목들로 나누어져서 재판되었다.

부과한 데서 기인한다. 게다가 이러한 모델은, 서유럽의 오래된 전前-민족적prénationales 군주제 속에서, 문화적 동질화의 오랜 과정을 통해 그 모델이 이데올로기적으로 출현할 수 있도록, 그리고 제도적으로 수립될 수 있도록 해주었던 조건들을 당시에 전혀 갖추고 있지 않던 영토들에 부과된 것이다.

심지어 잘 확립된 오래된 민족적 전통을 갖춘 나라들에서도 세계 정치의 새로운 문제들을 해결하는 데 무능한 하나의 정부 형태의 외연을 확장하는 일이 의심스러운 지혜의 표현이었다면, 민족국가들의 비약적 발전에 유리한 바로 그 조건, 즉 동질화되고 견고하게 그 땅에 뿌리박고 있는 인구가 부재하는 지역에 다시 그 정부 형태를 들여올 수 있다고 생각하는 것은 더욱 의심스러운 것이었다. (Arendt, 1951/1958 2판, p. 244〔국역 493쪽〕)

이러한 비일관성의 인간적·정치적 파문들 속에서 민족국가 형태로 구조화된 유럽 시스템의 균열들이 드러나게 되는데, 곧이어 2차대전이 이 균열들을 난폭하게 확인해주었다. 이 균열들은 이미 1919~1920년에서부터 "소수민족들의 조약들traités des minorités"의 증대 속에서 나타나는데, 이 조약들은 복잡하게 꼬여버린 "혼합 인구 지역ceinture de populations mêlées" 내에서 제기된 다음과 같은 난관을 해결하기보다는 그저 승인해버린다. 다민족국가들의 옛 지방들(러시아, 오스트리아-헝가리 제국의 옛 지방들) 내에서의 상이한 민족성들을 지닌 주민들의 역사적 뒤얽힘, 세계대전 때문에 야기된 인구 이동들, 볼셰비키 혁명과 내전의 결과로 나타난 이주라는 난관들은, 민족국가의 창설들이 그 필연적 결과로 수천만의 사람들을 "소수민족"의 처지로 내몰면 내몰수록, 그러한 창설들을 문제적인 것으로 만든다. 지방정부provinciaux 및 제국의 오래된 권리들을 배타적인 정치적-법적 모델로서의 민족적national 권리들로 대체하며, 이처럼 시민권을 민족적nationale 소속에 종속시키는(시민권은 출신지, 가계 혈통, 혹은 민족적 인종race ethnique에 의해 결정된다) 민족국가적étatique-national 틀이 체계화되면서, 신생 국가의 국경들 내부에 있는 총 인구의 거의 절반에 가까운 이러한 인구들이 동일한 의미를 지니는 모든 법적-정치적 지위를 상실하게 된다. 소수민족들(폴란드의 독일인들, 루마니아의 헝가리인들 등)은 국제 기구들 및 조약의 깨지기 쉬운 보호 아래서 부차적이고 파편적인 권리들만을 인정받는 처지에 놓인다. 이러한 국가없는 소수민족들(유대인, 집시, 아르메니아인, 그리고 그들의 정부에 의해 국적을 박탈당한dénationalisés 러시안인 등)은 '국가nation 없는', '나라를 잃은Heimatlosen', 즉 완전하게 '무국적apatrides'이므로, 오로지 '권리 없음'에 처해진다. 소수민족들 또는 무국적 소수자들은 무슨 수를 쓰더라도 그들을 "처리/파괴하기traiter"위한 예외 규정들의 대상만이 될 수 있을 뿐이다.

　법치국가가 민족적national 국가로 종속되었음을, 다르게 말해서 시민의 권리들과 정치적 권리들이 민족성nationalité의 원리에 입각해서 인정되고 보장된다는 것을 표현하는 다양한 조치들은—이 조치들은 당시에 순진함과 냉소주의 사이를 오고가며 취해졌다—민족국가 자체가 그 근본적인 원인을 제공했던(당연히 그럴 수밖에 없다) 소수자들의 문제를 해결하는 데서 민족국가가 법적·정치적으로 얼마나 무능력했는지를 보여준다. 아렌트가 분석하는 일련의 세 가지 조치들—(그들의 삶의 터전에 정착해서 대대로 살아온 주민들에게는 사실상 강제이주déportation와 마찬가지인) "본국송환rapatriement" 정책, 귀화naturalisation 조치, 국적박탈dénationalisation— 중에서 처음 두 조치들은 민족국가를 대내외적 정치적 긴장에 빠뜨린다. 이러한 긴장 속에서 대개의 경우 소수자들은 (그들에 대해) 고려된 정치적 비용 탓에 아주 불쾌한 존재가 되고 만다. 이 두 조치들은, 그들이 모든 곳에서 추방되었고 그들이 어디에 있든 그들은 이방인이므로, 정의상 "강제로 이주될 수 없는indéportable", "국가가 없는"자들을 "설득하지/해소하지résoudre"못한 채로 남는다. 이로부터 세 번째 유형의 조치가 지니는 특이한 중요성이 도출되는데, 아렌트가 보기에 이 세 번째 조치는 민족국가 패러다임에 구조적으로 기입된 난관을 가장 극명하게 보여주는 징후다. 국적박탈의 시행, 바로 이것을 체계적인 방법으로 실행하는 것은 나치 정권의 소관일 것이다. 하지만 양차 세계대전 사이의 기간 동안에 거의 모든 유럽의 나라들이 국적박탈에 특히 알맞은ad hoc 법안을 가결시킨다. "과도하게 그 권한을 남용하지 않는다고 할지라도, 그 법안은 모든 경우에 주민들 대다수를 내쫓아버릴 수 있도록 언제나 법제화되었다"(Arendt, 1951/1958 2판, p. 255 (국역 506쪽)). 민족국가들이 그 당시에 그것들을 통해 소수자 문제를 처리하고자 했던—다시 말해, 국적에 기반을 둔nationalitaire 소수자들의 요구들을 매우 빈번하게 무력화시키고자 했던—이러한 조치들은 그것들이 탄생하게 된 사정들보다 더 광범위한 정치적 의미를 띠게 된다. 1920년대부터 등장하기 시작한 그 조치들은 "아직 완전하게 전체주의적이지는 않더라도, 모든 경우에 있어서 최소한의 반대파들을 용인할 자세가 되어 있지 않았으며, 따라서 대립하는 관점을 지닌 개인들에게 안식처를 제공해주기보다는 그 시민들을 잃는 쪽을 선호했을 국가 구조가 전제되어야 나타날 수 있는 현상이었다"(Arendt, 1951/1958 2판, p. 254[국역 505쪽]). 그리하여 이 조치들은 시금석의 역할을 하는critériologique 더 일반적인 가치를 점하게 된다. 아렌트가 피난처를 발견했던 그 나라[미국]에서 사람들이 "미국 태생의 공산주의자들로부터 그들의 시민권을 박탈하는 것을 심각하게 고려하기" 시작한 그 어느 날에, 그녀는 "대부분의 사람들은 문제가 되는 정부가 국적박탈이라는 자신의 주권적 권리를 얼마만큼 행사하는지에 따라 전체주의의 병폐의 정도를 측정하고 싶어 한다"고 적는다(Arendt, 1951/1958 2판, p. 257[국역 506~508쪽]). 이로써 "전체주의의 병폐"를 민족국가들의 정치적 시스템에 내재하는 잠재성으로 만드는 국적박탈의 조치들이 점하는 고유하게 정치적인 의미가 마침내 드러난다. 즉 그 의미는, 아렌트에 따르면 그 조치들이 법적 체계와 치안policière 기관 사이에서 만들어낸 새로운 작용 속에서, 즉 정확하게 법적 체계가 지니는 외연의 여백들에서 실현되는 치안기관의 권력 및 그 자율성의 전례 없는 발전 속에서 발견되는 것이다. 이 여백들 속에서 소수자들은 그들의 모호한 법적 지위를 근거로, 극단적으로는 법적 지위의 부재를 근거로 정당하게 거부된다.

국가 정부의 보호를 상실해버린 사람들을 위해 법을 제공할 수 없는 민족국가는 그 문제를 치안police의 손에 맡겨버렸다. 서구 유럽에서, 치안이 독자적으로 행동할 수 있고 사람들을 공적 삶의 영역에서 직접적으로 통제할 수 있는 모든 권한들을 부여 받았던 최초의 순간이었다. 치안은 법을 준수하게 하고 법을 적용하는 용도로 마련된 도구이기를 그치고 정부 내각으로부터 독립된 통치 심급이 되었다. (Arendt, 1951/1958 2판, p. 266〔국역 519쪽〕)

양차 세계대전 사이의 기간 동안 유럽에서 치안 권력이 점한 중요성, 그리고 법과 정부에 대한 치안의 자율화는 무국적 난민의 수(예컨대 2차대전 직전 프랑스에는 총 인구의 10퍼센트에 가까운 난민들이 있었다)에 비례해서 올라갔다. 양차 대전 사이에 시작되었고, 치안의 자의적 권력이 정점에 달하는 전체주의 체제하에서 완전하게 발전하게 될 이러한 역학 관계는, 여기서 다시 민족국가의 법적-정치적 모델의—역사적 정세들과 정치적 목적들에 따라 다소간 격화된—구조적 효과가 된다. 아렌트의 분석의 지평에 개방된 채로 남겨져 있는 문제는 이러한 모델 바깥에서 시민권을 새롭게 사유하는 문제이며, 이는 곧 법치국가를 '민족/국민nationale' 주권의 토대와는 다른 토대들 위에서 정초하는 문제다.

3 장

국가의 이성: 정치와 사회

1.   이성적 국가

헤겔은 자신의 작업/저작œuvre 전반에 걸쳐, 즉 튀빙겐의 신학교에서 수학했던 시절에서부터 1818년에 취임한 베를린 대학 강의용 교과서 《철학적 학문의 백과사전 요강》l'Encyclopédie des sciences philosophiques(1817)＊ 속의 "객관정신"에 할애된 부분을 손질해서 발전시킨 《법철학》Principes de la philosophie du droit(1820)에 이르기까지, 국가에 대한 물음에 몰두했다. 이러한 저작들에서 문제가

＊   헤겔은 베를린 대학 교수직에 부임하기 전, 1816년 하이델베르크 대학에서 교수로서 철학백과전서라는 자신의 첫 강의를 시작한다. 이 강의 초고와 이어질 강의의 요지를 정리해서 1817년 출판한 것이 《철학적 학문의 백과사전 요강》 제1판이다. 이후 베를린 대학으로 옮겨와 그는 계속해서 이 강의를 진행했고, 이후 수정 보완한 내용을 추가해서 1827년에는 제2판을, 다시 1830년에는 제3판을 출간한다. 《철학적 학문의 백과사전 요강》은 《논리학》, 《자연철학》, 《정신철학》 총 3권으로 이루어져 있으며, 《정신철학》의 2부가 객관정신에 할애되어 있다.―옮긴이

되는 것은 이러저러한 역사적 국가를 분석하는 것도, 어떤 법적 구성/헌정constitution 내지는 어떤 특수한 제도적 시스템을 분석하는 것도 아니라, "국가 개념의 과학적 논증"을 진술하는 것이다 (Hegel, 1920, 256절 주석〔국역 439쪽〕). 이러한 논증은 얼핏 보기에도, 국가적 현상을 뛰어넘는 훨씬 더 광범위한 어떤 과정, 즉 헤겔이 지틀리히카이트Sittlichkeit, 인륜이라 부른 "인륜성éthicité" 또는는 "사회적 인륜éthique sociale"의 과정을 함축한다. 헤겔은 이러한 어떤 국가적 요소를 통해 규범들의 체계를 확장시키는데, 이때 규범들은 초월적인 가치들 속에서 정초되거나, 아니면 순전히 주관적인 의지들로부터 유래하는 것이 아니라, 물질적인 제도들 속에서 객관화되는 동시에 공통적인 행동들과 표상들 속에서 개인적이면서도 집단적인 성향들의 형태로 주관화된다. 공동체의 객관적인 차원들과 주관적 차원들이 그 속에서 통일되는 이러한 사회적 인륜은 다음의 세 계기들을 통해 전개된다. 가족, 시민사회bürgerliche Gesellschaft, 국가. 이 세 계기들은 논리적인 계기들이지, 연대순으로 차례차례 나타나는 시기들이 아니다. 이러한 세 수준들은 모든 집단적인 현실 내에 함께 포함되어 있으면서도(우리는 우리의 경험적 실존의 측면에서 떼어낼 수 없을 정도로 〔서로〕 긴밀하게 연결되어 있는 이 세 수준들에 언제나 속한다), 이러한 사회적 인륜 내지는 보편적 삶을 〔상이하게〕 실현하는 세 가지 정도degré들을 이룬다. 마찬가지로 우리는 이러한 논리적인 세 계기들의 연쇄를 단순한 선형적 연역의 양상으로 이해하지 않도록 주의를 기울일 것이다. 여기에 함축된 논리는 어떤 변증법적 과정에 속하는데, 이 변증법적 과정의 끝(이 경우에는 국가)은 단순히 그 이전 계기들로부터 수동적으로 생겨나는 결과가 아니다. 이 끝은 그 단어가 지니는 두 가지 의미에서 종말/목적fin이다. 즉 그것은 과정의 의해 현실적으로 실현된 산물이자 동시에, 궁극에 가서야 이 과정 자체를 내적으로 활성화시키는 토대와 원리로서 이미 실제로 전제되어 있었던 것으로 스스로를 드러낸다. 이렇게 지틀리히카이트의 과정은 국가의 자기실현의 논리적 운동으로 정의될 수 있고, 마찬가지로 국가는 "인륜적 이념의 현실태effectivié"로 정의될 수 있다(Hegel, 1820, p. 333〔국역 441쪽〕). 인륜적 현실로서의 국가는 그저 그 국가의 제도적 구조로 환원되는 것이 아니라, 제도들이 지니는 객관적 차원과 자기의식이 지니는 주관적 차원의 통일로 구성된다. 이러한 통일성이야말로 국가가 그것의 현실태, 다시 말해 현실화된 합리성rationalité인, "사회적 인륜성"의 근본적인 규정이다. 이것이 의미하는 바는, 오직 국가만이 자기 자신의 근거/이성raison을 해명/실현함으로써rendre(자신의 개념을 완전하게 전개함으로써), 사회적 현실의 실체 자체가 그것으로 구성되는, 이러한 인륜적 요소의 근거/이성을 현실적으로 해명/실현할 수 있다는 것이다.

여기서 이미 헤겔의 법철학 체계 내에서 국가가 점하는 중요성이 암시된다. 그 체계 내에서 국가가 점하는 위치를 더 잘 이해하기 위해서는, 우선 "법"이라는 개념이 여기서 취하는 의미를 이해해야만 하고, 이어서 법의 개념적 전개 속에서 사회적 인륜성의 의미를 이해해야만 하며, 마지막으로 국가가 그것의 완성을, 즉 그것에 내재하는 합리성의 가장 포괄적인 형식을 구성하는, 사회적 인륜성의 계기 내에서 국가의 의미를 이해해야만 한다.

헤겔에 따르면 법은, 법을 공포하는 법률상의 진술문들로 환원되지 않는다. 법은 그 진술문들을 자신의 규정들 중 하나로 포함한다. 가장 기초적이면서도 가장 일반적인 자신의 규정과 결부된 법은 사회적 제도들 및 실천들의 토대이자 목적인 자유에 의해 취해진 형식들의 총체다. 이로부터 헤겔이 다양한 규정의 층들—"추상법"(법학자들의 법), 도덕적 주체성, 그리고 그 자체가 가족, 경제, 공적 행정, 정치 속에서 전개되는 인륜적 삶의 제도화의 양상들—을 통합하는 (또는 그것들을 서로 구분하는)《법철학》에서 법 개념이 부여받은 놀라운 확장이 뒤따라 나온다. 그렇다면 이러한 복잡성의 통일성은 어디로부터 유래하는가? 헤겔은 29~30절에서 법이 "이념으로서의 자유"임을, 이어서 "자유 이념의 각각의 발전 정도는 자신의 고유한 법droit을 지니는데, 왜냐하면 그 각각의 발전 정도는 자신의 고유한 규정들 중 한 규정 속에 존재하는 자유의 현존재l'être-là이기 때문"임을 정립함으로써 이를 설명한다(Hegel, 1820, p. 138-139〔국역 107~109쪽〕). 모든 역사적 사회들이 통상적인 협소한 의미에서의 법적 제도들을 (또는 상이한 정도로 법과 관계를 맺고 있는 제도들을) 소유한다고 해도, 법 개념은, 자유가 자유와는 무관하게 선재한다고 가정된 모든 "소여"—특수한 가치들, 제도들, 전통들—로부터 독립적으로 자신을 보편적 원리로 생각하고 그 원리이고자 할 때에, 비로소 법 자기-자신에 대해/대자적으로pour lui-même 출현할 수 있다. 바로 이러한 자유가 근대를 특징짓는 표지이며, 헤겔에 따르면 프랑스혁명이 철학적 사유에 대해 지니는 함의다. 하지만, 이러한 자유의 원리가 자유가 전개되는 구체적인 형태들, 즉 자유의 객관화 및 주관화의 형태들을 밝혀주지 못한다면, 그 원리는 그저 추상적이고 경직된 합리성에 의존하는 형식적이고 공허한 원리에 그칠 것이다. 이러한 형태들이 바로 추상법, 도덕Moralität, 그리고 사회적 인륜Sittlichkeit이라는 형태들이다. 추상법과 도덕은 보편적 원리로서의 자유를 무매개적으로 심급화instanciation하는 두 가지 형태들이다. 추상법은 오래전부터 자연권/법〔론자들〕jus naturalistes, 이어서 추상적 원리들(인권)에 근거해 정초되고 체계적인 방식으로 성문화된 실정법의 근대 이론가들이 관심을 두었던 형태다. 도덕은 근대적 의미(사실상 기독교의 역사를 관통하고 특히 종교개혁을 거친 근대성)에서의 주체성의 형태로, 다시 말해 보편적 사유 및 의지의 원천으로 파악된 자기의식의 형태로 실현된 자유다. 지틀리히카이트는 앞선 두 계기들에 그저 병치될 세 번째 계기로서 두 계기들과 구분되는 것이 아니다. 그것은 앞선 두 계기들에 내재하는 모순들의 귀결이며, 그것들을 포함하는 현실태의 수준이자 동시에, 가정된 (경험적 또는 이론적) 소여들에 관계되는 것처럼 그것들에 관계되는 것이 아니라, 궁극적으로 그 두 계기들로부터 스스로를 이성적 토대이자 실체적 틀로서 드러내기 위해 자신의 고유한 규정 질서 속에서 그것들을 (자신에게 종속되어 있는 계기들로) 통합하고 재-정초한다. 이러한 단언은 두 가지 의미로 이해되어야만 한다. 인륜적-사회적 요소(지틀리히의 요소)가 없이는 자연법, 실정법, 도덕적 주체성 모두가 자신들의 근거/이성을 완벽하게 해명/실현하지rendre raison 못하는 우연적인 추상들로 남는다. 하지만 역으로, 인륜적 삶은 앞선 두 규정들을/〔중 하나라도〕 사상해버릴 수 없다. 예컨대 인륜적 삶은, "고대인들"의 무매개적인 시민적 참여—이미 콩스탕은 루소가 이러한 고대인들의 무매개적인 시민적 참여를 시대착오적으로 복권시켰다는 이유로 그를 비난했다*—처럼, 공동체의 에토스ethos 내에서의 개인적 성향들의 융합과 혼동될 수 없다. 반대로 인륜적-사회적 요소는 자신 내에 "스스로 만족할 수 있는 주체의 **특수성**의 권리droit, 또는 동일한 것이지만 주관적 자유의 권리"를 포함한다(Hegel, 1820, p 221[국역 246쪽]). 다만 이러한 주관적 자유가 더 이상 단순하게 인간 본성 내에 존재하는 자연 상태 속에서 가정되어, 그러한 자연 상태 속으로 투사되거나 또는 구성적인 초월적 주체에 전가될 수 없을 따름이다. 헤겔은 여기에서 근대 자연권/법 jus naturaliste 전통에 이중으로 반대한다. 그 전통은 우선 스스로 존재한다고 간주된 개인적 의지를, 그리고 이어서 사실상 법적이고 정치적인 사회 질서의 조건을 전제하는 데 만족한다. 하지만 그 전통은 이 전제의 필연성을 해명할 수 없기 때문에, 이 전제를 자연 상태라는 허구적인 책략에 준거시켜야만 한다. 게다가 개인의 본성적 naturelle 자유는 사회-정치적 질서 원리에 의해 부정되기 위해서만 그러한 질서 원리로 가정될 뿐이다.* 왜냐하면 (사회계약이라는) 이러한 질서의 인공적 제도는 필연적으로 그러한 본성적 자유의 제한을, 심지어는 그러한 자유의 단순한 폐지를 요구하기 때문이다. 반대로 헤겔은 자기의식의 형태(도덕적 주체성)이자 법적 형태(법적 인격)로서의 개인성을 사회적이고 정치적으로 구성되는 것으로서, 따라서 추상적으로 전제되는 것이 아니라 역사적 산물로서 이해한다. 이때부터 자유와 사회-정치적 삶의 조직화 방식들이 맺는 관계의 문제는 변하게 된다. 이 문제는 더 이상, 법적-정치적 공동체가 자신의 원리를 부정함으로써만 창설될 수 있었던 것처럼, 전제되어 있는 본성적 자유의 한계 내지는 제한의 용어들로 제기되지 않는다. 반대로 이 문제는 사회적 실존, 더 정확하게 말해서 지틀리히카이트의 존재 방법들을 구성하는, 실정적

---

*   1부 1장 2절을 보라.

이며 차이가 나는 형태들 속에서 이러한 자유의 원리를 구현하는 문제가 된다. 요점을 정리해보도록 하자. 주체적 자유와 자기에 대한 앎이자 자기의식으로서의 이러한 자유에 대한 앎은 이성적 인 연역 질서 속에서 통합되어야만 하며, 이때 이러한 질서는 동 시에 주체적 자유를 문화/도야culture의 세계, 즉 헤겔이 객관 정신 이라고 부른 역사적 사회 세계 속에서 (더 이상 추상적으로 전제하 는 것이 아니라) 현실적으로 정립하는 운동일 것이다. 그리고 바로 이러한 운동의 동역학적 질서가 (가족, 시민사회,** 국가라는) 지틀 리히카이트의 세 계기들, 세 매개들을 통해 드러나는 것이다. 그 리고 이때 자유는 이러한 세 계기들 속에서, 그리고 이러한 세 매 개들을 거치면서 자신의 객관성과 그 객관적인 현실성에 대한 앎 을 쟁취한다.

주지하다시피 헤겔의 국가 이론은 사회 이론과 불가분하 다. 하지만 헤겔이 쓰기를, 사회 그 자체는 인륜적-사회적 요소 의 두 극(하나는 무매개적이고 다른 하나는 매개적인)으로서의, "가족 과 국가 사이에 세워진 차이"다. 여기서 가족이 사회적 인륜의 첫 번째 계기로 나타난다면, 이는 가족이 생물학적 재생산의 자연 적 세포로 환원되기 때문이 아니라, 그것을 통해 개인성이 원초 적인 유대 관계 속에서 구성되는(개인성은 이렇게 이 유대 관계 속에

**   헤겔은 여기서 이른바 스코틀랜드 계몽주의 흐름에 의해 통용된 시민사 회civil society(독일어로는 bürgerliche Gesellschaft, [프랑스어로는] "société civile" 또는 "société bourgeoise부르주아 사회")라는 용어를 다시금 취한다. 스코틀랜 드 계몽주의는, 샤프츠베리Shaftesbury, 데이비드 흄David Hume, 애덤 스미스Adam Smith, 그리고 애덤 퍼거슨Adam Ferguson(1723~1816, 《시민사회사론》Essai sur l'histoire de la société civile[런던, 1766]의 저자)이 등장하는 18세기 정치경제학이 형성되는 데서 가장 중요한 지적 현장들 중 하나였다.

완전하게 통합된다) 첫 번째 요소—가장 무매개적이라는 의미에서, 기초적이고 본능적인irréfléchie 감정의 요소—를 이루기 때문이다. 여기에서 우리가 이를테면 매우 취약하게 "개인화된" 개인성만을 상대하고 있음은 분명하다. 왜냐하면 가족에서 주체성은 "구성원"으로서만 발전되고 가담할 뿐이지, 독립적인 실존 내에서 자신을 확언하는 "대자적인 인격personne pour soi"으로서 그러는 것이 아니기 때문이다(Hegel, 1820, 158절[국역 321쪽]). 하지만 이로써 우리는 가족의 형태, 즉 사실상 가장 무매개적으로 인륜적 유대를 만들어내는 구조를 추동하는 동역학적 모순을 훨씬 제대로 파악할 수 있다. 우선 자급자족적 세포를 구성하기는커녕, 가족은 가족을 그 외부로 개방시키는, 또는 역으로 말해서 가족의 무매개적 질서 내에 사회적 재화들의 유통과 분배를 기입시키는 시민사회의 경제적 과정에 의해 관통된다(Hegel, 1820, 171절[국역 337쪽]). 다음으로, 가족의 내적 모순은 가족 그 자체가 그것의 장소이자 주동자인 교육 과정 속에서 드러난다. 이 교육 과정은 사회와 국가 속에서의 자율적인 실존에 적합하도록 개인성을 형성하는 것을 목적으로 삼음으로써 인륜적 요소로서의 가족을 내적 붕괴로 이끈다(Hegel, 1820, 173~180절[국역 338~351쪽]). 그런데 바로 통을 넘겨받은 시민사회 속에서 이러한 개인의 자율성은 곧바로 심원하게 양가적이고 모순적인 것으로 드러나게 된다.

첫째로, 이러한 "시민-부르주아 사회"는 실제로 개인들이 정말 독립적이고 고립된다는 것을, 다시 말해 개인들 각자는 환원 불가능한 특수성을 자임하며, 여기에서 출발해서 각자가 스스로를 자신의 활동의 목적으로 여기는 한에서만 서로 관계를 맺을 뿐이라는 것을 전제한다(Hegel, 1820, 183절, 187절[국역 357, 362

쪽)). 가족의 긴밀한 정서적 요소는 개인들 각각을 고립시키며 동시에 외부적인 관계인 한에서만 관계를 맺도록 하는, 특수 이익에 대한 표상의 군림에 자리를 내주게 된다. 다시 말해, 시민사회가 지틀리히카이트의 한 계기라고 할지라도, 그것은 심대하게 부정적인 계기인 것이다. 왜냐하면 그 계기는 인류적-사회적 요소의 통일성을 원자적 분산에 노출시키기 때문이다. 공상적인 자연 상태로의 복귀 속에서가 아니라 시민사회를 규정하는 특수화라는 제1의 경향성에 따르는 시민사회 그 자체의 고유한 질서 속에서 사회는 붕괴될 위험에 처한다. 헤겔이 보기에 이는 국가로부터 사회를 확실하게 구분해야 하는, 그리고 사회계약의 관념을 본떠 국가 및 주권 역량의 토대에 사인들 간의 단순한 관계를 할당하는 이론들을 거부해야 하는 강력한 이유였다. 또한 이러한 이론들은 부당하게 국가의 개념 속으로 고전 경제학과 고전 인간학에 의해 가공된 경제적 주체라는 개념화를 전치시킨다. 여기서 경제적 주체라는 고립된 개인은 스스로를 자신의 활동의 배타적 목적으로 여기며, 사적 소유의 형태로 객관화된 자신의 이익들과 필요들에 대한 표상을 통해서만 자기의식을 취할 뿐이다(Hegel, 1820, 182절, 258절 주석〔국역 355~356, 442~449쪽〕).

둘째로, 이러한 특징적인 특수성은 개인이 필연적으로 가담할 수밖에 없는 (협동, 노동, 교환) 관계들의 체계와 불가피하게 모순에 빠지게 된다. 이러한 필연성은 이중적이다. 개인은 자신이 필요하다고 생각하는 것을 충족시키기 위해 필연적으로 이러한 체계를 필요로 한다. 개인은 이러한 체계를 자신의 개별 활동의 배타적인 목적을 실현하기 위한 단순한 하나의 수단으로 생각하지만, 막상 이 체계 속에서 그 개인 또한 동일한 방식으로 행동하도록 규정된 여타의 개인들에게 불가피하게 단순한 하나의 수단이 된다. 다시 말해, 개인들은 의식적이든 무의식적이든 간에, 그들 사이를 묶어주는 연대의 형태들 **속에서**만 역설적으로 고립될 수 있는 것이다. 이로부터의 귀결은 다음과 같다. 우선 이 형태들 속에서 보편적인 것—총체성으로서의 사회—이 개인들의 목적들을 위한 단순한 수단처럼 잇달아 나타난다. 그러다가 〔결국에는〕 표상들과 상호작용들이 초-개인적이고 익명적으로 조직될 경우에, 〔이 보편적인 것들은〕 자신의 자율적인 질서를 실현하기 위해 특수한 개인들을 수단들로 "사용하는", 말하자면 궁극목적fin처럼 나타난다는 것이다.

우리는 국가를 준비하는 이러한 모순의 방식을 다음과 같이 더 잘 이해할 수 있다. 즉 국가는, 개인의 의식 속에, 동시에 객관적인 집단적 조직화 속에 깊게 뿌리내림에 따라, 즉 집단적 의식 형성을 규정하는 두 차원들의 연쇄를 따라, 이러한 모순을 자신의 개념의 한 계기로 (즉 병리학적인 측면이 아니라, 정치적 합리성의 내부적인 측면처럼) 통합시킬 것이다. 사회적 개인이 자신의 활동의 배타적인 목적으로서 자신의 필요 및 이익에 대한 표상을 통해 자신의 특수성을 의식한다고 할지라도, 이러한 필요 및 이익 그 자체는 실제로 언제나 이미 사회화되어 있으며, 마찬가지로 그의 활동은 언제나 이미 사회적 실천이 함축하는 사회-정치적·법적 조직 내에 기입되어 있다. 다르게 말해서, 개인의 특수한 이익의 무매개적 형태인 필요는 언제나 주관적으로나 객관적으로나 보편적인 것 또는 사회적 총체성에 의해 매개되어 있다. 주관적으로, 필요는 필요라는 **표상**이다. 심지어 음식에 대한 절박함들 또는 성적 충동들처럼 가장 "생리적인naturels"것들로 의식에 나타나는 필요들 또한 집단적인 표상들을 통해서 파악되고 숙고되며, 더 나아가 정서적으로 체험되고 느껴진다(Hegel, 1820, 192~193절〔국역 370~372쪽〕). 생명 유지에 필수적인 필요들 역시 필요들을 가정된 무매개적 자연성으로부터 떼어놓는, 그리고 가장 "주관적인" 필요들을 사회를 관통하는 현실들로 만드는 표상의 요소 내에서 이미 정신화되는 한에서만 체험되며, 그리 될 수 있을 뿐이다. 객관적으로, 필요는 노동의 개인적 목적인데, 이 노동은 결코 그 몫으로 순전히 개인적인 의미만을 지니지 않는다. 특수한 노동은 적합한 법률들을 통해 규제되는 사회적 노동 분할 내로 기입되며, 헤겔이 정치경제학이라는 신생 학문으로부터 이해한 바대로, 이러한 노동 분할 한가운데에서 각각의 일은 곧바로 사회적 전체 내의 기능과 그 전체를 위한 기능을 도맡게 되며, 따라서 보편적인 의미를 띠게 된다. 이때부터 "필요들의 체계"와 사회적 노동 분할은, 시민사회를 특수한 것과 보편적인 것으로 분열시킨 모순을 심화하면서도, 이러한 모순 자체 내에서, 그 모순 자체를 통해, 이러한 보편성의 첫 번째 앎의 형태들을 발전시킨다. 실제로, 객관적이고 체계적인 이러한 이중 규정 덕분에 "특수한" 것은 더 이상 단순히 사적 개인의 관점을 특징짓는 것이 아니라 "사회적 계층들Stände"을 지시하게 된다. 이를 통해 헤겔은 사회적 노동 분야들 즉 농업 활동, 산업기업entreprenariat industriel, 공무 또는 국가 업무(Hegel, 1820, 203~205절〔국역 379~383쪽〕)를 이해한다. 이러한 노동 분야들에 "필요의 특수한 체계들과, 이 체계들에 부합하는 수단들, 노동들, 그리고 만족 및 이론적·실천적 문화 유형들"(Hegel, 1820, 201절〔국역 378~379쪽〕)이 상응한다. 이러한 필요의 특수한 체계들 속에서 사회적 총체성은 유기적으로 분화되어 접합되고, 개인들은 이 체계들의 구성원이 된다. 이러한 유기적 분화는 따라서 분리 불가능한 객관적-주관적 의미를 지니며, 이 속에서 그 의미의 인류적 현실태가 구성된다. 생산적인 작업들의 사회적·기술적·경제적 분할(그리고 재화들의 생산 및 유통에 대한 경제학이 그 분할에서 발견한 규칙성들)은 각각의 사회적 계층에 맞는 실존 및 주체성의 양상들의 분화와 분리될 수 없다. 각각의 사회적 계층 내에서 표상들의 종별적인 하나의 체계가 발전되며, 이 표상들을 매개로 해서 개인은 자신의 "계층"에 맞는 품위에 대한 의식, 자긍심의 원천인 직업적 의식, "명예"를 통해 사회화된다. 그리고 헤겔이 말하듯, 개인은 사회적 전체 내의 자신의 기능으로부터 앞서 말한 품위, 자긍심, 명예를 끌어내며, 역으로 사회적 전체는 개인에게 그의 특수한 이익과 개인적인 행복 추구를 사회적·법적으로 인정해준다.

사회 계층들의 체계가 이처럼 개인과 집단 간의 상호적 인정을 실현시킨다고 해도, 시민사회를 분열시키는 특수한 것과 보편적인 것 간의 모순을 해소하는 것은 아니다. 게다가 그 모순을 경제적 생산 발전의 영역으로 전치시킴으로써, 그 체계는 그 모순을 비난하며 극단으로 몰고 가는데, 이는 그 모순이 국가라는 더 높은 통합의 수준에서만 해소될 수 있을 것이라는 사실을 암시적으로 드러내준다.

> 사회적 계층이 필요들, 수단들, 즐거움들의 무규정적인 다양화와 종별화를 지향하게 되면 또한 의존과 비참함이 무한히 늘게 된다. (Hegel, 1820, p. 289〔국역 373쪽〕)

이제 헤겔은 마르크스의 철학적 분석 및 이후의 경제적 분석을 예비한다. 헤겔에 따르면 개인의 특수 이익이 생산의 사회-정치적 질서의 의해 매개되면서부터 그 이익은 사회적 재화의 전체적인 증가와 그 재화의 사적 소유appropriation로의 집중의 증대라는 이중의 과정과 따로 뗄 수 없게 된다. 또한 재화가 사적 소유〔형태〕로 집중될수록 재화의 분배 측면에서 불평등이 집단적인 규모에서 심화된다. 이러한 과정이, 그들의 이익들에 대한 만족을 보장하는 데서 무능력한 사회적 질서 아래 더 이상 그 어떤 "이익"도 상상할 수 없는 다수의 개인들("하층민", 즉 'Pöbel')을 낳는다면, 사적 개인들로 원자화된 집단이 먼저 그것에 대한 추상적 표현을 제공했던 시민사회는 해체될 위기에 빠진다. 이 같은 위협은 염려스러운 거울〔하층민〕속에서 그 위협의 실제적이고 집단적인 모습, 〔시민사회의〕한계, 즉 "계급Klasse"을 발견하게 된다. 계급은 사회적 계층과는 다른 무엇을 형성하는 것이 아니라, 오히려 더는 그 어떤 상태에도 귀속되지 못하는 다수의 낙오자들déclassé을 형성한다. 요컨대, 구체적으로 이 낙오자들은 자신의 것이라고 생각되는 비참한 조건에 대항해 반역하는 민중peuple인 것이다. 이 비참한 조건은 낙오자에게서 그의 활동과 노동 덕분에 존속하는 권리/법droit, 합법성, 명예에 대한 의식sentiment을 앗아가 버린다. 다르게 말해서, 이 비참한 조건 탓에 그는 시민사회의 수준에서 그가 자신을 총체성의 구성원으로 정체화할 수 있도록 해준 모든 것을 포기한다. 이러한 것〔모순〕이 (헤겔에게는 시민사회의 부정적인 한계로 남아 있는) "계급" 개념을 고유하게 정치적으로 재정의하는 데 기초가 되는 마르크스의 프롤레타리아트 이론의 출발점 중 하나를 구성한다. 〔반면에〕이 모순은 헤겔을 새로운 세

가지 매개들로 이끈다. 이 세 매개들은 사회 개념의 이성적 발전에 완전하게 속함에도 불구하고, 이미 은밀하게 국가 속에서의 보편적인 것의 완전한 구현을 예고한다.

첫째, 외부적인 객관적 매개, 즉 식민지화와 제국주의(Hegel, 1820, 246~248절〔국역 431~434쪽〕). 헤겔이 보기에 식민지화와 제국주의가 가지는 함의는 직접적으로 경제적인 것이며, 바로 이러한 이유로 식민지화와 제국주의는 탁월한 주석가들이 강조하는 바대로 "문제를 전치시키는 것에 지나지 않는" 미봉책에 그친다. 왜냐하면, 자신의 구조 자체 내에 기입되어 있는 모순들을 이를테면 〔바깥으로〕 확장함으로써 사회는 광범위한 규모로 그 사회가 담지하고 있는 갈등들을 재생산하기 때문이다(Macherey-Lefebvre, 1884, p. 46-48).

둘째, 내부적인 객관적 매개. 헤겔은 이를 "내치/치안police"이라는 용어로 지시하는데, 그는 이 용어를 감시와 억압 체계뿐만 아니라, 특수한 것을 보편적인 것에 접착시키는 데 필수불가결한 복지 수준을 유지함으로써 하층민〔을 양산하는〕 "계급"의 결과들을 제한하는 것을 목표로 하는 사회적 원조와 예측의 일반적 조직으로 이해한다.

셋째, 특히 중요한 객관적이면서도 동시에 주관적인 매개. 이 매개는 특정한 사회적 계층에의 귀속에 근거하며, 그 종별적인 이익들을 보호하면서도 그 특정한 사회적 계층을 일반이익에 대한 의식으로서의 보편적인 것에 대한 의식으로 이끈다. 〔실제로〕 헤겔은 "동업조합corporation"을 시민사회의 궁극적인/최종적인ultime 계기로 지명함으로써, 앞서 이미 살펴본 〔개인과 국가를〕 매개해주는 집단들corps intermédiaires에 다양한 영감을 주었던 테마를 다시금 취한다. 하지만 그에게 문제가 되는 것은 중세적 동업조합의 전통들을 부활시키는 것도(보날드), 귀족 집단의 이상을 복권시키는 것도(토크빌), 사업 협회association d'entreprise에서 자유주의적 열망을 회복하는 것도(기조) 아니다. 도리어 문제는 그러한 집단들이 지틀리히카이트의 과정 내에서 점하는 이성적 의미를 그 집단들에 부여하는 것이다. 즉 동업조합들은 특수한 개인들의 이익들(동업조합들은 특수한 개인들이 그들의 사회직업적 계층에 대해 가지는 애착을 보장해준다)과 (동업조합들이 그들의 한도 내에서 준비하는) 국가의 현실적 보편성 간의 필수적인 매개들을 구성한다(Hegel, 1820, 250~256절〔국역 434~440쪽〕). 우선 개인에게 그의 물질적인 안정과 그의 법적·상징적 인정을 보장함으로써, 동업조합은 개인이 사회에 대해서 그리고 그 사회에서 그가 완수하는 기능에 대해서 전체적인 표상에 도달하기 위해 자신의 사적 만족 그 이상으로 고양될 수 있도록 허용해준다. 이러한 자격에서 동업조합은 특수한 것에 대한 적법한 인정과 법적 보호의 틀을 제공한다. 이를 토대로 동업조합은 특수한 이익들의 보편적 의미들을 전개함으로써 그 특수한 이익들을 공개적으로 취한다. 이는 "특수한 것이 보편적인 것으로 뿌리를 내린다"라는 "동업조합 정신"을, 국가가 자신의 "생명력"의 주관적 토대들을 발견하는 애국심의 토대로 만드는 것이다(Hegel, 1820, 289절 주석〔국역 521~522쪽〕). 이처럼 사회적 계층들의 자기조직화의 형태들인 동업조합들은 각각의 사회적 직업Stand을 그 고유의 특수성으로 유폐시키지 않고 그 사회적 직업으로부터 집단적인 의미를 끌어낸다. 이러한 의미에서 동업조합들은 사회적 계층들을 "공동의 특수한 이익들"로 조직함으로써 그 사회적 계층들을 정치화한다. 바로 이 공동의 특수한 이익들이 일반 이익 형성의 사회적 토대이며, 이러한 일반 이익에 대한 지식은 국가 행정의 수준에서 발전할 것이다. 헤겔에 따르면 이는, 동업조합들의 지도자들을 선출하는 선거―동업조합과 국가행정 간의 일종의 협상의 대상이 되는―를 감시할 수 있는 권리를 지니는 "공적 역량의 통제하에" 그 동업조합들이 남아 있어야 한다는 것을 설명해준다(Hegel, 1820, 252절, 288~289절(국역 435, 520~522쪽)). 끝으로 이는, 정치적 대의가 이처럼 시민사회의 사회직업적 구조 속에 뿌리내릴 수 있도록, 동업조합들의 대표자들이 국회의원들의 하원의 토대를 구성해야 함을 확인시켜준다(Hegel, 1820, 302~311절(국역 538~550쪽)). 특수 이익과 일반 이익 간의 바로 이러한 매개를 통해서 시민사회는 준-정치적인 보편적인 것으로, 즉 국가의 문턱으로 고양된다.

사회에서 국가로의 이행에는 지틀리히카이트에 대한 진보적 규정이 존재하지만, 어떤 완수가 함축하는 불연속성 또한 존재한다. 이 완수는 이전 계기들에 논리적으로 잇따르는 한 계기를 의미한다기보다는, 가족과 사회가 무조건적인 방식으로 그 자체로는 정립하지 못했던 객관적·주관적 의미를 그것을 통해 발견하는 상위의 현실성 내에서 가족과 사회가 통합됨을 의미한다. 시민사회의 모순들로부터 불완전하게나마 점진적으로 도출되었던 일반 이익에 대한 표상은 국가의 수준에서 진정한 앎의 대상이 되며, 동시에 모든 외부적 제약들과 마찬가지로 모든 특수한 조건들로부터 자유로운 절대적 의지의 대상이 된다.

국가는 인륜적 이념의 현실태이자, 자기 자신에 대해 판명하고, 자기 자신에 대해 자신을 **드러내는** 실체적 의지, 즉 자신을 사유하며, 자신에 대한 앎을 갖고 있고, 그리하여 자신이 그것(자신)을 아는 한에서, 아는 그것(자신)을 완수하는 의지로서의 인륜적 정신이다. (Hegel, 1820, 257절(국역 441쪽))

보편적인 것에 대한 이러한 앎은 국가의 토대적인 규정을 이루며, 이를 통해 국가는 시민사회로부터 구별될 뿐만 아니라 자신의 고유한 질서 내에서 시민사회를 통합한다. 따라서 문제가 되는 것은 위에서 내려다보는 시선regrad en surplomb에 의해 구분되고 겨냥된 어떤 대상에 대한 앎이 아니라, **자기에 대한** 앎이다. 국가는 스스로를 정치적 총체성으로 파악하며, 이러한 앎에 맞게 스스로를 보편적인 것의 의지, 즉 주권으로 규정하는 집단성의 자기의식이다. 이러한 의미에서 헤겔은 바로 자유롭고 보편적인 의지를 국가 원리로 정립하는, 루소에 의해 표명된 공화주의적 원리를 재발견한다. 다만 혁명적 루소주의는 이러한 주권적 일반의지에 대한 추상적인 표상에 그침으로써, 특수 이익과 일반 이익 간의 모순을 극복할 수 있는 유일한 주권적 일반의지의 매개들의 유기적 체계 및 내용을 규정하는 것을 스스로 금했다. 실제로 두 가지의 경시들이 존재하는데, 이는 또한 1789년 혁명주의자들이 품었던 두 가지 환상들, 즉 공포정치의 원천들을 표현한다. 첫째, 매개들에 대한 경시. 매개들은 이미 시민사회에서 개인들이 공동체적 삶으로 기입됨을 보장하며, 이처럼 일반 이익의 사회적이고 동시에 주관적인 토대를 발전시킨다(프랑스혁명하에서 동업조합에 대한 폐지는 이러한 오류를 증언한다). 둘째, 국가의 현실적 "헌법"에 대한 경시. 이러한 헌법이 없이는, 일반의지는 실체적 내용을 박탈당하고, 불만에 찬 하층민들의 무질서한 분노

위에 얹혀 있는 공허한 말이 되고 만다. 결과적으로 일반의지는 백지 상태 위에서 국가를 교묘하게 재구축할 수 있다는 환상만을 키울 뿐이다. 사람들이 여기에서 국가를 비물질적인 제도적·입법적 건축물과, 그리고 국가의 "헌법Verfassung"을 여러 다양한 특수 의지(설사 그것이 다수의 의지일지라도)에 따라 임의로 수정되는 형식적인 법적 조항들의 단순한 총체와 혼동했던 것은 이 때문이다. 반대로 헤겔이 보기에 국가의 헌법은 무엇보다도 실체적으로, "민족정신"으로 규정된 역사적 과정의 결과물이다. 헤겔의 역사철학의 중심적인 통념인 민족정신은 그 역사를 통해 문화가 발전시키고 독특하게 만든 집단적 의식 형태다. 이러한 의식 형태는 완전히 내재적인 방식으로 관계들, 행동들, 표상들, 사회적 존재 양상들 전체에 혼을 불어넣고 그것들에 형상을 부여하는 정신적 실재성을 구성한다. 따라서 이러한 정신적 실재성은 그것이 무엇이 됐든 법적-제도적 헌법을 그것들에 인위적으로 부과하거나 "적용하지" 못하도록 만든다.

> 정신은 자신이 무엇인지 아는 것으로서 현실적이기 때문에, 민족정신으로서의 국가는 동시에 인륜적 관습coutume-éthique 과 개인들의 의식의 **그 모든 관계들에 스며드는** 법loi이기 때문에, 일정한 민족의 헌법은 일반적으로 그 민족의 자기의식의 존재 방식과 그것의 도야culture의 방식에 의존한다. 민족의 자기의식 속에 그 민족의 자유가 존재하며, 그 자유 속에 헌법의 현실성이 존재한다. (Hegel, 1820, 274절〔국역 498쪽〕)

국가의 정치적 헌정은 이처럼 민족정신 내에서 자신의 실체적 실재성을 발견한다. 그것은 "보편적인 것이 연속적으로 스스로를 **생산하는**"(Hegel, 1820, 269절〔국역 464쪽〕), 따라서 국가가 공적 역량의 법적-제도적 구조들과 민족정신을 특징짓는 주관적 성향들 간의 영구적인 상호작용 속에서 영구적으로 "스스로를 구성하는" 과정을 통해 민족정신과 끊임없이 일치되어야만 한다. 정치적 헌정에 대해 본질적으로 동역학적인 이러한 개념화는 이러한 헌정을 각기 구별되는 권력들의 단순한 조립과 동일시하는 것을, 또는 국가 내의 주권의 현실적 조직의 상이한 측면들을 우리가 하나하나 나누어서 상상할 수 있을 다양한 제도적 조각들과 동일시하는 것을 금지한다. 이러한 측면들은 본질적으로, 모든 계기들을 관통하면서도 그 자체로는 단일한 것으로 남는 동일하며 유일한 과정, 즉 주권 권력의 과정에 내부적인 계기들이다. 이로부터 "권력들의 구분"이라는 관념뿐만 아니라 또한 몽테스키외와 이후 **연방주의자**라는 미국의 이론가들에 의해 개진된 권력들의 균형 내지는 평형이라는 관념에 대한 비판적인 검토가 도출된다. 권력들의 구분 및 균형 모두는 권력들 상호 간의 무관성indépendance에, 그리고 "권력들의 상호적인 관계를 부정적인 관계로, 즉 상호적인 **제한**의 관계로 이해하는 (데 있는—기용)〔권력들 상호 간의 제한의〕일방성unilatéralité"에 방점을 둔다(Hegel, 1820, 272절 주석〔국역 489쪽〕). 헤겔은 이에 반대하여, (권력들의 균형이라는 문제설정의 귀결일 뿐인) 이러한 기능적 자율화가 국가 역량의 이념적인 통일성을 침식하며, 이를 통해 주권의 현실적인 본성을 오인할 뿐이라고 주장한다. 첫째, 기능적이고 제도적인 구분을 국가 역량의 내적 분화로, 즉 한 계기들이 다른 계기들에 상호적으로 의존하고 더 나아가 상호적으로 내재하는 분화로 파악해야 한다. 헤겔이 식별하는 세 가지 권력들—군주 권력, 정부 권력, 입법 권력—각각은 "각 계기가 현실적인 방식으로 자신 내에 여타의 계기들을 가지고 있고 포함하고 있다는 의미에서, 자신 내에서 **총체성**"이다(Hegel, 1820, 272절〔국역 487쪽〕). 다시 말해, 권력들의 기능적 구별은 무엇보다도 관념적인 구별이며, 이는 국가 내부의 모순의 가능성들을 배제하는 것처럼, 적어도 그 가능성들을 축소하는 것처럼 보일 수 있다. 그렇지만, 둘째, **현실적인** 주권을 이해하기 위해 이러한 사변적인 파악이 야기하는 〔주권의〕 변형을 따져보아야 한다. 국가 제도들 속에서 객관화된 역량 이전에 미리 배치된 원리도 아니고, 이러한 제도들을 괴롭히는 일탈들 내지는 갈등들에 "사후적으로" 노출될 원리도 아니며, 단지 다소간 적절히 균형 잡힌 이러한 제도적 건축물로부터 귀결되는 것도 아닌 주권은 여기서〔그 변형에서〕 입법·정부·군주 권력들이 그것의 내부적 계기들인 한 과정의 현실성을 취한다.

> 국가의 특수한 업무들과 권력들은 그 자체로 존속할 수 없으며, 자신에 대해서나, 개인들의 특수 의지 속에서나 견고함을 지니지 않지만, 반대로 국가의 통일성이 그것들의 단일한 자기인 한에서, 그것들은 국가의 통일성 속에서 자신들의 궁극적인 근원을 갖는다. **국가**의 **주권**은 이러한 두 가지 규정들을 구성한다. (Hegel, 1820, 278절〔국역 501쪽〕)

이러한 계기들 각각(정부, 행정관료들, 의회)은 따라서 국가 기능들의 총체성을 수용하며 그 국가의 의지, 그것에 대한 앎, 그리고 그것의 합리적인 활동이 형성되는 데 기여한다. 그리고 국가 한가운데에서 분화된 권력들의 상호작용만이 주권자를 구성한다. 하지만 이러한 상호작용 자체 속에서, 그리고 그것 자체를 통해 정립되고 수행되는 것은 바로 국가 주권 내지 역량의 통일성이다. 이러한 테제를 명확히 하기 위해, 주권 역량의 유기적 과정이 함축하는 두 계기들만을 살펴보도록 하자.

궁극적으로 주권이 보편적 의지로 이루어진다고 한다면, 우리는 보편적 의지라는 표현(루소의 "일반의지")이 "인민"에 대한 막연하고 경직된 표상에, 즉 내용이 없거나 또는 오직 다중의 일정치 않은 의견만을 그 내용으로 지니는 의지의 순전히 형식적인 원리에 결부될 때, 필연적으로 그 표현을 압박하는 애매성들로부터 그 표현이 벗어나야만 한다는 것 역시 확인했다(Hegel, 1820, 301절 주석, 316절〔국역 535~537, 552쪽〕). 바로 이 때문에 현실적인 주권 의지는 앞서 살펴본 의미에서 헌법에 내재할 수 있을 뿐이라는 사실을 강조해야만 한다. 그렇다면 문제는 국가의 주권 역량의 이념적 통일성이 어떻게 제도적으로 심급화되는지s'instancie 아는 것이다. 헤겔의 대답은 일의적이다. 오직 유일한 개인만이 주권 역량의 이러한 통일성을 주관적으로 구현할 수 있다는 것이다. 이로부터 다음과 같은 강력한 테제가 유래한다. 즉 군주제는, 여타의 정체constitution 유형들 중 한 유형이라기보다는 현실적인 유일한 정체이며, 〔다만〕 그러한 현실적인 유일한 정체로 발전되고 그러한 정체를 자신으로 의식하는 데서 역사적인 정치 체제들régime에 따라 다소간에 차이가 있을 뿐이다. 그렇다고 해서, 군주의 자의성이 재도입될 여지는 조금도 없다. 왜냐하면 "결정하는 순수 행위pur-acte-de décider"로서의 군주는, 자신이 집단성은 오직 단 하나의 유일한seule et unique 의지일 뿐이라는 사실을 상징하는 그 집단성의 이름으로 결정하기 때문이다. 무엇보다도 보편적인 것의 이러한 순수 의지를 구현하기 위해 군주는 필연적으로 (국가를) 정초하고 정당화하는 (신 또는 인민의) 심급에 접합되어야 하는 것이 아니라, 그를 위해 보편적인 것의 자기의식, 일반의지에 대한 앎을 만들어내는 **지식**의 심급에 접합되어야 한다(Hegel, 1820, 283~285절(국역 517~518쪽)). 이로부터 현실적인 주권 역량의 구성 면에서 두 번째 매개가 점하는 중요성이 유래한다. 국가 이념의 이성적 전개는 필연적으로, "사회 계층의 **보편적인 이익들**"을 인식하고 또 인식하도록 만드는 것을 자신의 종별적인 과업으로 지니는 하나의 사회적 신분état을 포함한다. 이러한 "보편적 신분"은 국가 행정 업무를 정의하며, 그래서 이성적 국가는 중심적인 부품으로 관료집단fonctionnariat을 포함한다. "학식 있는 사람들 die Gelehrten"은 이 관료집단 속에서 자신들의 가장 높은 쓰임새를 발견한다. 군주-개인이 결정이라는 단일한 순수 행위로서 주권의 이념적 동일성을 구현한다면, 보편적인 것에 대한 앎, 일반 이익에 대한 인식 생산은 국가 행정을 도맡는 이러한 행위자들(관료집단)의 소관이다. 시민사회의 동업 협회들의 대표자들과 접촉하는 것도 바로 그들이다. 관료집단—헤겔은 그것이 행하는 관리 업무보다 그것이 지니는 지성적이고 학술적인 차원을 더 많이 강조한다—에 대한 이론은 따라서, 인민 의지에 대한 추상적인 표상으로도, 사회적 이익 집단들에 대한 의회의 대표들로도 환원될 수 없는 일반 이익에 대한 헤겔의 이해에서 중심적인 자리를 차지한다. 이는 (국가 행정 이외에) 모든 사회적 임무로부터의 (관료들의) 면제, 국가가 관료들에게 공여해줘야만 하는 경제적 자립성, 다시 말해 특수한 이익들과 관련해서 관료들이 독립적일 수 있는 조건과 "〔이러한 사회적 신분에 고유한〕사적 이익이 보편적인 것을 위한 그 직무 속에서 자신의 만족을 발견하기" 위한 조건을 설명해준다(Hegel, 1820, 205절〔국역 383쪽〕). 이는 또한 관료들이 그 대상이 되는 주권(입법 권력)의 제도들을 통한, 또한 시민사회 내의 동업조합들이 누리는 권리들을 통한 이중의 관리 감독을 설명해준다(Hegel, 1820, 295절, 297절〔국역 527, 529쪽〕). 이러한 제도와 권리 모두는 관료들로 하여금, 국가 행정의 심급들의 행위자들이 자의적이고 비유기적인 권력을 참칭하도록 이끌 관료주의적 일탈을 모면하게 해주고, 공무 활동의 이성적 의미, 즉 보편성(일반 이익)을 자기의식으로 고양시키며, 이처럼 자유주의와 권위주의 모두로부터 동일하게 거리를 취하면서 국가에 사회-정치적 조절 능력을 부여하는 매개가 지니는 의미를 보존하게 해준다.

2.   정치적 비판으로부터 정치적인 것에 대한 비판으로

> 헤겔이 비난받아야 하는 것은 그가 현대moderne 국가의 본질을 있는 그대로 묘사하기 때문이 아니라, 오히려 국가의 본질과 같은 어떤 것을 내세우기 때문이다. (Marx, 1843a, p. 113 〔국역 146쪽*〕)

---

*   "헤겔이 비난받아야 하는 것은 그가 현대 국가의 본질을 있는 그대로 묘사하기 때문이 아니라, 오히려 현재 존재하는 그대로를 국가의 본질이라고 사칭하기 때문이다."—옮긴이

헤겔 철학은 1820, 30년대에 서로 대조적이고 갈등적이었던 학파들 모두를 포함해서 독일의 정치사상을 지배했다. 이 중 "노년헤겔학파vieux hégéliens"는 실현된 합리성/이성rationalité을 구현한다고 여겨진 국가 프로이센의 보호 아래, 특히 철학과 종교 간의 화해의 이념을 방어하는 데 전념했던 보수주의적 대학 교수들이 모인 학파였다. 그리고 "청년헤겔학파jeunes hégéliens"는 종교와 국가 프로이센—1840년 프리드리히-빌헬름 4세의 즉위 이후 프로이센의 보수주의적이고 억압적인 정책은 강경해졌다—에 대한 이중의 비판을 통해 자신의 내부에서 프랑스혁명 자코뱅의 유산을 주장하거나 더 많은 자유주의적 열망들을 지닌, 다양한 변화들에 대한 민주적이고 무신론적인 경향들을 발산했다. 청년 카를 마르크스Karl Marx(1818~1883)는 법학 연구를 지망했음에도 불구하고 일찍이 청년헤겔학파의 세력권과 가깝게 접촉했으며, 베를린에서는 헤겔의 제자 에두아르트 간스Eduard Gans가 헤겔의 법철학에 대해 진행했던 강의를 수강하기도 했다. 〔하지만〕1830~1840년대의 전환기에 국가에 대한 마르크스의 이론적인 입장들이 형성되기 시작했던 그 방식을 통일된 하나의 정식으로 총괄하는 것은 불가능하다. 왜냐하면 마르크스의 사유는, 그것이 통일성이 없지는 않다고 하더라고, 동시대의 이론가들에 대한 그의 비판적인 입장들의 변화들과 언제나 상관적인 새로운 내적인 방향성들réorientations을 통해 조금씩 명확해지기 때문이다. 우리는 여기에서 〔통일된 하나의 정식보다는〕 오히려, 국가라는 우리의 길잡이를 좇아, 끈질기게 지속되지만 동시에 다양하게 조정되는 한 제스처의 동기들을 강조하는 데 전념할 것이다. 이 제스처는 바로 국가에 대해서 정치적 성찰을 **탈중심화**하는 것이며, 더 심오하게는, 근대 철학이 그것의 장소를 한정했고, 헤겔이 그것에 대한 정식화로 가장 급진적인 정식화, 즉 정치적인 것은 (문제적이거나 불안정한 방식일지라도) 자유와 국가가 서로 접합되어야만 하는 장소라는 정식화를 가져왔던, 정치적인 것 그 자체에 대해서 해방 이론을 탈중심화하는 것이다. 이러한 비판적인 이중의 탈중심화는 국가라는 물음이 정확하게 일련의 철학적이고 정치적인 쟁점들의 교차점에서 발견되는 복잡한 지적 성좌 속에서 자신의 의미를 취한다. 헤겔 철학을 통해 사유된, 국가가 역사와 맺는 관계에 관련된 첫 번째 쟁점은 과격한 젊은이(마르크스)에게, 사유가 도달한 이성적 국가 개념과 권위주의적 프로이센 국가의 역사적 현실 사이의, 또는 하인리히 하이네Heinrich Heine*의 유명한 표현을 빌리자면, 독일 철학의 발전과 후진적인 독일 국가의 정치적인 시대에 뒤떨어짐 사이의 견딜 수 없는 불균형의 장소처럼 나타난다. 이 당시 헤겔 철학이, 특히나 헤겔이 자신의 개념에 부합하는 국가의 도래를 준비하는 권력을 그것들의 것으로 돌렸던 매개들의 현실 태가 논쟁의 중심이 되었음은 주지의 사실이다. 하지만 이를 통해 다시금 물어져야만 했던 것은 또한 그러한 바대로의 철학의 위상과 철학이 역사 및 정치와 맺는 관계, 다시 말해 사회-정치적 총체성과 그것에 내부적인 모순들의 의미 또는 합리성을 파악할 수 있

---

* 하인리히 하이네(1787~1856)는 1843년 마르크스가 파리로 망명하고 나서 그의 가까운 친구가 된다. 하이네는 자신들의 혁명을 완수했던 다른 국가들에 대한 독일의 정치적·사회적 지체에 대한 이론가다. '프랑스가 정치적으로 실현시켰던 것을 독일은 오직 철학 내에서만 발전시켰다'라는, 헤겔을 선조로 갖는 테제는 루트비히 포이어바흐Ludwig Feuerbach와 모제스 헤스Moses Hess에게서도 발견되며, 마르크스와 엥겔스의 유명한 텍스트 《독일 이데올로기》L'Idéologie allemande(1845)를 여는 테제로 반복된다.

는 철학의 능력이었다. 즉, 그러한 철학의 능력이 함축하는 문제 제기는 불가피하게 철학적 의식과 객관적인 정치적 현실 간의 유리를 야기할 수 있었으며, 이에 따라 철학적 의식은 객관적인 정치적 현실 속에서만 자신의 이론적이면서도 실천적인 무능력의 표지를 인정할 수 있을 뿐이었다. 끝으로 국가에 대한 물음은, 한편으로 아직은 이론적인 문제였던 종교 문제(왜냐하면 종교 문제는 헤겔의 관념론 내에서 철학적 사유와 종교의 관계라는 물음을 제기하기 때문이다*)에, 다른 한편으로 종교적 소수파들에 직면해 있던 독일-기독교 국가 내에서는 정치적인 문제인 종교 문제에 긴밀하게 결부된다. 게다가 이러한 국가에 결부된 종교 문제는 마르크스의 유명한 최초의 개입들 중 하나의 개입 기회를 그에게 제공했다.

1843년 자신의 기고문 〈유대인 문제에 관하여〉À prorpos de la Question juive에서 마르크스는 실제로 "청년헤겔학파" 철학자였던 브루노 바우어Bruno Bauer(1809~1882)가 주장한 테제에 대한 비판에 착수한다. 바우어의 테제는, 몇몇 유대 공동체들이 요구하는 프로이센 국가 내의 **종교적** 해방은 독일의 **정치적** 해방이 먼저 이루어지지 않는 한 달성될 수 없다는 것이었다. 바우어의 논점을 요약하자면 다음과 같다. 기독교 국가인 프로이센에 어떤 종교적 해방을 기대하는 것은 헛된 일이다. 종교적 원리들로 서품을 받은ordonné 국가는 그 방면에서 〔유대 공동체들에게〕 오직 예외적인 지위들만을 인정할 수 있을 뿐이다. 그 국가는 종교적 주체

---

* 이는 특히 《기독교의 본질》L'Esprit du christianisme(1841)에서 포이어바흐가 다루는 대상이다. 그는 이 저서에서 헤겔의 소외 이론에 대한 (반-헤겔적) 재정식화의 토대 위에서 종교적 관념들의 발생을 설명한다. 이 저작은 청년헤겔학파에 강력한 영향력을 미쳤다.

들인 한에서만 개인들에게 그러한 지위들을 인정할 수 있을 뿐이지, 정치적 주체들 또는 시민들로서의 개인들에게 그럴 수 있는 것이 아니기 때문이다. 이때부터, 종교적 해방이 정치적으로 인정받기 위해서, 그 해방은 필수적으로, 그것이 무엇이 됐든, 모든 종교에 대한 국가 그 자체의 해방을 경유해야 하며, 덧붙여 말하자면, 이러한 정치적 해방은 여타 종교적 공동체의 요구들을 이유 없는sans motif 것으로 만들 것이다. 이에 대한 마르크스의 비판은 이중으로 펼쳐진다. 첫 번째 의미에서, 바우어는 종교적 소외에 대한 자신의 비판을 충분히 멀리 전개시키지 못했다. 왜냐하면 바우어는 자신의 그 비판을 종교에 대한 **정치적** 비판으로 한정시키기 때문이다. 다르게 말해서, 종교로부터의 해방에 대한 정치적 관점을 원용함으로써, 바우어는 이러한 형태의 소외에 대한 "**인간적** 해방"의 문제를 어둠 속에 내버려두었던 것이다. 게다가 바우어의 유사-비판은 사실상 종교가 개인들의 내적인 삶 속에서 완전하게 실현됨을, 즉 심지어 더 이상 국가의 종교를 경유할 필요가 없는 종교가 실현됨을 인정한다.

> 국가는, 인간이 **자유로운 인간**이 되지 않고서도, **자유로운 국가**가 될 수 있다. …… 따라서, 대다수의 막대한 사람들이 여전히 종교적일 때조차도, 국가는 종교로부터 해방될 수 있다. 그리고 사람들이 **사적인 자격으로** 종교적이라는 단 한 가지 이유만으로도, 이 사람들 대다수는 종교적이기를 그치지 않는다. (Marx, 1843b, p. 56[국역 31쪽])

여기서 바우어의 논증이 전제하고 있는 것이 드러나는데,

이 전제를 통해 마르크스는 자신의 비판을, 그 비판의 사정권을 변화시키면서도 첫 번째 평면의 기반이 되는 더욱 심오한 두 번째 평면으로 심화할 수 있었다. 바우어는 종교로부터의 순전히 정치적인 해방을 요구하는데, 이를 위해 두 영역 간의, 즉 공적인 영역과 사적인 영역, 또 국가 영역과 시민사회 영역 간의 견고한 구분을 인정한다. 이러한 구분은 또한 (헤겔이 강조했으며, 그에 앞서 루소가 강조한 바대로) 개인의 실존 및 의식에 내적인, 정치적 귀속과 사회적 실존 사이의 유리이며, 이러한 유리에 근거해서 정치적 귀속 내에서 인정된 자유liberté는 사회적 실존 내에서의 현실적인 자유화libération에 상응하는 가치를 지닐 것이다vaudrait pour. 이로부터 마르크스의 비판이 지니는 사정권이 확장된다.

> 종교적 인간과 시민 간의 차이는 상인과 시민 간의, 일용직 인부journalier와 시민 간의, 지주와 시민 간의, **살아 있는 개인**과 **시민** 간의 차이다. 종교적 인간이 정치적 인간과 함께 발견되는 모순은 **부르주아**가 **시민**과 함께 발견되는 모순과 동일하며, 시민사회의 구성원이 **정치적 저명인사**lion politique라는 자신의 **살갗**과 함께 발견되는 모순과 동일하다. (Marx, 1843b, p. 59[국역 35쪽])

동일한 유리가 반복되는 일련의 등가성들은 바로 완전하게 실현된 종교적 소외를 가리키며, 이러한 소외는 더 이상 종교적 내용(믿음, 일정한 교리) 속에서 표현될 필요조차 없다. 왜냐하면 이러한 소외는 개인 자체 내에서 그의 사회적 존재에 대한 의식과 그의 정치적 지위에 대한 의식 간의 분할뿐만 아니라 양자 간의 관계 또한 알려주기 때문이다.* 이러한 윤리를 인정하는 바우어는 결과적으로 정치적인 것 그 자체에 대해서 종교적 태도를 유지시켰을 뿐이라는 점에서, 자신의 비판을 더 이상 멀리 밀고 나가지 못했다.

> 정치적 국가가 자신의 진정한 개화에 도달한 여기에서, 인간은 비단 사유, 의식 속에서뿐만 아니라, **현실, 삶** 속에서도 이중의 삶, 즉 천상의 삶과 지상의 삶을 보낸다. 즉 그가 **공동의 존재**처럼 긍정되는 **정치적 공동체** 내의 삶과 **사적 인간**으로 처신하고 타인들을 수단들로 간주하며, 자기 자신을 수단의 지위로 격하시켜, 낯선 힘들puissances의 노리개가 되는 **시민사회** 내의 삶 말이다. 천상이 지상에 대해 처신하는 것과 마찬가지로 정치적 국가는 정신주의의 방법으로 시민사회에 대해 처신한다. (Marx, 1843b, p. 58-59(국역 34쪽))

---

* 사실상 마르크스가 이 텍스트에서 자신의 논증을 예증하고 발전시키는 곳은 1793년 프랑스 헌법의 《인간과 시민의 권리선언》Déclaration de l'homme et du citoyen이라는 법적 내용 속에서이지, 신학적 내용 속에서가 아니다. 심지어 "인간"과 "시민" 간의 구분은 마르크스에게, 시민의 형식적인 권리들(자유, 평등, 안전)하에서 "인간"이라는 추상적인 보편물 내에서 관념화된 부르주아-시민적 내용, 더 정확하게 말해서, 근대 사회를 구조화하는 동시에 그 조직을 파괴하는 사적 소유의 정당화(사적 개인이 자신의 특수한 이익을 충족시킬 수 있는 자유, 사적 소유자들 간의 평등, 사적 소유 그 자체에 대한 보호sûreté)를 끄집어내기 위한 길잡이 역할을 한다. 앞선 종교와 정치에 대해서와 마찬가지로, 여기에서 다시금 문제가 되는 것은 권리를, 그 권리가 자신의 조건들, 자신의 원인들, 자신의 기능들을 발견하는 사회 체계 내부에 다시 놓는 일이다. 역으로 법적 규범들, 정치적 관점들, 그리고 종교적 믿음들이, 그러한 것들을 감추면서도―그러한 것들을 관념화하거나 전치시키면서도―사회적 장을 찢어놓는 갈등들을 표현하는 표상들의 체계들로 나타나도록 만들기 위해서 말이다.

우리가 보았던 바대로, 마르크스는 정치와 종교 문제를 종합해냈고, 이를 토대로 국가의 자리를 탈중심화함으로써 해방의 문제와 그 해방의 현실적인 가능성 및 실현의 문제를 다시 제기한다. 바우어가 주장한 바대로 정치는 모순들 전체를 해소하고 종교적 소외를 철폐하는 장소를 구성하기는커녕, 마르크스가 보기에는 여기에서의 정치와 종교 모두 실재 역사의 "토대Grundlage", 즉 헤겔이 사용한 용어를 따르자면, 부르주아-시민사회bürgerliche Gesellschaft에 종속된 표현이자 그 효과일 뿐이라는 점에서, 종교와 동일한 자격으로 나타난다(Marx, 1843b, p. 75~79(국역 57~62쪽)). 여기에서 전대미문의 연구 프로그램의 윤곽이 서서히 드러나게 되는데, 그 프로그램은 바로, 사회적 장의 조직화와 그 사회적 장에 내적인 모순들에서 출발해서 종교적 표상들과 정치적 표상들의 형성 조건들을 역사적으로 분석하는 것이다. 이러한 역사적 분석에는 정치 및 국가에 대한 **철학적** 표상들과, 따라서 독일의 정세 속에서 국가를 시민사회에 내적인 모순들을 상위의 이성의 질서 속에서 해소하는 현실적인 역량으로서 (파악한) 국가에 대한 헤겔 철학의 개념화가 포함된다. 이는 바우어의 테제들에 대한 논쟁에 착수하기 몇 달 전에 자신의 《헤겔 국법론 비판》Critique du droit politique hégélien(1843)에서 마르크스가 이미 시도했던 것이다. 《법철학》에 대한 이러한 비판적인 독해 속에서, 마르크스는 헤겔 이론 내에서 변증법이 작동시킨 모순에 대한 개념화를 문제시한다. 본질과 현상이라는 개념적 범주들(헤겔 그 자신보다는 루트비히 포이어바흐에게 더 가까운 제스처)을 다시금 취하면서, 마르크스는 헤겔 관념론이 실행하는 전도inversion에 방점을 찍는다.

헤겔의 원리적인 결점은 그가 현상의 모순을 본질 내의, 이념 내의 통일로 파악한다는 데 있다. 확실히 이러한 모순은 자신의 본질로서 더욱 심오한 어떤 것, 즉 본질적인 모순을 지님에도 불구하고 말이다. (Marx, 1843a, p. 148〔국역 197쪽〕)

헤겔이 지틀리히카이트의 전개 내의 단순한 계기들로 파악한 시민사회 내에서 자각될 수 있는 모순들은 헤겔이 보기에 국가가 그것들을 통해 "즉자 대자적으로" 스스로를 정립하는 매개들을 통해 "해소된" 것으로 나타날 수 있다. 이때 국가는 모든 갈등들을 폐지함으로써 그 자체로는 모순적인 〔시민〕사회의 일반이익을 인식하고 그것을 실현한다고 간주된다. 마르크스는 이에 대해, 이러한 변증법은 오직 이러한 사회적 모순들이 지니는 "본질적인" 성격을 추상함으로써만 효력이 있다고 반론을 제기한다. 하지만 사실상 헤겔에 의해 부르주아-시민사회의 관념화된 추상 속에서 변형되는 것은 국가 그 자체이며, 국가는 그러한 부르주아-시민사회의 단순한 합리적 **외피**apparence만을 보여줄 뿐이다. 국가는 현실적인 갈등들에 대한 변증법적인 해소가 아니라 현실 세계의 추상화에 불과하고, 이러한 현실 세계의 추상화〔국가〕는 이러한 관념화 덕택에 현실 세계의 객관적인 모순들을 위장할 수 있으며, 그것들에 대처할 수 있는 것이다. 따라서 이는 부르주아-시민사회의 객관적인 모순들에 대한 관념화이면서 동시에 국가에 내적인 모든 모순 내지는 모든 갈등으로부터 자유롭다고 간주된 정치 권력에 대한 관념화이며, 이러한 관념화는 확실히 이러한 사회 자체 내에서 너무나도 현실적인 효과들을 생산한다.

《유대인 문제에 관하여》는 이러한 정치적 환상 또는 마르크스가 당시에 "국가 그 자체에 대한 궤변sophistique"이라 부른 것에 대한 분석을 심화시킨다. 헤겔이 옳다고 인정하는 방법은 단 하나밖에 없다. 즉 국가가 시민사회의 모순들을 해소한다면, 이는 정확하게 '국가가 그 모순들을 시민사회 자체 내에서가 아니라 오직 정치적으로만 "해소"할 뿐이라는 의미에서 그러한 것이다'라고 말이다. 이러한 모순들의 전술된 해소는 따라서 실제로 그 모순들의 제거라기보다는 그 모순들의 자리이동이며, 이 자리이동은 정치의 공간 자체를 시민사회 그 자체의 **표상**으로 구성한다. 표상이라는 용어는 여기에서 단지 정치적 권리/법droit에 대한 제도적 구성agencement을 지시한다기보다, 우선적으로 사회 자체 내에 내적인 메커니즘, 즉 사회 자체의 관념화 메커니즘, 따라서 사회의 모순들을 단순하게 관념적으로 "해소하기"의 메커니즘을 지시한다. 따라서 불가분의 방식으로 여기에서 출현하는 것은 사회역사적 모순들에 대한 새로운 개념화이자 사회-정치적 행위 및 변화 이론인데, 이것들은 비판을 재정의하는 과업으로 이어진다. 더 이상 종교 비판은 종교에 대한 **정치적** 비판에 그칠 수 없고, 국가 비판은 그저 국가에 대한 **정치적** 비판일 수 없으며, 마찬가지로 법droit 비판은 법에 대한 **법적**juridique 비판일 수 없는 것이다. 종교에 대한 환상들, 법과 공적officielles 정치들에 대한 신비화들은 그것들의 현실적인 토대를 경제 사회에 내적인 모순들 속에서 발견하며, 비판이 이론적으로나 실천적으로 자신의 대상과 자신의 목적을 발견해야만 하는 곳은 이러한 경제 사회 내에서다. 따라서 정치철학 담론의 위상 자체가 문제시되며, 그러한 위상은 〔그것과〕 상관적인 두 층위plans에서 더 깊게 연구되어야만 하는 것이다. 첫째로, 국가와 법을 정치적 문제제기의 출발점으로 전제하는 철학적 사유는 사회적 불평등과 사회적 지배의 현실성을 규정하는 사회경제적 관계들에 대한 실증적 연구로 대체되어야만 하며, 이처럼 이론적 비판을 철학적 관념화와 그 관념화가 함축하는 거짓 비판의 신비화로부터 빼내야만 한다. 프리드리히 엥겔스Friedrich Engels(1820~1895)에 의해 알려진 마르크스 자신의 언급들에 따르면 "순수한 정치로부터 경제적 문제들로, 〔그리고〕 사회주의로의" 이행은 1842년 1월부터 1843년 4월까지 《라인신문》Gazette rhénane에 기고한 마르크스의 글들에서 처음 발견된다. 이 기고문들에서 마르크스는 프랑스 북동부 모젤 지방의 포도 재배 농부들의 삶의 조건들에 대해, 산림 절도에 관련된 라인지방의 입법에 대해, 또는 슐레지엔 지역의 방직공들의 봉기에 대해 입장을 피력한다. 영국과 프랑스의 경제학자들(애덤 스미스, 데이비드 리카도, 시스몽디Sismondi, 장-바티스트 세이Jean-Baptiste Say, 데스튀트 드 트라시Destutt de Tracy)에 대한 근면한 연구의 시기를 연 것은 무엇보다도 1843년 파리로 망명하면서부터였고, 이러한 연구는 자기소외 또는 자기 상실dépossession의 메커니즘이라는 헤겔적 그리고 포이어바흐적 주제의 재연reprise의 틀 내에서 수년간 이어지다가 돈과 사적 소유에 대한 첫 번째 비판(《1844년의 경제학-철학 수고》 Manuscrits de 1844)으로 결실을 맺는다.

하지만 둘째로, 변화되는 것은 비판 작업의 본성 자체다. 비판 작업이 이론적이고 사변적인 구축물들의 사회적 토대들을 가르쳐줌에 따라, 이 비판 작업은 스스로를 사회적 비판으로, 즉 비판의 **실천적인** 실행으로서의 사회적 해방으로 만들어야만 한다. 1844년 1월 《헤겔 국법론 비판》Critique du droit politique hégélien에 덧붙여진 〈헤겔 법철학 비판 서문〉에서 마르크스가 적은 바대로,

"사변적인 법철학 비판은 자신 내에서 자신의 고유한 목적/끝fin 을 구하는 것이 아니라, 해답을 위한 과업들에 이르게 되는데, 이러한 과업들의 수단은 오직 단 하나, 즉 실천이다"(Marx, 1843a, p. 205(국역 19쪽)). 1845년《포이어바흐에 관한 테제》Thèses sur Feuerbach 에서 마르크스는, 단지 실존하는 사회적 관계들에 대한 과학적 연구를 향해서뿐만 아니라, 이러한 사회적 관계들에 대한 비판 의 **실천적인** 실현을 향해서 철학적 비판을 뛰어넘을 것을 촉구 하는 이 핵심적인 논점을 다시금 더욱 강경하게, 하지만 간결한 정식들 속에서 강조할 것이다(테제 4, 테제 11). 단지 종교에 대한 철학적 비판을 정치에다가도 늘어놓고, 동일한 방식으로 "투사 projection"―이러한 투사를 통해 자신들의 유적 존재를 종교라는 "천상" 속에서 실체화함으로써 개인들은 그들의 유적 존재를 스스로 박탈하며, 그리하여 사회적으로 소외된 개인들은 자신들 의 해방을 모두가 자유롭고 평등한 인간들에 대한 환상이 번성하 게 되는 순전히 이상적인, 다시 말해 사회로부터 단절된 정치 공 동체 속으로 투사한다―를 고발하는 것은 더 이상 문제가 아니 다. 문제가 되는 것은 주관적 의식의 이러한 소외를 그것의 물질 적 토대로, 다시 말해 그것들 주위에서 사회적 조직이 구조화되 며, 그것들에서 출발해서 인간들이 실천적인 갈등들 속에서 서로 대립하는, 분할들과 모순들로 재인도하는 것이다. 종교라는 천상 못지않게 정치라는 천상 또한 인간들에게 그러한 실천적인 갈등 들을 승화시킬 뿐인 해법만을 제시한다. 따라서 인간들은, 타인 들에 대한 특정한 인간들의 의존관계와 이러한 의존관계가 세워 져 있는 사회적 관계들의 구조적 조직을 폐지하는 실천적인 변화 그 자체를 통해서만, 한마디로 말해 사회 혁명을 통해서만 이러한 모순들로부터 실질적으로 빠져나올 수 있을 것이다.*

비판 작업의 이러한 두 가지 자리이동—철학적인 국가론의 지반으로부터 정치경제학 비판의 지반으로의 이론적 비판의 자리이동과 청년 마르크스의 민주주의적-자유주의적 저항opposition으로부터 해방 투쟁들을 옹호하기 위해 확언된 공산주의적 참여engagement로의 비판적 실천의 자리이동—간의 접합은 고전 경제학자들에 대한 그의 최초의 연구들과 병행하는, 프랑스의 자유주의적·사회주의적 역사가들(자유주의자였던 루이-아돌프 티에르Louis-Adolphe Thiers와 프랑수아 기조, 생-시몽주의자였던 오귀스탱 티에리Augustin Thierry, 생-시몽Saint-Simon 그 자신, 또한 피에르 르루Pierre Leroux와 피에르-조제프 프루동Pierre-Joseph Proudhon)**에 대한 독해 속에서 결정적인 요인을 발견한다. 이 역사가들은 일련의 다양한 형태의 계급투쟁을, 역사 그 자체의 운동의 원리적인 동력으로는 아닐지라도, 역사학 연구의 길잡이로 삼은 최초의 이론가들이다. 최초의 유럽 노동운동들이 조직화되기 시작하는 동안 (고전 정치경제학 비판을 토대로 하는) 당시 사회 현실에 대한 연구와 과거 사회 현실의 변화들에 대한 역사적 연구가 교차하면서, 사람들은 앞으로 올 인간해방의 실천적인 행위자agent를 지목할 수 있게 되었다. 다시 말해 자신이 겪고 있는 지배 그 자체를 통해, 그러니까 초월적인 이상들의 이름으로가 아니라 내재적인 방식으로, 급진적인 인간해방 운동을 지탱하는 사회 계급, 즉 헤겔이 그에게서

---

* 혁명 과정에 대한 마르크스의 사유에서 나타나는 국가 문제에 관해서는 3부 2장을 보라.

** 막 싹트기 시작하던 프랑스 사회주의의 다양한 주요 인물들에 대해서는 2부 1장 2절을 보라.

그러한 시민사회의 궁극적인 모순과 극단적인 위협을 봤던 "하층민"이 더는 아니라, 자본주의적 착취 관계에 토대를 두고 있는 이러한 특수한 사회를 붕괴시켜, 그 사회를 발본적으로 다른 사회로 전화시키는 주체로서의 **프롤레타리아** 말이다(Marx-Engels, 1845, p. 51-55).

그렇다면 비판 작업에 대한 이론적이고 실천적인 이러한 이중의 새로운 자격부여 속에서 국가 현상은 무엇이 되는가? 국가 현상은 계급투쟁의 사회-정치적·역사적 조건들에 대한 분석의 토대 위에서 재검토되어야만 한다. 그리고 이러한 과업은 "정치"라는 통념의 현실적 내용이, 선행하는 것(계급투쟁 조건들에 대한 분석)에 근거해서, 적어도 문제적인 것이 될수록 더 시급해진다. 실제로, 사회적 모순들이 (환상적으로) 해소되는 승화된 장소처럼 자신을 표상하여 스스로에게 투사하는 개인의 의식의 환상들과 동일시된 정치적 국가는 놀라운 비현실화déréalisation의 대상이 되는 듯하다. 이 문제가 명확해지기 시작하는 곳은 1845년 엥겔스와 함께 작성되었지만 마르크스 생전에는 미발간 상태로 남은 텍스트《독일 이데올로기》L'Idéologie allemande다. 이 텍스트에서 국가에 대한 성찰은 분석의 두 방향의 교차로 이루어진다. 분석의 첫 번째 방향은 사회구성체들에 대한 관념론적이지 않은 역사(학)의 새로운 필요조건들을 진술한다. 그 역사(학)는 특수한 개인들의 의식적인 이기심들이나 의지적인 활동들에 기초를 두는 것이 아니라, 자신의 물질적인 실존 조건들을 지니는 사회에 의해 그것들을 관통해서 생산이 실현되는 사회관계들의 체계에 기초를 둔다(Marx-Engels, 1845, p. 24-34). 사회들에 대한 이러한 유물론적인 역사(학)를 지도하는 길잡이는 따라서 노동 분할에 의

한 발전 및 그에 따라 취해지는 다양한 형태들인데, 이러한 생산 조건들과 그 생산의 수단들, 그리고 그 생산물들에 따라 상이하게 구별되는 전유 형태들은 자신의 조건이자 자신의 효과로서 이 노동 분할과 상관관계를 맺으며, 결국 이 노동 분할로부터 다양한 정치적 조직들이 귀결된다. 따라서 이러한 정치적 조직들은 생산 구조와 이 생산 구조에 상응하는 소유 형태들의 기능이다. 헤겔이 주장했던 바대로 사회적 조직의 토대이자 기반이 되기는커녕, 국가 그 자체는 생산관계에 의해, 따라서 불평등, 지배 관계, 사회적 노동 분할로부터 유래하는 지배 계급과 피지배 계급 간의 투쟁에 의해 야기되고 결정된다. 국가의 형태들과 그 권한들, 그 법적 장치들dispositifs, 그리고 심지어 사회에 대한 국가의 (언제나 상대적인) 독립성의 정도까지도, 어떤 특정한 역사적 사회의 생산 구조가 재생산될지 변형될지가 그것들을 통해 조정되는 그러한 투쟁들에 국가가 개입하도록 결정되는 방식에 따라서 변화된다(Marx-Engels, 1845, I. B).

분석의 두 번째 방향에서, 사회구성체들과 그것들에 결합되어 있는 정치적 형태들의 역사에 대한 이러한 인식론은 사회적 생산관계들의 토대 위에서 결정되지만, 자신들의 산물들(일반적인 표상들인 의식의 산물들)을 그 산물들이 귀결되는 사회적 토대에 대해 상대적으로 자율화시키는 운동으로 특징지어지는, (종교적·철학적·도덕적·법적) 의식 형태들의 발전 방식들을 분석하기 위한 초석을 제공한다(Marx-Engels, 1845, p. 35-38). 이러한 자율화의 운동을 통해 마르크스는 추상들의 발생을 기술할 수 있었다. 의식이 자신을 추상적인 개체들entités로 표상하기 위해서는, 자신이 그 속에 정박해 있는 물질적인 실천의 상황으로부터 스스로를 추상시켜야만/떼어놓아야만s'abstraire 한다. 이러한 운동을 통해서 의식은 특수한 상황에 의해, 따라서 자신의 사회적 실존 조건들에 의해 끊임없이 결정되지만, 의식은 추상적인 보편물들을 통해, 즉 의식 그 자체에 의식이 물질적으로 조건 지어져 있음을 숨기는 일반적인 표상들을 통해, 이러한 자신의 실존 조건들에 스스로를 (조건 지어져 있지 않은 것으로) 결부시키기에 이른다. 그렇지만 여기서 명확히 해야 할 것은, 마르크스가 보기에 이러한 추상화의 운동은 인간 조건 내에 기입되어 있는 인간학적 소여가 전혀 아니라는 점이다. 반대로 추상화의 운동은 사회적 분업의, 그리고 최우선적으로 육체 노동과 지적 활동 간의 분할의 구조적 효과다. 이는 모든 표상이 "계급적"이라는 것을 옹호하는 또 다른 방식일 뿐이며, 계급적 표상이 지니는 내용의 견지에서 그 표상이 오류를 범하고 환상적이라는 것을 의미할 뿐만 아니라, 무엇보다도 사회적 분업에 의해 결정된 불평등 및 갈등의 관계들 속에 그 표상이 위치한다는 것을 의미한다. 이러한 물질적인 불평등과 적대는 이처럼 의식적인 표상의 수준에 덧대어진다.

> 모든 시대에서 지배 계급의 사유가 곧 지배적 사유이며, 다르게 말해서 사회를 지배하는 물질적인 힘을 가지고 있는 계급이 또한 정신적으로 지배하는 힘을 갖는다. (Marx-Engels, 1845, p. 44, p. 74-81(국역 100~101쪽))

물질적 지배에 토대를 두며, 정확하게 그러한 물질적 지배로부터 **상대적으로** 독립적이기 때문에 역으로 그러한 물질적 지배를 강화하는, 이러한 이데올로기적 지배는 어떻게 행해지는가? 이는 마르크스가 기만적인 만큼이나 기만을 당하는 사회적 의식에 의해 생산된 관념들에 대한 허구적 보편화 메커니즘처럼 기술한 것을 통해 행해진다. 이러한 이차적 측면은 추상들이 한 계급의 다른 한 계급에 대한 지배 관계를 옹호하고 정당화하며 강화하는 방식에 대한 분석을 개방한다. 이로부터 복잡한 관계들을 통해 사회경제적으로 지배적인 계급들에 연결되는 지식인 계급("능동적인 이데올로그들")의 분화에 부여된 중요성이 도출된다. 그런데 이러한 허구적 보편화는 역으로, "사회의 보편적 신분"에 대한 헤겔의 개념화에 대해 정반대의 입장을 취하는 마르크스에 따르면, 시민사회의 특수한 이익들을 일반 이익으로 고양시킨다고 간주된 국가 관료 내지는 지식인 신분이라는 국가 현상을 이해하도록 해준다. 국가 제도들의 설립 없이는 사회적 노동 분할도 없다면, 국가가 사회에 부과해야만 하는 통일적인 허구(현대 자유주의 사회의 경우라면 합의라는 허구)라는 바로 그 이유 때문에 국가는 추상들의 강력한 생산자가 되어야만 하기 때문이다. (직업적인, 사회적인, 국가/국민/민족적인nationaux) 어떤 특수 이익들을 일반 이익으로 보편화시키는 것은 국가 구성과 상관적인 의미를 지니며, 역으로 말한다면 국가가 책임지는 통일적인 허구는 이러한 허구가 계급 적대 속에서 충족시키는 기능을 드러내준다. 즉 사회적 의식 속에 허구적 공동체(자유와 평등의 공동체, 국민/민족적nationale 동일성의 공동체 등)에 대한 표상을 유지시키는 기능 말이다. 이러한 표상이 지니는 추상의 힘은 개인들 간의 구체적인 사회경제적 관계들 속에 실존하는 공동체의 현실적인 결점을 상쇄시켜준다. 바로 이러한 방법으로 국가는 합의라는 이름으로 한 계급의 다른 한 계급에 대한 지배를 관할한다.

국가는 지배 계급의 개인들이 그것을 통해 자신들의 공동의 이익들을 주장하고, 한 시대의 시민사회 전체가 그 속에 요약된 형태이기 때문에, 공동의 제도들 전체가 국가라는 중개물을 거쳐서 정치적 형태를 부여받는다는 것이 귀결된다. 이로부터 법이 의지에, 심지어는 자신의 구체적인 토대로부터 떨어져나간 **자유** 의지에 기초를 둔다는 환상이 생겨나게 된다. (Marx-Engels, 1845, p. 106〔국역 130쪽〕)

이러한 관점에서, 사적인 것과 공적인 것 간에, 지배 계급의 특수한 이익들과 국가의 법적·행정적·의회적 제도들이 계속해서 그것에 대한 표상을 주조해내는 그러한 일반 이익 간에 그 어떠한 모순도 존재하지 않는다. 지배 계급의 수중에 놓인 도구로서의 "이러한 국가는 부르주아들이 자신들의 재산과 이익을 대외적으로나 대내적으로나 상호적으로 보호하기 위한 필요에 의해 스스로에게 부여한 조직 형태와 다른 것이 아니다"(Marx-Engels, 1845, p. 106〔국역 129쪽〕). 그럼에도 불구하고 남는 문제는 계급투쟁에서의 국가의 역할을 포함해서, 국가에 대한 분석이 기만적인 표상들을 생산하는 이러한 기능들에 한정되는지 여부다. 1840~1850년대의 전환기에서부터의 노동 투쟁의 발전, 하지만 또한 프랑스의 보나파르트주의적 국가〔제2제정〕의 행정적·억압적 장치들의 점증하는 권한을 지켜보며 마르크스는, 국가의 물질적 구조와 산업 자본주의 사회 내의 계급 적대 간의 복잡한 뒤얽힘에 대한 자신의 연구를 더욱 심화하고자 했다.*

---

* 2부 3장 2절을 보라.

2부 — 국가에 대한 지식들과 실천들

3장 — 관료주의 국가

2장 — 사회적인 것에 대한 과학들과 사회적 국가

1장 — 경제와 정치 사이에서: 자유주의 국가 패러다임

고전시대 이래로, 정치사상은 두 개의 주된 지식 형태들과 긴밀하게 접합되어왔는데, 그중 하나가 외교적·군사적 지식 형태이며, 다른 하나는 도덕적·법적 지식 형태다. 앞서 우리는 이외에도 정치사상과 역사적 지식이 민족national 국가의 학설들 속에서 서로 묶이는 긴밀한 연관관계를 강조한 바 있다. 2부에서 우리는 19~20세기에 걸쳐 정치철학이 두 개의 또 다른 지식 형태, 즉 (그것의 탄생이 종종 18세기로 거슬러 올라가며, 19세기 초반까지도 계속해서 "새로운 과학"이라고 불린) 경제학 그리고 뒤이어 사회학과 마주쳤을 때 겪은 변화를 고찰할 것이다. 경제학과 사회학 모두 통일되고 동질적인 지식 체계들을 구성하지 않는다는 점은 명확하다. 1차 산업혁명(도시화 및 생활 방식의 변화, 시장경제 및 교환 그리고 교통communication 수단의 발전)과 연관된 심대한 대격변들을 기록하는 경제학과 사회학은 이러한 대격변들에 대한 여러 대조적인 이해의 틀grille들을 구성한다. 국가가 자신의 정책들에 적합한 지식을 구하기constituer 위해 19세기에 정치경제학이나 사회학적 지식들이 구성되리라고 기대한 것은 아니었다는 점 또한 분명하다. 따라서 단순하게 문제가 되는 것은 정치경제학, 이어서 사회학에 대한 준거가 사람들에 대한 국가의 통치를 합리화하는 양상들을 어떻게 쇄신하는지, 그리고 그러한 목적들과 수단들, 고유한 논리들을 어떻게 재정의하는지를 이해하는 것이다. 정치철학이 이러한 성찰들을 주도하기를 원하는 한에서, 자신의 위상이 변화되는 것을 목도하는 것은 바로 정치철학 그 자체다. 규범들(국가는 무엇이어야 하고 무엇을 행해야만 하며 무엇을 행해서는 안 되는지)의 제정을 요구하는 것도, 그 규범들의 타당성과 정당성을 정초하는 궁극적인 근거를 묻는 것도 정치철학에 있어서 더 이상 문제는 아니다. 적어도 그것들만이 문제는 아니다. 국가 기능 및 그 개입들을 주재하는 논리들 속으로 완전히 들어온 이러한 새로운 지식들과 대면하여, 정치철학은 자신이 함축하는 본질적 차원들 중 하나인 **인식론**으로서, 즉 정치적 제도들과 국가 내의 통치의 기예를 통해 작동되는 지식 및 합리성 유형에 대한 분석으로서 그러한 새로운 지식들과 한 몸이 되고자 한다.

1 장

경제와 정치 사이에서 : 자유주의 국가 패러다임

정치적 자유주의가 경제적 자유주의와 결합했다는 것은 19세기 내내 포괄적으로 이루어진 사실이며, 현대 정치사상사에 심오하게 지속적으로 영향을 미친 사실이다. 그럼에도 불구하고 이러한 결합의 요인들과 그 본성은 복잡하다. 따라서 정치적 자유주의와 경제적 자유주의가 서로 접합하게 된 방식을 묻기 위해서는, 그 선결조건으로서 양자를 구별할 필요가 있다. 경제 지식과 정치 이론은 "경제적 자유주의"라는 이름의 새로운 정치를 형성하기 위해 어떻게 서로 뒤얽혔을까? 19세기 전체에 걸쳐 명확해진 바대로의 자유주의 국가에 대한 자신의 문제설정problématisation 내에서 이러한 경제적 자유주의는, 시장 본연의 자연적인 조절 메커니즘들을 내세운다. 이를 토대로 국가는 사회에 간섭하지 말자거나 가능한 한 적게 간섭해야 한다고 주장할 수 있을 것이며, 이때 공권력이 행하는 규제적이고 강제적인 모든 개입으로부터 자유로운 경제학은 오직 이러한 시장에 고유한 이해intelligence만을 제공해야만 한다. 이미 18세기부터 다수의 정치 이론가들이 국가 활동의 양상들과 그것의 의도들 및 한계들, 그리고 그것의 궁극적인 목적들을 규정하기 위해 말을 걸었던 지식은 인간학적 지식(인간 본성은 무엇이며, 그러한 본성에 어떠한 권리droit들이 내속해 있는가?)이나 도덕적 지식(인간 존재의 목적 또는 목표는 무엇인가?), 혹은 역사적 지식(과거에 의해 건립되고 전통에 의해 그 유효성을 인정받은 법/권리droit들은 무엇인가?)이라기보다는 경제적 지식이다. 하지만 이러한 경제적 지식은 우선적으로 특정 국가들과 그 국가들의 행정관료들을 교육하기 위해 마련된 특별한 제도들의 소관이었음을 기억하는 데에서 출발할 필요가 있다. 이러한 특정 국가들과 특별한 제도들은 새로운 지식들이 가공되고 정치적 통치의 새로운 합리성이 구축되는 장소였다. 이러한 사실 확인은, 경제적 지식이 해명해줄 수 있을 문제보다 더 넓은 문제, 즉 **정치적 학설**로서의, 그리고 **통치 양상**으로서의 경제적 자유주의의 구성이라는 문제, 다르게 말해서 (지식으로서의) 정치경제학과 (국가의 통치 방식으로서의) 정치 권력의 실행 사이에서 경제적 자유주의가 행한 새로운 접합의 문제의 틀 속에 이러한 경제적 지식을 재위치시킴으로써 경제적 지식의 사정권을 측정하는 데 도움을 준다.

사실 경제적 지식의 "자유주의적" 용법이 자율적으로 국가와 그것의 권한들, 그 권한들을 실행하는 데서의 국가의 정당한 영역과 관련된 정치 이론의 문제들 내로 편입된 것은 아니다. 특히 이러한 편입은 법loi의 기능 및 그 한계, 권력들의 조직화, 정치적이고 의회적인 대표의 본성, 정치적 권리droit들과 사적 권리들 간의 관계에 관련된 제도적인 문제들에 우선적으로 초점을 맞추는 정치적 자유주의로부터 직접적으로 연원하는 사태는 아니었다. 이러한 편입은 16세기 말과 18세기 말 사이에 전개되었고, 우리가 "관방학scieces camérales" "국가재정학caméralistique", 또는 "내치학science de la police"(Polizeiwissenschaft)이라는 명칭하에서 재규합할 수 있는 이전 담론들 및 지식들 전체에 의해, 하지만 제한적인 방식으로, 준비되었다. 여기에서 치안police이라는 용어는 예방과 억압을 통해 내부 질서를 보장한다고 간주된 제도(18세기 말이 되어서야 명확해지기 시작한 현재적 의미)를 지시하지 않는다. 그 용어〔내치police〕는 "국가 전체의 번영과 시민 전체의 행복에 쓸모가 있는 수단들 전부"(Peter von Hohenthal(1776), in Foucault, 1977-1978, p. 321〔국역 425쪽〕)를 포함하거나, 혹은 다음과 같은 것들의 전부를 포함한다.

> …… 국내에 관련되며, 〔국가〕 역량을 공고히 하고, 그 역량을 증대시키며, 국가의 힘들을 선용하고 신민sujet들의 행복을 위해 애쓰는 데 목적을 둔 법률들과 규칙들, 간단히 말해, 모든 것들이 그것으로 관리되는 지혜에 따라 국가의 안녕은 좌우된다는 것이 고려된 상업, 재정, 농업, 광산 채굴, 목재 및 산림 벌목 등등. (Johann H. G. von Justi(1756), in Foucault, 1977-1978, p. 337〔국역 426쪽 각주 8〕)

정치경제학은 바로 이러한 지식들 체계의 내부에서 발전한다. 다르게 말해서 이러한 과학은 애초에 16~17세기에 "국가이성"이라는 표현하에서 확립된 통치 합리성의 내부에서 출현하며 발전한다. 정치경제학이라는 용어를 통해 우리는 다음의 것을 주요한 문제로 가지는 정치 학설을 이해하게 된다. 즉 더 이상, 고전주의 전통에서 그러했던 것처럼, 있을 수 있는 가장 좋은 체제를 설립하거나 또는 그저 국가를 잘 정초하는, 즉 국가를 진정한 원리들 위에서, 올바르게 정초된 정당성의 기초 위에서 설립하는 것이 아니라, 국가를 가능한 한 가장 번성하고 가장 강력하게 만들 수 있는 실천들의 체계를 발전시키고 이러한 체계의 종별적인 합리성을 규정하는 문제 말이다. 정치경제학의 지식은 무엇보다도 16~17세기가 그것의 탄생을 목격했던 국가 이성의 이러한 합리성의 도구다. 정치경제학을 유력하게 주창했던 최초의 흐름들 중 하나였던 중농주의는 이러한 점에서 상징적이다. 중농주의자들은 자신들의 경제적 분석으로부터 조금도 국가 권력의 제한을 연역해내지 않는다. 정반대로 그들은 외적 제한이 없는 국가 권력의 필요성을, 즉 국가 권력은 자신 외부로부터 부과될 수 있을 경계들을 갖지 말아야 한다는 점을 연역해낸다. 그리하여 그들은 이처럼 **경제적 주권**의 형태 내에서 명확해진 전제 군주제를 권장한다. 예컨대 국가 권력은 관세율을 설정하고 곡물 가격을 고정시키며, 제조 활동을 규제하고 시장에서 이루어지는 행위들을 법제화하여 보호한다. 이 같은 특권들은 더 이상 단지 주권적 권리/법droit의 실행 영역처럼 숙고되고 합리화되는 것이 아니라, 시민사회 내로의 국가 개입이 지니는 광범위한 장 한복판에서 적합한 것l'approprié과 적합하지 않은 것l'inapproprié의 나눔을 설정하는 실증적 지식의 상관물처럼 숙고되고 합리화된다. 이때부터 상대적으로 자기조절되며 개인 및 집단 번영과 〔국가〕 내적 질서, 그리고 〔국가〕 외적 평화와 국제적 균형까지 보장하기에 충분한 시장의 "자연적인" 경제적 메커니즘들의 이름으로 경제학이 국가 권력의 제한에 유리한 자유주의적 논거들을 옹호하게 될 수 있기 위해서는, 시장경제가 발전되고 일반화되어야 할 뿐만 아니라, 정치경제학의 담론들이 자신의 형성을 조건 지었던 관방학science camérale에 대해서 **자율화되어야** 했다. 이 점을 명확하게 함으로써 우리는 자유주의 정치사상의 공간과 두 세기 전부터 자유주의 정치사상에 활기를 불어넣은 주도적인 문제들의 구성이 어떻게 재형성되는지를 살펴볼 것이다.

1. 관방학으로부터 정치경제학으로: 복지국가, 법치국가, 자유주의 국가

특히 [17세기] 중상주의, [18세기] 중농주의 흐름의 영향하에 프랑스에서, 그리고 무엇보다도 30년전쟁* 이후 국가 재건의 맥락에 놓인 신성로마제국에서 17세기를 기점으로 새로운 통치 실천들이 전개된다. 이러한 새로운 실천들은 풍습, 위생, 상업, 사람들의 왕래 및 상품들의 유통, 생산규범, 결사의 원칙, 동업조

---

*   1618~1648년에 걸쳐 중부 유럽, 특히 신성로마제국을 무대로 로마 카톨릭 교회를 지지하는 국가들과 프로테스탄트 교회를 지지하는 국가들 사이에서 벌어진 종교전쟁을 일컫는다. 신성로마제국 페르디난트 2세가 보헤미안의 신교도들을 탄압한 것이 발단이 되어 발발한 이 전쟁은 처음에는 구교와 신교 간의 국지적인 종교전쟁의 양상을 띠었으나, 네덜란드, 덴마크, 스웨덴 등이 신교도를 지원하며 참전했고, 이어서 프랑스와 에스파냐까지 신성로마제국을 견제한다는 목적하에 참전함으로써 패권을 다투는 유럽 열강들의 국제전 양상을 띠게 되었다. 1648년 베스트팔렌 조약이 체결되면서 전쟁은 막을 내렸지만, 신성로마제국은 이 전쟁의 여파로 국토 대부분이 황폐화되고 인구가 크게 감소하는 등 쇠락의 길을 걷게 된다.―옮긴이

합에 관련된 내치에 대한 칙령들의 증가였는데, 이는 군주의 통치 기예art 면에서 발생한 여러 변화들과 혁신들을 증언한다. 이러한 변모에 관한 프랑스 철학자 미셸 푸코(1928~1984)의 분석들에 따르면, 이는 우선 주권에 대한 법적-정치적 담론과 관련해서 **대상**의 변화다. 즉 "내치police"는 더 이상 주권과 그 주체들은 무엇이며 또 무엇이어야만 하는지에 관계되는 것이 아니다. 그것은 인간들과 그들의 활동들, 만져서 알 수 있는 그들의 물질성 내의 사물들, 공간들과 사람들이 그 공간에서 살고, 그 공간들을 왕래하는 등의 방법들에 관계된다. 마찬가지로 이는 **목적**의 자리이동이다. 즉 더 이상 단순히 대내적 질서와 대외적 평화만을 목표로 하는 것이 아니라, "가시적인 번영"에 의해, 또 그것을 위한 신민sujet들의 "복지"와 그 자체가 대내적 질서와 유럽 열강들 간의 대외적 균형의 조건이 되는 국가 역량 또한 목표가 된다. 끝으로 이는 **도구**의 변용이다. 즉 아직 17세기 초의 군주에게 권리적으로 속하는 특권들에 긴밀하게 결부되어 있던 내치학 Polizeiwissenschaft은 사회의 물질적인 이익들을 법률보다는 막대한 **예산집행règlements**을 통해 관리하는 것을 목표로 하는 자율적인 정치공법을 구성하기 위해 점차 자신의 법규로부터 자유로워졌다 (Foucault, 1977-1978, p. 347-348〔국역 458~459쪽〕).

그럼에도 불구하고 내치학에 대한 탁월한 전문가들 중 한 명이 지적하는 바대로, 내치학이 진정으로 구성되었던 것은 18세기였다.

내치학은 이전의 실천들을 통합하고 체계화하는 데 그치지 않는다. 그것은 또한 국가행정의 합리화라는 관점에서 개혁

적인 성격을 보여준다. (Senellart, 2007, p. 101)

이 점에 대해서는, 그 당시 30년전쟁 때문에 황폐해진 자신의 영토를 재건하고자 한 고타Gotha의 공작에게 발탁되어 행정관료 학교에서 일하던 루트비히 폰 제켄도르프 Ludwig von Seckendorff(1626~1692)가 작성한, 17세기 독일 행정학의 원리적인 개론서인《독일 왕실재정》Teutscher Fürstenstaat(1656)이 선조 격으로 여겨진다. 전통적으로 과거 역사의 실례들과 제국의 법전들을 내세웠던 조언자들과 단절할 것을 요구하면서 제켄도르프는 경험주의적 접근법을 주장한다. 즉 훌륭한 국가행정의 수단들을 결정하기 위해서는 국가의 물질적 현실과 그 역사적 상황으로부터 출발해야 한다. 훌륭한 국가행정은 자신의 궁극적인 목적으로 공동의 이익 및 복지를 삼는데, 이러한 복지Wohlfahrt는 불가분하게 "행복bonheur"의 물질적 의미와 "안녕salut"의 정신적 의미(1555년 아우크스부르크 평화협정la paix d'Augsbourg 이래로 루터교의 국가에서는 군주의 능력에 귀속된 주교의 권한들)로 이해된다. 이것이 구체적으로 함축하는 바는, 국가가 교육 및 구제 기능을 책임진다는 점뿐만 아니라, 주체들의 자유—제켄도르프는 이를 단지 주체들의 본성적이고 관습적인 권리들로 이해하지 않고, 더 나아가 부유해지기 위해 자신들의 재화들을 사용할 수 있는 주체들의 능력으로 이해한다—를 존중한다는 점이다. 여기에 개인의 자유와 군주의 권력 간의 이율배반은 조금도 존재하지 않는다. 이러한 주체들의 능력은 군주의 권력을 무너뜨리기는커녕, 대내적 혼란들에 맞서 군주권력을 가장 잘 보장한다. 이처럼 평화pax와 정의justitia라는 중세체제regimen의 전통적인 원칙들에 복지가 추가되고, 국가는 인구 전체의 번영과 그들을 위한 양질의 식량, 그들의 부의 증대의 의무를 진다. 법적·도덕적이라기보다 기술-행정적·경제적인 지향을 지닌 이러한 새로운 관점이야말로 18세기 관방학 내에서 자율화되고 체계화된 것이다. 다시 미셸 세넬라르Michel Senellart를 따라, 우리는 이러한 움직임의 세 단계들을 구별할 수 있다. 첫째, 관방학이 미래 국가 행정관료들을 위한 교육 주제로 대학에 도입.* 둘째, 관방학이라는 분과학문에 내적인 일관성 및 통일성을 부여하는 데 전념한 아카데믹한 관방학파caméralisme의 형성. 마지막으로 과학적 관방학파의 부흥.

> 아카데믹한 관방학파가 교육적인 동시에 실천적인 목적 속에서 관방학의 체계화와 통일화, 즉 국가의 훌륭한 행정관료들로서의 "관방학자들"의 양성에 노력을 기울였던 데 비해, 과학적 관방학파는 역으로 그 분야들을 차이화하고 자율화하는 활동, 즉 경제적·행정적, 그리고 재정적 계획들에 근거한 국가의 실제적인 실천에 따라 필수적이 된 활동을 수행한다. 이로부터 정치경제학, 행정학, 재정학이 탄생한다. (Senellart, 2007, p. 103)

아카데믹한 관방학파로부터 과학적 관방학파에 이르기까지, 무엇보다도 요한 폰 유스티Johann von Justi(1720~1771)의 저서를

---

* 국가 행정을 현대화하고 국가의 행정관들의 교육체계 속에서 법학에 경제학을 추가하고자 하는 프로이센의 프리드리히 빌헬름 1세의 계획에 발맞추어, 1727년 할레Halle와 프랑크푸르트 안데어오더Frankfurt an der Oder 대학에서 경제정책과 관방과제Œconomie-policey und Cammersachen의 첫 강좌들이 열린다.

통해 이러한 새로운 국가경제학Staatswirtschaft의 지주로서 경제학이 지니는 중심적인 중요성이 강화된다. 또한 이 새로운 국가경제학은 공권력으로 하여금 국가 경제를 지탱하고 촉진시킬 수 있도록 해주는 수단들 전체를 포함한다(Stolleis, 1998, p. 553-580). 더 정확하게 말해서, 유스티는 개인들(또는 "가족들")의 복지와 국가의 복지(국가 역량) 간의 상호적인 조건화의 관계를 수립한다. "정치 공동체의 행복"을 정의내리는 이러한 상호적인 조건화 속에서 "자유", (영토의 풍요로움과 규율화된 수많은 인구를 함축하는) "국가 대내적 힘"과 "국가 대내외적 안전"은 서로 굳건하게 결속된다. 그럼에도 불구하고, 양자가 동시에 서로의 수단이자 목적이되는, 개인들의 행복과 국가의 행복에서 경제, 재정, 상업의 학문은 양가적인 역할을 발견한다. 이 학문은 "가족들의 행복"―부르주아-시민사회bürgerliche Gesellschaft로도 가족들의 행복으로 인도하기에 충분하다―에 부여된 우선권의 이름으로 공권력을 제한하는 데 쓰일 수 있다. 또한 역으로 이 학문은 국가와 개인들의 안전의 이름으로 절대적인 공권력을 강화하는 데 쓰일 수도 있다(Senellart, 2007, p. 110-113).

자유주의 이성이 내치국가État de police에 맞서기 위해 무너뜨려야만 할 것이 바로 이러한 양가성이다. 칸트**가 고발했던

** Emmanuel KANT, *Théorie et pratique* (1793), trad. fr. F. Proust, Paris, Flammarion, 《GF》(오진석 옮김, 《속설에 대하여: 그것은 이론에서는 옳을지 모르지만, 실천에 대해서는 쓸모없다는》, 도서출판b, 2011, 33~34쪽), p. 65-66; et Wilhelm von HUMBOLDT, *Essai sur les limites de l'action de l'État* (1791-1792), trad. fr. H. Chrétien, révisée par K. Horn, Paris, Les Belles Lettres, 《Bibliothèque classique de la liberté》, 2004(부분 국역: 양대종 옮김, 〈국가 활동의 한계 규정 시도를 위한 생각들〉, 《인간 교육론 외》, 책세상, 2019).

바와 마찬가지로, 권리를 지니지 못하고 어린아이의 상태에 머무르는 신민들에게 행복을 베푼다고 주장하는 부성적 또는 전제적 권력의 당파를 유스티의 이론을 통해 더 잘 고발하기 위해, 유스티의 이론을 왜곡하는 것을 무릅쓰고서라도 말이다. 하지만 이러한 자유주의적 합리성은 일의적이지 않으며, 이러한 합리성이 정치적 자유주의의 전통에 준거하는지, 아니면 정치경제학이라는 "새로운 학문" 그 자체에 의거하는지에 따라 구별되는 두 가지 의미를 지닐 수 있다. 그리고 이러한 양의성을 따라, 사실상 정부의 제한 및 국가 개입의 원칙들에 대한 상이한 두 개념화가 움직인다. 다시 푸코에 따르면, 정치적 자유주의의 학설들의 영감하에서 내치 또는 복지국가의 반작용으로 법치국가 개념이 가공되는데, 이는 당시의 국가사상과 법 담론 간의 관계가 변화했음을 함축한다. 실제로, 12~13세기 이래로, 법적 지식과 정의를 구현하는 제도들은 봉건적 권력들의 복잡한 체계가 구성했던 다양한 잠재적인 저항과 반란의 진원지에 맞서 왕권을 집중화하고 강화시키는 주요한 도구였다. 반대로 17~18세기에 발전된 내치국가와 마주하여, 법은 국가 권력의 제한 원리를 제공하기에 이른다. 대내 정치politique intérieure 속에서 무제한적인 목적을 함축하는 국가 이성의 합리성과 이러한 합리성 외부에 놓인 외적 제한 원칙을 법은 (자연법, (사회)계약법, 공법 같은 다양한 형태로) 대립시킨다(Foucault, 1978-1979, p. 9-15(국역 28~36쪽)). 요컨대, 법치국가에 대한 학설들이 확립되는 데 작용한 법적 지식은 국가 이성의 대항-효과처럼, 그 자체로 사회에 가능한 한 무제한적으로 개입하고자 했던 이러한 통치 합리성에 반작용처럼 나타난다.

이러한 법적-정치적 장치가 18세기 이래로 오늘날에 이르기까지 정치사상의 핵심을 이루며 현대의 많은 제도적 장치들의 기초가 된다고 할지라도, 18세기와 19세기의 전환기에 현저하게 상이한 장치가 출현했다는 점에는 변함이 없다. 푸코가 보기에 이 상이한 장치는 국가 권력의 실행에 대한 새로운 문제화를 증언한다. 우리는 다음과 같은 일련의 변화들을 통해 이 새로운 문제화가 지니는 원리적인 지향성들을 명확하게 파악할 수 있다. 첫째, 국가 권력 제한이라는 외래적 원칙, 즉 국가 권력의 통치적 합리성에 외부적인 원칙은 이러한 합리성에 내부적인 제한 규칙들에게 자리를 내준다. 둘째, 국가 권력의 과잉 또는 남용에 대한 비합법성에 근거한 제재 원칙 대신에 통치 실천 그 자체에 내부적인 조절 메커니즘이 설정된다. 이때 통치 실천이 요구하는 것은 통치의 목적들을 달성하기 위한 수단들(통치 행위의 제한은 그 자체로 이러한 수단들 중 하나이지, 선험적인 원리 내지는 토대적인 규범의 표현이 아니다), 합법성과 비합법성이라는 관점이 아니라, "적합한approprié"과 "비적합한inapproprié", 효용성과 유해성, 성공과 실패라는 관점에서 제재를 가할 수 있는 수단들이다. 마지막으로, 적합한 통치 행위의 기준들은 정치 주권의 결정 그 자체 내지는 국가의 심급 그 자체에 속하지 않게 된다. 그렇다고 이러한 기준들이 "메타정치적" 심급의, 즉 구성적 권력(자연권, 인민의지, 또는 헌장charte constitutionnelle)의 사안은 더더욱 아닐 것이다. 그러한 기준들은 사회적 현상들과 그 현상들이 고유하게 지니는 규칙성들에 대한 지식에 속할 것이며, 이러한 현상들과 그 규칙성들에 기반해서 정치 권력은 갈등, 상호적 양보, 불균형, 재균형화를 통해 끊임없이 재교섭되는 "타협transactions" 작용 속에서 이루어져야만 할 것이다. 마침내 통치 합리성에 대한 이러한 수정 속에서, 이 수정의 효과이자 주요한 지적 도구인 정치경제학이 존재하게 될 것인데, 이때 정치경제학은 단지 부의 생산 및 유통에 대한 종별적인 분석으로만 정의되는 것이 아니라, 더 일반적으로 "국가nation 번영을 약속해줄 수 있는 통치 방식"으로, 결국 다음과 같은 것으로 정의된다.

> …… 이처럼 통치이성의 자기제한을 사실상 통치의 작동들 자체에 내재하는 일반적인 자기제어화로서 가능하게 해주었던 계산 및 합리성의 형태. (Foucault, 1978-1979, p. 15〔국역 36~37쪽〕)

자유주의 이성에 대한 이러한 새로운 규정화에 따르면, 결정적인 요인은 더 이상 토대적인 법/권리들droits과 개인의 양도될 수 없는 자유에 대한 재확언, 그러니까 통치 행위에 관한 법적 제한들에 대한 재확언도 아니며, 마찬가지로 경제학 담론의 해방도 아니다(Foucault, 1977-1978, p. 349-362〔국역 462~480쪽〕). 다르게 말해서, 통치의 학문과 통치의 기예로서의 내치학Polizeiwissenschaft 에 대한 경제적 지식의 자율화는 18세기까지 관방학 내에서 긴밀하게 연결된 채로 남아 있었던 다음과 같은 두 가지 문제설정 간의 연결관계를 끊도록 해준다. 즉 국가 이성 또는 주권 역량의 문제설정과 왕국 또는 국가nation의 번영이라는 문제설정 말이다. 다시 푸코에 따르면, 이러한 자율화는 경제적 "대상", 즉 "시민사회"의 자연화 속에서 자신의 결정적인 요인들 중 하나를 발견한다. 시민사회라는 용어를, 사람들이 일하고 소비하며 함께 살고 서로 무엇인가를 주고받으며 왕래할 때 그들이 서로 맺는 종별적인 관계 전체로, 다시 말해 경제적 시장 속에서 전개되는 자생적인 현상들의 전체로 이해하도록 하자. 문제는 이러한 경제적 시장으로부터, 애덤 스미스 같은 영국의 경제학자들처럼, 모든 국가 개입과 무관하게 고유한 시장의 이해를 추출해내는 것이다. 이러한 국가 개입은 역으로 자신의 대상(시장)을 "탈자연화"함으로써, 즉 자연 현상들이 보여주는 규칙성들과 유사한 (시장의) "자연" 법칙들을 인위적으로 깨뜨림으로써, 시장에 대한 파악을 그르칠 뿐이다. 관방학파의 경제학자들과 내치의 이론가들은 여전히 경제적 현상들의 기능작용에 대한 인식을 국가의 긍정적이고 집중적인 개입의 도구처럼 생각했다. 즉 (내치학으로서의) 정치경제학은 그 자체로 통치 기예에 대한 그 어떠한 제한도 제시하지 않았다. 그러한 정치경제학은 무한한 주권의 개입과 무제한적인 규제 활동이 잠재적으로 가능하다는 것을 옹호했다. 역으로, 사람들이 경제적 지식에 다음과 같은 사실을 확증하기를 요청할 때, 국가 이성에 대한 경제적 합리성의 상대적 자율화가 드러나게 된다. 즉 시장에 "너무" 개입하지 "않는"다는 것을 조건으로 해서, 시장의 "자연적인" 기능작용 그 자체가 정치 권력 개입의 규칙들을 제공한다는 사실 말이다. 이러한 규칙들이야말로 이러한 "너무" 개입하지 "않음"을 평가하는 기준이며, 최소한의 개입을 알 수 있는 규칙들인 것이다. 이러한 방식으로, 정부 개입의 제한과 이러한 제한의 실증적인 기준들을 산출하는 시장은 본질적으로 선하다고 여겨지는 원환(선순환) 속에서 서로 연결된다. "시장"이라는 대상은 이처럼 통치 합리성의 좌표들을 바꾸어놓는다. 즉 시장은 국가 통치를 위한 '법적 진술'juridiction의 장소(가격과 임금 통제, 교역에 대한 과세, 사기에 대한 처벌, 상품 품질에 대한 통제)이기를 그친다. 이제 시장은, 푸코의 용어를 좇아, "'진실 진술'véridiction의 장소", "'진실 검증'vérification-'거짓 반증'falsification의 장소"가 되며, 통치 실천은 다음과 같은 의미에서 자신의 척도로서 이러한 장소에 복종해야만 한다. 즉 "가격은, 그 가격이 시장의 자연적 메커니즘들에 부합하는 한에서, 통치 실천 중 무엇이 정확하고 무엇이 틀린 실천인지를 판별할 수 있도록 해주는 진실의 척도를 구성할 것"이라는 의미에서 말이다(Foucault, 1978-1979, p. 33-34[국역 58~61쪽]; 1977-1978, p. 349-365[국역 462~483쪽]).

정치경제학이 여기에서 획득한 새로운 위상은 이처럼 내치국가의 합리성에 그 국가 개입에 내적인 제한 규칙을 도입함으로써 이러한 합리성 내의 어떤 굴절을 표시한다. 게다가 이러한 새로운 위상은 (정치적 자유주의 전통 속에서) 법치국가로 정의된 자유주의 국가의 문제설정과 시장을 위한 국가로 정의된 자유주의 국가의 문제설정 간의 간극을 명확하게 한다. 첫 번째 문제설정은 개인들의 기초적인 권리들의 문제와 국가 행위에 대한 제도적이고 법적인 제한을 통한 권리 보장 문제에 집중된다. 두 번째 문제설정은 경제적 현상들의 복잡한 메커니즘과, 사회에서 벌어지는 일과 시장에서 벌어지는 일, 경제적 순환 내에서 벌어지는 일에 대한 "정확하고 연속되며 확실하고 분명한" 인식에 초점을 맞춘다. "그 결과로 국가 권력의 제한은 개인들의 자유에 대한 존중으로부터 주어지는 것이 아니라, 오직 국가 권력이 준수할 수 있을 경제적 분석의 명증성으로부터 주어질 것이다"(Foucault, 1978-1979, p. 63[국역 98~99쪽]). 이러한 관점에서 19세기 자유주의 사상의 주요한 과제들 중 하나는 다음과 같은 두 차원들을 서로 접붙여서 양자를 조정하는 일이 될 것이다. 즉 정치적으로 보장된 권리들 속에서 (따라서 또한 정치 권력을 제도적으로 제약하는 공동의 권리 위에서) 정초된 개인의 자유 차원과 그저 통치에 대한 피통치자들의 독립성만을 표현하는 "자유"의 차원 말이다. 반복해서 말하지만, 통치에 대한 피통치자들의 독립성은 정치적으로 보장된 권리들로부터도, 마찬가지로 정치 권력의 자기제한 및 자기조절로부터도 귀결되지 않으며, 이는 경제적 시장 법칙들에 대한 인식에 따르는, 그리고 이러한 인식으로부터 끌어낼 수 있는 국가 개입의 유효성과 무효성의 기준들에 따르는 독립성이다.

　　이러한 두 차원들의 접합을 이론적으로 구축하기 위한 가장 영향력 있는 시도들 중 하나는 법학자이자 철학자인 제러미 벤담Jeremy Bentham(1748~1832)에게서 발견된다. 후손들은 벤담을 "공리주의" 학설을 가장 높은 체계성의 정도로 올려놓았던 사상가로 여길 것이다. 즉 이 학설은, 정부와 입법부는 "최대 다수의 최대 행복" 이외에 그 어떠한 목적도 가지지 않는다고, 하지만 개인이 이러한 원칙에 부합하게 행동하도록 유발할 수 있는 현실적인 유일한 수단은 개인에게 고유한 행복뿐이라고 상정한다. 그렇다면 어떻게 이러한 "행복"을 개인의 층위뿐만 아니라, 집단적 층위에 맞게 규정할 것인가? 바로 효용성을 통해서다. 이 효용성은 단순하게 주어지는 것이 아니라 계산의 요소, 계산하는 합리성의 요소이며, 이러한 계산하는 합리성은 그것들이 곧 쾌락과 고통인 이 요소들 간의 자연적이고 기본적인, 양적으로 비교 가능한 합성물들을 자신의 대상으로 취한다. 벤담의 공리주의는 도덕 철학의 층위뿐만 아니라, 법과 도덕의 규범들이 지니는 가치를 진정으로 정초하는 데서 이러한 계산의 무능력이 드러날 정의 이론의 층위에서도 끊임없이 비판에 노출될 것이다. 하지만 우선 벤담의 공리주의가 점하는 중요성을, 이 학설이 자유주의적 정치 합리성의 이전에는 구별되었던 두 가지 의미 사이에서 이룩한 접합을 통해 평가하는 것이 적절하다. 경제적 자유주의의 부흥이 정치사상 속에 가져온 주목할 만한 효과들 중 하나는, 앞서 살펴본 바대로 법적-정치적 관점에서의 정치 권력의 문제화(이러한 정치 권력은 토대적인 권리/법droit들의 공리계에 준거한다)가 내재적인 조절화의 관점에서의 정치 권력의 문제화(조절화는 사회적이고 경제적인 현상들에 대한 실증적인 지식에 준거할 수 있다)로 자리이동한 데에서 기인한다. 이미 사용했던 푸코의 용어들을 다시금 취해보자면, 정치적 합리성의 자리이동은 법적 진술juridiction의 영역에서 진실 진술veridiction의 영역으로 이동한 것이다. 벤담이 보기에, 정치적 개념화의 무게 중심이 권리droit와 법loi의 법적 범주들에서 효용성과 이익의 범주들로 서서히 이동할 때, 우리가 발견하는 것은 바로 이러한 자리이동이다. 이는 효용성과 이익의 범주들이 단순하게 법적 범주들을 대체한다는 것을 의미하지는 않는다. 효용성과 이익의 범주들은 오히려 법적 범주들에 그것들의 실질적인 내용들을 부여한다. 개인적 또는 집단적 규모에서, 의식적으로 또는 무의식적으로, 효용 계산은 사물들과 관념들에 부여된 가치들의 기반이 되는 것과 완전히 마찬가지로 의도들과 행위들에 부과된 규범들의 기반이 된다. 효용 계산은 내재적인 합리성을 정의하며, 이 내재적인 합리성은 가치들과 규범들의 구체적인 재료를 구성하는 쾌락과 고통의 동역학적인 기준을 작동시킨다. 그리고 이러한 쾌락과 고통이 없다면 법률, 법규, 도덕적 금언 "모두는 공허한 것들로 남는다"(Bentham, 1789).

쾌락과 행복을 증가시키는 데에, 역으로 고통을 증대시

키는accroître 데에 유리한 것을 결정하는 효용 계산은 사회-정치적·법적, 그리고 도덕적 문제들을 동일한 척도에 종속시킴으로써, 이러한 문제들 전체를 정식화하기 위한 유일하고 동일한 합리성을 수립하도록 허용해준다. 바로 이러한 이유로, 효용 계산은 개인들의 품행들뿐만 아니라, 사회적 제도들, 정치적 결정들, 법의 규범들, 통치 행위들, 입법들 전체를 평가하는 기준 또한 제공한다. 따라서 국가 개입은 이러한 유용성의 기준에 종속된다. 그 결과 국가 행위들 각각에 다음과 같은 물음이 제기되어야만 한다. 즉 그 행위들 각각이 무엇에 유용한지, 그것이 어떠한 한계 내에서 유용한지, 또는 그것이 어떤 시점에서부터 유해해지는지 말이다. 다르게 말해서, 효용 계산은 통치 행위들 및 그 능력들을 제한할 수 있는 기준을 제공하며, 따라서 공법과 행정법의 원천이 된다. 이러한 원천은 자신의 토대를, 주권 역량과 마주하여 개인들이 행사할 수 있는 토대적인 권리/법droit들의 공리계 내에서가 아니라 이익들의 순환들에 대한 계산, 쾌락과 고통의 개인적·집단적 변동들에 대한 계산 내에서 발견한다. 이는 법loi의 불변성 관념에 대한 벤담의 반감을 설명해준다. 유용성의 기준에, 즉 유용성에 대한 측정이 함축하는 변동들에 종속되는 법loi은 불변일 수 없으며, 따라서 유용성의 기준보다 우월하다고 여겨지는 그 어떠한 원칙도 유용성의 기준을 방해함 없이 법은 변화될 수 있어야만 한다. 마찬가지로 입법부, 행정부, 사법부 모두는 연속적으로 이러한 영구적인 계산에 종속되어야만 한다. 이것이 말하는 바는, 국가는 저마다 참여해서 개인적으로 이득을 볼 수 있을 공동선의 초월적 원칙이 더 이상 아니라는 점이다. 통치는 추상적인 일반 이익에 대한 그 어떠한 준거도 스스로에게 허용할 수 없다. 반대로 국가는 각자의 이익과 복지를, 그리고 이로부터 귀결되는 최대 다수의 이익과 복지를 총괄적으로 최적화하는 방식으로 조절하는 데에 이바지해야만 한다. 그 어떠한 경우라도 국가는 공동의 행복이 무엇인지를 판단하는 최고의 심급을 자처할 수 없다. 공동의 행복은 최종적으로 개인들의 쾌락과 고통에 기초를 두기 때문이며, 바로 이 개인들이 공적 기능들의 대리인들을 끊임없이 감시하고, 필요한 경우에 그들을 해임할 수 있어야만 한다(Bentham, 2001, p. 101-139).

공리주의 학설은 19세기 정치사상 전체에, 즉 이 학설의 반대자들만큼이나 옹호자들에게도 큰 영향을 미친다. 19세기 초부터 몇몇의 경제학자들은 효용성에 기초해서 가치 이론을 수립하기 위해 공리주의 학설에 준거한다. 이 시대 가장 중요한 프랑스 경제학자 중 하나인 장-바티스트 세이(1767~1832)의 경우가 그러하다. 1803년에 출판되어 여러 차례 재간행된 그의 저서 《정치경제학 개론》Traité d'économie politique은 외국에서도 큰 성공을 거둔다(오귀스트 발라스Auguste Walras, 이후 그의 아들인 레옹 발라스Léon Walras는 공공연하게 세이의 이 저서에 준거했다). 세이는 특히 [프랑스의 자유주의적 간행물이었던] 《유럽의 비판자》Censeur européen의 산업적 자유주의자들의 편에서 당대의 논쟁에 참여한다. 하지만 초기 사회주의자들 또한 세이를 읽게 되며, 조금 뒤에 볼 것처럼, 생-시몽주의자들도 특히 다음과 같은 그의 구분을 통해 큰 영향을 받게 된다. 즉 세이의 정치경제학이 그것에 중심적인 역할을 할당한 기업가라는 인물과 자본가, 즉 자본들을 보유하면서 그 자본들을 스스로 투자하지 않고 그 자본들로부터 이익을 뽑아내는 데 만족하는 이들 간의 구분을 통해 말이다. 끝으로 세이는 정치경제학이라는 "새로운 학문"에 시장 그 자체를 조절하는 기능을 부여하는데, 이는 정치경제학을 산업사회의 비약적 발전에 따라 유발되는 어려움들을 치유하고 최대 다수의 처지를 개선하기 위한 원리적인 이론적 도구로 만드는 것이다. 이러한 틀 속에서, 우리가 살펴볼 가장 중요한 이론적 기여들 중 하나는 세이의 "시장법칙"〔세이의 법칙〕이다(Say, 1803, L. I, ch. XV). 이로써 우리는 통치 합리성의 자유주의적 변형의 마지막 측면에 접근할 수 있는데, 이 마지막 측면은 특히 대외 정치와 국가들 간의 국제 관계에 관련된다.

요약하자면, 이러한 시장법칙은 공급이 자신의 고유한 수요를 창출한다는 것을 확증하고자 하며, 그 결과로 증대하는 생산은 언제나 시장을 통해 흡수될 것이다.

생산자가 늘어나고 생산이 증가하면 할수록, 시장은 더 용이해지고 다양해지며, 거대해진다. (Say, 1803, p. 249)

세이는 이로부터 여러 결과들을 끌어낸다. 가장 분명한 첫 번째 결과는 생산물들의 유통이 포화 상태에 이를 수 없다는 것이다. 다르게 말해서 과잉생산이라는 위기들은 일어날 수 없다. 국가가 이러한 시장법칙을 교란함으로써 경제에 개입하지 않는 한 말이다. 이러한 위기들은 예컨대 특정한 생산 분야들에 높은 가격을 부과함으로써, 이와 대칭적으로 어느 생산 분야에서는 공급부족의 효과들을 다른 생산 분야에서는 공급과잉의 효과들을 야기하는 "정부들의 탐욕 내지는 무능"에서 비롯될 수 있을 뿐이다(Say, 1803, p. 253-257). 세이는 이로부터 두 번째 결과, 즉 모든 생산 분야들 간의 긴밀한 결속이라는 결과를 끌어낸다. 따라서 "각각의 생산 분야는 생산 분야 전체의 번영에 관심을 기울이며, 한 종류의 산업 부문의 번영은 여타의 산업 부문 전체의 번영에 유리하게 작용한다". 그러므로 농업, 제조업, 상업 분야 중 어느 하나에 특권을 부여하고 경쟁을 도입하는 것은 경제적으로 해로운 것이 된다. 이러한 추론을 통해 세이는 셋째로, 우리가 국가, 대륙, 세계 어느 차원에 자리를 잡든 간에 근본적으로 동일한 방식으로 움직이는 시장의 작동 규칙들을 왜곡시키는 정치적·행정적 경계/국경frontière들의 작용〔예컨대 보호무역〕을 국제적인 규모에서 재현한다.

이웃 국가nation에 대한 한 국가의 경우는 다른 지방에 대한 한 지방의 경우와 시골들에 대한 도시의 경우와 같다. 국가는 이웃 국가가 번영하는 것을 보는 데에 관심을 기울이며 이웃 국가의 부유함으로부터 이득을 볼 수 있다고 확신한다. 바로 이러한 정당한 이유에서 미국은 언제나 자신들을 에워싸고 있는 야만 부족들에게 산업을 전수해주고자 노력했던 것이다. 미국은, 이 야만 부족들이 교역에 있어서 자신들에게 줄 수 있는 무엇인가를 갖기를 원했다. 왜냐하면 당신에게 줄 수 있는 그 무엇도 가지지 못한 사람들에게서는 아무것도 얻을 수 없기 때문이다. (Say, 1803, p. 255)

(방금 제시된 예에서 확인할 수 있듯이, 이 경우에는 경제적 식민지화를 거치는) 자유무역에 유리한 논증인 세이의 테제는 이처럼 국가nation들 간의 경제적 결속들(아메리카 대륙의 신생국가 미국은

이러한 결속의 모델을 제공한다)을 국가 이성의 "불길한 이론들"에, 즉 열강들의 경합들만을 유발할 뿐인 "유럽의 오래된 국가들의 배타적이고 질투에 가득한 금언들"에 대립시킨다. 16~18세기에 걸쳐 발전된 바대로의 "국가 이성"에 대해 자유주의적 통치 합리성이 야기한 이러한 마지막 변화를 명확하게 드러내보자. 앞서 우리는 "복지국가" 내지는 "내치국가"의 제도들 속에서 이러한 국가 이성이 함축하는 것은 (주체들의 삶과 그들의 경제적 활동, 그들의 생산과 그들이 상품들을 사고파는 가격들에 대한 규제를 통한) 사회의 내부적 공간에의 잠재적으로 무제한적인 개입이라는 점을, 하지만 국가 역량의 증대로 말미암아 겨냥된 이러한 경제적 주권은 다른 열강들을 대면하는 대외 정치에서는 통치의 목표들의 한계를 설정하는 목적이자 수단이라는 점을 강조했다. 바로 여기에서 유럽이라는 공간 내에서의 주권 국가들 간의 관계들에 대한 특정한 관점, 즉 베스트팔렌 조약(1648) 이후 항구적인 외교적, 군사적 장치들의 제도화 속에서 구현된 관점이 존재한다. 이 관점은 "유럽의 균형 상태", 즉 열강들 힘의 균형의 기초를 열강들이 서로 경쟁하는 동역학에 근거해서 수립한다(Foucault, 1978-1979, p. 54-66〔국역 84~103쪽〕). 자유주의적 통치 합리성은 바로 이러한 열강들의 경합을 균형의 요인으로 파악하는 관점을, 국제 관계를 초국가적인transnational 경제적 시장〔원리〕—19세기 유럽에서 이러한 시장 원리를 지탱한 지주는 영국의 상업적 헤게모니다—에 근거하여 재정초함으로써 변형시키고자 하는 것이다. 여기서 우리는 일종의 교착어법chiasme*을 목격하게 된다. 국가 이성이 한편

---

* 　　반복되는 요소들의 순서를 뒤바꿈으로써 대립을 만들어내는 어법을 말

에서 대내 정치에서의 정부 개입의 목표들 및 영역의 "무제한"과 다른 한편에서 주권 열강들 간의 동역학적인 경합적 균형의 틀 속에서의 대외 정치의 목표들의 제한을 접합시켰다면, 역으로 자유주의적 통치 합리성은 시민사회와 시장에 내재적인 규칙성과 조절 메커니즘에 따르는, 대내 정치에서의 정부의 자기제한과 대외 정치에서의 식민지화와 제국주의를 통한 경향적으로 무제한 적인 목표들 간의 상관관계를 내세운다(제국주의는 사실상 19세기에 전례 없는 발전을 경험한다).

국가들 간의 힘 관계의 제한과 정치-군사적 갈등들의 가능성의 약화는 이처럼 상품 교환의 무제한적 팽창의 상관물처럼 여겨진다. 이러한 팽창에서 자유주의 이론가들은 평화를 이룩하는 요인과 동시에 국가nation들의 경제적 협력에 따라 평가될 수 있는 집단적 부유함과 번영의 역동적인 증가를 본다. 이러한 관점은 따라서 식민지 기획들로부터 모든 정치적 의미들, 즉 국가의 힘의 논리와 열강들 간의 갈등의 관점에서 표현될 수 있는 모든 의미들을 부인하면서 이러한 식민지 기획들에 봉사할 수 있게 된다. 19세기 중반, 경제학자이며 정치이론가이자 정치가였던 프레데릭 바스티아Frédéric Bastiat(1801~1850)가 보호무역주의에 반대하고 자유무역주의—바다 건너 영국에서는 리처드 콥덴Richard

<hr />

한다. 국가이성의 문제설정의 경우 국가는 대내 정치에서는 무제한적인 개입을 추구하고 대외 정치에서는 국가 간 경합적 균형으로 말미암아 자신의 정치적 목표를 제한하는 반면, 자유주의적 통치 합리성의 문제설정의 경우 대내 정치에서는 시장 원리에 따라 자신을 제한하고, 대외 정치에서는 제국주의 논리를 좇아 무제한적인 정치적 목표를 추구한다. 이처럼 동일하게 반복되는 요소들이 어떠한 순서로 접합되는지에 따라 국가는 상이한 문제설정하에서 대립되는 경향성을 갖는다.—옮긴이

Cobden과 맨체스터 학파가 이를 위한 캠페인을 벌이고 있었다—를 옹호하는 싸움에 가담한 것은 이러한 입장을 상징적으로 보여준다. 바스티아는 당시 널리 퍼져 있던 첫 번째 경제학적 논증, 즉 생산자들에게 유리하도록 가격 인상을 유발하고 이렇게 우선 가장 가난한 소비자들을 강탈하는 보호무역주의적인 입법들에 책임을 전가하는 논증에 대해, 경제적 의미는 직접적으로 고유하게 정치적인 결과에 이른다는 두 번째 경제학적 논증을 추가한다. 실제로 바스티아는, 프랑스의 "보호무역주의 체제"가 불가피하게 경제적으로 치명적일 뿐만 아니라 교역과 사람들 간의 왕래의 근대적 발전—바스티아가 보기에 영국은 이러한 발전의 모범적인 모델을 제공해준다—과 모순되는 식민지 정책을 초래할 수밖에 없음을 보여주는 데 전념한다. 요컨대, 식민지 정책은 종국에 가서 나라 자체를 정치적으로 약화시켜버릴 끝없는 갈등들의 원천인 것이다. "자유무역, 우애, 인종과 언어의 공통성의 관계들"과는 반대되게, "비축시장marchés réservés"을 만드는 것은 식민지들에 대한 본국의 의존과 본국에 대한 식민지들의 의존이라는 이중의 의존을 야기한다. 이러한 "상호적 독점"은 필연적인 결과로 본국에서 생산된 상품의 판로들을 축소시키며, 마찬가지로 식민지들의 생산품의 판로들 또한 축소시킨다. 이러한 과정이 가속화될수록, 본국이 필연적으로 식민지들에 대해 행사할 수밖에 없는 경제적 압박은 속박 상태에 놓여 있는 피식민지인들의 증오를 불러일으키고, 다시 역으로 본국은 식민지에 대한 탄압을 강화할 수밖에 없으며, 이렇게 하기 위해 본국은 "세금을 탕진하고 부채를 떠맡으며 적들에게 둘러싸일" 수밖에 없다. 그러므로 이러한 악순환은 식민 시장들에 대한 독점적 폐쇄라는 바로 그 이유 때

문에 확대될 수 있을 뿐이다. 광활한 자유 국가들 중에서 발견할
수 있을 (자유무역) 시장들을 포기한 (식민주의) 본국은 자신의 식
민지 정책을 확대할 수밖에 없고, 그리하여 방금 전에 기술했던
정치적이고 경제적인 이중의 압박을 광범위한 규모로 재생산할
수밖에 없으며, 그만큼의 해결 불가능한 모순을 증대시키면서
다른 나라들로부터 고립되어 그러한 모순 속에 갇혀버릴 수밖에
없다.

독점 정신은 정복 정신과 긴밀하게 연결되어 있기 때문에, 외
국과의 관계들 속에서 고려된 사람들의 풍습들에 해로운 영
향을 미치는 것을 이러한 독점 정신의 탓으로 여길 수밖에 없
다. 정복에 굶주려 있는 나라는 불안, 증오, 공포 말고는 다른
감정들을 불러일으킬 수 없을 것이다. (Bastiat, 1844, p. 65)

요컨대, 이러한 보호무역주의와 식민주의는 보호무역주
의와 그것과 분리 불가능한 식민주의의 신봉자들이 주장하는 것
처럼 "국가적national 독립"을 약속하기는커녕, 바스티아가 논증한
바에 따르면 "더는 나빠질 것이 없는 것에 기초한 독립, 그것을
통해 '우리'에 도달할 수 있을 모든 유대관계가 끊어져버린 것에
기초한 독립, 즉 …… 무의 손상될 수 없음l'invulnérabilité du néant"으로
이끌 수 있을 뿐이다. 결국 이 나라는 "패배하여 침략 당하고, 정
복지들을 빼앗기며, 조공을 바쳐야 하는" 피할 수 없는 결말에 이
를 수밖에 없다. 이 나라가 국가 목록들에서 제외되어 말소되지
않고서는 말이다(Bastiat, 1844, p. 55). 19세기가 경과함에 따라, 자
유무역주의와 보호무역주의 간의 이데올로기적 투쟁 속에서 부

여된 사정권보다 더 일반적인 사정권을 지니게 될 테제가 여기에 존재한다. 즉 외교와 군사 갈등에 기초한 국제 관계를 국제 평화를 이룩하는 요인들로서의 교역과 상업에 기초한 관계로 대체하는 테제 말이다. 우리는 이 테제를, 예를 들어 오귀스트 콩트 Auguste Comte나 허버트 스펜서 Herbert Spencer 등의 다양한 이론적 맥락 속에서 재발견할 것이다. 이에 앞서 이 테제는 클로드-앙리 생-시몽 Claude-Henri de Saint-Simon 같은 최초의 사회주의자들에게서 중요한 위치를 점한다.

2.   사회주의적 반응들

19세기 초부터 프랑스 사회주의자들의 사유가 지녔던 다양한 경향들 속에서 우리는 경제적 자유주의에 대한 비판과 자유방임주의 학설에 대한 이의제기라는 공통분모를 발견한다. 즉 자유방임주의는, (사회 그 자체는 아닐지라도) 경제 사회에 내부적인 조절장치처럼 작동하면서 일반적인 부의 증대를 이룩하기는커녕 부의 불평등한 격차를 증대시키며, 따라서 점점 더 억제하기 어려운 정치적 모순과 경제적 혼란을 초래한다는 것이다. 반면에 이러한 비판들은, 그것들이 정치적 자유주의와 대의 민주주의의 특정 요소들을 받아들이는지 아니면 반대로 정치적 자유주의 제도들과 경쟁이 야기하는 무질서들을 한꺼번에 전부 파괴하기를 요구하는지에 따라 제도적으로 상이하게 표현된다. 한편, 이러한 모든 경향들은 프랑스 사회주의 태동의 후견인이자, 《산업체제》Système industriel(1821)와 《산업가들의 교리문답》Catéchisme des industriels(1823)의 저자이며, 7월 왕정의 식민주의 정책과 최초의 철도 건설에서 중요한 역할을 수행하게 될 산업가, 금융업자, 공학자, 언론인 같은 다수의 영향력 있는 신봉자들에게는 무엇보다도 생-시몽주의 사조의 주창자인, 생-시몽 백작 클로드-앙리 Claude-Henri comte de Saint-Simon(1760~1825)에게서 작동하고 있다.

귀족 가문에서 태어나, 루소의 애독자이며 특히 달랑베르의 숭배자였던 생-시몽—그는 달랑베르가 지녔던 백과전서에 대한 열망과 인류의 일반적 진보 면에서 과학 발전이 행하는 역할에 관한 낙관론을 공유한다—은 아메리카 대륙의 신생국가 미국의 독립전쟁에 참전하는데, 거기서 막 태동하던 미국 산업의 비약적 발전을 발견한다. 종교 교리들로부터 자유로워진 미국이 지니는 도덕적 에너지는 그에게 새로운 토대들, 즉 기업이라는 토대들 위에 재정초된 것으로 보였다. 프랑스로 돌아온 그는 혁명의 대격변들에 열광한다. 정치적인 변화들보다는 그러한 대격변들이 야기한 경제적 변화들 때문에 말이다. 사실상 그가 보기에 정치적인 변화들은 어떤 새로운 엘리트 집단이 출현할 수 있게 사회가 변동했다는 데에, 심지어 말하자면 사회가 성숙했다는 데에 종속된 결과들이다. 이때 새로운 엘리트 집단이란 기술 및 산업 생산의 비약적 성장과 과학들의 발전이라는 사회적이고 지적인 이중의 사실에 기초한 근대 사회의 조직화를 이성적으로 인식 가능한 과정들을 따라 재고할 수 있을 학자savant들—이들은 예술가, 장인, 기업가들이 참여할 "계몽주의 위원회Conseil des Lumières"로 구성된다—을 말한다. 게다가 이러한 [산업과 과학의] 이중적 진보의 영향으로 말미암아 [유럽 사회는] 축척상의 변화를 겪을 수밖에 없었는데, [생-시몽은] 자신의 젊은 제자였던 역사가 오귀스탱 티에리Augustin Thierry와 공저한 첫 번째 책《유럽 사회의 재조직에 대하여》De la réorganisation de la société européenne(1814)에서부터 이를 입증한다. 이 저작에서 생-시몽은, 법을 통해 국가nation들 간의 갈등을 중재하고, 더 나아가 다양한 국가들이 물질적으로 연대하게 될 효용성이 있는 광범위한 국제적인 공적 사업을 총괄함으로써 유럽에서 최종적으로 평화를 실현하고 "유럽적 애국주의"를 발전시키는 데 필수적이면서도 충분한 조건들을 구성할 수 있을 초국가적인supranational "일반 의회의 우위성"을 보장하기 위해 프랑스, 독일, 영국의 연합을 권장한다. "지난 세기의 철학이 혁명적이었다면, 19세기 철학은 조직하는 것이어야만 한다."(Saint-Simon, 1814) 이러한 조직화는 생-시몽의 또 다른 제자인 오귀스트 콩트가 후세에게 남겨줄 용어에 따르자면, "실증적" 정치학의 대상이다. 하지만 조직화가 제도를 손보는 것으로 환원되지 않는 것과 마찬가지로, 이러한 정치학은 개인과 사회의 권리들을 보호하고 보장하는 것에 한정될 수 없다. 자유주의적 경제학 담론이 유통 및 교역의 조건에 대한 국가의 개입을 제한할 것을 요구한 반면에, 생-시몽은 사회의 생산력들에서 출발해서 정치학을 재정의한다. 이때 사회의 생산력들이라는 용어는 기업가, 전문 기술자뿐만 아니라, 학자, 예술가, 그리고 끝으로 능동적인 생산력들의 핵심이자, 농민, 제조업자, 상인의 활동들을 총괄하는 임무를 맡은 산업 책임자로서의 은행가까지 일괄하는 넓은 의미로 확장된다. 이러한 기반 위에서 생-시몽은 자유주의자들이 국가 개입의 제한 원리로서 파악한 정치경제학을, 사회 질서를 체계적으로 조직하는 개입 원리로서의 산업 생산의 실천 과학으로 대체한다. 1817년 자신의 사조를 선언하는 목소리_{organe-manifeste}와도 같은 《산업》L'industrie에서 생-시몽은 이렇게 요약한 바 있다. "정치경제학은 정치학의 진정하고 유일한 토대"이며, "따라서 정치학을 두 단어로 요약하자면, 생산의 과학이다"(*L'Industrie, ou Discussions politiques, morales et philosophiques, 1817, in Œuvres de Saint-Simon*, Paris, éd. Enfantin).

〔당시에〕 사회주의라는 용어가 아직 존재하지 않았음에도 불구하고, 생-시몽의 사상을 "사회주의적"이라고 규정하는 것은 보기보다 큰 문제를 제기하지는 않는다. 〔사회주의를〕 특징짓는 기준들에 따라 회고적으로 그에게 "사회주의적"이라는 규정을 붙일 수 있을 뿐만 아니라, 그의 신봉자들을 통해 이루어진 생-시몽의 이론들의 전파 및 첫 번째 확대 발전들이 사회주의라는 용어의 사용과 동시대적이며, 사실상 이러한 용어가 내포하는 긴장들 내지는 대립하는 지향들 속에서 그것의 의미를 고정하는 데 기여하기 때문이다.* 이러한 점에서 몇몇 생-시몽주의자

---

* 이러한 점에서 "사회주의"라는 용어의 발명자인 피에르 르루(1797~1871)가 우선 짧은 기간 동안 생-시몽주의의 반-자유주의 운동에 결합했다가, 1831년 이후에는 가장 작은 국가를 주장하는 자유주의 신봉자들에 의해 촉진된 "절대적 개인주의"로부터도, 아르망 바자르Armand Bazard나 프로스페 앙팡탱Prosper Enfantin 같은 생-시몽주의자들에게서처럼 시장에 대한 국가 통제의 급진적인 집중화 및 계획화의 경향이 뚜렷해지던 "절대적 사회주의"로부터도 동일하게 거리를 취할 수 있는 공화적-사회주의 입장을 규정하기 위해 생-시몽주의와 결별했다는 것은 중요한 의미를 지닌다(Leroux, 〈개인주의와 사회주의에 대하여〉De l'individualisme et du socialisme, 1834). 그는 이러한 관점에서 (다른 곳에서도 자주) 국가 개입과 시장의 자유로운 경쟁 간의 매개항으로서 연합들이라는 주제에 큰 가치를 부여한다. 이 매개항은 국가 개입과 시장 경쟁 중 그 어떠한 것도 폐지하지 않고서도 양자 각각이 자율화되지 않도록 막아준다. "나는 사회주의자가 아니다. 사회주의를 새로운 사회를 구성하는 데 국가가 개입할 수 있도록 만드는 것을 목표로 하는 견해로 이해한다면 말이다. 당신이 사람들로부터 위임을 받았던 까닭은 모든 면에서 완전히 새로운 사회를 실현하기 위해서가 아니라 이러한 새로운 사회가,

들이 점점 더 강조하게 된, 경제를 이끄는 주요 인물들centres이 수행하는 계획화와 조직화의 기능들—이러한 강조는 특히 1831년과 1834년 리옹 봉기가 일어났을 때, "최대 다수이며 최고로 빈곤한 계급"에게 유리하도록 더 많은 개입engagement들을 수반하게 된다—을 파악하기 위해 역사적 정세는 매우 중요하다. 이러한 관점에서 특히 아르망 바자르Armand Bazard를 주목할 필요가 있다. 단지 그가 스승의 죽음 이후에 생-시몽 사상에 대한 체계적인 설명을 구축(《생-시몽 학설과 그 설명》La Doctrine de Saint-Simon. Exposition, 1828~1829)하는 데 전념했다는 이유에서뿐만 아니라, 그가 사회 투쟁들이 늘어나고 경제위기가 악화되어 당시 기존 질서에 대한 급진적인 비판 속에서 강경해진 생-시몽주의의 비판적 영향력이 더 커졌던 1820~1830년대의 전환기에 이 같은 일을 행했다는 이유에서 말이다. 때로는 용어적이고 때로는 이론적인, 또 때로는 이데올로기적이고 정치적인 다수의 변화들이 이를 증언한다. 많은 경우에 이 세 변화들이 복잡하게 서로 뒤얽혔지만 말이다. 예를 들면, 생-시몽 사상의 핵심을 이루었지만 생-시몽이 일

개인주의의 무로부터 빠져나와, 모든 본성의 연합 시도들을 통해 하나로 수렴되는, 시민들의 개인적 노력들을 통해 실현될 수 있도록 하기 위해서다. 따라서 문제가 되는 것은 사회적 관계를 내로 국가가 개입하도록 만드는 것이 아니다. 사회적 관계들 내로의 국가의 개입과 모든 중재 및 자신의 몫을 보호하는 모든 법의 부정 사이에는 국가가 나아갈 수 있으며, 나아가야만 하는 광대한 영역이 존재한다."(Leroux, 1848년 8월 30일 입법 의회에서의 연설) 이러한 양자(절대적 개인주의와 절대적 사회주의) 사이에서 르루는 "연대"의 이름으로, 이기주의적 개인주의 속에서의 사회의 붕괴뿐만 아니라 사회주의 그 자체를 위태롭게 만드는 국가전제주의despotisme étatique로의 사회의 종속 또한 모면할 수 있는 연합주의적 사회주의의 최초의 밑그림들을 그리는 데 기여한다. 그는 이처럼 19~20세기 전환기에 뒤르켐 학파의 공화주의적 사회학자들이 차용하게 될 길을 미리 보여준다. 이에 대해서는 2부 2장 2절을 참고하라.

차적으로 기업가, 기술자, 그리고 금융업자를 지칭했던 "생산자들"이라는 범주는 이제 프롤레타리아트로 확장된다. 마찬가지로 바자르는 사적 소유와 유산상속에 대한 비판을 급진화한다. 생-시몽이 행했던 비판은 특권들에 대한 정치적 비판을 경제적 지반으로 옮겨놓았다. 생-시몽은 아무 일도 하지 않고 금리로 살아가는 자들이 산업 생산으로부터 뽑아먹는 이익들을 고발하면서, 이 이익들을 경제적이고 도덕적인 함축들이 혼합된 형식적 평등주의—"모든 사람들은 일을 해야만 한다"라는 슬로건이 이를 표현해준다—에 대립시켰다. 출신, 상속, 금리상의 특권 폐지는 이처럼 능력과 "사회적 효용성"에 기초한, 생산 수단들에 대한 새로운 배분 원칙과 사회적 부에 대한 새로운 분배 원칙으로 이어져야만 했다. 즉 ("각자는 자신의 능력들에 따라 [생산 수단들을 배분받고], 그 각각의 능력은 그 능력이 행한 작업들에 따라 [사회적 부를 분배받는다]"라는 유명한 표어를 좇아) 사회적 생산을 합리적으로 조직화함으로써 그 생산의 효용을 늘리고, 경쟁이 야기한 빈곤을 줄여야만 한다. 바자르는 이를 엄밀한 의미의 경제적 분석으로 뒷받침하지 않고, 생산 수단들의 배분 및 사회적 부의 분배 비판을 사적 소유(이것이야말로 불평등한 [생산 수단들의] 배분과 [부의] 재분배의 토대다)에 대한 비판과 더 긴밀하게 접합시킨다. 바자르가 자본들과 생산 수단들에 대한 사회화를 옹호한 것은 이 때문이다. 특히 가족이라는 작은 공간 내에서 이루어지는 유산상속을 생산자들의 연합들로 이전시킴으로써 말이다(Bazard, 1828-1829, p. 179-183). 이로써 우리는 생-시몽이 이미 생산 조직을 합리화하는 도구들 중 하나로 제시했던 연합이라는 주제가 바자르에게서 산업 자본주의자들 사이의 경쟁 때문에 야기된 일반화된 적대에 대한 대안으로서 더욱 명백하게 비판적인 효과(이때 대체로 연합은 "집단〔소유〕주의collectisme"를 동의어로 갖는다)를 가진다는 점을 알 수 있다. 마찬가지로 그는, 생-시몽에게서도 나타나는, 산업 지침과 은행 체계에 관련된 중앙집중적이고 계획적인 관점들을 가장 강력하게 체계화한다. 예컨대 바자르가 발전시킨 생-시몽주의적 기획인, 유일한 중앙은행을 기초로 하는 은행 체계에 대한 완전한 재조직화에 대해 이야기해보자. **"물질적인** 영역ordre 내에서 **정부**를 대표하는" 유일한 중앙은행은 "모든 부와 모든 생산 기반 및 생산 수단, 한마디로 말해서 현재의 **개인적인** 소유들의 총체를 구성하는 모든 것"의 보유자가 되며, 이 모든 것을 생산자들의 연합들과 분야별 은행들로 조직된 다양한 생산 분야들 그 자체에 수여해줄 것이다(Bazard, 1828-1829, p. 193-194, 203-207). 마지막으로, 생-시몽이 강조했던, 능동적인 다수의 생산자들과 무엇보다도 일하지 않음으로 특징지어지는 소수의 착취자, 부동산 소유자, 금리업자 간의 중대한 대립을 보며 (여기서는 마르크스의 테제들의 선구자인) 바자르는 이를 사회들의 역사 내에서 벌어져온 계급투쟁의 관점 속으로 통합한다. "인간에 의한 인간의 착취"는 이러한 계급투쟁의 길잡이를 구성하며, "무제한적인 경쟁 원리"(Bazard, 1828-1829, p. 200)가 야기한 무질서한 요인에 시달리는 현재의 산업 체계는 이러한 계급투쟁의 가장 최근 형태이자 가장 극심한 형태일 뿐이다.

> 오늘날 노동자들 전체는, 그들이 이용하는 재산을 소유한 사람들에 의해 착취된다. …… 착취는 가차 없이 노동계급, 즉 막대한 노동자 대다수에게 가해진다. 따라서 이러한 상황 속

에서 노동자는 노예, 농노의 직접적 후손처럼 나타난다. 물론 그의 〔법적〕 인격은 자유롭고, 더 이상 농노로서 경작해야만 하는 토지에 매여 있지 않다. 그가 쟁취했던 모든 것은 여기에, 즉 법적 해방 상태 속에 놓여 있지만, 그는 별로 많지도 않은 계급, 즉 그가 쟁취한 권리의 소산인 법législation 으로부터 **재화의 독점** 즉 **일하지 않고서도** 마음대로 **생산 수단들**을 소유할 수 있는 능력을 부여받은 사람들의 계급이 그에게 강제하는 조건들에서만 살아갈 수 있을 뿐이다. (Bazard, 1828-1829, p. 176)

그런데, 생산을 필두로 하여 생-시몽주의가 지니는 비판적 사정권의 이러한 급진화는 정치사상과 국가 이론에 더 밀접하게 관련되는 문제를 야기한다. 예를 들어, 1830년 혁명 이전과 이후에 행해진 두 가지 확언들은 이를 증언한다. 첫 번째 확언은 생-시몽주의의 신봉자였던 미셸 슈발리에Michel Chevalier가 당시 자신이 편집장을 맡고 있었던 신문인 《세계》Le Globe에서 행한 확언이다.

리옹의 사건들은 '정치적'이라는 말의 의미를 바꾸어놓았다. 그 사건들은 그 말의 의미를 확장시켰다. 노동을 통해 생산되는 이익들은 확실하게 정치적 영역cercle에 도입되었으며, 이 영역으로 점점 확장될 것이다.

그리고 이보다 2년 앞선 바자르의 두 번째 확언은 다음과 같다.

우리에게 **정치**는 몇몇의 대수롭지 않은 인격들이 잠시 활동하는 협소한 영역이 아니다. 산업이 없는 정치는 의미상 공허한 말이다. 그런데 오늘날 산업을 고도화한 장본인은 은행가들이며, 은행들이다. 따라서 **정치적** 상황들을 변화시키는 것은 필연적으로 은행가들과 은행들을 변모시키는 것이다. (Bazard, 1828-1829, p. 204)

정치라는 통념을 엄습하는 이러한 불분명함은 앞서 강조되었던 정치경제학의 자리이동과 밀접하게 연관되어 있다. 즉 시장에의 정치적 개입의 제한 원리였던 정치경제학은 이제 경제적 무질서를 멈추게 하기 위한 생산의 계획적 조직화의 과학이자 기법이 된 것이다. 이러한 변화 속에서 고유한 정치의 차원은 삭제되는 것처럼 보인다. 한편에서, 생-시몽이 소망한 사회적 생산의 합리화는 사회 혼란들에 대한 해결책이자 "무제한적인 경쟁"이 야기하는 총체적인 비합리성에 대한 치료책으로서, 사회적 생산 및 그러한 생산이 작동되는 데 적합한 조절장치들_{organes}에 대한 계획화를 함축한다. 오직 이러한 계획화만이, 적어도 전통적인 그 말의 뜻에서 자신의 존재 이유를 경향적으로 상실해가는 국가장치 내로 (생산이) 집중되는 것을 멈출 수 있다. 통치한다는 것은 더 이상 특별한 정치 제도가 지니는 권한이 아니다. 정치 그 자체는 경제 체계의 한 측면이 되며, 산업을 지휘하는 자들이 직접적으로 이러한 한 측면을 책임진다. 또한 (다른 한편에서) 이때부터, 원래대로의 정부 기능은 사라지고 이는 도덕 관념들에 대한 개정을, 더 나아가 도덕에 대한 **사회화**를 강제한다. 생-시몽이 자신의 마지막 저작,《새로운 기독교》Le nouveau Christianisme (1825)에서 다음과 같이 쓰듯이 말이다.

> 도덕 관념들의 체계 전체를 개정해야만 한다. 그 체계 전체를
> 새로운 토대들 위에 앉혀야만 하는 것이다. 한마디로 말해서,
> 천상의 도덕으로부터 지상의 도덕으로 이행해야만 한다.

이러한 지상의 도덕은 사회주의 사상 내에서 사회적 종
교나 인류애humanité의 종교를 비롯해서 다양한 형태들을 취하
게 된다. 여기에는, 물질적 이익들의 인위적인 조화를 "마음
cœur"(Bazard, 1828-1829, 《Première séance》)의 감정적인 조화를 통해
바로잡을 수 있으며, 더 나아가 생-시몽이 이기주의적 "이익 규
칙code"이라 불렀던 것을 온전히 대신할 수 있는, 이타적인 감정
들과 동정에 찬 정념들의 물리학을 벤담의 공리주의가 함축하는
"매정한 계산"에 대립시키는, 벤담의 공리주의를 수정하고 전도
시킨 형태* 또한 포함된다. 정치적인 것은 이중적으로, 즉 한편으
로는 경제적 생산의 과학적이고 기술적인 조직화에, 다른 한편
으로는 도덕 교육과 도덕적 권위에 종속된다. (양자 내에서 정치적
인 것이 경향적으로 모두 삭제되지는 않겠지만) 이러한 이중의 종속은
사회주의 역사 내에 지속적으로 흔적을 남기면서 양가적인 효과

---

*　이와 마찬가지로, 특히 《새로운 산업적·사회적 세계》Nouveau monde
industriel et sociétaire(1829), Paris, Flammarion, 1973의 저자인 샤를 푸리에Charles
Fourier는 한창 부흥하고 있던 고전적 자유주의에, 그 자유주의가 추상적으로 판단
한 개인적 이익 논리를 정념들의 인간적인 물리학에 대립시키면서 반발한다. 이
러한 정념들은 이익 갈등에 의해 야기된 경제적·사회-정치적일 뿐만 아니라 도
덕적인, 경쟁과 "항구적인 의견 차이"의 대립들에서 벗어난 사회의 물질적 토대
를 구성한다.

들을 야기하게 된다. 더욱이 이는 도덕적 인간주의와 급진적 경제주의 사이에서 진동하게 될 공산주의 사상의 몇몇 지향성들에 내재적인 것으로 남게 된다. 생-시몽에 대한 프리드리히 엥겔스의 양가적인 찬사 속에서 이러한 급진적 경제주의의 경향은 메아리칠 것이다. 국가 소멸의 징조가, 생-시몽이 최종적으로 생산의 계획화 및 조직화를 그들에게 맡겼던 은행가들의 산업-금융적 기술지배체제technocratie로 이어질 수 있음을 묵과하는 그러한 찬사 속에서 말이다.

> 1816년 (생-시몽은—기욤) 생산에 대한 정치학을 주창하며, 정치가 경제에 완전히 흡수될 것이라 예상한다. 경제 상황이 정치 제도들의 토대라는 생각이 여기에서 맹아적으로 나타난다고 할지라도, 사람들에 대한 정치적 통치로부터 사물들에 대한 관리와 생산 작업들에 대한 지휘로의 이행, 즉 최근에 사람들이 그것에 대해 야단들이었던 국가의 폐지는 이미 여기에서 명확하게 진술된다.**

그렇지만 여기에서는 마르크스가 다양한 사회주의 흐름들에 대해 가한 비판과 이후 마르크스의 정치경제학 비판의 심화를 비롯하여, 무엇보다도 국가 "몰락"으로 이어진다고 여겨지는 혁명적 과정 내에서의 국가 기능에 의해 제기된 문제들, 즉 "프롤레타리아트 정치"의 종별성의 문제로 환원되는 문제들 또한 고

**   F. ENGELS, *L'Anti-Dühring* (1878), tr. fr. E. Bottigelli, Paris, Éditions Sociales, 1971, p. 296(최인호 옮김, 〈오이겐 뒤링 씨의 과학 변혁(반-뒤링)〉, 《칼 맑스 프리드리히 엥겔스 저작 선집 5》, 박종철출판사, 1994, 287쪽).

려함으로써, 마르크스 그 자신이 이러한 난점을 어떤 고유한 형태로 취하는지 검토하는 것이 바람직할 것이다.*

3. "영원한 생-시몽주의"에 반해서: 신자유주의와 가장 작은 국가

"신자유주의"라는 명칭은 통일적이고 동질적인 학설의 한 총체를 지시하는 것이 아니라 학파들의 복수성을 지시한다. 이 복수의 학파들은 자신들이 형성되고 발전된 시대들과 국가적 national 맥락들에 따라 변화하는 이론적인 굴절들을 보여준다. 그럼에도 불구하고 1차대전 직후에 갈등 중에 있었던 국가들 내에서 모습을 드러내기 시작한 산업·금융·군사 복합체들과, 마찬가지로 1917년 볼셰비키 혁명과 1910년대 후반부터 처음 확립되기 시작한 "통제경제économie dirigée"에 직면하여, 많은 이론가들이 경제적 합리성의 토대에 근거하여 경제에 대한 국가의 이러한 계획화를 비판하는 데 전념할 때,** 신자유주의가 탄생한다고 말할 수 있다. 독일에서의 국가-사회주의의 발흥과 소련에서

---

* 이에 대해서는 3부 2장을 참고하라.

** 무엇보다도 루트비히 폰 미제스Ludwig von Mises(1881~1973)의 작업이 큰 영향을 미쳤다. 그는 프리드리히 폰 하이에크Friedrich von Hayek와 함께 빈학파를 창설했으며, 특히 《전능한 국가》L'État omnipotent, 《관료주의》La Bureaucratie, 《계획경제주의의 무질서》Le Chaos du planisme의 저자다. 그는 1922년에 펴낸 《사회주의. 경제학적, 사회학적 연구》Socialisme. Étude économique et sociologique에서 경제학적 계산의 합리성이 화폐로 표현되는 가격 체계들에 기초한다는 점과 통제경제가 이러한 가격 체계를 붕괴시킴으로써 계산의 모든 합리성을, 곧 정치경제학의 가능성 자체를 포기한다는 점을 보여주려고 노력한다.

의 스탈린주의화는 이후 몇십 년 동안 특히 1920년대 말을 기점으로 빈학파와 프라이부르크의 "질서자유주의"학파*** 내에서, 신자유주의 이론들이 되풀이하는 테제들 중 한 테제를 구체화하게 된다. 즉 사회에 대한 국가 개입의 극단적 형상인, 경제에 대한 국가의 계획화는 또한 모든 개인적 자유—시장의 자율성은 이러한 자유의 기반이 되는 초석이며 이러한 자유에 대한 최후의 보루다—의 부정과 "전체주의"에 이르는 지름길이라는 테제 말이다. 관련 현상들에 대한 정확한 역사학·정치학 연구들을 불균등한 방식으로만 고려하는 이러한 테제는, 2차대전에 대한 트라우마 때문에, 그리고 이어서 못지않게 트라우마를 유발했을, (전후) 재건 시기에 케인스주의**** 학설이 지녔던 영향력 때문에 (방어 기제로서) 되살아나게 될 것이다. 실제로 사람들은 케인스주의가

*** 1948년 경제학자 발터 오이켄Walter Euken에 의해 창간된 잡지《질서》Ordo에서 이름을 따오게 되는 이 학파는 1920년대 후반부터 발터 오이켄을 중심으로 다수의 경제학자들을 규합한다. 이들 중 몇몇은 1948년에 시작되는 독일의 재건 시기에 중요한 역할을 수행하게 되며, 다른 몇몇은 나치 지배가 시작되자 미국으로 망명하여 2차대전 이후 미국의 자유주의자들에게 큰 영향을 미치게 된다. 이러한 영향을 전형적으로 보여주는 시카고 학파는 1960~1970년대 전환기에 급진적 자유주의 신봉자인 경제학자 밀턴 프리드먼Milton Friedman에 의해 창설된다. 프리드먼은 시장 메커니즘이 당대의 경제적·사회적 문제들 대부분을 해결하는 데 충분하다고 주장한다. 그는 1970년대부터 미국의 경제 정체에 핵심적인 영향을 미쳤다(그는 닉슨과 레이건 정부에서 경제고문을 역임했다).
**** 케인스주의는 19세기 중요한 경제학자인 존 메이너드 케인스John Maynard Keyens(1883~1946)의 이름에서 유래한다. 케인스의 분석들은 자유주의적 "방임주의"의 미덕들을 비판하면서 시장경제 내로의 국가 개입의 필요성들(공적·사적 투자들에 대한 지원, 소비 촉진, 완전고용 조치들)을 입증한다. 그의 작업들은 2차대전 이전 시기에 뉴딜정책(자본주의가 겪는 위기를 타개하기 위해 1932년 프랭클린 루스벨트에 의해 착수된 사회적·경제적 프로그램)이라는 틀 내에서 커다란 중요성을 차지하며, 2차대전 이후에는 유럽적 맥락에서 특히 영국에서 경제체계들과 행정적·정치적 장치들의 재건에서 큰 중요성을 차지한다.

민주적·경제적 자유의 재건이라는 명목으로, (보장 정책과 완전 고용 정책, 자원 배분과 예금율, 가격 균형에 관한 개입정책들을 통해) 다시금 이러한 자유를 위태롭게 만들 위험이 있는 국가 개입의 형태들을 재도입한다고 의심했다. (소비에트 사회주의, 나치의 국가-당, 1930년대 미국의 뉴딜정책, 2차대전 이후 영국의 케인스주의라는) 겨냥된 상이한 표적들 속에서 변함없이 줄곧 비판받는 것은 경제 질서 내의 결정들에 핵심적인 역할을 수행하는 행정적·정부적 장치들을 중심으로 이루어진 계획되고 집중화된 경제 발전이다. 그럼에도 불구하고 문제는 시민사회 내로의 국가의 간섭들에 대항하여 개인적 권리들과 자유들을 단순하게 재확언하는 것(고전적인 정치적 자유주의)이 아니다. 심지어 국가 개입의 제한 원리들로서 정치경제학의 법칙들을 논증하는 것 또한 문제가 아니다. 오히려 문제가 되는 것은, 우선 국가의 관료주의가 경제에 대한 자신의 개입과 계획화 속에서 작동시킬 수 있는 합리성과는 발본적으로 이질적인 경제의 합리성을 보여줌으로써, 더 나아가 오직 이러한 시장의 종별적인 합리성만이 법적 규제들—국가가 법치국가로 남기를 희망한다면, 그 국가는 이 규제들에 스스로를 제한시켜야만 한다—의 형식을 결정할 수 있음을 보여주는 데 전념함으로써, 경제의 종별적인 합리성을 재규정하는 것이다. 그렇다면 경제에 대한 국가적 경영이 함축하는 합리성은 무엇인가? 이는 기술적이고 도구적인 합리성, 즉 자연 현상들과 유비적인 현상들에 대한 객관화를 전제하는 분석 및 계산 방식이다. 빌헬름 롭케Wilhelm Röpke의 정식에 따르면, 〔영원한 생-시몽주의는〕 이러한 합리성으로 구성된다.

(이러한 합리성의—기욤) 영원한 생-시몽주의: 기술자들의 과학적 교만과 심성이 혼합된 기계적-수량적 정신 상태. ······ 이 기술자들은 나침반과 자를 가지고 부당하게 과학적이라고 일컬어지는 법칙들에 따라 경제, 국가, 사회를 구성하고 조직하며, 이렇게 함으로써 사무실의 가장 높은 자리들을 스스로 차지한다. (Cité in Foucault, 1978-1979, p. 132 n 47〔국역 178쪽 각주 47〕)

프리드리히 폰 하이에크(1899~1992)*는 계획화하는 국가가 지닐 수 있는 "기술적technologique"합리성과 "경제적économique" 합리성(이 표현들은 실제로 하이에크의 것이다) 간의 구별을 상징적으로 보여준다. 중앙집중화된 국가의 계획화가 내포하는 기술적 합리성은 닫힌 것으로 가정된 체계에 대해 특정한 의도하에서 총망라된 인식을 함축한다. 특정한 실증적인 목표에 맞게 이렇게 닫힌 것으로 가정된 체계에 개입할 수 있도록 말이다. 반대로 종별적인 경제적 합리성은 "정보"의 불확실성 내지는 불완전성 원칙에 기초한다. 특정한 행동 영역에 관련된 정보들을 전유, 분류, 사용하는 방식은, 이처럼 막스 베버Max Weber의 독자였던 하이에크에게 기술적 또는 도구적 합리성**으로부터 경제적 합리성을

---

* 루트비히 폰 미제스의 제자이며, 1922년 미제스의 저작《사회주의》가 출간된 후 그의 테제들에 동조하여, 미제스와 함께 빈학파의 중심에서 공동작업을 수행한다. 2차대전 기간 중에 런던으로 망명한 그는 1952년부터 시카고 대학에서 교편을 잡는다. 이 시카고 대학에서 하이에크의 테제들은 미국 신자유주의 발전에 커다란 중요성을 점하게 된다.

** 막스 베버의 이러한 도구적 합리성 또는 "합목적적 합리성rationalité en finalité"통념에 대해서는 2부 3장을 보라.

떼어낼 수 있도록 해주는 구별 기준을 제공해준다. 반대로 경제적인 문제는 닫힌 체계의 개인이나 집단이 무엇이 됐든 간에, (여타의 기관들과 마찬가지로 하나의 "사회적 기관"에 불과한, 계획화하는 국가 집단의 한 구성원일지라도) 그가 파악할 수 있는 것보다 훨씬 더 많은 정보의 양을 다루는 다양한 행위자들agents의 상호작용을 통해서만 해결될 수 있다. 기술적 합리성은 질서와 동질성에 대한 정태적인 조건들을 가정하며, 뛰어난 지성은 사전에 이러한 조건들을 제어함으로써 그 조건들의 변화들을 예상하기 위해 이 조건들을 총체적으로 파악할 수 있을 것이다. 반면에 경제적 합리성은 "영구적으로 되돌아오는 불균형"에 기초를 둔다. 이 경제적 합리성은 경제적 균형을, 그들이 사용하는 정보들이 그들에게 허용해주는 만큼 합리적인 결정들을 내리는 무수한 사람들에 의해 매 순간마다 수정되는 끊임없이 불안정한 균형으로서 이해하며, 이는 모든 개인들이 정보들에 직접적으로 접근할 수 있고, 법적으로도 그러한 접근이 보장될 수 있는 틀 또는 체계를 함축한다.

이러한 체계 유형에 속하는 가격 체계는 하이에크에게 다음의 패러다임을 제공해준다. 즉 경제적 합리성의 수준에서, 시장에 기초한 가격 형성은 경제적 당사자들에게 화폐 교환과 경쟁의 맥락 속에서 경제적 변수grandeur들을 측정할 수 있도록 해주며, 결과적으로 그들의 선택(어떤 1차 재료를 구입할지, 어떤 자원, 자본, 생산수단을 그러한 생산에 할당할지)을 조절할 수 있게 해준다는 패러다임 말이다. 더불어 이러한 장치는 하이에크에게 "모든 사회과학의 중심적인 이론적 문제"에 대한 해법 모델로서 경제적 합리성을 제공해주며, 따라서 이러한 경제적 합리성은 사회 현상들 전체로 확장된 타당성pertinence을 얻게 된다(Hayek, 1945, p. 775

〔국역 131쪽〕). 사회과학의 이 같은 중심적인 이론적 문제는 가장 광범위한 일반성 속에서 정식화되는데, 그것은 사회의 개인들과 집단들이 그것들에 맞추어 그들의 행위들을 결정하는 지식 또는 정보의 가용성 및 용도의 문제다. 이 문제는 집단적 삶의 사적 또는 사회적·경제적 또는 정치적 영역들을 관통한다. 하지만 이 문제는 정의상 막대한 양의 정보들을 소비하는 관료주의적 계획화 속에 가장 농밀하게 응축된다. 경제에 대한 중앙집중화된 관리에 목매는 국가는 따라서 "적합하게 선발된 전문가들의 권위"의 수중에 모든 정보들이 집중될 가능성을 가정한다(Hayek, 1945, p. 767 〔국역 120쪽〕). 이에 반대하며 하이에크는 다음과 같은 여러 차원에서 비판을 전개한다. 〔첫째〕 특정한 시기에 경제적으로 타당한 셀 수 없이 많은 정보들이 최적의 조건에서 이처럼 중앙으로 집중되는 것은 경험적으로 불가능하다. 〔둘째〕 불가피하게 맥락들의 좌표들로부터 유리되어 이렇게 중앙집중화된 지식은 필연적으로 추상적인 성격을 띨 수밖에 없다. 〔셋째〕 기술적 지식 발전의 상관물인 시간과 변화에 대한 부정은 거시경제학적인 거대한 통계적 규칙들의 층위에 기초하는 예상 능력들을 과대평가하도록 만든다. 반면에 "경제적 문제들은 언제나 오로지 변화의 결과처럼" 무엇보다도 "끊임없이 경제의 전경을 바꾸어놓는 작은 변화들"의 결과처럼 나타난다. 따라서 이러한 상이한 비판들의 초점은 경제적 결정을 탈중앙집중화해야 한다는 필연성에 맞추어져 있으며, 이러한 탈중앙집중화는 모든 계획화를 무효화하는 것이 아니라, 그것의 의미를 바꾸는 것이다.

사회의 경제적 문제가 주로 시간과 장소의 특수한 조건들 내에서의 변화들에 빠르게 적응하는 문제라는 데 동의한다면, 최종적인 결정들은 이러한 조건들에 익숙하며, 중요한 변화 들과, 이 변화들에 대처할 수 있도록 해주는, 바로 가용할 수 있는 자원들을 직접적으로 아는 사람들에게 맡겨져야만 한 다. 이러한 지식 모두를 통합하고 난 뒤, 그것에 대해 명령을 내릴 중앙부처에 모든 지식을 넘기는 것으로 시작해서는, 이 러한 문제 해결을 기대할 수 없을 것이다. 우리는 이 문제를 탈중앙집중화의 특정 형태를 통해 해결해야만 한다. (Hayek, 1945, p. 771〔국역 125~126쪽〕)

그런데 가격과 가격 형성, 그리고 가격 변동 체계(따라서 하이에크가 강조한 바대로 가격은 "인위적으로" 고정되지 않는다는 것을 가정하는 체계)는 객관적이고 비인격적인 체계를 구성하며, 이 체계가 자신의 실행지점들 각각에서 매 순간마다 수정되는 탈중앙 집중화된 계획화를 가능케 해준다.

가격 체계가 지니는 진정한 기능을 이해하고자 한다면, 가 격 체계를 정보 공유를 가능케 해주는 메커니즘으로, …… 변화들을 등록하는 기계 또는 자신의 시계 바늘을 확인하는 기술자처럼 개인적 생산자들이 변화들—그들은 아마도 이 변화들 중 가격 변동들에 반영된 것들만을 알 수 있을 것이 다—에 맞게 자신들의 활동들을 조정하기 위해 몇몇 지표들 의 움직임을 간편하게 확인할 수 있게 해주는 원격통신 체계 로 간주해야 한다. (Hayek, 1945, p. 774〔국역 129~130쪽〕)

따라서 가격 체계는, 자신의 변동들로 행위자들에게 〔그들이〕 채택해야 하는 행동들을 가르쳐주는 비인격적인 신호체계장치를 구성한다. 하이에크가 보기에 이러한 신호체계장치는 행위자들이 스스로 정하는 직접적인 목적들을 넘어서는 사회적·경제적 행위자들의 결정들 및 행동들의 합리성을 분명하게 보여준다. 다르게 말하자면, 전지전능한 중앙집중적인 국가에 대한 환상의 원천인 사회적 총체성에 대한 의식적 통제를 조금도 경유할 필요가 없는 상대적 균형체계가 여기서 제공될 수 있는 것이다.

이러한 경제적 합리성은 자유주의의 고전적 문제인, 사회 내로의 국가 개입의 제한 문제(따라서 또한 이러한 국가 개입의 양상들이라는 문제)를 변화시킨다. 국가의 임무는 시장이 사회에 미칠 수 있는 해로운 영향들을 바로잡는 것이 아니다. 그것은 사회가 야기할 수 있는 반-경쟁의 메커니즘을 축소하는 것이 된다. 왜냐하면 이러한 반-경쟁의 메커니즘은 시장의 자기-조절을 망치기 때문이다. 이러한 합리성은 법을 통한 규제들règles de droit을 국가 그 자체의 경제적 개입으로 확장시킴으로써, 정치 권력puissance politique이 그러한 규제들과 맺는 관계를 새롭게 규정한다(Hayek, 1944, p. 58-67〔국역 121~139쪽〕). 정식 면에서의 외면적인 유사성들에도 불구하고, 하이에크의 신자유주의는 19세기 자유주의 이론가들이 채택했던 고전적인 정치경제학의 방식을 분명하게 굴절시킨다. 19세기의 자유주의 이론가들은 시장에 내재하는 조절 법칙들에 대한 인식을 시민사회 내로의 국가 개입들에 대한 실증적인 제한 원리로 만들었다. 하이에크는 이러한 제한을 다음과 같은 불가능성 내에서 정초한다. 즉 이러한 거시경제학적 인식은 〔스스로가 전제하는〕 허구적인 우월한 위치에서 사회적 장에 대한 총괄적인 파악을 주장할 수 없다는 불가능성 말이다. 이러한 허구적인 우월한 위치는 정보들의 불완전성 내에 기초하며, 거시경제학적 질서는 그것의 포괄적인 결과일 뿐인, 미시경제학적 조절의 현실적 조건들에 무지하도록 이끌 뿐이다.

자유로운 개인들로 이루어진 거대한 사회에 정부가 제공할 수 있는 가장 좋은 것이 부정적인 성질을 띠는 본질적인 이유는, 필연적으로 활동들 전체의 질서를 규정하는, 측량할 수 없는 다수의 특수한 사태들에 대한 변할 수 없는 무지에 있다. 이러한 무지는 사람들의 모든 머리 속에, 인간 활동을 지휘할 수 있는 모든 조직 속에 존재한다. 미친 자들만이 모든 것을 안다고 믿지만, 그러한 자들의 수는 매우 많다. 정치 권력이 구성원들의 다양한 예상들이 대략적으로 들어맞는 추상적인 외형 내지는 구조를 구성하는 데(최선의 경우 이러한 외형 내지는 구조를 가능하도록 하는 데)에만 도움을 줄 수 있는 것은 바로 이러한 무지 때문이다. (Hayek, 1979, p. 155〔국역 649쪽〕)

이로부터, 국가는 실정적인 행위 내용을 스스로에게 처방할 수 없으며, 마찬가지로 이러한 행위 내용을 사회적 개인들에게도 처방할 수 없다는 결론이 도출된다. 고전적인 법치règle de droit의 원리—형식적 또는 부정적이며, 그 어떤 실정적인 행위 규칙도 결정하지 않는〔부정적인〕금지들〔만〕을 정하는—는 이처럼 경제적 장 그 자체 내로 침투하며, 그리하여 국가의 모든 개입들은 이러한 장에 종속된다. 국가는 이러한 부정적이고 추상적인 규칙들의 단순한 보증자가 된다. 또한 이러한 규칙들은 인간 행동들에 그 어떤 실정적인 내용을 부여할 수 없으며, 오히려 "게임 규칙들", 즉 개인들을 그 어떤 특수한 목적/결말fin로 이끌지 않고서도, 그들 각각에게 다음과 같은 것을 허용해주는 원리들과 유사하다.

> ⋯⋯ 자신이 개인적으로 아는 것에 근거함으로써, 자신의 목표들을 추구하는 것. 이러한 부정적인 규칙들만이, 인식들을 작동시키며 개인들의 욕망들에 봉사하는, 자기발생적인 질서 형성을 가능케 해준다. (Hayek, 1979, p. 154[국역 648쪽])

개입주의적이며 계획화하는 국가에 대한 이러한 비판(사회권droit social에 반하는, 그리고 미국에서는 2차대전 이전에, 영국에서는 베버리지Beveridge 계획 모델로 2차대전 중에 실시된 사회보장 정책들에 반하는 무기가 여기에 있다)의 이론적이고 이데올로기적이며 정치적인 후계자가 누구이든 간에, 미셸 푸코를 본떠, 이러한 후계자가 체계적으로 형성된 맥락에 이 후계자를 결부시키는 것이 중요하다. 이 맥락은 정치적 성찰에 대해, 특히 국가사상에 대해 이러한 후계자가 제기하는 근본적인 쟁점을 분명하게 규명해주기 때문이다(Foucault, 1978-1979, p. 84-88[국역 126~132쪽]). 국가의 계획주의에 대한, 더 근본적으로는 시장-사회로의 국가의 모든 실정적인 개입에 대한 비판은 국가 재건의 맥락 속에서 자신의 가장 급진적인 정식화를 발견하게 된다. 이러한 국가 재건의 맥락은 또한, 헌법에 의해서든, 정치적 상대국들partenaires politiques을 통해서든, 아니면 인민 그 자체에 의해서든, [국가 권력에] 정당성을 부여하는 역사적 원리들 전체가 심대하게 위기에 빠진 맥락과 일치한다. 이러한 역사적 원리들 중 어떠한 것이 나치 독일로부터 근본적으로 자유로울 수 있는가? "경제적 자유" 속에서 그리고 자기조절되는 시장의 합리성 속에서 하이에크는 이러한 쇠퇴한 정당성을 타계할 수 있을 새로운 원천을, 즉 국가적national 합의와 국제적 상호인정의 새로운 토대를 찾는다.

> 안정적인 독일마르크, 견실한 경제 성장률, 확대되는 구매력, 유리한 국제수지 등, 이 모든 것들은 물론 현대 독일에서 적절한 통치가 가져다준 효과들이다. 그러나 또한 이런 것들은, 어느 정도까지는 그런 효과인 것 이상으로, 역사 혹은 패배 혹은 승자들의 결정이 방금 막 법 바깥에 놓았다고 여겨지는 한 국가를 정초하는 합의를 부단히 표현하고 강화하는 방식이기도 하다. (Foucault, 1978-1979, p. 87〔국역 131쪽〕)

우리는 3부에서 그 자체에 대해서 몇 가지 질문들이 제기될 필요가 있는 이러한 국가의 극단적인 경험 또는 국가 붕괴의 경험으로 되돌아올 것이다.

2장

사회적인 것에 대한 과학들과 사회적 국가

프랑스 사회학에 관해 문제가 되는 것은 인식론적이고 이론적인 쟁점들을 그 자체로 검토하는 것도, 사회과학들의 발전 내에서 프랑스 사회학의 역사가 점하는 중요성을 검토하는 것도 아닙니다. 대개의 사람들이 프랑스 사회학의 아버지라고 여기는 오귀스트 콩트 이래로, 곧 사회학이라는 이름이 붙여질 "사회물리학physique sociale"은 다음과 같이 이분화된 프로그램으로 이해됐다. 즉 사회에 대한 실증적인 인식의 조건들을 정초하고 이러한 인식에 의거하는 실증적 정치학의 필요조건들을 확립하기. 따라서 사회물리학 또는 사회과학은 단절 없이 정치과학으로 연장된다. 1822년, 콩트의 최초 저술들 중 하나인 《사회를 재조직하기 위해 필수적인 과학적 작업들의 초안》Plan des travaux scientifiques nécessaires pour réorganiser la société ─1817년 이후로 콩트는 생-시몽의 비서였으며, 그의 영향이 이 저서에서 두드러진다─은 이를 증언한다. 콩트가 실현하기를 희망한 이러한 프로그램의 중요성과 〔사회과학과 정치과학의〕 종합의 중요성은 그가 야기한 이론적 생산들이 지니는 비옥함을 척도로 평가되어야만 할 뿐만 아니라, 또한 이러한 이론적 생산들이 끼칠 수 있었던 제도적·정치적·이데올로기적 반향들에 따라 평가되어야만 한다(콩트의 영향력은 그 효과 측면에서 두드러질 뿐만 아니라, 그 영향력이 예컨대 존 스튜어트 밀John Stuart Mill의 자유주의, 미국의 남부연맹sudiste의 사상을 비롯해서 프랑스, 영국, 더 나아가 브라질에까지 미쳤다는 점에서 그 범위에 있어서도 굉장하다). 우리는 여기에서 특히, 혁명적 사회주의뿐만 자유주의와도 구분되는 "사회적 국가" 패러다임의 구성에서, 그리고 20세기 문턱에서 프랑스 제3공화국에 그것의 이론적doctrinal 초석을 제공한, "연대주의solidariste" 국가 철학의 형성에서 에밀 뒤르켐Émile Durkheim의 사회학 학파가 수행한 역할을 명백하게 밝힘으로써 이를 살펴볼 것이다.

엄밀하게 이론적인 관점에서, 콩트의 사상과 마찬가지로 뒤르켐의 사상은 정치철학이 지니는 막대한 중요성을 보여준다. 이러한 중요성은 우선적으로 막 탄생한 사회학이, 자신과 양가적인 관계들 즉 재연과 비판, 연장과 변환이라는 관계들—이러한 양가적인 관계들 속에서 자신의 과학적인 열망을 포기하지 않는 논증의 차원은 지식들의 공간에 내재하는 전략적인 쟁점으로부터 분리되기 어렵다—로 묶인 고전적인 정치사상에서 영양분을 섭취했던 방식에서 기인한다. 정치적 목적(그것이 명시적으로 주장되었든, 아니면 은연중에 조심스럽게 보존되었든 간에)을 〔자신 내에〕 통합함으로써, 불가피하게 사회학의 프로그램은 그때까지 정치철학만을 위해 남겨져 있었던 정치철학의 영역에 관여하게 된다.

그리하여 (신학적·도덕적·인간학적·법적, 끝으로 경제적인) 여타의 지식 형태들과의 가변적인 연관 내에서, 토마스 홉스Thomas Hobbes 가 이미 사용한 표현에 따르자면, 정치과학politica scientiae을 규정하는 과제에 가담하게 된다. 콩트 그리고 뒤이어 뒤르켐이, 자신들이 요구한 사회과학에 대해 제시하는 각각의 계보학들이 이를 증언한다. 이러한 각각의 계보학들은, 그것들이 서로 상이할지라도 철학 전통 내의 논쟁을 경유한다. 자신의 박사학위 주논문,《노동분업론》De la division du travail social(1893)과 병행하여, 뒤르켐은 자신의 라틴어 (부)논문을 몽테스키외에 할애하는데, 이 논문에서 그는 정치과학의 물음들을 헌정과 정체의 추상적인 형식뿐만 아니라 통치들이 그 속에서 자신들의 일차적인 결정요인들을 발견함과 동시에 자신들의 실행의 재료를 발견하는 사회적 기반에 결부되도록 만듦으로써 정치과학을 변형시킨 몽테스키외의 공을 인정한다.《실증철학강의》의 47번째 강의에서 그것의 거대한 계보들을 소묘하는 사회물리학의 전사préhistoire에 대해 논하며, 콩트는 이미 콩도르세Condorcet 그리고 루이 드 보날드와 "저명인사 조제프 드 메스트르"로 대표되는 "감탄할 만한 왕정복고학파" 옆에 몽테스키외를 위한 일등석의 자리를 마련해놓는다(Comte, 1839, p. 48-60; Macherey, 1991). 이 같은 계보들로부터 도출되는 근본적인 공통점들은 몽테스키외에 대한 그리고 (콩트에 관해서는) 반-혁명주의자들에 대한 다음과 같은 긍정적인 재전유들을 부분적으로 해명해준다. [첫째] 자연권과 사회계약의 이론들에 대한 비판. 이 이론들은, "사회"라는 대상을 이해하는 관점에서 보자면, 한 사회의 고유한 존재가 구성되는 관계들 및 규칙성들의 종별적인 질서를 중시하지 않는 이론적 개인주의를 함축한다. [둘째] 주권에 대한 고전적인 관점들에 대한 비판. 이 관점들은, "정치"라는 대상을 이해하는 관점에서 보자면, 사회 질서를 초월하는 권력 및 입법 심급에 대한 관념(뒤르켐의 표현에 따르자면 "입법자의 신화légende du législateur")을 함축하며, 이로부터 출발해 정치 행위가 개입하고자 하는 현실 질서에 내재하는 제약들과 필연성들, 즉 결국에는 정치적 지식의 가능 조건들에 다름 아닌 제약들과 필연성들을 오인한다(Karsenti, 2006, p. 34-53). 그렇다고 해서 콩트도 뒤르켐도 정치경제학의 제스처에, "시민사회"라는 통념에 만족하는 것은 아니다. 이러한 정치경제학의 제스처는 관계들을 원자적 개인성들 간의 관계들(개인적 이익들 간의 교환, 사적 거래, 갈등 관계들)로 자연화하는 데 그치면서, 사회적 대상의 종별적인 본성뿐만 아니라, 정치적인 것에 고유한 기능 및 필연성 또한 왜곡하기 때문이다(Comte, 1838, p. 61-71). 물음은 바로 다음과 같이 제기된다. 즉 사회를 자신의 고유한 대상으로 갖는 과학이 정치와 접합됨으로써, 이 접합은 어떻게 정치 그 자체의 종별성을 재규정하도록 해주는가?

1. 사회학 **또는** 철학:
    사회물리학으로부터 정치과학으로

콩트는 주로 과학 이론 면에서 후대 사람들로부터 인정을 받았지만, 동시에 그는 정치사상가이기도 했다. 더 정확하게 말해서, 콩트는 정치적 물음이 우선적으로 과학적 프로그램 내부에서 제기된다고 보았다. 이를 단순화하기보다는, 진실을 말하자면, 이러한 사실은 콩트가 보기에 근본적인 문제, 즉 "혁명을 종결시키기", "사회를 재조직하기", "서양을 쇄신하기"라는 문제를 이중화한다. 혁명의 대격변의 결과로 일반화된 불안정성을 인정하는 이러한 프로그램은 사회와 그 제도들을 근본적으로 재조직하는 프로그램과 지식의 공간 전체를 재조직하는 프로그램을 분리 불가능하게 연결시킨다. 이러한 두 개의 조직화는 유기적인 관계 속에서 양자가 서로 맞물림으로써만 실행될 수 있다. 이러한 이중의 프로그램은 백지 상태tabula rasa를 토대로 해서 행해지는 것이 아니라, 사회의 조직화들에 대한 이론이자 동시에 인간 정신의 형태들 및 이것들에 연결된 인식들에 대한 이론인, 역사 이론 내에 기입된다. 하지만 유명한 (신학적·형이상학적·실증적) "3단계 법칙loi des trois états"을 야기하는 이러한 역사학은 변화évolution의 연속성 내에 현행적인 인식론적·정치적 과업tâche을 기입하는 동시에 어떤 문턱 효과effet de seuil를 표시해주는데, 이러한 문턱 효과를 표현하는 것은 실증적인 정치과학의 구성이 자신의 도래에 선행하는 역사적 단계와 맺는 양가적인 관계다. "형이상학적" 혹은 "비판적"이고 "분해하는dissolvant"이라고 말해지는 이러한 단계, 즉 그것으로부터의 혁명을 통한 단절이 역사적 정점acmé을 표시하는 이러한 단계는 이러한 단절 이전에 구체제 사회뿐만 아니라 혁명 이전의 고전적 정치사상에도 내재하는 긴 과정을 지닌다 (Comte, 1848, p. 102-126). 이러한 단계에서 사유가 사태들 간의 관계들을 탐구하는 방식으로 이루어지는 것이 아니라, 역으로 이 관계들을 해체하여 추상들로 만들고 그것들을 절대화하는 방식으로 이루어진다는 점에서 이 단계는 분해하는 단계이며, 순전히 과도기적인 필연성만을 갖는다. 따라서 이러한 분해하는 단계는 진정한 조직화, 즉 **관계 내에서** 차이화를 필연적으로 초래하는 모든 조직화를 실행할 수 없다. 본질적으로 비판적이고 과도적인 이러한 단계는 결과적으로 애매하다. 왜냐하면 이 단계〔형이상학적 단계〕는, 자신을 선행하는 단계〔신학적 단계〕에 대한 점진적인 파괴를 통해서 부정적으로만 자신이 이르게 한 단계〔실증적 단계〕를 예고하기 때문이다(Comte, 1839, p. 336-339). 이러한 것이 고전 정치철학의 인식론적이며 동시에 정치적인 의미인데, 이 고전 정치철학은 사변 질서 내에서 이러한 비판적이고 부정적인 과정을 보여주지만, 이때부터 정치적 통치는 그 통치가 기초하는 현실적인 사회적 토대 내에서 객관적으로 정초된 원리 없이 경험적 실천에 내맡겨진다(이는 사변 질서 내에서의 비판적이고 부정적인 과정의 불가피한 반대급부récíproque다). 반대로 이 고전 정치철학이 정치적 실천에 자신의 절대화된 추상들을 부여하기를 원하면 원할수록(사실상 혁명주의자들이, 만인의 평등과 각인의 자유라는 급진적이고 추상적인 민주주의적 단언을 주장함으로써, 그리고 개인들을 모든 실질적인 사회적 정박점으로부터 폭력적으로 뽑아내는 행위인, 개인들과 국가들 사이를 매개하는 단체들corps의 해산을 선언함으로써 그리한 것처럼), 고전 정치철학의 불충분성은 그만큼 더 강렬해지며 더 위험해진다. 존속 가능한 사회 조직을 실정적으로 창설한다는, 본질적으로 비판적인, 주권에 대한 고전 정치학설들의 포부는 필연적으로 실패할 운명에 처한다. 이러한 포부는 혁명의 불안정성과 무질서를 그러한 상태로 제도화할 수 있다는 환상을 길러낼 뿐이며, 이로부터 출발해서 불안정성을 재생산하고 실증적인 사회 조직을 막을 뿐이다.

정치학의 실증〔과학으로의〕 변화는 대립된 추론에 의해서

a contrario 밝혀지며, 동시에 정치과학과 정치 실천에 대한 이해에 착수한다. 정치과학은 사회 질서 법칙들(사회의 사태의 다양성들을 내부적으로 접합하는 상호관계들, "정적 사회학sociologie statique의 대상") 과 이를 기반으로 하는 사회 진보 법칙들(사회의 변형들 및 발전들의 동역학적인 원리들, "동적 사회학sociologie dynamique의 대상")이라는 이중의 차원하에서, 사회의 유기적인 관계들에 대한 과학으로 재정의된다. 정치 실천은 바로 법칙들의 이러한 두 등록소들〔질서와 진보〕 간의 관계 속에서—따라서 양자 간의 간극 속에서—자신의 장소를 발견한다. 콩트가 보기에 이러한 두 등록소들은 유기적·생명적·사회적 현상들에 대한 모든 실증적 지식의 근본적인 인식론적 두 원리들을 구성한다. 정치 실천은 이를테면, 질서의 법칙들과 진보의 법칙들 **사이에서** 자신의 논리적 장소를 발견하며, 정치 실천 그 자체를 무효화하지 않고서는, 정치 실천은 질서의 법칙들로부터도, 진보의 법칙들로부터도 벗어날 수 없다. 변화할 수 있는 것과 그 한계들을 결정하는 사회적 상호관계들에 대한 모든 인식이 추상적으로 진보한다는 이상에 정치 행위를 종속시키는 것은 형이상학적 정신이 함축하는 절대적인 것으로 되돌아가는 것이며, 이 정신의 첨예한 형태, 즉 그 자체가 혁명적 무질서인 정치적 모험주의aventurisme를 길러내는 것이다(Comte, 1839, p. 82-86). 역으로 정치 실천을 기존의 사회질서의 보수로 한정시키는 것은 정체된 자연주의 속에서 정치 실천을 와해시켜버리는 것이며, 여기서 또 다시, 진화 및 변형의 사태들을 객관적으로, 즉 실증적으로 인식할 수 있는 토대가 부재한 경험주의에 내맡기는 것이다. 반면에 정치 실천이 사회의 유기적인 상관관계들과 사회 진화들의 동역학적인 규칙들 사이에서 자신의 종별적인 장소

를 발견한다면, 정치 실천은 더 이상 사전에 정해진 순수이론적인théorique 지식의 단순한 기술적 적용(오래전부터 널리 퍼져 있는 콩트 실증주의에 대한 희화화)처럼 나타나지 않을 것이다. 정확한 장소에서 정치는, 정치가 개입하는 사회의 조직화에 내재하는 행위 양식이 되며, 바로 이를 통해 사회의 조직화는 자신이 그 대상이 될 수 있는 실증적인 인식들(정치적 인식들)의 발전에 기여하게 된다. 따라서 (사회학으로서의) 정치적 지식과 정치 행위 간의 관계는 상호적 조건화 및 천착approfondissement의 관계다. 콩트가 당대의 물리학으로부터 차용해온 "변경할 수 있는 질서ordre modifiable"와 "조절régulation"이라는 통념들은 이러한 (정치 지식과 정치 행위 간의) 상호성에 적합한, 실증적인 정치적 개입의 일반적인 양상들을 규정한다(Comte, 1848, p. 67-72(국역 57~62쪽)).

이제 우리는 콩트가 정치경제학에 대해 제기한 비판을 이해할 수 있다. 이 비판은 정치경제학을 생산의 조직화에 대한 과학으로 개정하려는 생-시몽의 기획에 대해 취해진 거리를 보여준다. 콩트는, 모든 여타의 자연적 현상과 동일한 지위에서 경제적 현상들이 사회적 현실을 과학적 분석의 대상의 반열에 올려놓는 데 유리하다고 판단함으로써, 이러한 생-시몽의 기획을 공유하는 데에서 출발했다(Karsenti, 2006, p. 33-43). 사회학의 프로그램과 정치경제학의 프로그램 사이의 외면적인 유사성을 넘어서, 콩트가 정치경제학에 대해 가한 비판은 우리가 앞서 상기시켰던 두 가지 주요한 논점들, 즉 형이상학적 단계가 지니는 비판적 효과와 정치 행위가 실증적인 것 즉 그 정치 행위가 그것의 이해 당사자가 되는 조직화에 필연적인 동시에 상관적인 것이 될 때 정치 행위가 취하는 형태를 예증한다. 정치경제학은 고전 정치철학과 같은 인간정신의 단계〔형이상학적 단계〕에 속한다. 왜냐하면 콩트가 보기에 경제학자들이 절대화된 통념들("가치", "효용성", "생산" 등)을 가지고 만들어낸 용법이 이를 증언하기 때문이다. 더 나아가 사실상 과학들의 유기적인 체계 내에서 경제학을 유기적으로 구성할 수 없는 불가능성을 누설하는 것에 지나지 않는 경제학자들의 분과학문적인 자립성에 대한 강조는 특히나 동일한 사실을 증언한다. 따라서 정치경제학은 근대 역사의 형이상학 시기가 함축하는 혁명적 내지는 파괴적 과정에 속하는 것이다. 중세 시대 이래로 구체제 사회하에서 점차 발전되었으나 근대 산업 전반이 비약적으로 발전하자 즉각 더 해로운 것이 되어버린 〔국가 주도〕 산업정책politique industrielle 전체의 권위를 철저하게 파괴함으로써 정치경제학은 이러한 거대한 지적 투쟁에 참여했다―정치경제학이 지니는 불가결하면서도 과도적인 기능이 바로 여기에 있다. 〔이러한 파괴적 과정 이후에〕 정치적 통치행위에 대한 과학을 자처하며 의기양양해진 정치경제학은 이제 혁명적 공화주의와 정확하게 반대되는 모습을 띠고서, 하지만 혁명적 공화주의와 같은 결과를 낳으면서, "무질서를 체계화하기를" 원하게 된다. 하지만 응당 통치행위에 대한 과학이라면 그러한 통치행위가 사회로 개입하는 것을 조절해줄 수 있는 것을 원인에 대한 인식 속에서 뒷받침해야함에도 불구하고, 정치경제학은 "모든 현실적인 통치행위를 방법론적으로 폐지"하는 데로 나아간다(Comte, 1839, p. 66-68).

정치과학의 부정적인 두 가지 모습들과 관련해서 사회학이 취하는 간격은, 콩트가 정치가 지니는 말의 뜻을 이중화함으로써 정치라는 통념 자체를 복잡하게 만들 때 온전한 의미를 얻게 된다. "일시적인/속세의temporel 통치"로 규정된 정치에, 그것으로 환원 불가능한 "정신적sprituel 통치" 내지는 권력이 대립된다. 이러한 중세적 구별을 다시금 취하면서, 콩트는 그 의미를 변화시킨다. 왜냐하면 정신적 통치는, 그것의 외연이 국가적nationaux 맥락들의 경계를 넘어 인류의 차원과 일치함에도 불구하고, 일시적인/속세의 통치와 마찬가지로 사회적이기 때문이다. 게다가 콩트는 사회학의 정치적 목적이 사회에 전적으로 내재적인 자신의 실현에 도달하는 것, 그리고 브뤼노 카르장티Bruno Karsenti의 만족스러운 표현에 따르자면, "정신의 정치"가 됨으로써 사회학이 완전히 조절자와 "변경자modificatrice"가 되는 것이 바로 정신적 권력 내에서라는 점을 주장함으로써(Karsenti, 2006, p. 50-57) 그 용어들을 역전시킨다. 실제로 이러한 통치는 행위들이 낳는 물질적 결과물의 관점에 따라 행위들을 외부에서 지휘하지 않는다. 반대로 이러한 통치는 행위들의 경향들을 사회성sociabilité의 관계들의 강화와 확대에 유리하도록 정향시킴으로써, 성향들, 사유들, 의지들에 영향을 미친다. 교육 철학과 접합된, 그리고 무엇보다 정신적 권력으로서의 콩트 사회학의 실천적 목적이 거기에서 정점에 달하는 "실증 종교"에 대한 정교한 구성 속으로 연장된 콩트의 사회학은 인간 정신에 대한 사회적인 것의 무한한 내재성을 인정한다. 또한 이 인간 정신이 자신에게 고유한 정치의 장소이자 주체로서 "신도 왕도 없이" 스스로를 발전시키려는 사회학적인 성향을 지닐수록, 이러한 인간 정신은 일시적인/속세의temporel 정치 또는 국가의 단순한 대상, 도구라는 지위로부터 점점 더 자유로워질 수 있다.

2. 정치적 사회학자 뒤르켐:
사회주의적-자유주의의 국가 이론

다양한 형태들을 취하는, 콩트 실증주의의 후계 중에서 우리는 여기에서 에밀 뒤르켐의 사회학 학파를 선택할 것이다. 뒤르켐의 사회학 학파는 그 학파를 중심으로 사회학을 **제도화하는** 데에 전념한 집단, 다시 말해 [사회학] 고유의 대상들, 방법들, 문제들이 주어지는 새로운 이론적 공간들과 이에 더해 이러한 것들을 수용할 수 있고 물질적으로 나타낼 수 있으며, 이것들을 상징적으로 받아들이게 할 수 있는 제도적인 실현매체support들까지 창출하는 데에 전념한 집단을 뜻한다. 우선 1896년부터 출판된 정기 간행물인 학술지《사회학 연보》L'Année sociologique와, 이어서 이루어진 대학 과정으로의 [사회학의] 제도화는 뒤르켐의 사회학이 학술적으로 인정되어 교육되는 분과학문의 지위에서 스스로 자신의 고유한 실천가들과 교육자들을 형성할 수 있도록 해주었다. 여기서 우리는 뒤르켐 학파의 구성원 중 대다수가 지식에 대한 객관적인désintéressé 연구에 열중하는 순수 이론가들이 아니라, 지식에 개입하고 그 지식의 변형들에 기여하기 위해서는 [우선] 그것을 경험해야 하는, 사회적·역사적 삶의 행위자들이라는 점을 기억할 필요가 있다. 우리는 이들로 법률가, 형법학자, 공법학자들(에마뉘엘 레비Emmanuel Levy, 조르주 다비Georges Davy, 폴 포코네Paul Fauconnet, 모리스 오리우Maurice Hauriou, 레옹 뒤귀Léon Duguit)뿐만 아니라, 국가 행정관들, 정치인들(레옹 부르주아Léon Bourgeois)을 꼽는데, 이들 모두는 수십 년 동안 정치적 삶 내에서 뒤르켐의 사회학이 함축하는 정치적인 함의들, 특히 제3공화국하에서 공화주의적 국가 사상이 지니는 이론적·이데올로기적·정치적 복합성의 형성 면에서 중요한 함의들을 발전시키는 데 공헌한다.

이 글에서는 분석 방법들 면에서나 사유 스타일 면에서 뒤르켐과 콩트를 서로 분리시키는 중요한 차이들을 부각시키지는 않을 것이다. 양자를 이론의 여지없이 서로 접근시키는 하나의 〔공통적인〕 논점이 있다면, 그것은 바로 정치에 정치의 사회적 기반에 대한 절대적인 자율성을 부여하는 것에 대한 거부다. 이러한 거부는 뒤르켐에게 있어서 국가에 대한 유기적 규정으로 귀착된다. 확실히 "탁월한 기관orgrane éminent"인 국가는 그럼에도 불구하고 사회의 총체성의 한 "부분"일 뿐이며, 따라서 우리는 국가 그 자체를 이러한 전체와 혼동해선 안 된다. 이러한 개념화는 주권 권력으로서의 국가의 **기초**에 관한, 동시에 우리에게 주권이 지니는 **정당성**légitimé의 지위를 제공해주어야만 하는 주권의 **근거** raison("기초"라는 통념 속에 얽혀 있는 이중의 의미)에 관한 고전적인 문제들과의 단절을 인가해주며, 따라서 이러한 고전적인 문제들로부터 다음과 같은 문제들로의 이행을 허용해준다. 즉 국가의 **본성**이라는 문제, 따라서 살아 있는 유기체와의 유비에 따라, 국가의 형태론과 (더 이상 토대 또는 절대적 필연성이라는 의미에서가 아니라, 기능적 이유raison, 즉 특정한 사회 시스템에 **상관적인** 필연성의 이유라는 의미에서) 국가의 존재 이유를 해명해주는 전체에 내부적인 국가의 **기능**이라는 문제 말이다. 이러한 방식은 "정치적 사회 전체가 완전히 그것에 종속되는 최고의 권위"를 내세워서 〔국가를〕 정의하려고 하는 모든 시도들에 대한 비판적 관점을 함축한다. 국가를 정당한 권위의 독점**으로**, 즉 **주권**으로 정의했던 정치철학의 고전적인 접근법과는 반대로, 뒤르켐은 더 이상 권위가 국가를 정의내릴 수 없다고 본다. 따라서 이러한 권위가 부여된 기관의 본성 내지는 형태를 대상으로 하는 본질적으로 묘사적인 접근법을 위해, 정당성에 대한 물음은 유보된다. 그런데 이러한 형태론적 분석은 현저하게 제한적인 성격 규정을 야기한다. 언제나 "기관들"의 다양성으로 구성되는 국가의 **복잡성**을 강조하면서도, 이러한 분석은 국가로부터, 통상적으로 그 국가에 연결되어 있는 제도 전체를, 즉 법적 제도, 군사 제도, 심지어는 성직자 제도, 공적 업무 같은 "가장 직접적으로 국가의 작용을 받으며, 국가에 있어서 집행 기관들에 불과한 이차적인 기관들" 모두를 말 그대로 절단해낸다(Durkheim, 1950, p. 85〔국역 107쪽〕). 그렇다면 이러한 축소 이후에 국가에는 무엇이 남을까? 바로 국가 활동의 재료 자체, 즉 국가의 삶의 "주변 환경milieu ambiant"인 집단적 표상들이 남으며, 국가에 대해 작용하는 이러한 환경은 국가로부터 빼낼 수 없다. 뒤르켐에 따르면, 국가는 표상들을 생산하고 그것들을 변형하는 것을, 따라서 이러한 의미에서 사유하는 것을 자신의 일반적이고 근본적인 성격으로 갖는다. "집단에게 가치를 지니는 특정한 표상들을 가공하는 임무를 맡은 특별한 기관"인 국가는 본질적으로 "사변적인" 본성을 지니게 된다(Karsenti, 2006, 26).

고유하게 말해진 국가의 삶 전체는 외부적인 행위들, 활동들에서 일어나는 것이 아니라, 숙고délibération들에서, 즉 표상들에서 일어난다. 활동들은 다른 것들이며, 이 활동들을 담당하는 것은 모든 종류의 행정들이다. 우리는 이 행정들과 국가 사이에 존재하는 차이점을 본다. 이러한 차이점은 중추신경계로부터 근육계를 분리시키는 차이점과 같다. 엄밀하게 말해서 국가는 사회의 사유 기관 자체다. (Durkheim, 1950, p. 87〔국역 110쪽〕)

그럼에도 불구하고, 국가가 "사회의 장소와 자리에서" 사유할 수 있는 자격이 있다면, 이는 다음을 함축한다.

이러한 특별한 환경 속에서 이루어지는 결의résolution들과 마찬가지로 표상들은 본성적이고 필연적으로 집단적이다. (Durkheim, 1950, p. 85〔국역 107쪽〕)

그러므로 문제는 이러한 국가의 환경이 지니는 "특별한" 성격과 국가장치appareil에 의해 주조된 집단적 표상들의 종별성이 무엇으로 구성되는지 이해하는 것이다. 더 정확하게 말해서, 이 문제가 내포하는 난점은 《사회학적 방법의 규칙들》Règles de la méthode sociologique에서 1895년부터 명시화되기 시작한 뒤르켐 사회학의 근본적 테제 속에서 자신의 원인을 발견한다. 이 근본적인 테제는 개인적 표상들로부터 독립적인 집단적 표상들의 실존을 제기하는데, 이 집단적 표상들은 단순하게 사회 전체의 이러저러한 부분들에 연결되는 것이 아니라, 사회적 삶 그 자체와 동일한 외연을 갖는다. 즉 신화들, 교리들, 역사적이고 도덕적인 전통들은 어떤 특수한 사회의 기관의 산물이 아니며, 사회의 구성원들 모두에게 공통적인 표상들을 만들어낸다. 집단적인 또는 공동의 의식은 "정의상 사회의 모든 범위로 확산되고", "개인들이 처한 특수한 조건들로부터 독립적이다". 집단적인 의식은 개인의 심리적 삶과 다른 기반을 갖지 않음에도 불구하고, 개인들의 의식과 구별된다. 이러한 공동의 의식은 "사회의 심리적 유형"을 구성하는데, 이 유형은 "그 방식은 다를지라도, 개인의 심리적 유형들과 완전히 마찬가지로, 자신의 특성과 자신의 실존 조건들, 자신의 발전 방식을 지닌다"(Durkheim, 1893, p. 46〔국역 128쪽〕). 따라서 집단적 의식을 공통적으로 나누어 갖는 집단적 표상들의 총체로 일반적으로 규정하는 데 그치게 되면, 우리는 국가라는 기관에 의해 주조된 표상들의 종별성이 무엇으로 구성되는지 알기가 어려워진다. 이러한 국가의 표상들은, 그 표상들이 결의들, 결정들, 그러니까 **실천적 표상들**이라는 점에서 종별적이라고 말해야 할까? 이는 실제로 이미 공동의 사회적 표상들에도 해당되는 경우다. "매 순간마다 사회의 흐름들은 이러저러한 결정된 의미에서 집단성을 야기하는데, 이 사회의 흐름들은 국가로부터 유래하지 않는다." 따라서 이러한 종류의 무의식적이고 막연한 결정들 때문에 국가는 절대적인 주도권을 부여받지 못한다. 왜냐하면 국가 그 자체는 자주 "이러한 무의식적이고 막연한 결정들에 추진력impulsion을 부여해주기보다는 그것들의 압박을 겪기" 때문이다(Durkheim, 1950, p. 85〔국역 107~108쪽〕). 따라서 문제는 이중적이다. 즉 이는 국가에 의해 특별하게 생산된 집단적 표상들의 종별성을 이해하는 것이며, 또한 이러한 국가의 집단적 표상들과 사회적 삶 전체에 확산되어 있는 공동의 표상들 간의 관계를 이해하는 것이다. 이러한 관계에 근거해서 뒤르켐은 사회에 확산된 심리적 삶을 넘어서 다음을 주장한다.

…… 그것〔국가〕은 사회에 확산된 심리적 삶과는 다른 것이

며, 정부 기관을 자신의 자리로 갖는다. 그것〔국가의 집단적 표상〕이 가공되는 곳은 바로 이 자리에서이며, 그러한 표상이 곧이어 사회의 나머지 영역에 영향을 준다고 해도, 이는 반향에 따른 이차적〔과정〕일 뿐이다. (Durkheim, 1950, p. 85〔국역 108쪽〕)

첫 번째 문제에 대한 해명은 집단적 표상들의 두 가지 유형들 간의 구별을 경유한다. 1893년 자신의 박사학위 논문《사회분업론》에서부터 이러한 구별을 도입함으로써, 뒤르켐은 이러한 구별이 다음과 같은 더 일반적인 사회학적 사실, 즉 사회들은 소위 "기계적" 연대와 "유기적" 연대라는 두 개의 극 사이에서 그 사회들과 시대들에 따라 형태적으로 그리고 기능적으로 분화되는 정도가 변화한다는 점과 연관을 맺고 있음을 강조했다. 매우 기계적인 연대("유사성을 통한 연대")로 이루어진 사회들에서, 집단적 의식은 개인적 의식들의 대부분을 망라하며, 따라서 집단적 의식은 개인적 의식이 내포하는 개인화가 약화될수록 광범위한 외연과 강력한 힘을 갖게 된다. 역으로 사회가 형태론적으로 그리고 기능론적으로 특수화된 사회적 부분들 및 관계들로 분화되면 될수록, 이러한 막연한 공동의 의식은 자신의 영향력을 잃게 되며, 새로운 유형의 집단적 표상들, 즉 그 표상들이 결부되거나 그 표상들을 생산하는 특수한 사회적 기관에 의해 한층 더 특징지어지는 집단적 표상들을 통해 상쇄된다(Durkheim, 1893, p. 46 〔국역 128~129쪽〕). 이러한 최근의 상황 속에서 국가라는 기관이 출현하고 발전할 수 있는 일반적인 사회학적 조건이 만들어진다. 즉 그 조건이란 바로 **공통적이면서도 동시에 특수한 표상들**의 형성을 가능하게 해주며, (막연한 공동의) 집단적 의식을 사회적 의식의 전체와 동일시하지 못하도록 막는 사회적 분화와 유기적 연대의 발전이다. 국가의 표상들은 공통적인데, 왜냐하면 그것들은 언제나 특정한 정도로 사회의 일반적 상태에 의존하기 때문이다. 바로 이 때문에 국가의 표상들에 규범들, 정치적 결정, 초월적인 입법 의지를 창출해내는 순수 심급의 책임을 부여하지 못하는 것이다. 그렇다고 해서, 국가 또는 정치 권력에 절대적 자율성을 부여하는 것에 대한 거부가 국가에게서 모든 자율성을 부정하는 것으로 귀착되지는 않는다(그렇지 않다면 국가는 그 어떤 가능한 효력도 지니지 못할 것이다). 역으로 그러한 거부는 사회에 대한 국가의 상대적 자율성을 **사회적인 것 그 자체에서 출발해서** 재규정하는 과제를 부과한다. 바로 이를 통해 우리는 유기적 연대에 대한 사회학적 개념을 사유할 수 있다. 국가의 표상들은, 공통적이면서도, 동시에 특정한 기관 내에 국지화되는 이 표상들이 수동적으로 사회의 일반적인 상태를 표현하는 데 그치는 것이 아니라, 더욱 긴밀하게 국가장치의 특별한 환경에 의존한다는 의미에서, 특수하다. 게다가 이러한 이유에서 길항작용들antagonismes은 국가의 표상들(결정들, 법률들 등등)과 사회의 집단적 표상들 사이에서 구체화된다. 국가의 표상들이 사회의 집단적 표상들을 연장하는 발현에 그친다면, 확실히 발생 불가능한 길항작용들 말이다. 국가의 표상들은 사회체 내로 확산된 집단적 표상들과 아무런 관계도 맺지 않는 자율적인 정치적 의지가 순수하게 무로부터 생산해낸 산물들이 아니다. 또한 국가의 표상들은 역으로 확산된 표상들을 단순하게 "한 방향으로 수렴시키거나 집중시킨" 것이 아니다. 확산된 표상들을 수렴하거나 집중시킨다고 해도 그 표상들의 본성은 변하지 않을 것이다. 여기서 헤겔의 생각에 합류하는 뒤르켐에 따르면, 국가의 표상들은 "그것들이 지니는 의식과 반성의 가장 높은 정도를 통해" 여타의 집단적인 표상들과 구별된다 (Durkheim, 1950, p. 87〔국역 108~109쪽〕). 이러한 국가의 표상들을 통해, 사회는 스스로를 반성하고 자기 자신과 자신의 통일성, 다시 말해서 사회의 다양한 활동들의 유기적인 연계를 의식한다.

그러므로 재정의되어야만 하는 것은 국가 권력의 기능이다. 자신의 순수한 지적 기능에 있어서 국가가 자신 내에서 능동적이거나 실천적이지 않다면, 또 국가가 자신에 의해서는 아무것도 시행하지 않는다면("내각, 군주 못지않게 의회는 자신에 의해서 움직이지 않는다. 그것들은 사람들이 행동하도록 질서들을 부여하는 것이다. 그것들은 관념들, 감정들을 결합하고 이로부터 결의들을 이끌어내며, 이러한 결의들을 그것들을 집행하는 다른 기관들에게 전달한다. 하지만 그들의 역할은 여기까지다"(Durkheim, 1950, p. 87〔국역 110쪽〕), 이는 무엇보다 국가가 사회체에 내재하는 규칙성들과는 무관한 규칙들이나 규범들〔만〕을 사회에 강제해서는, 사회에 대해 작용할 수 없다는 점을 의미한다. 역으로 국가는, 자신의 표상들이 사회와 교통하지 않는다면, 그 어떤 효과성도 지니지 못한다. 국가와, 국가의 "외곽을 순환하는 기관들"을 형성하는 다양한 사회 집단들 간의 **교통**은 두 가지 방향/의미sens에서 작동되어야만 한다. 즉 중심의 활동은 실제적으로 사회체의 다양한 부분들과 관련을 맺어야만 하고, 자신의 다양성 내에서의 개인적 의식들은 유기적 통일성이 그 속에서 완전히 투명하게 발현된다고 여겨지는 "일반적이면서도 특별한général-spécial"기관과 교통할 수 있어야만 한다. 이러한 교통은 국가의 형태론적인 중심화와 모순되기는커녕 이러한 중심화의 상관물이며, "집행 기관들", 즉 더 정확하게 **공적 업무들**services publics이라 부르는 게 적합한 행정 기관들에 핵심적인 기능을 부여한다. 근대 국가의 점증하는 공공화, 다시 말해 국가 표상들의 확산과 그 표상들이 심의되고, 숙고되며pensé, 검토되어, 동기화되는 방식으로 점차 투명해지는 [그 표상들에 대한] 설명을 보장하는 것이 바로 이러한 공적 업무들의 소관이기 때문이다. 이처럼 공적 업무들은 이중의 순환적 일주circuit를 보장해준다. 그 것들은 사회로 하여금 자신의 국가 기관 속에서 자신을 의식하도록 해준다. 그것들이 상관적인 방식을 통해 역으로 국가의 사회화를 보장한다는 바로 그 이유 때문에 말이다. 다시 카르장티에 따르면, 여기에 국가 권력을 사유하기 위한 패러다임의 변화가 존재한다. 이 변화 속에서 국가는 조직화에 완전히 내재적인 것으로, 동시에 그럼에도 불구하고 사회의 부분들 각각—국가는 이러한 부분들이 기입되어 있는 총체적 질서에 대한 표상을 이 부분들에게 전달해준다—을 초월하는 것으로 정의된다. 정치 권력을 의무와 강압으로부터가 아니라 교통과 정보로부터 고찰함으로써, 문제가 되는 것은 정치 권력이 지니는 조직하는organisateur 기능보다는, **조절하는**régulateur 기능 속에서 정치 권력을 사유하는 것이다.

조직화는 확실히 **이 조직화를 조절하는 것에 내재하는** 규칙을 가져온다. 조직화는 외부로부터 오지 않으며, 바깥에서 작동하는 어떤 심급에 의해 부과되지 않는다. 그것은 사회체 그 자체에서 유래하며, 사회체의 부분들 각각 내에 있다. 이러한 [조직화라는] 특별한 활동이 자신 내에서 동시에 전체와의 관계 속에서 조절된다는 사실은 변함이 없다. 우리는, 규칙의 내재성이 연대의 작동자로 기능하도록, 유기체의 총체성이 어떤 방법으로든 이 총체성의 부분들 각각에서 표상되도록, 이것이 필연적임을 이해한다. 협동과 계약의 도식들을 통해 지휘되는 자유주의적 관점이 충족시킬 수 없는 이러한 요청은 사회체의 부분들의 배치를 사유하기 위해서 그 부분들의 분산과 그것들의 자율성 속에서 그 부분들 그 자체로 완전하게 되돌아간다. …… 뒤르켐에게 있어서, 국가는 규칙들의 응집력cohésion을 유지시키는 것인데, 이러한 규칙들은, 국가만이 그것이 지니는 통일성을 이해할 수 있는 총체적인 조절 내로 자신들이 기입됨을 보증함으로써 국지적으로 작동한다. (Karsenti, 2006, p. 25-26)

국가 기능에 대한 이러한 규정은 자유주의 학설들을 불안하게 만드는 문제, 즉 국가 개입의 **한계들**이라는 문제를 새로운 방식으로 제기할 수 있도록 해주며, 그리하여 사회적 장 내의 국가 기능의 실증성을 근대 개인주의의 발전과 화해시킬 수 있는 관점, 즉 자유주의적 사회주의sociale-libérale*라고 규정할 수 있는 관점을 주조할 수 있도록 해준다. 뒤르켐은 이 논의에 가담하면서, 그가 사회학적 입장하에서 개인과 국가 간의 관계의 문제, 더 정

---

* "자유주의적 사회주의socialisme libéral"라는 표현은, 레옹 부르주아와 급진적-사회주의socialistes-radicaux 이론가들에 의해 구상된 연대주의 철학을 지시하기 위해, 샤를 옹데르Charles Onder와 조르주 르나Georges Renard(《사회주의 체제》Le régime socialiste, Paris, 1902)가 도입했는데, 이는 "사회적 연대"에 대한 뒤르켐의 사회학의 연장선상에 있다.

확하게 "시민들이 국가에 대해 가지는 의무들과 이와 상호적으로 개인들에 대해 국가가 가지는 의무들"(Durkheim, 1950, p. 84〔국역 107쪽〕)을 규정할 수 있도록 해주는, 사회의 조직화에 내재하는 규칙들—뒤르켐이 "시민 도덕"**이라고 부르는 것—의 문제를 제기한다. 이러한 의무들은 추상적으로나 비역사적 방식으로 이해될 수 없다. 그것들은 근대 사회의 구조에, 특히 근대 사회의 매우 유기적인 분화에 결부되어야만 한다. 이러한 관점은 그 속에 갇혀 서로 대립하는 두 입장 간의 "해결될 수 없는 이율배반"이 보여주는 것처럼, 서로 대립되는, 그리고 어떤 측면에서는 서로 대칭적인, 두 입장들 모두에 대해 비판적인 거리를 취하도록 이끈다. 가장 단적으로 표현된 이러한 이율배반은 역사적으로 뚜렷하게 드러나는 국가(의 권한들 및 사회적 장 내로, 심지어 개인들의 사적인 영역 내로 국가가 개입하는 방식들)의 발전과 개인적 표상 내에서뿐만 아니라 집단적 표상 내에서도 점차 중요한 가치를 지니게 된 개인성—이 개인성을 양도될 수 없는 권리들의 원천이자 사회의 조직화의 궁극적인 목적으로 만든 도덕적·사회적 가치 부여의 대상—의 발전을 서로 대립시킨다. 부당하게 양립 불가능하다고 여겨진 이러한 두 발전들, 즉 국가의 발전과 개인성의

** "도덕"이라는 용어는 뒤르켐이 보기에 사회학적 개념화에 속하는 것이지, 도덕주의적 개념화에 속하는 것이 아니다. 즉 그 용어는 초월적인, 인간학적인, 또는 신학적인 가치들(선, 정의 등)에 준거하는 것이 아니라, 개인들이 자생적으로 자신을 그것과 일치시키려고 하는 경향을 지니는 규칙들 내지는 규범들("규율들")의 체계들을 지시한다. 이 체계들이 지니는 사회적 기능은 개인들이 그들 고유의 이익들에만 매달리지 못하도록 막음으로써, 그 개인들이 계속해서 사회의 다른 행위자들과 접촉하도록 보장하는 것이다. 게다가 이러한 이유에서 도덕은 언제나 복수이며, 사회 집단들 또는 연대의 형태들에 따라 가변적이다(가족적·직업적·종교적·시민적civique 도덕들 등).

발전 사이의 이율배반이 무엇으로 구성되는지 이해하기 위해서
는, 두 가지 학설들이 지니는 맥락들로 거슬러 올라가야 한다. 이
두 학설들의 맥락들은, 자신들이 기초하고 있는 공통의 가정들을
도출해내기 위해, 제각각 (반대로) 이러한 두 극 중 한 극에 다른
한 극에 대한 우위를 부여한다. 뒤르켐은 바로 이러한 공통의 가
정들을, 자신이 사회학적 분석으로부터 획득한 두 가지 결과들,
즉 연대의 형태들과 사회적 개인성의 형태들 간의 관계와 앞서
거론되었던 국가의 기능이라는 두 결과들을 동원해서, 비판하고
축소시키는 데 전념한다. 국가의 기능과 관련해서, 대립되는 두
테제는 따라서 다음과 같다. 소위 "개인주의적" 테제와 국가주의
적étatiste, 더 정확히 말해서 "국가숭배주의적statolâtre" 테제.

자연권 이론가들과 "경제학자들"(뒤르켐은 경제적 자유주의
의 신봉자들을 이렇게 부른다)에 의해 옹호된 개인주의적 테제는 다
음과 같은 이중의 가정에 기초한다. 개인들은 인간학적 본질에
근거해서, 도덕적 본성(칸트)에, 심지어는 허버트 스펜서*가 주장
하듯이 생물학적 본성에 근거해서 주어지며, "개인의 권리들은
개인과 함께 주어지고", "개인은 태어나면서부터 스스로 어떤 권
리들을 지니면, 오직 이를 통해서만 개인은 실존한다"(Durkheim,
1950, p. 88(국역 111쪽)). 하지만 이러한 첫 번째 가정은, 개인 그 자
체는 "주어"진다는, 사회학적 관점에서는 틀린 자명성인 두 번째
가정에 기초하는데, 이러한 두 번째 가정은 즉자적으로 주어진

---

* 　19세기 가장 중요한 영국의 철학자들 중 한 명인 허버트 스펜서는 특
히 《도덕, 사회, 미학 에세이들》Essais de morale, de science et ésthétique(trad. fr. A.
Burdeau)라는 연작의 저자이자, 1913년 〈국가를 모르는 권리에 대하여Du droit
d'ignorer l'État〉라는 이름으로 사후에 출판된 짧은 글의 저자다.

개인을 사회적 삶의 원리이자 목적으로 만들며, 결과적으로 국가에 부정적이거나 제한적인 기능만을 할당하도록 이끈다. 이를테면, 실정성 전체는 개인들의 자연권들 내에, 개인들의 주도적 행위initiative들의 자유로운 전개 내에 거주한다.

> …… 국가의 역할은 점점 더 한 개인이 다른 개인에게 가하는 부당한 침해를 막는 것으로, 개인들 각각에 존재하는 침범될 수 없는 영역, 즉 개인이 가질 권리를 지니면, 오직 이를 통해서만 개인이 개인일 수 있는 영역을 보호하는 것으로 귀착될 수밖에 없다. (Durkheim, 1950, p. 89〔국역 112쪽〕)

이로부터 (개인들 간의 교환들로 이해된) 사회적 교환들의 점점 더 강해지는 자기조절을 향한 사회들의 역사적 발전의 관점이 유래한다. 이러한 관점은 (다시 한 번 더 국가의 개입은 본질적으로 부정적이며 제한적이라는 가정을 고려하면) 시민사회 내로의 국가 개입과 국가 권력의 점진적인 축소로 이끌 것이다. 그럼에도 불구하고 이러한 관점은 이중의 난점에 봉착한다. 첫째, 이 관점은 국가가 언제나 이러한 "〔'실정적인'에 반대되는 의미에서〕 완전히 부정적인 방식으로 정의justice에 대한 행정관리"와는 다른 기능들을 수행해왔다는 사실을 해명해야만 한다. 둘째, 이 관점은 국가의 역사적 변화 속에서 국가가 자신의 권한들이 축소되고 자신의 권력이 제한되는 것을 목격하기는커녕, 자신의 기능들이 다양화되고 끊임없이 확장되는 것을 목격한다는 사실을 해명해야만 한다. 첫 번째 문제에 미봉적으로나마 대처하기 위해, 스펜서는 그 원천들을 생-시몽과 콩트에게서 발견하는 다음과 같은 논증을 펼쳤다.

과거 사회들(소위 군사적 사회들)의 삶에서 전쟁이 지니는 중요성은, 국가가 개인의 활동의 자유와 개인들 간의 자유로운 교환들을 보장하는 기능과 다른 기능들을 취하기 시작했다는 것을 해명해줄 것이다. 개인의 권리들의 부정을 강제하는 전쟁은 실제로

> …… 매우 강력한 규율을 필요로 하며, 이러한 규율은 자신의 차례에서 강력하게 구성된 권력을 전제한다. (스펜서에 따르면―기욤) 바로 이로부터 주권적 권위가 유래하며, 국가들은 매우 자주 특수한 것들에 대해서 이 주권적 권위를 부여받는다. 이러한 권위의 이름 아래, 국가는 본성상 자신에게 낯선 것으로 남아 있어야 할 영역들에 개입했던 것이다. (Durkheim, 1950, p. 89〔국역 112쪽〕)

따라서 이러한 테제로부터 다음의 사실이 도출되어야 할 것이다. 즉 산업적 협력들과 경제적 상호의존 관계들의 비약적 발전에 유리하도록, 국가nation들 내에서 전쟁이 차지하는 자리의 축소(Comte, 1839, p. 343-355)는 그 필연적인 결과로, 조금씩 자신의 중대한 효용성을 잃었던, 그리하여 비정상적인 잔존물의 지위에서만 지속되는 〔신체〕기관의 퇴화와 유사하게, 국가장치의 쇠퇴로 이어진다는 사실 말이다. 그런데 근대 역사는 단순한 〔신체기관의〕 병리학적인 유전atavisme pathologique〔과의 유비〕에 기초한 생각을 불합리하게 만들며, 반대로 국가의 기능들 및 개입 양상들의 다양화와 물질적인 국가 구조들의 복잡화의 증대에 대해서 현실적으로 실증적인 설명을 요구하는 많은 부분들에서 정반대의 사실을 보여준다.

이러한 실증적인 설명을 시도하는 프로그램은 첫째, 개인에게 결부되어 있는 자연권들, 둘째, 주어진 영원한 원리로서의 개인, 셋째, 국가 권력의 그저 부정적이고 제한적이거나 억압적인 기능이라는 삼중의 가정에 대한 반박을 경유할 수밖에 없다. 그렇다고 해서 이러한 반박이 이율배반에 있어서 대립되는 테제, 즉 자유주의적 개인주의를 뒤르켐이 국가 "지상주의mystique"라고 부르는 것으로 뒤집어서, 사회는 개인들의 목적들과 본질적으로 구별되는 상위의 목적을 지닌다는 테제를 옹호하는 것으로 귀착하는 것은 아니다.

……국가의 역할은 진정으로 사회적인 이러한 목적의 실현을 추구하는 것이며, 개인은 자신이 만들지 않았고 자신과 아무 관계도 없는 이러한 섭리들을 시행하는 역할을 하는 도구가 될 수밖에 없다. 개인이 애써야만 하는 것, 개인이 자신의 고통으로 그 값을 치루어야만 하는 것은 바로 사회의 영광이자 영화, 풍요로움이며, 오직 이를 통해서만 이러한 사회의 구성원인 개인은 뭐가 됐든 자신이 그것을 획득하는 데 기여했던 이러한 좋음들에 참여한다. (Durkheim, 1950, p. 90[국역 114쪽])

국가를 초월적인 궁극목적성finalité으로, 또는 이러한 궁극목적성에 도달하도록 해주는 수단instrument으로 승격시키는 이러한 관점은 정치가 신성한 가치들을 직접적으로 부여받았고, 역으로 종교적 표상들이 직접적으로 집단적인 의미를 가졌던 역사적 사회들을 적절하게 나타내준다. 시대착오적으로 보일지라도, 19

세기에 이러한 신학-정치적 관점의 부흥regain은 뒤르켐에 따르면 경제적 자유주의에 의해 야기된 무질서와 아노미에 의해 해명되는데, 이것들에 대한 제어를 사유하는 데서 자유주의적 개인주의의 무능력은 가상적으로 전능한 정치 역량을 신성화하는 "이상적 나라cité에 대한" 새로운 "숭배"로 전도된다. 그럼에도 근대 사회들이 함축하는 사회적 분화 형태들의 변화의 시선에서 보자면, 이러한 관점은 여전히 불완전한 것에 그친다. [개인의 것보다] 더 상위의 집단적 목적들 및 이익들에 기여함으로써 집단으로부터 자신의 모든 실체를 끌어낼 개인이 [결국] 이러한 집단에 통합되어 용해될 운명에 처해진다고 이해하는 이러한 관점은 강력하고 광범위한 공통 의식에 의해 특징지어지는, 유사성에 기초한 연대에서만 적절할 뿐이다. 또한 이러한 연대는 기능적이고 형태적으로 미약하게만 분화된 사회 내에서, 단순히 "개인의 권리들"에 대한 요구뿐만 아니라, 더 근본적으로는 사회적일 뿐만 아니라 개인적인 표상 형태로서의 그러한 **개인성**에도 아주 약간의 자리만을 내어줄 뿐이다. 개인과 국가 사이의 모든 길항작용은커녕, 공통적인 표상들의 동질성은 [개인을] 다음과 같이 만들어버린다.

…… (개인은—기욤) 국가에 흡수되어, 고분고분하게 사회가 추동하는 힘들에 자신을 내맡겼으며, 집단적 존재에게 자신의 고유한 운명의 값을 치르게 하지 않고서, 그 고유한 운명을 집단적 존재의 운명들에 종속시켰다. 왜냐하면 개인 자신이 보기에, 개인의 특수한 운명은 오늘날 우리가 그것에 부여하는 의미와 고도의 중요성을 지니지 않았기 때문이다.

(Durkheim, 1950, p. 92〔국역 117쪽〕)

대립된 추론에 의해, 형태적으로 그리고 기능적으로 〔사회적〕 과업들의 분화의 증대를 향한 사회의 변화와 이것의 결과로서 일어난, (특히 인구의 증가와 시민들의 왕래 및 상품 교환들의 조밀화의 영향하에서의) 협동 양상들의 복잡화와 다양화는 사회적 표상 형태—이를 통해 사회 구성원들은 서로를 구분되는 개인들로 표상하기에 이른다—로서의 개인성의 출현을 위한 구조적인 사회학적 조건을 구성한다. 이것이 말하는 바는, 개인성의 형태는 개인적이지 않고, 우선적으로 사회적이라는 것(이 사회적 형태는 그것으로부터는 사회 구성원들이 개인의 권리들을 주장하고 그 권리들이 내포하는 개인의 자유에 대해 논쟁하며 국가의 개입들이 지니는 침범의 성격을 비판하는 것을 생각조차 하지 못할 〔개인성에 대한 국가지상주의적〕 표상이 없는 형태다)이며, 따라서 개인성의 사회적 형태들은 사회적 연대의 구조들이 지니는 기능이라는 것이다.

이러한 테제를 통해 우리는 자유주의적 개인주의가 봉착하는 교착상태의 장애물을 걷어내고, 개인성의 가치 증대와 국가 기능들 및 그 권력들의 발전 간의 이항대립을 해소할 수 있다. 우리는 개인의 권리들을 인간 개인성 내에 거주하는 소여들로 가정하기보다는, 그 권리들을 사회의 조직화 양상 또는 사회적 연대 양상의 변화에 따른 효과로 간주해야 한다. 따라서 이것이 말하는 바는, 〔사회〕계약의 형태에 적합한 〔개인주의의〕 자리가 늘어난다고 해도, 이로부터 우리는 사회의 기초를 절대적인 개인의 자유 속에서 찾아야만 한다는 것을 연역해낼 수는 없다는 점이다. 이러한 개인주의의 형태와 근대 사회 내에서 그 형태의 편재성을 부여하는 의지적인 개인들이 맺는 관계의 조밀한 짜임은 그 자체로 유기적인 구조를 지니는 사회적 사태에 의해 결정되며, 이러한 유기적인 구조는 증대된 상호의존성과 강력한 개인화를 서로 짝 짓는다. 이를 통해서, 두 번째 가정*과 관련해서, 개인성의 이러한 형태 그 자체는 더 이상 절대적인 원리처럼 가정되지 않는다. 이러한 개인성의 형태는 자신의 차례에서 그러한 개인성의 사회적 형태의 출현을 결정하는 유기적인 사회적 분화의 효과로 고려되어야만 한다. 그렇다고 해서, 우리는 이로부터 국가 "숭배주의" 이론처럼, 근대 사회에서 발견되는 바와 같은 개인성에 대해 사회적·도덕적·법적·정치적으로 가치를 부여하는 것이 그저 가상에 지나지 않는다고 결론짓지는 않을 것이다. 결과적으로 증대된 사회적 분화와 점점 더 유기적이 되어가는 연대만큼의 중요성을 개인이 가지지는 않는다고 할지라도, 따라서 개인이 절대적 원리가 아니라 오직 사회의 특정한 조직화 유형의 효과일 뿐이라고 할지라도, 이러한 효과는 완벽하게 현실적이며 전적으로 그 효과를 생산하는 사회의 조직화 바로 그 내부에서 강제된다.

그러므로 사회 제도들을 대립된 원리에 기초해서 확립하려는 모든 시도는 실현 불가능하며, 잠깐 동안의 성공만을 이룰 뿐이다. …… 개인이 그 자신인 것, 즉 행위성의 자율적인 진원지이자 개인적 힘들을 부여하는 한 체계가 되지 못했다고는 말할 수 없다. 이러한 개인적 힘들이 지니는 에너지는, 우리가 숨 쉬는 자연의 대기가 파괴될 수 없는 것과 마찬가지로, 파괴

---

* 주어진 영원한 원리로서의 개인을 말한다.—옮긴이

될 수 없는 것이다. (Durkheim, 1950, p. 92-93〔국역 118쪽〕)

그렇다면 원래의 이항대립의 기반에 놓여 있는 세 번째 가정, 즉 개인에 대해 필연적으로 부정적이거나 제한적인 국가 행위라는 가정은 어떻게 되는가? 우리는 이 가정을 우선 다음과 같은 이미 언급된 사실과 대질시켜야만 한다. 즉 국가는 국가 자신이 그의 권리를 제한하거나 그의 자유를 억제할 수도 있는 개인을 마주보는 방식으로 대면하는 것이 아니라, 우선적으로 "이차적인 집단들"과의 연관 속에서, 다시 말해 그 한가운데에서 사회 구성원들의 직접적인 사회화가 이루어지는 사회 집단들과 사회 제도들(가족집단, 거주집단, 직업집단, 종교집단)과의 연관 속에서 사회 기관의 자격으로 개인을 대면한다는 사실과 말이다. 그런데 사회체의 짜임새 자체를 구성하는 이러한 공동체들은, 뒤르켐에 따르면, 근본적으로 양가적인 효과들을 지닌다. 이 공동체들은 사회 구성원들을 직접적으로 관계의 직물 속으로 기입함으로써 그 구성원들의 일차적인 사회화를 실현하지만, 그것들은 언제나 다른 공동체들로부터 자신을 단절시킴으로써 자신의 문을 걸어 잠그고자 하며, 그리고 이를 통해 자신들의 구성원들에게 집단의 grégaire 획일성을 강제함으로써 그 구성원들을 자기 고유의 질서 내로 "흡수하고자" 한다.

강압적으로 자신의 구성원들을 소유하는 모든 집단은 그 구성원들을 자신의 이미지에 맞게 빚고, 그들에게 자신의 사유 방식과 행동 방식을 부과하며, 분열들을 막고자 노력한다. 모든 사회는 독재적이다. 적어도 그 사회의 독재가 자신 외부의 그 무엇도 포함하지 않게 된다면 말이다. …… 이러한 방식으로 집단에 의해 개인이 키워져온 이상, 개인은 자연스럽게 집단이 원하는 것을 원하며, 스스로가 속박에 놓이는 예속 sujétion 상태를 쉽사리 받아들인다. 개인이 이를 의식하고 이에 저항하기 위해서는, 개인주의적 열망들이 나타났어야만 했지만, 이러한 열망들은 이러한 조건에서는 나타날 수 없다. (Durkheim, 1950, p. 96〔국역 123쪽〕)

여기에서 서술된 이중의 운동—사회를 조각내는 분절적인 구조의 불가피한 재형성, 집단으로의 구성원의 직접적 융합—과는 반대되게, 이러한 개인주의적 열망들은 다양한 귀속들이 보장되는, 즉 한 집단에 대한 유일한 귀속의 배타성이 타파된 조건들에서만 나타날 수 있다. 따라서 개인주의의 문제가 제기되어야만 하는 곳은 형식적 권리들의 추상적 층위가 아니라, 무엇보다도 사회의 구성원으로 하여금 스스로 자신의 개인성에 대한 의식을 주조하도록 허용해주는 제도적 장치의 구체적인 층위다.

개인주의는 하나의 이론이 아니다. 그것은 사변적인 질서의 성격을 지니는 것이 아니라, 실천적인 질서의 성격을 지닌다. 개인주의가 그에 걸맞은 자기 자신이 되기 위해서, 개인주의는 사회적 관습들 및 기관들에 영향을 미쳐야만 하며, 개인주의에 적합했던, 실천들과 제도들의 이러한 몸체가 생겨나야만 한다. (Durkheim, 1950, p. 95〔국역 121쪽〕)

그러므로 필수적인 이차적 집단들은 여기에서 〔개인주의

에〕불충분한 것으로 드러나는데, 왜냐하면 이러한 집단들은 자신들에게 맡겨져 있는 그 구성원들을 〔자신에게 맞게〕 형성하고자 하기 때문이다. 따라서 이러한 집단들에 긴밀하게 연결되어 있는 동시에 그럼에도 불구하고 그것들에 외부적인 하나의 기관은 그 집단들 각각 내에서, 그 집단들이 삽입되어 있는 총체성을 표상할 수 있어야만 한다. 바로 이것이 앞서 도출되었던 조절 메커니즘에 부합하는 국가의 기능이다. 이러한 기능은 조금도 개인의 자유들을 제한하는 것이 아니라, 정반대로 개인이 "이차적 집단들에 의해 잡아매어지고 독점되지" 못하도록 막는 것이다. 그리고 이러한 방지는 사실상 개인성의 진정한 생산이며, 이는 지속적으로 개인성을 무화시킬 위험이 있는 "집단적 자기중심주의paricularismes collectifs"들로부터의 개인성의 해방과 융합된다. 이는 국가의 발전 및 강화와 그러한 개인성에 대한 사회적·도덕적·법적 가치부여 간의 상관관계이며, 이 상관관계야말로 원래의 이항대립을 무너뜨리는 것이다.

난점을 걷어내는 유일한 수단은 개인의 권리들이 개인과 함께 주어진다는 가정을 부정하는 것이며, 이는 이러한 권리들의 제도가 국가의 작품 자체라는 것을 인정하는 것이다. 따라서, 사실상 모든 것은 해명된다. 우리는 국가 기능의 확장을 위해 개인의 축소를 야기하지 않고서도 그 기능들이 확장됨을, 또 개인의 발전을 위해 국가가 퇴보하지 않고서도 개인이 발전됨을 이해할 수 있다. 왜냐하면, 어떤 측면에서 개인은 국가의 산물 그 자체일 수 있으며, 국가의 활동은 본질적으로 개인을 자유롭게 하는 것일 수 있기 때문이다. 그런데, 역사가 도덕적 개인주의의 발전marche과 국가의 발전이 서로 맺는 원인과 결과의 관계를 인정하도록 인가해준다는 것, 이는 자명하게 사실에 속한다. …… 국가가 점점 더 강해질수록, 개인은 점점 더 존중받게 된다. (Durkheim, 1950, p. 93〔국역 119쪽〕)

뒤르켐은 이처럼 개인의 자유들을 그저 부정적인 방식으로 보장한다는(언론의 자유, 종교의 자유, 결사의 자유 등) 국가에 대한 자유주의적 문제설정을 변형시킨다. "어떻게 국가의 본질적인 기능이 개인의 인격들을 해방시키는 것이 되는지가 바로 여기에서 밝혀진다. 국가는 자신이 이해하는 기본적인 사회들을 포함하고 있다는 바로 그 사실로 인해, 그 사회들이 개인에 대해서 다른 방식으로 행할지도 모르는 억압적인 영향력을 행사하지 못하도록 막는다. 집단적 삶의 다양한 영역들 내로의 국가의 개입은 따라서 그 자체로 전제적인 것이라고는 아무것도 없다. 정반대로, 그 개입은 기존의 전제정치들을 경감시키고", 국지적인 공동체가 자기 자신을 전체라고 여길 때, 국지적인 공동체가 행하는 독재, 즉 "우리의 어깨를 누르는 대기"와 마찬가지로 느낄 수 없이 잠재하는 독재를 약화시키는 것을 "자신의 목적과 자신의 효과로서" 가진다(Durkheim, 1950, p. 98). 예컨대, 공화주의의 학교는 여기에서 자신의 기능을 발견할 것이다. 국가 내로 국가의 개입을 매개하는 학교는, 각자의 개인화의 가능성에 대해 교구congrégation들이 남용했던 영향력과 같이 도덕질서에 대한 보수주의자들이 그리도 찬양한 전통적 가족의 숨 막히는 밀도에 저항함으로써, 아이를 완전히 사회에 연결시킨다. 국가의 이러한 기능은 갈등들을 축출하는 것이 아니라, 그 갈등들을 자리이동시킨다. 즉 갈등은 더 이상 국가와 개인 사이에 있는 것이 아니라, 사회적 집단들(가족, 연합들, 직업적 조합들)과 매개적인 국가의 몸체들(공적 업무들) 사이에 있게 되며, 양자는 서로 균형을 이룬다. 이처럼 뒤르켐은 자유주의적 사회주의 방정식équation sociale-libérale에 도달하게 된다. 자유주의적 개인주의와 국가의 사회주의 사이에서 제3공화국의 주역들은 이중의 사회학적 매개를 수단으로 해서, 사회의 이차적 집단들과 매개적인 [국가의] 몸체들의 행정이 뒤르켐이 도달한 방정식을 중심으로 돌아가도록 만들 것이다.

3. 사회적 국가의 형상들: 공적 업무, 사회적 권리, 연대주의적 공화제

뒤르켐의 사회학은 프랑스 제3공화국을 이루었던 정치적 삶의 많은 주역들로부터 지지를 받았음을 우리는 기억한다. 연대라는 용어 자체는, 역사학자, 사회학자, 법학자 같은 학자의 언어만큼이나 정치적 담론들에 쏟아져 들어오게 된다. 뒤르켐이 전개한 연대의 이론은 그 자체로 그 이론이 지닌 정황적이고 전략적인 사정권과 분리 불가능한 것처럼 보인다. 그 이론은 공화주의자들에 의해 다양한 측면에서 시도된 노력, 즉 자신들이 지닌 과격한 급진화의 경향들은 보존하면서도, 자신들의 허약한 정체를 당시 대립하고 있었던 전통주의적·자유주의적(또는 뒤르켐이 "경제주의적"이라 부른 흐름들), 사회주의적(마르크스주의적)이라는 세 가지 흐름들 내의 온건한 분파들과 양립 가능하도록 만듦으로써,

자신들의 정체를 확립하고자 했던 노력에 주요하게 이론적으로 기여한다. 유기적 연대에 대한 분석들은 (자유주의자들이 특권시한 개인들 간의 자유로운 계약 형태가 그것의 법적 표현을 구성하는) 개인적 자유와 점증하는 사회 분업에 의해 강화된 상호의존성 사이에서 엄밀한 상관관계를 확립할 수 있도록 해주었다. 이를 통해 이러한 분석들은 사회 속에서 국가가 수행하는 기능을 재사유하고, 국가의 개입 양상들을 재규정하며, 국가의 정당성을 실증적인 사회학적 토대 위에서 정당화할 수 있게 해준다. 이러한 효과들은 특히, 우선적으로 공적 권리droit public 내에서, 그다음에는 새로운 법 영역 구성으로서의 사회적 권리droit social 내에서 드러난다. 우리는 여기에서 간략하게 이러한 두 가지 등록소들〔공적 권리와 사회적 권리〕을 환기시킬 것이다. 특히 이러한 두 등록소들의 기반이 되는 새로운 통치 기법과, 이 기법으로부터 뒤르켐의 사회학과 사회권의 교차에 대한 새로운 토대들을 끌어내려고 노력하는 국가 철학을 강조하기 위해서 말이다. 첫째로, "연대주의"라는 용어하에서 이처럼 제3공화국의 국가 철학을 정교하게 구성하는 것은, 19~20세기 전환기에 많은 이론가들이 급속도로 그의 뒤를 따랐던 레옹 부르주아의 소관이다.

연대라는 통념은 우선, 보수주의와 자유주의 간의 대립이 구체화되는 논점들 중 하나인 인민 주권—이는 점점 더 명백해지는 사회 내로의 국가의 행정적·사회적 개입을 정초하는 데서 불충분한 것으로 드러난다—에 대해서 국가 개입의 토대를 변경시킴으로써 그러한 토대를 재사유하도록 해준다. 교육, 건강, 교통communication, 에너지 분야의 집단 설비들의 개발과 공용 징수expropriation에 관한 분쟁들의 증가, 때때로 발생하는 피해들과 관련해서 책임을 다하거나 책임을 전가하기, 이 모든 것들은 법치 règle de droit의 차원에서 국가 권력의 토대와 정당성을 사회 속에서 재규정하도록 강제한다. 이러한 측면에서 가장 괄목할 만한 기여들 중 하나는 법학자 레옹 뒤귀(1859~1928)*의 기여다. 전통적으로 공화주의 사상 속에서, 국가 권력을 개인적이든 일반적이든 간에 의지라는 통념에 기초하도록 만든 "주체적인 법철학"을 비판하는 뒤귀는 이러한 주체적인 법철학에서 주권의 원리를 짓누르는 끝없는 의심의 원천을 본다. 정치 권력에 대한 (군주제적이든, 민주주의적이든) 절대주의적 관점의 토대를 이루는 이러한 주권의 원리는 한 사회 집단이 다른 한 사회 집단에게 행하는 사실상의 지배를 은폐하기 위해서 언제나 도구화될 수 있는 것처럼 보인다. 주권이 정치 권력에 대한 무제한적인 개념화에서 기인하는 반면에 권리는 본질적으로 권력의 사태를 제한하는 자리에 위치하기 때문에 뒤귀는 권리에 대한 순수하고 단순한 부정과 뒤섞여버리는 주권의 이러한 정치적 형이상학을 새로운 법치 원리로

---

*   특히 《국가, 객관적 권리와 실증법》L'État, le droit objectif et la loi positive (1901)과 《국가, 통치자들과 행위자들》l'État, les gouvernants et les agents(1902)의 저자인, 레옹 뒤귀는 "공적 업무"에 대한 이론가들 중 한 명이다. 그는 이 공적 업무의 토대들을 유기적인 연대라는 사회학적 개념에 명시적으로 의거한 법철학 내에 위치시킨다. 공법과 행정법에서의 그의 작업들은 또한 모리스 오리우와의 유명한 논쟁과 관련이 있다. 오리우는 뒤귀와 마찬가지로 연대라는 개념에 준거하면서도, 공적 업무에 대한 이론이 경향적으로 국가의 권위를 약화시키고 공적 효용이라는 관념을 갈등들의 위험한 미규정적인 원천 속에 내버려둔다며 그 이론을 비난한다. 오리우는 이러한 이론에 소위 "제도주의적institutionnaliste" 이론을 대립시키는데, 이 제도주의적 이론은 사회적 효용의 기준(무엇이 "연대적"이며, 무엇이 그렇지 않은가?)을 시민적 제도들의 지속성에 기초시킨다. 즉 이러한 지속성만이 사회적 연대에 내재하는 필연성에 따라 그 제도들이 지니는 객관적인 목표를 입증하고 그 제도들의 타당성을 정초할 수 있다.

대체한다. 법치는 더 이상 국가가 그것의 구현물이거나 공식적인 대표자가 될, 그리고 고립적이든 인민으로 용해되든 간에 개인들이 그것의 보유자가 될 주권 속에서가 아니라, 근대 사회의 유기적 연대에 대한 객관적이고 과학적으로 입증된 사실 속에서 자신의 토대를 발견한다. 국가 개입의 정당성의 문제는 바로 이러한 틀 내에서 제기되어야만 한다. 그런데 이러한 틀 내에서 국가 개입의 정당성 문제는 주권 의지의 대표나 발현이 아니라 명령과 강요라는 권력의 순수한 사실로서만 나타날 뿐이다. 따라서 〔국가 개입의〕 타당성validité의 토대는 바로 사회의 객관적인 조직화 내에서, 그리고 그 조직화에 내재하는 필연성들에 근거해서 찾아야만 한다. (사회의 부분들로서의) 국가 제도들과 그 제도들의 행위자들이 불가피하게 이러한 유기적인 상호의존적 체계 속에 기입되는 한에서, 법치는 바로 이러한 상호의존성 자체 내에서 자신의 원리와 자신의 내용을 발견해야만 한다. 법치는 모든 권력에게 이러한 연대를 보존하라고, 그리고 이러한 연대의 보호 및 강화가 지니는 필연성들에 따라서 자신의 권력을 제한하라고 명령한다. 뒤귀는 여기에서 19세기 말 공화주의 국가의 변화들이 함축하는 의미/방향sens 자체를 본다. 국가는 사회적 연대를 보호하는 집단 시설들 및 절차들의 증대된 시행에 유리하도록 혁명적 공화주의로부터 물려받은 주권에 대한 주체적인 철학을 점진적으로 단념한다. 이로써 국가는 더 이상 절대적 주권의 구현물이 아니라 **"공적 업무**라는 자신의 실현물을 실행시킴으로써 그 권력을 다 써서 고갈시킬수록 그것의 자의성이 점차 줄어드는 권력"으로 나타나게 되는 것이다(Donzelot, 1994, p. 94〔국역 84쪽〕). 이처럼 법치는 하나의 절대적인 것을 다른 하나의 절대적인 것으로 대체하지 않는다. 국가의 관리적이고 행정적인 변화에 유리하도록 국가에 대한 왕권적인régailen 관념을 덜 중요시함으로써, 법치는 마찬가지로 주권적인 개인적 주체 내에서도 정초되지 않는다. 뒤귀가《국가, 객관적 권리와 실증법》L'État, le droit objectif et la loi positive(1901)에서 다음과 같이 쓰듯이 말이다.

> 법치는 조금도 개인에게 의거하지 않는다. 법치가 진정한 권리들을 정초하는 것은 개인의 이익을 위해서나 국가의 이익을 위해서가 아니다. 법치는 오직 그 힘을 보유하고 있는 사람들에 대해서, 이러한 법치를 위반하는 사람들에 대항하여 반발적인 제재réaction를 조직할 수 있는 권력만을 함축한다. 법치는 모든 개인들에게 타인들에게 의존적인 상황을 만들어낸다. (Donzelot, 1994, p. 95〔국역 85쪽〕)

마찬가지로 국가 권력의 정당성은 유기적인 연대를 제어하는 데서 국가의 사회적이고 행정적인 개입이 국가 권력에 객관적으로 부과하는 한계들과 하나가 된다. 그리하여 이와 동일하게 개인의 권리들 및 자유들은 스스로의 정당성을 그 자체로 또는 주체적인 본성으로 자의적으로 취해진 개인성 내에서가 아니라 개인을 직접적으로 상호의존성, 협동, 상호작용의 한 매듭으로 만드는 사회적 기능들의 배치들 속에서 발견한다. 따라서 개인의 권리들은 무엇보다도 사회적 권리들인 것이다. 이러한 사회적 권리들은 고유하게 자유로운 주체성에 "귀속하지" 않는다. 우선적으로 이러한 권리들은 연대라는 유기적 관계들에 내재하는 필연성에 대한 응답인 것이다. 이를 통해 개인의 자유가 부정되는 것은 아니다. 반대로 뒤르켐이 보여주었던 것처럼, 개인의 자유는 활동들의 분화의 체계와 교환 및 협동 양상들의 다양화와 증대의 체계 내에 존재하는 전적으로 필연적인 효과다. 이로써 개인의 자유가 절대적이기를 그친다는 점은 분명해 보인다. 하지만 개인의 자유는 사회 구조라는 이러한 형태와 상관적인 것이 됨으로써, 순전히 이론적이기만 한 개념화의 등록소를 포기하게 되며, 그리하여 형이상학적 사변이 개인적 자유에 부여하지 못했던 객관적인 필연성과 일관성을 발견하게 된다.

19세기 후반을 기점으로 하는 사회권의 발전은 사회적 연대에 대한 사회학적 분석들이 가능하도록 만들어준 국가-사회-개인의 관계에 대한 새로운 이해를 또 다른 각도에서 증언한다. 우리는 이러한 삼중의 관계를 역사적·철학적·기술적technique 관점에서 고찰해볼 수 있다. 역사적 관점에서 보자면, 당시 사람들이 "사회적 문제"라고 불렀던 것과 직접적으로 연결되는 다양한 입법 조치들이 전개되었다. 이 조치에는 노동자들이 (질병, 사고, 고령화, 실업 때문에) 자신들의 활동을 다할 수 없는 정황 속에서 제정된 노동 조합들과 노동자 보호에 관련된 법률들, 가정의 아이와 여성을 보호하는 법률들, 주거·건강·교육 조건에 관련된 조치들, 따라서 당시 사람들이 말하기를 개인들의 도덕성의 조건들에 관련된 조치들이 있다. 이러한 입법 조치들에, 사회의 가장 취약한 구성원들의 필요를 원조하며, 사회 조직화가 일반적 진보를 담지함에도 불구하고 이러한 일반적 진보에 역행하는 사회 조직화의 (불가피한) 효과들을 해결하는 임무를 띤 정치 권력의 몫이 시민적·사적 관계들에서 증가하게 되는 개입이 존재한다면, 이렇게 작동 중인 변화는 양적인 변화일 뿐만 아니라, 질적인 변화 다시 말해 통치 기법technique 그 자체와 그 합리성에 관련된 변화다. 실제로 연대의 사회학은 사회권을 사회의 조직화에 내부적인 간편한 조절 도구처럼 이해하도록, 그리고 개인들에게 해로운 상황들을 현저하게 복잡화된 상호의존적 연관들을 지닌 사회의 조직화의 불가피한 효과로 인지하도록 함으로써, 정치 권력의 개입을 필수적이면서도 동시에 그 권력의 당파적인 도구화로부터 벗어나는 것으로 이해하도록 해준다. 사회 문제들을 다루는 새로운 기법은 이러한 목적에 부응하며, 이 새로운 기법은 행정적이고 법률적인juridique 관리로 재규정된 통치 기예에 대한 새로운 합리성을 표시한다. "새로운 사회 경제학"의 옹호자들은, 사회주의적 항의를 무너뜨리기 위해 독일에서 비스마르크Bismarck에 의해 시행된 사회보장정책(1883~1889) 속에서, 이러한 새로운 기법 모델 특히 이 경우에는 그들이 연대의 사회학 내에서 토대 짓고자 애쓴 보장과 합의의 기법 모델을 발견한다. 사회적 관계들에 대한 특정한 관점은 그 관계들을 법적 개인주의에 기초해서 개념화하고 "사회문제"를 개인의 책임 내지는 사회-경제적 조직화 자체 내에 객관적으로 기입되어 있는 부정의라는 용어로 파악하곤 한다. 이러한 관점과 다르게 연대주의 패러다임은 사회분업의 전체 과정에 따라 객관적으로 결정되는 (따라서 주체의 의지에 그 책임을 물을 수 없는) "사고들"이라는 관점에서 모든 질서상의 문제들을 유기적 연대가 지니는 수많은 국지적이고 우연한 "위험들"로 번역한다. 그리고 이 위험들은 **동일한 연대의 이름으로** 그 연대를 보증하는 정치 권력에 의해 보완되고 고쳐져야만 하는 것이다(Ewald, 1986).

　　노동 재해와 관련된 분쟁들(정치적으로 중대한 사항)을 해결하는 데서 특히나 효과적인 이러한 기법은 질병, 고령화, 실업 등의 다수의 사회적 문제들로 급속도로 확장될 수 있는 것으로 드러나며, 이는 동시에 이러한 문제들의 해결에 정치적이고 전략적인 의미를 부여하게 된다. 유기적 연대가 야기하는 해로운 효과들을 수정, 보완하고 이에 대해 보상함으로써 이러한 유기적 연대를 조절하는 기능을 행정적인 국가에 할당하는 것은 연대주의적 공화주의자들이 보기에, 다음과 같은 이중의 당파적인 [국가 권력의] 도구화에 맞서 국가를 미리 보호하는 것이다. 즉 그들은 ("집산주의자들"이 열망하듯이) 국가를 사회 조직화의 변형의 수단으로 만들 수 있는 도구화와 (자유주의자들이 주장한 바대로) 반대로 국가를 개인의 권리들 및 자유와 개인적 소유를 보장하는 데 한정된 도구로 만드는 도구화에 맞선다. 따라서 사회권과 보장 기법을 통해서, 연대라는 개념은 더 이상 단지 국가 권력의 정당화 및 제한의 새로운 원리를 뒷받침하기 위해서만 개입하지 않는다. 연대라는 개념은 통치의 새로운 실천을 직접적으로 알려주며, 이러한 실천에 적합한 행정적이고 법률적인 기법들의 시행과 발맞추어 연대주의 이론가들은 동시에 이러한 통치의 새로운 실천의 철학을 개진한다. 특히 누구보다도 이러한 철학에 고심했던 사람은 레옹 부르주아(1851~1927)다. 정치인이자 당시 급진적 사회주의 당원이였으며 철학자였던 그는 정치학설로서의 "연대주의"의 토대들을 놓았다. 부르주아는 자신의 이론화의 핵심에 "사회적 부채"라는 개념을 도입하는데, 이 개념을 토대로 그는 권리들에 대한 의무들의 우위성을 설정한다. 이러한 우위는 1793년 헌법*을 부활시키는데, 부르주아가 보기에 이는 그 우위가 지니는 법적-정치적 의미를 사회학적이고 역사적인 의미로 배가한다. 과거 세대들로부터 물려받았고 우리의 차례에서 미래의 세대들에게 전해주게 될 사회의 상속자들인 우리는 이러한 집단적인 유산을 연대적으로 책임져야 하는 용익권자들usufruitiers**일 뿐이다. 따라서 개인들이 서로서로 체결하는 "자유로운" 계약들 이전에, 선재하는 어떤 부채—부르주아가 쓰기를, 사회적인 "유사-계약quasi-contrat"—가 존재하는데, 이는 이러한 사회를 보존하고 그 사회를 진보시켜야 하는 우리의 의무를 일러준다. 이러한 사회 없이는 우리는 그 무엇도 시도할 수 없을 것이며, 따라서 우리의 개인적인 자유는 어떠한 내용조차 지니지 못할 것이다. 따라서 연대의 정치-행정적 표명들(분담금, 보호조치, 배상, 생활환경 개선 및 집단시설 개발)은 사인들의 개인적 권리들에 대한 간섭처럼 비판받을 수 없다. 이러한 표명들은 개인의 권리들에 선행하며, 그 권리들의 부여를 조건 짓는 이러한 원초적인 사회적 부채를 상기시킬 뿐이다. 이러한 표명들은 사회적 부채에 대한 정상적이고 정당한 청산이며, 이러한 청산은 자선이라는 도덕적 원리의 이름으로도, 이러저러한 계급을 덮치는 부정의의 이름으로도 행해지지 않는다. 그것은 바로 우리가 사회적인 존재로서 사회의 용익권자들이고 채무자들인 한에서, 필연적으로 우리가 그 의무를 지는 사회 그 자체와 선재하는 부채의 이름으로 행해지는 것이다. 자크 동즐로Jacques Donzelot의 다음과 같은 언급을 결론 삼아

---

* 제21조. 공적 부조는 신성한 의무다. 사회는 가난한 시민에게 노동을 제공하거나 노동할 수 없는 사람들에 대해서 생존 수단을 확보함으로써 가난한 시민의 생존을 보장해야 한다.—옮긴이
** 다른 사람의 소유물을 일정 기간 동안 사용하여 이익을 얻을 수 있는 권리를 지닌 자를 말한다.—옮긴이

정리해보자.

> 의무들과 권리들 사이에, 연대주의는 역사적인 우선권의 질
> 서(권리에 선행하는 부채), 권리들에 대한 의무들의 계산의 질
> 서(권리가 사실상의 상황들과 사회에서 인정되는 결함들에 부합
> 하기 때문에, 우리는 부채로부터 유래하는 연대의 필요성들에 따
> 라 부채를 확립할 것이기 때문이다), 마지막으로 진보성의 질서
> (연대는 진보를 보장하기 위해 여기에 있으며, 진보의 행복들은
> 역으로 연대의 영역을 확장시킬 수 있도록 해준다)를 도입한다.
> 연대의 작동을 통해서, 공화주의는 사회의 진보를 위한 업무
> 에 착수하며, 공화주의 국가는 거기에서 자신의 임무를 발견
> 한다. 그 국가는 사회에 어떤 질서를 부과하거나 또 다른 질
> 서를 부활시켜서는 안 되며, 오직 사회의 진보만을 보장해야
> 만 한다. 국가는 자의적인 권력이거나 멀리 떨어진 후견적인
> 권위가 아니라, 진보의 현실적인 보증자다. (Donzelot, 1994, p.
> 114〔국역 84~85쪽〕)

이러한 이론적이고 정치적인 그리고 제도적이고 철학적
인 균형은 그럼에도 불구하고 머지않아 자신의 취약함을 드러낼
것이다. 즉 이러한 균형은 1차대전의 시련도, 각 대전 사이에 발
생한 경제적 위기들도 견뎌내지 못할 것이다.

3장

관료주의 국가

우리는 어떻게 경제학과 사회학이 내부적으로 고전 정치철학의 문제들을 변화시켰는지 살펴보았다. 이 두 가지 지식 형태가 교차하면서 19세기 후반부터 특히 20세기 초반에 어떤 하나의 현상이 중대한 중요성을 점하게 되었는데, 이 현상이 바로 관료주의다. 관료주의와 그것의 원인들, 그 효과들에 대한 물음은 일찍이 19세기에 출현한다. 고도로 중앙집중화되고, 동시에 (적어도 명시적으로는) 규범적인 전제들을 지니지 않으며 순전히 도구적이거나 기술적인 합리성에 종속된, 익명적이고 비인격적인 기능 작용의 절차들에 의해 규제되는 행정 권력은 모든 사회-정치적 통제에서 벗어난 독립적인 개체entité로 구성되는 경향이 있다. 바로 여기에, 불안감의 원천이나 비정상적인 기괴함처럼, 아니면 불가피하거나, 최선의 경우에 완화될 수 있다고, 심지어 어떤 측면에서는 바람직하다고 여겨지는 현상이 있다. 이러한 현상에 관한 성찰의 도구들이 지니는 지적인 원천들은 분명히 다양하다. 예컨대, 우리가 살펴보았듯이, 19세기 초 프랑스의 자유주의 사상가들에 의해 비판받았던 정치 권력의 중앙집중화 현상이 존재한다. 이 사상가들은 토크빌을 본따, 이러한 중앙집중화의 과정이, 혁명적인 자코뱅주의에서 완전하게 도래하거나 나폴레옹의 국가의 행정적이고 법적인 장치 속에서 제도화되기 이전에, 오래전부터 군주제의 진화 속에서 착수되었다고 파악한다.* 하지만 또한 라인 강 저편 독일에서는 내치국가, 즉 행정관리와 강력한 행정명령을 통한 개입주의에 기초하는 이러한 "복지국가État de bien-être"—칸트는 이러한 국가를 (심지어 애덤 퍼거슨이나 몽테스키외처럼, 이러한 소재에 몰두했던 18세기 문학 이래로, 거대한 관료주의적인 리바이어던의 환상 속에서 되풀이되는 은유화의 원천을 제공해왔던) 오래된 "아시아 전제주의"나 페르시아 전제주의보다 훨씬 더 나쁜 전제주의로 판단할 것이다—에 제기된 자유주의적 비판들이 존재한다. 또한 헤겔의 이성적 국가 및 그 국가의 "보편적 신분" 이론이 있으며, 생-시몽주의자들이 소중하게 여기는 산업의 계획화 및 조직화, 그리고 "집산주의자"들의 혁명적 열망들 등이 존재한다.

　이러한 조건 속에서, 우리는 관료주의 현상이 2세기 전부터 다양하게 분기하는 해석 및 설명의 대상이 되어왔음을 알 수 있다. 그런데 이러한 설명들은 19~20세기에 걸쳐 이루어진 국가 제도들의 역사적 변형들, 그리고 관료주의에 대한 비판이 지니는 이질적이고, 많은 경우에 서로 적대적인 정치적·이데올로기적

---

*　1부 1장 3절을 참고하라.

쟁점들과 분리 불가능한 것이다. 따라서 우리는 그저 관료주의에 대한 몇몇의 주요한 접근법들만을 제시할 것인데, 이러한 접근법들은 또한 관료주의라는 대상을 오려내서, 그것의 원인, 역사, 발현 형태를 문제화하는 일반적인 방법들이기도 하다. 첫째로, 관료주의는 국가의 근대적인 행정관리의 형태들 속에서 국가 권력을 분석하는 것에 속한다. 이러한 분석은 국가가 사회적 장 내로 개입하는 양상들이 강화되고 확대된다는 점, 동시에 행정 권력이 사용하는 도구들이 의회 권력뿐만 아니라 또한 시민사회에 내재하는 대항-권력들contre-pouvoirs에 대해서 자율화되어 개인의 권리들을 희생시킬 수 있다는 점을 보여준다. 법과 입법기관의 우위성이 형식적으로 유효한 것으로 남는다고 할지라도, 사실상 국가에 그 책임이 과해지는 언제나 더 많은 세분화된 과업들에 대처하기 위해서는, 의회나 입법이라는 유일한 수단에 의지할 수 없다는 불가능성 때문에 행정장치가 정치 행위의 지배권을 부여받은 것으로 드러나며, 이때 (법령, 금지명령, 행정명령, 공문 같은) 행정 조치들이 이러한 의회, 입법의 수단을 대신하는 경향이 생겨난다. 둘째로, 관료주의는 산업적이고 자유로운 근대 사회들을 특징짓는, 사회의 국가화와 국가의 사회화라는 이중적인 운동의 문제를 자본주의 생산양식의 종별적인 합리성과 연관시켜서 제기한다. 우리가 이러한 이중 운동의 원인을 경쟁 시장에 내생하는 동력dynamique들로, 또는 이러한 동력들이 야기하는 사회적 효과들로 돌린다면, 이는 이러한 관점이 무엇보다도 자본들의 거대화massification와 집중화의 역사적 과정을 확인시켜주기 때문이다. 이러한 과정이 야기하는 포괄적인 효과는 다음과 같이 이중적이다. (첫째) 산업 사회들의 모든 단계에서 이루어지는 협력 및 결정 과정에서 자본에 결정적인 역할을 부여하는 자본의 사회화. 〔둘째〕 또한 동시에 국가 행정과 점점 더 가까워지는 결정 기관들 centres de décision로의 경제의 흡수. 따라서 이러한 경향들은 관료주의의 합리성의 문제를 경제적 계획화의 기법에 연결시킨다. 셋째로, 관료주의 현상은 실제적인 대중 민주주의를 옹호하는 급진적인 해방 사상들, 즉 필연적으로 마르크스주의 정치의 역사에, 따라서 마찬가지로 "현실 사회주의" 국가의 구축에서 당이 국가화되고 관료주의화되었다는 사실에 영향을 받을 수밖에 없는 해방 사상들의 핵심에 〔해명되어야 할 문제로서〕 부과된다.

이러한 상이한 접근법들은 서로 완전히 양립 불가능하지는 않다. 또한 관료주의라는 현행적인 개념이 지니는 복잡성은 무엇보다도 이러한 접근법들이 제기하는 다양한 문제들의 긴밀한 얽힘에서 유래한다. 이번 장에서 우리는 막스 베버의 사회학에 특별한 중요성을 부여할 것인데, 이는 바로 베버의 사회학이 관료주의 현상이 지니는 이러한 다양한 차원을 접합할 수 있도록 해주는 이론적인 장치를 20세기 초반에 주조했기 때문이다. 베버의 사회학은 관료주의 현상을 근대 사회들의 정치적·법적·경제적·도덕적·종교적 차원들 전체에 관련되는 "합리화"라는 문명화적 과정 속에 기입했다. 이로써 베버의 사회학은 특정한 정치 구조의 한 유형을 사유하기 위해서뿐만 아니라, 또한 현대의 사회적 장과 동일한 외연을 갖는 집단 실천들의 특성을 사유하기 위해서 사회학과 정치철학이 교차하는 지점에서 관료주의라는 개념을 사용할 수 있는opératoire 통념으로 만들 다양한 사유 흐름들의 선두에 선다. 관료주의는, 브루노 리치Bruno Rizzi의 저작 《세계의 관료주의화》La bureaucratisation du monde(1939)에서 자신의 첫 번째 체계적인 표현들 중 하나를 발견하게 될 모티프에 따라, 사회를 그 전체 속에서 사유하기 위한 하나의 패러다임이 된다. 우리는, 1930~1940년대부터 프랑크푸르트 사회연구소*의 막스 호르크하이머Max Horkheimer와 테오도르 아도르노Theodor Adorno를 중심으로, 2차대전 이후에는 헤르베르트 마르쿠제Herbert Marcuse의 작업들과 함께 결속한 "비판이론"의 철학자들과 사회학자들에게 이러한 세계의 관료주의화가 야기한 효과들을 살펴볼 것이다. 1960~1970년대에도 이러한 움직임은《사회주의냐 야만이냐》Socialisme ou Barbarie라는 잡지를 펴내면서 소련의 국가-당의 관료주의화에 대한 비판에 전념한 마르크스주의 이론가 집단의 멤버들에게서 여전히 중심적인 것으로 남게 될 것이다(Lefort, 1971; Castoriadis, 1973). 막스 베버의 설명을 살펴보기에 앞서, 관료주의 현상에 대한 비판적인 두 가지 접근법을 먼저 검토해보도록 하자. 첫 번째 접근법은 정치적 자유주의의 테제들에서 출발하여 국가 권력의 관료주의화가 기초하는 메커니즘들에 대한 사회학적이고 정치(학)적인 진단에 착수한다. 두 번째 접근법은 관료주의 지배를, 사회구성체들의 역사와 그 사회구성체들을 관통하는 경제적·정치적 적대들의 역사 내에서 구성된 더 일반적인 국가

---

* "프랑크푸르트학파"라는 명칭 아래 독일의 사상가, 철학자, 사회학자, 심리학자의 한 흐름을 재편성할 수 있다. 이들은 우선 1931년 막스 호르크하이머가 사회연구소 소장에 취임했을 때에는 호르크하이머와 아도르노를 중심으로, 다른 한편으로는 발터 벤야민과 마르쿠제, 그리고 1960년대부터는 위르겐 하버마스Jürgen Habermas를 중심으로 결집한다. 프랑크푸르트학파라는 명칭이 걸쳐 있는 이론적 기여들의 통일성은 상대적이지만, 이 학파의 대다수가 취한 작업 노선들 중 하나는 고전주의 시대 이래로 합리성이 전개되어왔던 과학적·기술적·사회학적·정치적 형태들의 분석에 기초를 두는 철학의 비판적 과업을 재규정하는 기획이다.

이론 속에 재기입한다.

1. 권력의 관료주의화와 정치적 자유

우선 19세기 중엽, 당대 가장 저명한 영국의 철학자들 중
한 명이었던 존 스튜어트 밀에 의해 제시된 정치 권력의 관료주
의화에 대한 분석이 우리의 관심을 끌 만하다. 그 분석의 이점은,
아마도 알렉시스 드 토크빌―게다가 밀은 본인이 토크빌에 준거
했다고 밝혔다―의 경우를 제외하면(Tocqueville, 1840), 그 분석이
그 당시까지만 해도 서로 별개의 것이었던 두 계열의 논증들을
결합시킨다는 데에서 기인한다. 자유주의로부터 영감을 받은 첫
번째 논증은 개인의 권리들과 자유들의 이름으로 진술되며, 두
번째 논증은 더 직접적으로 여기에서는 정치적 통치와 "행정관
리 기계"모두에 연관되는, 관료주의의 원인들과 효과들에 대한
사회학적이고 정치[학]적인 분석으로 나아간다. 밀은 토크빌과
마찬가지로 국가 권력의 중앙집중화 및 확장에 대한 비판과 대중
의 다수 의지에 의한 개인들의 억압에 대한 비판을 결합시킨다.
특히 토크빌이 그러했던 것과 동일하게, 밀은 개인의 자유를, 그
것의 실존이 권리들의 인정을 통해 충분하게 보장될 수 있을 본
원적인 소여처럼 가정하지 않는다. 그 대신 [밀에게서] 개인의 자
유는 도야되고 발전되어야만 하는 어떤 힘이며, 따라서 전제정
치tyrannie의 두 원천인 "후견적인" 국가와 민주주의적 대중화*가

---

*   1부 1장 2절[특히 51~57쪽]을 참고하라.

제한되지 않는 한 그 자유는 정확히 도야되고 발전될 수 없다. 이러한 이유에서 밀은 자신의 저작《자유론》De la liberté(1859)에서 명시적으로 "자유의 문제"와 "발전의 문제"라는 두 유형의 문제들을 구분한다. 첫 번째 문제는 개인의 권리들에 대한 국가의 침해라는 문제와 관련되며, 두 번째 문제는 "정부의 간섭interférence"이 자유에 대한 침해를 함축하지 않는 바로 그곳에서 이러한 정부의 간섭이 야기하는 효과들에 집중한다. 토크빌이 끼친 영향 이상으로, 영국 경험주의와 독일 계몽주의(칸트, 괴테, 훔볼트)의 도야/문화/교양Bildung 이론들이라는 이중의 유산을 확인시켜주는 이러한 발전 통념은 여기에서 국가 권력과 자유 간의 관계 문제에 대한 어떤 굴절을 보여준다. 밀은 개인의 권리들에 대한 법적 보장이라는 유일한 평면 위에서 이 문제가 정식화되는 것이 지니는 불충분성을 적시함으로써, 이 문제를 "자유로운 인민에 대한 정치적 교육이 지니는 전적으로 실천적인/실용적인pratique 측면"이 집중되는 사회학적이고 정치〔학〕적인 평면 위로 전치시킨다 (Mill, 1859, p. 181〔국역 225쪽〕). 이러한 층위에서 밀은 어떤 특정한 메커니즘 속에서의 관료주의 지배의 비약적 발전을 식별하는데, 이 메커니즘이야말로 이러한 비약적 발전의 주요한 조건을 실현하며 이 발전이 야기하는 피해들을 증대한다. 이 메커니즘은 바로 지적 노동 분할이며, 더 일반적으로, 국가의 "행정관리 기계"가 그 속에서 집단 지성과 이론적·실천적 능력들이 발전되는 경험 영역들을 독점하는 것을 말한다. 이러한 집단 지성과 그 능력들이 없이는 우리는 개인적이든 정치적이든 간에 현실적인 자유를 생각하지 못할 것이다. 이러한 독점화와 이것으로부터 배태되는 능력들의 불평등은 따라서 서로서로 자양분을 공급하며 강화되는 다양한 결과들을 야기한다. 첫 번째로, "시민들의 희망과 공포에 대한" 국가의 영향력을 확대함으로써, 이 결과는 요구에 있어서의 수동적인 관계rapport passif de demande에 유리하게 작동한다. 이때 이러한 관계는 "나머지 집단들이 관료주의로부터 모든 것을 기대하는", 관료주의에 대한 일반화된 후견주의clientélisme로 구체화된다. 왜냐하면 오직 관료주의만이 "조직화와 협업을 필요로 하는 사회의 모든 사안"을 처리할 수 있는 능력을 보유하기 때문이다. 이와 상관적으로 이러한 독점화는 지적-실천적 능력의 불평등한 분배를 강조하는 출세지상주의carriérisme를 부추김으로써 자기 고유의 재생산 메커니즘들을 발생시킨다. 사회 속에서 관료주의 기계는 집단 지성의 대부분을 빨아들이며 "그 나라에서 발전된 모든 실천적인 도야/문화culture"를 흡수한다. 그 사회를 주도할 수 없는 "순전히·사변적인 지성"만을 남겨놓고서 말이다. 이러한 기계 자체 내에서 이번에는 집단 지성이 부패하게 되는데, 이 집단 지성은 오직 "야심가들과 더 뛰어난 지적 능력을 가진 사람들의 개인적 영달"에만 봉사하게 된다. 관료주의의 서열에 진입하는 것, 그리고 그렇게 진입하자마자 높은 등급에 올라서는 것만이 유일한 "열망의 대상"이 된다(Mill, 1859, p. 184〔국역 228쪽〕). 이러한 관점에서 언제나 "더 효과적으로, 더 과학적으로" 구성되는 행정관리적 정부 기계의 합리화 자체는 외면적으로만 이러한 합리화의 기능작용을 개선할 뿐이다. 사실상 이러한 합리화는 사회의 실천적인 도야/문화의 독점 메커니즘을 강화할 뿐이며, 이로부터 언제나 관료주의 장치 바로 그 내부에서 발생하는 더 많은 해로운 효과들을 누설할 뿐이다.

모든 것이 관료주의의 수중을 거치는 곳에서는 관료주의에 반대되는 것 중 그 무엇도 행해질 수 없다. 어떤 나라의 헌정 constitution은 그 국민nation의 경험 및 실천적인 자질들의 조직화의 소산이다. 〔하지만〕 이러한 경험과 자질들은, 타인들 전체를 통치하는 것을 그 목적으로 갖는 규율화된 하나의 집단 corps〔관료집단〕으로 집중된다. 그리하여 이러한 〔집중화된〕 조직이 그 자체로 완벽해질수록, 그 조직은 사회의 모든 계급 중에서 가장 명석한 사람들을 자기 쪽으로 끌어당기고 자신의 고유한 이득을 위해 그들을 교육하는 데서 더 잘 성공하며, 관료주의 그 자체의 구성원들을 포함해서 모든 이들의 노예화는 더 완벽해진다. 왜냐하면 통치자들은 자신들의 고유한 조직화와 그 고유의 규율의 노예들인 것과 마찬가지로 피통치자들은 통치자들의 노예들이기 때문이다. (Mill, 1859, p. 185〔국역 230~231쪽〕)

실천적인 집단 지성의 흡수와 관료주의가 세포증식되는 vacuolisé 환경에서 출세지향적인 열망들에 대한 충족은 특수 이익에 고유한 한 계급의 구성 속에서 서로 접합된다. 이 특수 이익은 경향적으로 배타적인 것이 되며, 따라서 잠재적으로 집단 이익과 적대적인 것이 되거나, 최소한 적어도 전대미문의 보수주의 유형의 원천이 된다. 이러한 새로운 보수주의는 더 이상 이러저러한 개인의 주관적 입장에 의존하지 않는다. 반대로 그것은 국가의 행정관리 기계의 객관성 내로 기입되며, 그 기계의 물질적인 기능작용이 함축하는 불활성inertie과 한 몸이 된다. 따라서 "민주주의적이든 전제주의적이든 간에 제도들의 자연스러운 기능작용이 함축하는 우발적인 위험성aléa들이 한 명이든 여러 명이든 간에 개혁의 지도자를 (권력의) 정상에 올린다고 해도, 관료주의의 이익에 반하는 그 어떤 개혁도 행해질 수 없다"(Mill, 1859, p. 185 (국역 228~229쪽)). 사회로부터 분리된 이익 계급의 구성은 이처럼 관료주의의 기능작용의 경직화와 한 몸이 되며, 이러한 기능작용은 종국적으로 사회뿐만 아니라 이러한 계급 그 자체에도 해로운 것이 된다. 즉 이러한 계급은 지성을 자극할 수 있는 모든 외부적인 비판이나 주도권으로부터 그들을 막아주는 경직된 규칙들에 따라 자신의 모든 행동과 모든 사유를 행하도록 강제되면서 무기력한 인습화routinisation 속으로 계속해서 빠져들게 된다. 이에 대한 해결책을 밀은 다음과 같이 진술한다.

> …… 이러한 경향들을 통제할 수 있는 유일한 수단, 이러한 집단(관료집단)에 대한 지성을 고양된 수준으로 유지시킬 수 있는 유일한 수단은 이 집단을, 이 집단에 외부적이며 …… 독립적인, 경계를 게을리 하지 않는 비판에 줄곧 열려 있도록 만드는 것이다. 우리가 숙련되고 효율적인, 그 무엇보다도 진보를 주도적으로 수행함에 있어서 숙련되고 효율적일 수 있는 공무원 집단을 영속적으로 사용하고 싶다면, 그리고 우리의 관료주의가 "현학자 지배체제pédantocratie"로 타락하는 것을 원치 않는다면, 이 집단이 인간들의 통치를 위해 요구되는 능력들을 형성하고 도야하는 직무 전체를 독점해서는 안 된다. (Mill, 1859, p. 186(국역 231~232쪽))

하지만 이러한 수준에서 문제는 분명하게 정치적인 문제

가 된다. 왜냐하면 이러한 통제 수단은 정확하게, 방금 우리가 도출해냈던 효과들 전부를 불가능하게 만드는 경향이 있기 때문이다. 집단 지성의 독점화의 결과, 즉 관료주의 지배에 대한 모든 대항-권력의 부재는 개인의 권리들을 박탈하거나 그것들을 침해하는 데서 기인하지 않는다. 마찬가지로 관료주의의 기능작용에 대한 감시와 비판적인 깨어 있음을 위해 필수적인 능력들이 "실천적인 경험"을 통해 주조될 수 있도록 허용해줄 구체적인 조건들이 심대하게 파괴되었다는 데에서 기인하는 것도 아니다. 오히려 집단 지성의 독점화는 이러한 실천적인 경험을 무용한 것으로 만들며, 이를 통해 정치적 자유로부터 그러한 자유의 유일한 실제적인 발전 조건을 박탈해버린다. 시민적 주도권의 형태(예를 들어 "지방과 도시 수준에서의 자유로운 인민의 제도들"에의 참여 혹은 "의지적인 연합들을 통한 산업적·자선적 사업들의 지휘") 속에서, 이러한 경험은 개인들이 "그들 고유의 지성적인 교육에" 기여하기 위한 틀과 동시에 수단을 구성한다. 즉 개인들의 행위 능력을 견고하게 하고 그들의 판단력을 키우며 그들이 전념할 수 있게 허용된 주제들에 대한 지식에 그들이 친숙해지도록 만드는 수단 말이다. 또한 고전적인 경험주의의 주제를 따르자면, 이 수단은 "개인을 공동의 이익들과 공동 업무들의 지침에 익숙해지게 하기 위해 개인적이고 가족적인 이기주의의 협소한 원환으로부터 개인을 빠져나오도록 하고, 개인을 공적인 또는 반관반민적인semi-publique 동기들에 근거해서 행위하는 데 익숙해지게 하며, 개인의 행동을 타인으로부터 고립시키는 것이 아니라 개인과 타인을 결합시키는 목적들에 관련되도록 이끈다"(Mill, 1859, p. 181〔국역 225~226쪽〕). 이렇게 밀은 헤겔의 "보편 계급" 이론과 정반대의 입장을 취한다. 상기해보자면, 헤겔의 보편 계급 이론은 민족peuple의 "도야된 지성"과 "법적 의식"이 집중되는 이러한 공무원 계급 속에서 국가 이성/합리성rationnalité에 필수불가결한 구성적 계기를 보았다.* 밀이 보기에 이러한 집중화는 관료주의 합리화의 도착적인 효과이며, 이는 특수 이익들을 공동 이익이 함축하는 보편적인 것으로 고양시키기는커녕, 언제나 더 많이 각각의 구성원과 각각의 집단 모두를 그들의 고립 속으로 처박는다. 역으로, 정치적 자유의 실제적인 발전은 그 발전이 행정관리적이고 통치적인 관료주의화의 도착적 효과들을 물리치고, 그리하여 국가 권력에 대한 유효한 대항-권력을 형성함과 동시에 공무원들의 능력과 정부의 권한의 문제 또한 해소한다. 더 정확하게 말해서, 이러한 발전은 그 문제를 관료주의 그 자체에 의해 유발되고 유지된 거짓 문제처럼 나타나도록 한다. 따라서 이러한 거짓 문제는, 행정관리 기계의 기능이 변화됨과 동시에 무효화된다. 즉 "그 기계의 역할은 모든 실험자expriméntateur들로 하여금 단지 자신의 경험만을 용인하도록 해주는 것이 아니라, 다른 사람들의 경험들로부터 이득을 볼 수 있도록 해주는 것이다". 끝으로 밀은 관료주의가 통치와 행정관리를 서로 융합시키는 경향이 있는 바로 그곳에서, 이처럼 그것들의 연관을 끊어버린다. 통치가 자신의 대항-권력들을 발견함과 동시에, 행정관리는 사회적인 집단적 주도권으로 이전된다. 밀이 모든 행정관리적인 중앙집중화를 반대한 것은 아니었지만, 이러한 중앙집중화는 통치 행위를 틀 지우는 과업에 종속되기를 그치고 본질적으로 정보 및 그 중계 시스템의 구실을 하게

---

*   1부 3장 1절을 참고하라.

된다. 행정관리 기계는 "이러한 다수의 시도들의 결과물들인 경험들의 중앙 구심기collecteur 및 능동적인 확산기"의 기능을 수행하는 것이다(Mill, 1859, p. 182〔국역 226쪽〕).

2.   관료주의와 계급투쟁: 기계-국가

국가가 점하는 관리적·행정적·경제적 기능들의 관료주의적 발전이 지니는 역사적인 형상들 중에서, 볼셰비키 당과 그 국가의 관료주의의 팽창은 명백한 역사적 이유들 때문에 다양한 관점에서 주목을 끌어왔다. 이미 이러한 〔소련의〕 관료주의의 팽창은 1920년대부터 신자유주의 이론가들로부터 집중포화의 대상이 되었는데, 이 이론가들은 이러한 팽창에서, 언제나 어느 정도는 그들이 어느 편에 서있든 간에 비-자유주의자들을 사로잡을 수 있을 "영원한 생-시몽주의"의 정수를 발견한다. 그러므로 이제는 관료주의의 문제가 비단 "현실 사회주의"의 역사가 지닌 대대적인 효과들 중 하나에 그치는 것이 아니라, 무엇보다도 마르크스주의 역사에 내부적인 집요하게 지속되는 문제제기의 대상이라는 점을 상기해야만 한다. 이를 상징적으로 증언해주는 것은 볼셰비키 당의 관료주의화의 원인들 및 그 여파들에 대한 해석상의 갈등들이다. 이 갈등들은 1919년부터 우선 알렉산드라 콜론타이Alexandra Kollontaï의 반대파 노동자 그룹l'Opposition ouvrière 그룹에 의해 당 자체 내부에서 개시되었으며(Kollontaï, 1921), 〔이후에는〕 특히 트로츠키주의에 기초한 반대파의 흐름 속에서 스탈린주의에 대한 마르크스주의적 비판들을 구체화하게 된다. 이미 러

시아에서는 1902~1903년부터, 독일에서는 1910년대에 이루어
졌던, 로자 룩셈부르크Rosa Luxemburg 같은 제2인터내셔널의 마르
크스주의자들을 자극한, 혁명운동의 관료주의적 집중화에 관련
된 다수의 논쟁들이 이를 증언한다. 이 논쟁들은 "프롤레타리아
트 당"이 함축하는 이론적·실천적 난점들 전체에 집중된다. 어
떻게 "대중들에게 이를aller aux masses"수 있는 정치 조직, 즉 국가
관리의 통제 수단 자체가 대중들에 의해 통제될 수 있으며, 그 정
치 조직 한가운데에서 "부르주아 국가"에 의해 창출된, 통치자
와 피통치자 간의 구분coupure을 극복할 수 있는 정치 조직을 구성
할 것인가. 마르크스주의 정치사상 내에서 관료주의 문제가 차
지하는 쟁점intérêt 그리고 난점은, 마르크스주의 정치사상이 관료
주의 문제를 외부의 적처럼 동시에 혁명 과정 내부의 위험처럼
두 측면에서 직면한다는 데에서 기인한다. 즉 외부의 적으로서
의 관료주의는 부르주아 지배 계급에 봉사하는 "국가 기계장치
machinerie d'État"에서 구체화된다. 혁명 과정 내부의 위험으로서의
관료주의는 혁명 과정 고유의 내적 변증법에 의해 유발되기 때문
에 그 어떤 결정적인 보증물도 이러한 혁명 과정에 반해서 그 내
부적 위험을 예방할 수 없다. 게다가 이러한 두 측면들은 서로 긴
밀하게 결속해 있으며, 이는 관료주의라는 주제에 어떤 시금석의
critériologique 기능을 부과한다. 다시 말해 프롤레타리아트의 당과
국가의 관료주의화의 경향들은 혁명 과정 내에서의 계급투쟁의
진보와 혁명 과정 한가운데에 부르주아 지배로부터 물려받은 권
력의 형태들(그리고 그에 상응하는 이데올로기적 형태들, 즉 일반의지
의 대표자와 공동 이익의 보증자로서의 국가, 통치자와 피통치자 간의 구
별, 정치적 결정권과 행정관리적 지휘권 간의, 그리고 경제적 지휘권과 기

술적 실행권 간의 구분 등)을 재도입함으로써, 내부적으로 계급투쟁의 진보 흐름을 탈선시키는 국가주의적인 "도착들"을 평가하는 기준들이 되는 것이다. 이러한 상황을 이해하기 위해서, 마르크스 그 자신이 관료주의에 대해 제시한 바 있는 분석이 확립된 때로 거슬러 올라가보도록 하자. 이러한 분석은 마르크스주의의 이론적·정치적 역사를 관통해서 관료주의가 그 대상이 될 다양한 문제제기들의 고갈되지 않는 원천이 되면서도 관료주의 문제에 대한 어떤 (정해진) 가이드라인을 그리게 된다.

우리가 살펴봤듯이, 《헤겔 국법론 비판》(1843)에서 《독일 이데올로기》(1845)에 이르기까지 마르크스는 국가 비판을 개시하는데, 이 비판은 여전히 간접적인 비판에 머문 것이었다.* 사회로부터 분리된 심급으로서의 국가는 사실 사회 그 자체로부터의 사회의 분리, 즉 경제적 불평등과 사회적 지배의 원천으로서의 생산 수단들의 사적 소유에 의해 구조화되는 사회적 분업이라는, 공동체에 내부적인 분열의 결과다. 따라서 국가는 국가의 법적 체계와 "능동적인 이데올로그들"을 중개로 해서, 가상적인 일반 이익에 대한 표상들의 체계를 통해, 즉 사회적·경제적 지배 계급의 특수 이익들에 대한 기만적인 보편화를 통해 공동체의 부재를 보충하는 것을 자신의 일반적인 기능으로 취한다. 이 때문에 (앞선 국가) 비판은 필연적으로 간접적인 것에 그칠 수밖에 없다. 왜냐하면 국가는 하나의 효과이며, 이러한 효과는 노동하는 대중들의 소외가 기초하고 있는 현실적인 메커니즘들, 즉 사회적 생산 관계들로부터 비판(의 과녁)이 이론적으로나 실천적으로나 빗겨

---

*   1부 3장 2절을 참고하라.

나게 만들 위험이 있는 미끼처럼 작동하기 때문이다. 1848년과 이후 파리 코뮌의 혁명적인 정세 속에서 국가는 정치적 혼란을 틈타 혁명을 참혹하게 억압하면서 직접 개입했다. 바로 이러한 국가의 직접적인 개입에 충격을 받아, 마르크스는 국가의 물질성 자체인 국가 "기계장치Staatsmaschineire"를 보다 정확하게 분석하고, 그리하여 보다 더 넓은 계급투쟁의 역사에 내부적인 국가 기계장치의 구축과 그 기능작용의 변화를 규명하게 되었다.

《프랑스에서의 계급투쟁》Les Luttes de classes en France(Marx, 1850)에서 착수된 이러한 분석은 무엇보다도 자신의 체계적인 첫 번째 발전을《루이 보나파르트의 브뤼메르 18일》Le Dix-Huit Brumaire de Louis Bonaparte(Marx, 1852, ch. VII)에서 발견한다. 이제 중요한 것은 언제나 주어진 사회적 갈등의 장에 상관적임에도 불구하고 점점 더 명백한 것으로 나타나며 이제는 행정 권력을 [거대한 관료주의적·군사적 조직 속에서] 물질화하는 국가장치의 자율성을 이 국가장치가 구성되고 완벽해지는 역사적인 요인들에서 출발해서 다시 검토하는 것이다.

> 거대한 관료주의적·군사적 조직, 광대하고 정교한 국가 기계장치, 50만의 군대와 더불어 50만을 헤아리는 관료 집단 [을 지닌 이 행정 권력]은 프랑스 사회 전체를 하나의 그물로 얽어매고 모든 땀구멍을 막아버리는 끔찍한 기생충들의 단체다. (Marx, 1852, p. 186[국역 311쪽])

19세기 초 이래로 다수의 역사가들이 반복해서 지적하듯이, 이러한 역사적 요인들이 그것들의 원천을 바로 절대군주제에서 발견한다면, 집중화된 하나의 장치 속에서 점차 행정관리와 통치의 기능들을 독점하는 이러한 절대군주제는 그 자체로 봉건제의 몰락과 분리 불가능하다. 절대군주제는 봉건제의 몰락을 앞당기는 데 기여하며, [따라서] 어쩔 수 없이 "부르주아 계급 지배를 준비하는 수단"으로 드러나게 된다. 프랑스혁명의 영향 아래 특수한 영토 권력들[봉건제 권력들]의 붕괴와 이후 나폴레옹 치하에서 공적 행정들의 합리화를 통해 이루어진 관료주의의 지속성과 더 나아가 그것의 강화 속에서 마르크스는 새로운 계급 지배의 구성 과정의 연속성을 식별해낸다. 즉 이러한 새로운 계급 지배의 구성 과정은 이전의 봉건제 지배 계급에 대항하는 부르주아 계급투쟁(여기서 관료주의는 [부르주아 계급 지배를] 준비하는 수단으로 작동한다)이 노동자 계급에 대항하는 투쟁(여기서 관료주의는 [부르주아 계급] 지배의 직접적인 도구가 된다)으로 변모하는 과정을 관통하는 것이다. 이러한 관점에서, 왕정복고와 7월 왕정의 정세하에서의 행정 권력의 자율화와 합리화는, 그것에 대해 자유주의 학설들이 뭐라 말하든 간에, 봉건 질서에 반하는 부르주아 계급투쟁에서 시작된 이러한 과정을 완성시킨다. 행정 관료주의에 내적인 분업의 증대—이는 관료주의의 권한들과 그것의 인력들의 증가와 분리 불가능하다—와 "부르주아 사회에 내부적인 분업"—이번에는 "행정관리 측면에서 새로운 재료[를 공급해주는—기욤] 새로운 이익 집단들"의 출현과 분리 불가능하다—사이에 창출된 순환적 인과성이 이를 증언한다(Marx, 1852, p. 187[국역 312쪽]). 하지만 이러한 두 분업들은 또한 국가 기계장치 내에서 이처럼 물질화된 정치적 통일성을 관통하는 모순을 보여준다. 왜냐하면 이러한 국가 기계장치는 부르주아의 이질적인 이익 집단들로의 내적 분화의 상관물처럼 나타나기 때문이다. 국가의 통합에 대한 분석은 이처럼 상이한 분파들 사이에서 동일한 한 계급의 내적 대립들을, 따라서 "하나의" 계급의 통일성이 지니는 언제나 문제적이고 불안정한 성격을 해명해줄 수 있는 계급투쟁에 대한 더 정교하고 더 복잡한 이해를 요한다.

1848년 12월 제2공화국의 대통령 선거와 1851년 12월 쿠데타 사이에서, 다시 말해 지배 계급의 수중에 있는 도구로 여겨지던 국가가 지배 계급의 손아귀에서 빠져나와 "완전히 독립적인 것이 되어" 결국에는 지배 계급을 배반한 것처럼 보이는 상황 속에서, 마르크스가 루이 보나파르트의 집권에 대해 진척시킨 연구가 밝혀주는 것이 바로 이것이다. 국가의 구조 자체 내에 약화된 의회 권력과 현저하게 강화된 행정 권력 간의 완전한 분리를 새겨 넣는 관료주의는 이 분리에서 부르주아 계급을 위협하는 위태로운 상황과 분리 불가능한 자신의 종별적인 "보나파르트주의적" 형태를 발견한다. 부르주아 계급은 "사회 공화국"의 허약한 타협을 깨버림으로써 자신이 단절해버린 프롤레타리아트에 의해, 그리고 "의회 공화국"의 반-농민적 억압을 통해 적대적으로 되어버린 농촌 인구의 한 부분에 의해 위험에 처하게 된다. 더구나 부르주아 계급은 그 자체가 민주주의적 프티 부르주아 및 토지 소유자들과 산업적·금융적 거대 부르주아로 분할되는데, 이러한 내적 분할은 지배 계급의 직접적인 대의représentation가 실현되는 공간, 따라서 상이한 분파들 간의 이익들의 발산이 하나로 응축되는 공간, 즉 의회l'Assemblée parlementaire를 파열시킨다(Marx, 1871, p. 60-61[국역 403~405쪽]). 이때부터, 의회 권력을 희생시켜 행정 권력이 쟁취한 전대미문의 자율성은 부르주아에 내적인 모순들의 불운한 결과가 될 뿐만 아니라, 또한 부르주아에게는 최후의 순간에 액땜을 통해 자신의 총체적인 계급 지배를 유지하는 방법이 된다. 사회 질서를 안정시키는 책무를 국가장치와 섭리를 떠들어대는providentiel 선동가에게 이전시킴으로써 자신의 사회적 권력의 막대한 부분을 포기하는 것을 감수하면서 말이다(Marx, 1852, p. 121-126〔국역 244~251쪽〕). 따라서 관료주의 기계의 집중화와 자율화가 부르주아 계급을 관통하는 모순들에 상응하는 것이라면, 이 모순들은 이번에는 양립 불가능하게 발산하는 요구들 사이에서 취해진 행정 권력에 내적인 모순들에 반영된다는 점 또한 명백하다.

> 보나파르트는 모든 계급에게 가부장적인 은인으로 비추어지기를 원할 것이다. 그러나 그는 어떤 계급을 착취하지 않고는 다른 어느 계급에게도 시혜를 베풀 수 없으며, 때로는 서로 다른 계급들을 차례로 굴복시키기도 하고, 때로는 그들의 지지를 얻기도 하면서, 결국에는 모든 계급으로 하여금 한결같이 자신에게서 등을 돌리게끔(강제된다―기용). (Marx, 1852, p. 198-199〔국역 323~324쪽〕)

행정관료 집단과 군대로 구현된 막대한 물질적 역량을 겸비함에도 불구하고, 모든 계급 적대를 제지해야 할 의무가 있는 만큼 의심의 여지가 없는 "행정 기계장치"의 양가적인 성격과 취약성은 마르크스가 보기에 이 기계장치가 지니는 본질적으로 불안정하고 일시적인/과도적인transitoire 본성을 드러내준다. 이로부터 무엇보다도 혁명 과정을 이해하는 데서 중요한 귀결이 도출된다. 국가 권력의 관료주의화에 대한 이러한 분석은 우선적으로 국가장치의 장악을 이 혁명 과정의 결정적인 계기로 만드는 테제를 강화한다. 행정관리 장치와 군사장치 속에 막대한 역량을 집중시키는 강제의 심급이자 종별적인 권력 형태로서의 국가가 자율성마저 분명히 획득한 이상, 노동자 계급이 자신의 사회적 권력을 확립하기 위해 이제까지는 노동자 계급에 반해서 사용되어온 이러한 무기를 우선적으로 장악해야 한다는 것은 불가피한 일이 되기 때문이다. 하지만 무엇보다도 이러한 분석은 이러한 국가 장악을 "이전에는 봉건제에 대항하여 주조되었고" 보나파르트주의에서 정점에 달하는 이러한 "행정, 군사, 관료주의 기계장치"의 필연적인 파괴와 직접적으로 결합시킨다. 마르크스가 보기에 이것이 의미하는 바는, 국가의 폐지도 심지어는 국가의 중앙집중화의 폐지도 아니다. 이는 그 무게중심이 대중들의 조직들로 이전될 새로운 정치적 통치 형태와 새로운 생산 관계들을 동시에 정립하기 위해 국가를 이용해야 함을 의미한다. 게다가 이러한 실질적인 대중 민주주의화와 생산의 자주관리는 엄밀하게 한 쌍으로 같이 가는 것이다. 그럼에도 불구하고 이러한 관점에서, 보나파르트주의적 관료주의에 대한 마르크스의 분석은 그것이 해결한 것보다 많은 문제들을 열린 상태로 남겨둔다. 즉 실질적으로 관료주의적 국가 파괴를 실현할 수 있는 정치적 형태들은 무엇인가? 생산자들 스스로가 사회적 생산의 통제를 어떻게 재전유할 것이며 대중 민주주의의 의미/방향sens에 맞게 권력 실천들을 어떻게 변화시킬 것인가? 그리고 이제는 혁명 과정 내에 포함되는 이러한 생산의 자주관리와 대중 민주주의화라는 두 측면들은 어떻게 서로 구별되면서도 어떻게 서로 얽히는가? 1848년

〔혁명의〕 실패 이후 혁명적 노동운동 조직들의 퇴보와 1850년대를 기점으로 한 자본주의의 전 세계적 팽창의 새로운 시기가 시작되면서 이러한 문제들에 천착하는 것은 다음으로 미뤄졌다. 마르크스로 하여금 이러한 문제들 그 자체에 대해 대면하도록 추동할 것은 이번에도 역시 계급투쟁, 즉 파리 코뮌의 계급투쟁의 실질적인 역사다.*

3. 관료주의적 지배와 사회정치〔학〕적 합리화

독일의 사회학자 막스 베버**가 보기에, 관료주의는 근대 사회의 가장 특징적인 특성까지는 아닐지라도, 그 특성들 중 하나라고는 말할 수 있다. 베버의 분석은 지배의 사회학 내에 자리하는데, 관료주의는 베버가 "법적légale"또는 "합리적" 지배라는 통념하에서 구분한 지배의 "이념형적" 형태들 중 한 형태를 다른

---

*　　3부 2장 1절을 참고하라.

**　　막스 베버(1864~1920)는 가장 위대한 독일의 사회학자들 중 한 명이며, 특히《프로테스탄티즘의 윤리와 자본주의 정신》L'Éthique protestante et l'esprit du capitalisme(1904~1905),《종교사회학》Sociologie des religions,《법사회학》Sociologie du droit과 1909년부터 자신의 죽음에 이르기까지 끊임없이 다시 손보았던 위대한 총론,《경제와 사회》Économie et société의 저자다. 이러한 제목들이(법, 종교, 경제)을 통해 지시되는 상이한 영역들은 무엇보다도 역사적 사회학을 구성하기를 희망한 이 백과사전적인 학자에게 있어서 매우 상대적으로만 분리될 수 있는 것이다. 베버의 방법론은 범주들의 정교한 구성이라는 구성주의적 계기에 기초하며, 이러한 범주들의 정교한 구성 속에서 확장된 비교연구의 방식은 (집단의, 관계들의 체계의, 사회적 실천들의) "이념형들"을 가능케 해주며, 그리하여 경험적 소여의 흐름 속에서 복잡한 인과성 및 변형의 선들의 질서를 바로잡을 수 있게 해준다(Colliot-Thélène, 2006, p. 32-49).

어떤 현상들보다도 가장 잘 예증한다. 따라서 관료주의적 현상을 기술하는 주요 요소들에 대한 간략한 환기는 이러한 지배 형태를 명확하게 해줄 것이다. 하지만 그 전에 베버에게 있어 이러한 지배 형태 자체는 비단 국가와 행정관리적·법적 국가장치들에만 관련되는 것이 아니라 또한 근대 서구세계의 사회적 장들 전체에 관련되는 "합리화"의 과정 속으로 기입된다는 점을 명심할 필요가 있다. 이러한 초점의 확장은 국가의 관료주의 발전을 비정상적인 부수적 결과excroissance로 간주하지 못하도록 하며 국가의 관료주의 발전을 사회들의 더 일반적인 진화와 연결시키는 유기적인 관계들을 묻도록 강제하는, 이는 특히 베버가 자신의 고유한 인식론적인 기반들에 기초해서 마르크스에 의해 설정된, 관료주의와 자본주의 경제 간의 관계를 다시 정식화하도록 추동한다.

베버의 지배에 대한 분석은 세 가지 이념형의 범주들에 대한 유형학에 기초한다. 이 세 가지 범주들은 그것들 중 한 범주의 가변적인 우위하에서 언제나 경험 속에서 서로 얽혀 있다. 이러한 세 가지 범주들은 정당성 부여légitimation의 요인들, 다시 말해 권력의 제도화된 조직이 자신의 지배를 정당화하기 위해 동원할 수 있는 다양한 종류의 원천들이 지배에 대한 베버의 개념화 속에서 점하는 핵심적인 중요성을 표시한다. 우선 베버는 소위 "카리스마적" 지배로부터 "전통적" 지배를 구분한다. 카리스마적 지배는 한 인물이 지니는 성스러운 특성, 영웅적인 덕성, 모범적인 가치에의 극도의extraordinaire 복종에 의해 확립된다. 이에 반해 전통적 지배는 "모든 시대에 유효한 전통들의 신성함과 이러한 수단들을 통해 권위를 행사한다고 여겨지는 사람들이 지닌 정당성légitimité에 대한 일상적인 신뢰"에 의존한다. 끝으로 "법적"

또는 "합리적" 지배는 "이러한 수단[법과 규칙]을 통해 지배를 행한다고 여겨지는 사람들이 지니는 명령[권]directives을 부여하는 포고된 규칙들과 법에 대한 신뢰" 속에서 정초된다(Weber, 1909-1920 I, p. 289-290[국역 412~414쪽]). 이러한 관점에서, 베버에 따르면 근대 국가에 고유한 지배 형태를 구성하는 법적 지배를 판별하는 기준은 동시에 관료주의 조직의 독특한 특성, 즉 지배의 비인격적·익명적 성격을 표시한다. 이러한 지배는 주체에서 주체로 행해지는 것이 아니라 오직 법규들statuts 또는 법률들droits 사이에서만, 다시 말해 객관적인 조직 내에 기입되어 있는 강제의 효과처럼 행해진다. "관료주의적 행정관리의 지휘권을 부여하는 법적 지배"는 따라서 무엇보다도 정치 집단의 구성원들이 어떤 한 사람에게, 그에게 주관적으로 덧붙여질 수 있을 전통 내지는 권위에 대한 신봉에 근거해서가 아니라, "비인격적인 규칙들"에 근거해서 복종하는 데 있다. 따라서 "복종하는 그 사람은 집단의 구성원으로서만, 그리고 오직 '법'에만 복종할 뿐이며", 통치자 그 자신은, "그가 법규를 제정할 때, 그리고 이를 통해 그가 명령할 때, 통치자가 그것을 통해 자신의 [통치] 성향들로 이끌리는 …… 비인격적 질서에 복종한다"(Weber, 1909-1920 I, p. 291[국역 414~415쪽]).

이러한 일반적인 규정은 관료주의적 행정관리의 지휘권을 부여하는 법적 지배의 순수 유형을 기술하면서 베버가 근대 국가 및 그 종별적인 합리성의 필수불가결한 구성적 부속품으로서 전문화된 공무원 집단의 실존에 부여한 중요성을 해명해주며, [이와 상관적으로] 근대 국가의 종별적인 합리성 대한 서술은 공무원 집단을 통해 분명해진다. 베버가 공무원 집단에 대해 열거하는 고유하게 합리적인 속성들은 앞서 언급된 바 있는 비인격성과 객관성의 기준을 돋보이게 한다. 즉 공무원들은 형식적으로 자유롭다. 다시 말해 그들은 모든 개인적인 충성 관계로부터 면제된다. 그들은 "실질적인 관리 및 취득 수단들을 소유하고 있지는 않지만, 그 수단들을 현금 또는 현물의 형태로 받으며, 그 수단들을 보고해야 할 의무가 있다"(Weber, 1909-1920 I, p. 293〔국역 417쪽〕). 바로 이러한 점이 공무원 임용을 모든 개인적인 직업 선택과 분명하게 구별해준다(예컨대, 봉건 사회와는 대조적으로 말이다. 즉 봉건 사회에서 "봉신은 자신에게 위임되었던, 그리고 전쟁을 치루기 위해 자체적으로 장비를 갖추며 필수품을 장만해야 하는 봉토territoire 내의 행정과 사법의 비용들을 자신의 고유한 수단들을 통해 충당했다". Weber, 1919, p. 130-134〔국역《소명으로서의 정치》21쪽〕). 공무들의 이러한 직업화는 이 직업이 유일하고 주요한 공무 활동들이라는 점과 이러한 직업으로부터 얻어진 재원들 및 소득들은 개인적이고 사적인 재원들로부터 완전하게 분리된다는 점을 함축한다. 공무원들의 채용과 급여 체계mode는 그 사람의 출신 신분 내지는 사회적 신분 같은 개인의 사적 특성들에서가 아니라, 직업 교육을 통해 습득되고 그 사람이 그러한 능력을 객관적으로 보유하고 있음을 보증하는 시험을 통해 승인된 정확한 능력에 기반한다. 더 일반적으로 말해서, 베버는 개인적인 관계의 층위와 객관적인 지위 및 직업의 층위 간의 이러한 분리가 제도의 구성을 지배하며, 근대 국가에서 완전하게 실현되는 합리성의 유형, 즉 소위 "합목적성en finalité"합리성, 다시 말해 기술적·도구적 합리성을 정착시킨다고 본다. 기능적 유효성의 기준에서 부여된 기술적·도구적 합리성은 이를 통해 다른 이유에서 지배적이게 된 합리성의 모든 형태들로부터, 특히나 베버가 "가치 합리성들rationalités en valeur"이라 부르는 것들로부터 구분된다. 이러한 가치 합리성들은 행동들을 결정하는 것으로서 실천들을 가치 내용들에 따라 이끄는 가치론적인 원리들을 끌고 들어온다. (반면에) 목적들에 따르는 합리성, 그것은 오로지 수단들과 결과들에 대한 계산에 근거한다. 상이한 비율들에 따라 경험적 사태들 내에서 서로 뒤얽혀 있는 것으로 드러날 뿐인 (합리성의) 순수 유형들이 여기에서 문제가 된다고 해도, 관료주의가 정치적인 지휘의 층위에서의 행동들과 제도들에 대한 이러한 극도의 합리화 형태를 상징적으로 보여준다는 점은 변함이 없다.

> 순수하게 관료주의적인, 따라서 행위들에의 부합성에 근거하는 행정, 즉 자신의 정확성, 지속성, 규율, 엄격주의와 이러한 행정이 불러일으키는 신뢰감, 결과적으로 권력을 점하고 있는 사람뿐만 아니라 이해관계자들을 위한 예측가능성의 특성과 행정 서비스의 강력하고 폭넓은 제공, 행정이 모든 일에 적용될 수 있는 형식적으로 보편적인 가능성과 순전히 기술적인 관점에서 그 행정이 최대의 성과를 내기 위해 형식적으로 완벽해질 수 있는 가능성에 의한 일원지배적-관료주의bureaucratico-monocratique 행정—이러한 행정은 모든 경험에 있어서 형식적인 관점에서 **가장 합리적인** 지배의 실천 형식이다. (Weber, 1901~1920 I, 297-298(국역 422쪽))

이러한 행정이 형식적 내지는 기술적으로 합리적 지배의 순수 유형을 실현하는 완벽성의 정도에 따라, 국가 행정의 관료주의화는 사회적 실천의 여타 분야들을 관통하는 이러한 도구적 합리성의 발전 과정에 대한 가장 가시적인 지표 또한 제공한다.

> 모든 영역들(국가, 교회, 군대, 당, 경제적 기업, 이익 단체, 협회, 재단) 내에서의 "근대적인" 집단 형태들의 발전은 관료주의적 행정의 지속적인 발전 및 진보와 동일시될 따름이다. 관료주의적 행정의 탄생은 이를테면 근대 서구 국가의 포자spore다. (Weber, 1901-1920 I, p. 298〔국역 422쪽〕)

역으로 사태를 파악해보건대 이것이 의미하는 바는 다음과 같다. 즉, 분명히 역사 내에서 자신의 선행 현상들을 지니지만 서구 역사의 마지막 세기들에서 전대미문의 체계화를 획득한 이러한 국가의 합리화는, 이러한 국가의 합리화가 그것의 한 구성 요소일 뿐인 더 광대한 합리화 과정의 가장 상징적인 지표를 제공해준다는 점이다(Weber, 1919, p. 89-101〔국역 32~48쪽〕). 국가 내부에서 합리적 행정 발전에 적합한 법적 체계들의 합리화, 즉 중세 시대 대학에서 행해진 로마법 교육 이래로 서구 사회들에서 이루어진 법droit의 형식적 특성들의 발전을 식별할 수 있는 법적 체계들의 합리화를 고려해봤을 때, 국가 내부 자체에는 이러한 합리화의 또 다른 측면들이 존재한다. 이러한 형식적 변화의 결과로 모든 개인적 복종 관계들로부터 법적 관계들이 자유로워졌고, 이로써 객관적이고 비인격적인 독립적 법률loi들의 체계가 합리화된 정치적 장치 그 자체의 내적 부품으로서 구성될 수 있었다. 전문화된 공무원 집단과 합리적인 법(이 법은 물론 그 자체로 그 법에 전문화된 공무원들을 지닌다)은 합리적 국가의, 다시 말해 관료주의 국가장치의 기능작용의 두 "지주"들이며, 합리적 국가의 행정과 마찬가지로 사법은 "개인을 고려함 없이"(전통, 도덕적 가치, 신념 내지는 윤리적-종교적 열망 같은) 모든 외생적인 사회적 규정들로부터 독립적으로 객관적인 규칙들에 근거하여 행해진다. 하지만 베버가 분석한 합리화 과정은 더 광범위하게 서구 사회의 장champ들 전체로 되돌려지는데, 합리적 행정과 합리적 법droit은 배타적이지는 않은 방식으로 이러한 장들 전체의 주요한 부품들을 형성한다. 이는 베버가 국가의 관료주의적 합리화를 비가역적인 것으로 본다는 점을 밝혀준다. 그런데 이러한 합리화는 초월적인 필연성의 이름으로 비가역적인 것이 아니라, 서구 현대 사회들이 지니는 또 다른 "역량들"에, 특히 자본주의의 실천적인 체계들과 제도적인 조직화들 내에서 전개되는 경제적 역량에 이러한 합리화가 유기적으로 연결되어 있다는 사실 때문에 비가역적인 것이다.

경제의 자본주의적 조직화를 삶의 행동들과 사회적 실천들을 주재하는 논리들을 합리화하는 강력한 추동력vecteur으로 만드는 결정적인 요인들 중에서, 한 가지 중요한 요인은 이미 마르크스에 의해 제시된 바 있는 분석의 유효성을 인정한다. 사회의 구성원들 사이의 개인적 성격의 관계들을 보존하며, 경제적 행동들의 규정 내에 경제를 넘어서는 전통적·정치적·윤리적·종교적(Weber, 1901-1920 II, p. 355-356) 요인들을 통합시켰던 이전의 경제적 체계들과는 반대로, 자본주의적 조직화는 비인격적이며 객관적으로 강제하는 생산 및 교환 관계들의 한 체계를 구성하는데, 이 체계는 화폐 계산에 외생적인 모든 결정 요인들을 경향적으로 배제한다. 이러한 계산은 경제적 실천들 전체와 외연이 같아지고, 따라서 모든 것은 배타적으로 그 계산에 입각해서 조절되어야만 하며, 개인적인 관계들은 자본의 축적 및 재생산 체계의 자율적이고 익명적인 기능작용에 대한 예속화로 대체된다(Weber, 1901-1920 I, p. 112-116 sq.〔국역 206~210쪽 이하〕).

그런데 정치적 행정 기능이 작동되는 구조 자체가 함축하는 객관적인 규칙들 덕분에 그러한 정치적 행정 속에서 이루어지는 정치적·법적 관계들의 탈개인화와 투자들의 객관적인 유효성 및 수익성이라는 제약들을 통해 표현되는 생산 및 교환의 경제적 관계들의 탈개인화 사이에는 단지 상동관계만이 존재하는 것이 아니라 바로 기능적인 상호 뒤얽힘의 관계가 존재한다. 베버는 전문화된 공무원과 합리적인 법droit에 기초를 두는 근대 국가의 합리화가, 근대 자본주의 발전에 가장 유리한 틀을 구성한다고 보았다. 그러한 합리화가 근대 자본주의 발전의 불가결한 보조제 역할을 하기 이전부터 말이다. 이와 상관적으로 시장의 팽창이 "법" 또는 사법 업무에 "관련되는" 사회-경제적 집단들의 삶의 행동들에 대해 도입했던 제약들은 정치 행정과 마찬가지로 법의 형식적 특성들이 발전하는 데에 결정적인 역사적 요인이 되었다. 관료주의적 행정 및 법의 합리화가 경제적 행위자들에게 도구적 합리성에 필수적인 예상가능성을 보장해주기 때문이다.

사람들이 기대할 수 있는 것과 권리적으로 고려할 수 있는 것을 〔그들이〕 충분하게 확실한 방법으로 알 수 있는 제도적 맥락 속에 화폐경제가 기입되어 있을 때에만, 화폐경제는 자신의 고유한 동력에 따라 자유롭게 전개될 수 있다. (Colliot-Thélène, 1992, p. 164)

형식적인 법의 탈개인화와 관료주의 행정의 순전히 절차적인 기능작용에 근거하여(다시 말해 법과 행정의 규칙들의 향방을 [특정한 가치 쪽으로 편향되게] 결정할 수 있을 모든 물질적인—사회적·윤리적·종교적—내용들과 무관하게), 이러한 법과 행정은 바로 이러한 일반화된 "계산가능성"—자본주의의 화폐 체계가, 하지만 또한 모든 규칙적인 연관들의 체계가 더 광범위하게 가능하게 만든 양적 계산가능성은 목적에 맞는 합리적 활동들의 결정적인 조건인 예상과 예측을 가능하게 해준다—을 보장하는 데 기여하는 것이다.

현대 사회들의 실천적 논리들을 결정하는 이러한 세 가지 구조들—행정적 관료주의, 형식적 법, 체계화된 화폐 경제—간의 기능적인 상호 뒤얽힘이 정반대로 긴장들과 모순들을 배제하지는 않는다는 점은 여전히 사실로 남는다. 이러한 긴장들 및 모순들은 합리화 과정의 양가성에서 비롯된다. 즉 이러한 합리화 과정이 보통 그 속에서 기능적인 계산가능성 및 유효성이라는 유일하고 동일한 원리들이 부과되는 것처럼 보이는 주요한 실천적인 영역들 내에서 도구적 합리성의 발전을 야기한다고 해도, 이 과정은 또한 이러한 영역들 상호 간에 자율화를 야기한다. 각각의 영역은 이를테면 그 영역의 국지적인 합리성을 규정하고, 그리하여 그 영역에 고유한 가치론적인 원리들을 불러일으키는 내적 일관성에 따라 조직된다(Weber, 1919, p. 89~111[국역 32~61쪽]). 따라서 그 어떤 공동의 가치들의 초석도 상이한 사회적 장들을 서로서로 조화시키거나 위계화할 수 있는 것으로 나타나지 않는다. 경제적·정치적·종교적·미학적 영역들은 자율화되며, 이러한 자율성은 수많은 가능한 갈등들에 개방된다. 베버는 이따금 근대성에 고유한 이러한 상황을, 실천을 명하는, 궁극적이지만 서로 화해될 수 없는 상이한 가치질서들 간의 갈등들의 용어로 표현한다. 상이한 가치질서들 간의 "신들의 전쟁", "진정될 수 없는 싸움들"(Weber, 1919, p. 106-107(국역 54~55쪽))이라는 용어로 표현되는 것은 그럼에도 불구하고 여기에서 문제가 되고 있는 것의 원인이 아니라 하나의 효과에 지나지 않는다. 경제 분야, 법-정치 분야, 행정-정치 분야 간의 갈등들은 이러한 실천들의 장들이 완전하게 자율화되는 동시에 기능적으로 긴밀하게 뒤얽힌다는 점에서 유래한다. 또한 이러한 양가성은 각각의 활동 영역에 고유한 규칙성들과 제한들의 체계들 내에서 구현되는 도구적 합리성의 발전에 토대를 둔다. 이러한 도구적 합리성이 이러한 영역들이 서로서로를 뒷받침하는 것을 허용하면서도 말이다(따라서 자본주의 경제의 합목적성 합리성은 도구적 합리성의 동일한 원리들에 따라 지배되는 제도적·법적 환경과 분리 불가능하며, 마찬가지로 국가의 행정적 지배권이 함축하는 합목적성 합리성은 자본주의 체계와 분리 불가능하다 등등).

베버가 자신의 지배의 사회학과 행정적·법적 기관들 내에서의 합목적성 합리성의 발전에 대한 자신의 분석들 간의 결절 지점에서 마주한 어려움을 간략하게 살펴봄으로써, 우리는 무엇보다도 이번에는 국가 그 자체에 내재하는 또 다른 긴장을 알아차리게 된다. 우리가 살펴봤듯이, 베버가 제시한 바 있는 발견에 도움이 되는heuristique 유형학을 상기해보건대, 지배라는 개념은 자신의 지배를 정당화하기 위해 제도화된 권력 기관이 동원하는 방법들 내지는 자원들과 분리 불가능하다(전통적인 믿음, 카리스마적인 개인의 특성들에 대한 신뢰, 법률loi들 내지는 규칙들의 객관적인 적법성légalité에 대한 신뢰). 문제가 되는 것은 바로 **"적법한/정당한**légitimes **지배들"**의 유형학이다. 카트린느 코이오-텔렌느Catherine Colliot-Thélène가 매우 정확하게 강조하듯이, 관료주의적 행정 지휘는 그것의 "순수 유형"을 예증하는 법적 지배를 적법한/정당한 légitime 지배의 한 유형으로 만든다. 그리고 이로써 베버는 제도화된 규칙들 및 권력들의 단순한 실증성의 영역에 속하는 것(적법성 légalité의 체계)과 규칙들 및 권력들에 종속되는 사람들의 정신 속에서 그것들이 지니는 정당한 권위를 확립할 수 있는 토대(정당성 légitimité의 문제)를 일치시킨다.

> 적법성légalité의 형식 자체, 즉 명시적으로 성문화된 규칙들에 대한 존중은 여기에서 직접적인 정당화légitimation의 능력을 인정받는다. 그 제도를 지배하고 사람들이 그 제도에 가져올 수 있는 불확실한 변형들을 제한하는 원리들에 대한 물음을 제기하지 않고서 말이다. 법적 지배의 정당성légitimité은 전적으로 자신의 적법성légalité과 일치되며, 그 결과로, 권력이 적법한 형태의 옷을 걸치자마자, 혹은 그 행위들이 무엇이든 간에, 권력이 자신의 행위들에 적법한 형태들을 부여하자마자, 우리는 권력의 정당한 사용과 남용을 구분할 수 있게 해주는 것이 무엇인지 알 수 없게 된다. (Colliot-Thélène, 1992, p. 230)

여기에 베버의 유일한 문제설정(게다가 이러한 문제설정은 그의 많은 동시대인들이, 특히 카를 슈미트Carl Schmitt가 〔비판적으로〕 공유했던 것이다. 카를 슈미트에 대해서는 이어지는 장에서 살펴볼 것이다)을 초과하는 어떤 문제가 존재한다. 또한 이 문제는 1차대전의 위기와 바이마르 공화국의 자유주의적·의회적 헌정의 취약성—이는 곧 국가-사회주의 당의 합법적légal 집권을 허용하게 된다—같은 당대의 핵심적인 정치적 쟁점들과 연결된다. 기저에 깔려 있는 이론적인 문제에 대해 말하자면, 이는 바로 합리적 국가 또는 법적 지배가 여전히 **정치적** 지배의 한 유형인지 아니면 순전히 도구적인 합리성인지를 아는 문제다. 따라서 문제는 기술적 유효성과 절차적이고 형식적인 기계적 요소들rouage의 관점에서 최적인 합리성이 또한 고유하게 정치적인 지배의 모든 권위를 부정하는 것은 아닌가다. 즉 그들이 자신에게 〔적법한〕 형태들을 부여하기만 한다면 자신을 이용할 수 있는 모든 이익 집단들에게 종속될 준비가 되어 있는 "중립적인" 도구 속에서 그 권위를 분해시켜버리는 것은 아닌지가 문제인 것이다. 따라서 행정적이고 법적인 구조들의 극단적인 관료주의화 속에서, 어떤 사람들은 정치 권력이 행정 관리와 사회적 조절의 기술적 수단 속에서 용해되고 법loi의 주권은 특수한 사회적 집단들 간의 절차적 타협 도구가 되어버리는 경향이 있는 법치국가의 쇠퇴의 조짐을 느낄 것이다. 주권의 의미 또는 공권력의 정당성légitimité을 희생시키는, 국가의 행정적 관료주의화의 증대에 대한 이런 식의 진단은 사람들이 그 속에서 정치의 정당성légitimité의 위기에 대한 해결책과 그러한 정당성의 재발흥의 가능성을 보고자 원하는 "지도자들의 국민투표plébiscitaire 민주주의"에 대해 많은 동시대인들이 공통적으로 다시 열광하는 까닭과 무관하지 않을 것이다. 베버 그 자신의 특정한 정치적 담론들의 경우가 그러하며, "총체적 국가"의 가장 중요한 이론가들 중 한 명인 카를 슈미트 담론의 경우도 그러할 것이다.

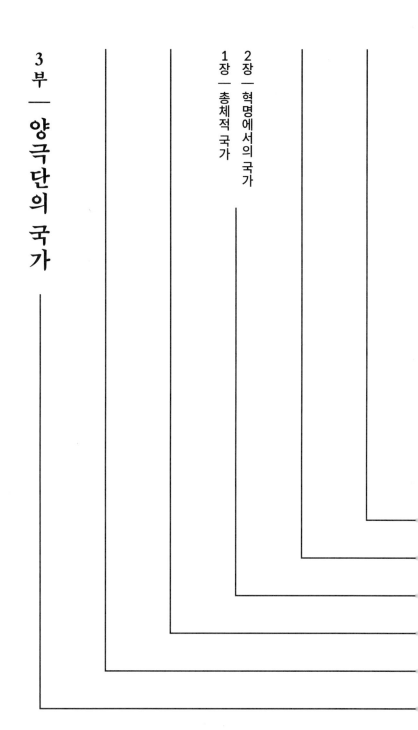

3부 — 양극단의 국가

2장 — 혁명에서의 국가

1장 — 총체적 국가

1장

총체적 국가

"총체적 국가" 또는 "전체주의적totalitaire 국가"라는 용어는 주어진 사회적 장 전체로의 정치 개입의 확장에 부여된 실천들 전체와 제도적 구조를 가리킨다. 이 용어들은 따라서 자연스럽게 인구와 개인들 및 그들의 활동들, 경제적이고 문화적인 실천들에 대한 총체적 지배의 일반적인 형태로 이해되는 "전체주의totalitarisme"라는 범주에 합쳐지는 것처럼 보인다. 사람들은 자주 이러한 전체주의라는 형태의 주요한 심급화들을, 그것들이 야기한 역사적·인간적, 그리고 사회적 결과들을 통해 나치즘, 스탈린주의 그리고 다른 기준하의 이탈리아 파시즘에서 식별하곤 한다. 그럼에도 불구하고 "총체적 국가"라는 통념과 "전체주의"라는 통념을 엄밀하게 중첩시킬 수는 없다. 우리는 전체주의라는 통념이 심지어 국가에 대한 사유에 심대한 난점들을 야기하며, 특정한 측면에서 이러한 사유를 국가라는 범주로 이해되는 것의 극단으로 몰아 붙인다는 것을 보게 될 것이다. 무엇보다도, "전체주의"라는 이념형의 용법들 때문에 두 가지를 주의해야 한다. 첫 번째로, 전체주의는 인구들에 대한 총체적 지배를 명시적으로 드러내는 정치 기획들을 포섭하기 위해 주조되었지만, 세계대전 이후에 그 용법은 전체주의를 권리적으로 전체주의의 절대적 반대항처럼 보여지는 것, 바로 민주주의들, 즉 정치적 자유주의의 원리들에 기초하며 개인의 권리 및 정치적 자유를 보호하는 체제의 지속성을 보장해주는 제도적 안정성에 기초하는 민주주의들을 검토하는 데 발견법적으로heuristiquement 적합한 도구로 사용하려는 여러 시도들을 야기하게 된다.* 이러한 민주주의들이 총체

---

* 논지를 좀 더 명확하게 전달하기 위해서 매우 압축적으로 서술된 이 문장을 간략하게 부연하는 것이 필요할 것 같다. 사실 이 문장은 저자가 바로 앞에서 주의를 당부한 "전체주의"라는 이념형의 한 용법을 설명해준다. 세계대전 이후 전체주의라는 통념은 그것의 절대적 반대항으로서의 민주주의를 탐색하는 데 이용되었는데, 이때 중요한 것은 전체주의와 민주주의 사이의 대립적 관계 설정이 그 자체로 권리적인 것에 그친다는 점이다. 즉 정치적 자유주의 원리들의 표방과 개인의 권리 및 정치적 자유의 보호, 그리고 안정적인 제도들을 통한 그 지속성의 보장이 분명하게 민주주의에 속하는 것일지라도, 이는 권리적인 한에서, 이렇게 말할 수 있다면, 이념적인 한에서 그러한 것이다. 이러한 민주주의의 권리적인 성격은 민주주의를 전체주의와 절대적으로 대립시키는 관계 설정 속에서 더 강화되며, 이와 상관적으로 전체주의 또한 점점 더 하나의 이념형으로서 굳어지게 된다. 추단법으로도 옮길 수 있는 발견법heuristique이라는 논리적 방법은 추상화된 규범적 원칙 내지는 속성에 기초하여 간편하고 빠르게 추론할 수 있는 장점이 있는 반면에, 직관 내지는 상식에 호소하는 방식으로 문제를 단순화함으로써 제한된 합리성만을 담보한다는 점에서, 우리는 전체주의를 하나의 이념형으로 개념화하는 방식이 갖는 일종의 과도기적인 용이성과 동시에 불충분성을 엿볼 수 있다. 그런데 이러한 양가성은 또한 바로 이어지는 문장들에서 말해질 것처럼 진정한 문제가 구성되는 장소이기도 하다. 즉 그토록 권리적으로 전체주의에 대립되는 민주주의가 어째서 전체주의에 대항하여 현실적·역사적으로 무력했는지, 더 나아가 그러한 전체주의의 발전에 일정 정도 포섭되었는가라는 문제 말이다. 그리고 이러한 문제를 규명하는 작업은 민주주의의 권리적·추상적·이념적 성격

적 지배 기획들에 대항하지 못할 뿐만 아니라, 그러한 총체적 지배 기획들의 비약적인 발전과 마주하여 특히 그것들을 용인하는 것으로 드러났다는 사실은 확실히 역사를 통해 남겨진 사소한 걱정거리가 아니다. 따라서 단순하게 서로가 서로를 배제하기는커녕, 언제나 하나가 다른 하나의 가능한 잠재성처럼 나타나는(예컨대 Lefort, 1981) 명시적인 이항대립의 두 항들 간의 상호적인 얽힘의 관계들을 문제시함으로써 이러한 〔중대한〕 걱정거리를 개념적인 주제화의 층위로 가지고 가는 것이 중요하다. 이러한 관점에서 전체주의라는 통념은, 법적-정치적 구조 그 자체가 전체주의적이지 않고, 정치적 기획이 명백하게 전체주의적인 것으로 드러나지 않는다고 할지라도, 우리의 검사를 요할 수 있는 어떤 경향들 내지는 과정들을 참조해야만 하는 듯 보인다. 그럼에도 불구하고 이 경우에도 실증적·역사학적·사회학적·정치학적 연구들의 층위에서 다음과 같은 것들이 규명되는 한에서만 이러한 접근법은 정치사상을 위협하는 치명적인 혼합들과 혼동들을 예방할 수 있다. 즉 총체적 지배 기획들의 제도적인 구조들 및 이데올로기적인 맥락들, 그리고 실질적으로 작동되는 권력의 기법들과 그 기법들이 그것들에 기초하며 역으로 그것들을 변형시키는 사회적이고 정치적이며, 구조적이고 정세적인 요인들이 규명됨으로써만 말이다. 이러한 측면에서 두 번째 주의점은, 전체주의라는 유적 통념이 수십 년 동안 국가-사회주의와 스탈린주의, 이탈리아 파시즘에 대한 종별적이고 변별적인 이해를 끊임없이 정련

을 그것이 현실적으로 구현되는 역사적 조건들에 관계 지움으로써 "민주주의들"이라고 복수로 불러야만 할, 민주주의가 내포하는 모순적이고 복잡한 사태들을 개념화하는 것이며, 이는 전체주의의 경우에도 마찬가지일 것이다.―옮긴이

해온 비교연구 방식과 현대의 역사기술학적 검증을 면할 수 없다는 점이다. 그런데 전체주의라는 유적 범주하에서 국가-사회주의와 스탈린주의, 그리고 이탈리아 파시즘을 하나로 규합하는 것은 그 자체로 당연한 것이 아니다. 따라서 이러한 규합은 일반성에 너무나도 예민한 정치철학에 인식론적인 문제를 제기한다. 우리가 이러한 규합을 수행하는 방법과 이러한 전체주의라는 유적 범주를 주조하기 위해 채택한 기준들은, 분석들과 그 분석들이 확립되는 이론적인 전제들, 때로는 기저에 깔린 이데올로기적인 쟁점들에 따라 그것들의 가변성을 고려해봤을 때 그 자체로 문제적인 것들이다. 기껏해야 우리는 20세기 중엽 이래로 그것들 주위에서 이념형으로서의 전체주의가 구성되어왔던 어떤 공통분모들을 예비적인 지위로서 고려할 수 있을 뿐이다. 이때 (첫째로) 문제가 되는 것은 **대중** 현상(대중의 지지는 분명하게 그 자체로 대중적인 강압과 공포정치의 기법들을 배제하지 않는다)이며, 이로부터 전체주의는 고전적인 사유 속에서 "참주정치tyrannie"라는 용어로, 마찬가지로 근대의 권위적이고 독재적인 체제 형태로 사람들이 이해하는 것과 구분된다. 둘째로 이러한 지배 형태는 "정당한 물리적 폭력 수단들"뿐만 아니라 이데올로기의 독점적 전유에, 따라서 당 내지는 국가의 단 하나의 유일한 이데올로기의 수립((그렇다고 해도) 이는 공식적인 이데올로기에 내적인 긴장들과 커다란 가변성을 배제하지는 않는다)에 기초한다. 마지막으로 문제가 되는 것은 당의 유일성unicité에, 따라서 국가와 동일시되려는, 적어도 개인들 및 사회 집단들에 대한 총체적 지배의 도구들로서의 국가의 행정, 입법, 정부, 치안, 그리고 군사 심급들을 자신에게 종속시키려는 유일 당의 경향에 기초하는 지배 형태다. 우리는 여기에서 전체주의적 지배의 단순한 수단의 지위로의 이러한 국가의 격하—이는 총체적 국가라는 개념 자체를 의문에 부친다—의 반향들을 철학적으로 헤아려보려는 두 가지 시도들을 검토할 것이다. 총체적 국가에 대한 이론화들 중 하나인, 1930년대에 카를 슈미트가 정교하게 구성한 이론화를 좇는 것으로 논의를 시작하도록 하자.

1 정치, 법droit, 사회: 총체적 국가

공법droit public을 전공한 법학자인 카를 슈미트(1888~1985)는 1933년 국가-사회주의 당에 가입한다. 그는 1936년 자신의 공직들을 상실한 뒤, 전후에 이론가로서 법, 국가, 정치적인 것le politique에 대한 작업들을 이어나가기 전까지 수 년간 이 당에 적극적으로 가담한다. 총체적 국가에 대한 일관된 이론을 발전시키는 것이 바로 그의 소관이었다. 그가 이 기간 동안 총체적 국가에 대해 제시한 분석들의 기반이 되는 불길한 이데올로기적·정치적 지향점들은 간과될 수 없는 것들이다. 〔그럼에도 불구하고〕 이 지향점들로 인해 우리가 두 가지 대조들을 통해 도입하게 될, 총체적 국가 개념의 복잡성 역시 감추어지지 않도록 주의해야만 한다. 첫째로, 총체적 국가 개념은 매우 양가적이다. 왜냐하면 슈미트가 보기에 이 개념은 우선적으로 "전체주의적totalitaire"이지 않은 국가 형태를, 더 정확하게 말해서 슈미트가 현대 법치국가로 파악한 것을 가리키기 때문이다. 이러한 국가는 자신의 원리 면에서 자유주의 국가이고, 그 구조 및 행정관리적·법적 기능 작용

면에서는 매우 관료주의화된 국가이며, 또한 사회적·경제적 장과의 조밀한 상호의존망을 통해 매우 사회화된 국가다. 그러므로 총체적 국가는 총체적이지 않은 국가에 반대되는 것이 아니다. 총체적 국가는 어떤 양자택일bifurcation에 집중하며, 국가가 "총체적"이 되는 두 가지 방법 사이에서의 결정 장소를 표시한다. 그리고 이러한 [두 방법상의] 이접disjonction은 자신의 차례에서 근대 국가의 역사와 이 역사를 관통하는 위기에 대한 진단에 따라 1차대전과 허약한 바이마르 공화국으로 대표되는 정세 속에서 자신의 의미/방향sens을 발견한다. 두 번째로, 총체적 국가의 두 번째 의미/방향sens 내지는 두 번째 양상을 명확하게 하기 위해 노력하면서 슈미트는 따라서 1933년부터 그에게 주권에 대한 법적-정치적 이론의 수정과 나치의 이데올로기적-제도적 체계édifice 간의 종합의 지점을 제공해준 권위적 국가의 정치 형태를 이론화하게 된다. 따라서 슈미트가 국가-사회주의 당의 교조주의자들에게서 총애를 받게 될수록 우리는 [그러한 사실에 대해] 더 주의 깊게 주저하게 되고 의심하게 된다. 이어지는 부분들에서 더 정확하게 살펴볼 테지만, 명백하게 슈미트의 "총체적" 국가에 대한 이론에는 나치의 전체주의 기획을 온전히 만족시키기에는 여전히 너무나도 많은 말terme de trop들이 존재하는 것 같다.

　슈미트에 따르면 우선 총체적 국가는 주어진 사실이며, 현시대가 그것의 결과물인 역사적 과정의 산물이다. 첫 번째 의미에서 총체적이라는 것은 우선 현대 국가가 (베버가 서술한 행정 관리의 기법들과 공적 여론의 소통 및 통제 수단 등을 통해) 전례 없이 광범위하고 강력하게 사회적 장으로 개입하는 힘에 의해, 동시에 국가의 현저한 사회화에 의해 특징지어진다는 점을 말한다. 즉 국가는, 국가가 사회적·문화적·경제적 삶의 총체성 내로 개입한다는 의미에서, 따라서 또한 사회적·경제적 문제들 전체가 직접적으로 국가적인 의미를 취한다는 의미에서 총체적이다. [이에 따라] 사회와 국가라는 두 영역들 간의 분리는 극단적으로 사회와 국가를 [따로] 구별할 수 없도록 만드는 증대된 상호의존성에 자리를 내주게 된다. 그런데 슈미트가 현대 국가의 상황—바이마르 공화국의 1919년 헌법은 공권력에 사회적·경제적 관리업무들을 할당함으로써 이러한 상황을 법적으로 인정하는 데 그쳤다—처럼 식별한 이러한 [상호의존적인] 배치는 이러한 국가 구조에 내적인 모순의 증대라는 대가를 값으로 치러야만 한다. 이러한 모순은 헌법(이러한 국가의 상호의존적인 구조적 배치는 헌법을통해 지탱되고자 한다)의 층위에서, 정치적 긴장들(이러한 배치는 그긴장들의 장소가 된다)의 층위에서, 그리고 법적 이데올로기(이러한 배치는 그 이데올로기의 옷을 걸친다)의 층위에서 표면화된다.* 관료주의적 관리 도구가 되어버린 행정이 강력한 집단들(당, 노동조합, 금융 회사나 언론기관 같은 압력단체들)—이 집단들은 국가의 보편적 역량을 자신들의 당파적 이익들의 도구로 만듦으로써 국가

---

* 내용 이해를 위해 도식화의 위험을 무릅쓰고 말하자면 다음과 같다. 극단적으로 말해서 사회와 하나가 된 국가의 구조적 배치는, 1919년의 바이마르 헌법이 보여주는 것처럼, 헌법에 의해 보장된다. 하지만 이렇게 국가가 사회에 완전하게 중첩됨에 따라 사회 각각의 영역들에서 유래하는 정치적 긴장들의 장소는 곧바로 국가의 장소가 되며, 따라서 국가는 법적-이데올로기적 각축장이 되어버린다. 이러한 정치적 긴장들에 대한 국가 개입의 필요성이 더욱 절박해질수록, 문제가 되는 것은 결정 심급으로서의 국가의 무력화다. 왜냐하면 헌법이 보장하는 바대로, 서로 대립하는 무수한 이익들 각각은 모두 국가에 의해 대표되어야만 하기 때문이다. 이것이 슈미트가 말하는 국가 구조에 내적인 모순이라고 말할 수 있다.—옮긴이

의 주권을 위태롭게 한다―내에서 조직된 경제적·사회적 이익들에 점점 더 의존하게 될수록, 국가는 자유주의 학설이 그것들의 자율성을 보존하고자 원했던 영역들 전체에 더욱 많이 개입할 수밖에 없다. 요컨대, "양적인" 관점에서 총체적인, 다시 말해 국가의 기술적인 수단들의 "용적_volume"과 그 용적이 감당하는 사회 면적에 의해 총체적인 이러한 국가는 "허약함"―슈미트가 보기에 이러한 허약함은 자유민주주의의 허약함과 다르지 않다―에 의해서만, 다시 말해 "조직된 당파들 및 이익들의 습격을 억제하는 데 있어서의" 국가의 무력함에 의해서만 총체적일 뿐이다 (Schmitt, 1933a, p. 361-362〔국역 268쪽〕). 이러한 당파들 및 이익들은 이러한 국가의 총체화에 반대하지 않는다. 정반대로 그것들은 국가에 국가가 감내하는 것 말고는 별 도리가 없는 국가의 총체화를 강제한다. 자신의 대의적 기능을 수행해야만 하는 의회의 다원주의가 함축하는 무력함과 실질적인 공권력의 대중적 당파들로의 이전이 보여주는 것이 바로 이것이다.

더 가까이서 사태를 고려해봤을 때, 오늘날 독일에서 우리가 가지고 있는 것은 총체적 국가가 절대로 아니라, 각자 자신들 내에서 총체성을 실현하고자 하는 **총체적 당파들의 다수/ 대중**_multitude de partis totaux_이다. …… 의회를 능가하면서 국가를 지배하고 국가를 자신들의 타협 수단으로 만드는 이러한 총체적 구조들의 나란한 배열_côtoiement_이야말로 현저한 국가의 양적 팽창의 원인이다. (Schimitt, 1933a, p. 362, trad. Kervégan, 2005, p. 89〔국역 268~269쪽〕)

사회 속으로 용해됨으로써만 사회를 뒤덮는 국가는 인민의 정치적 통일성을 구현하는 주권적 권위의 행위자이기는커녕, 요컨대 정치로부터 버려진 장소처럼, 즉 텅 빈 자리이자 동시에 사회의 유력 집단들의 당파적인 손아귀에 내맡겨진 막대한 기술적 권력장치처럼 나타난다. 따라서 국가의 위기는 또한 바로 정치 그 자체의 위기이며, 이러한 정치의 위기는 (정치적인 것을) 사회적인 것 그리고 경제적인 것과 혼동하는 데에서, 다시 말해 (정치적인 것의) 모든 종별성을 상실하는 데에서 기인한다. 슈미트에 따르면, 이를 상징적으로 증언하는 것이 바로 당시 지배적이었던 법 이론인 법적 규범주의다. 법적 규범주의는 법규정들règles juridiques의 객관적인 타당성validité을 법규정문들의 체계적인 유기적 구성과 법규정들을 공표하고 그것들을 적용하는 데서 엄밀하게 형식적이고 절차적인 성격과 동일시하는 법적 관점으로 이해된다. 따라서 이러한 관점은 법의 객관적인 정의(적법성légalité)로부터 법 바깥의 모든 기준을, 예컨대 법규정들의 효력과 법률loi의 공표가 지니는 사회적이고 정치적인 조건들에 대한, 일반적으로 말해 권력puissance 및 역학 관계의 모든 차원들에 대한 그 어떠한 참조도 배제시킨다. 이러한 관점에 대해 슈미트가 가한 비판—이러한 비판은 일련의 상이한 지향점들을 가짐에도 불구하고 슈미트의 사상의 상수들 중 하나로 남는다(Schmitt, 1934)—은 그가 자유주의 법치국가에 대해 가한 비판을 명확하게 드러내준다. 그것에 근거하여 국가 권력과 법의 적법성 간의 구별이 정초된다고 이해되는, 법적 규범에 대한 "실증주의적" 규정은 국가의 실질적인 권력의 문제를 불분명한 채로 남겨놓는다. 더 정확하게 말해서 그러한 규정은 주권 역량의 정당성légitimité을 적법성에 종속시킴으로써, 국가라는 사태 자체를 그저 무효화시키는 경향을 띤다. 법치가 국가 역량을 제한하든(하지만 이 경우에 국가 역량의 규정은 순전히 부정적인 것〔제한, 금지〕으로 남는다. 왜냐하면 그러한 규정은 국가가 법을 위반하지 않고서는 행할 수 없는 것과 같아지기 때문이다), 국가 역량이 "사실들을 선언하고" 사후적으로 "법의 가치에 대해 순전히 사실확인"을 하는 데에 "만족하는 전령héraut의 역할로 축소"되든(법률loi을 탈실체화하고 그것으로부터 모든 정치적 내용을 비워버리는 법적 관점이 정치 역량에 인정해줄 수 있는 것은 오직 이러한 실증적 규정뿐이다) 상황은 매한가지다(Schmitt, 1922, p. 35~36〔국역 33~40쪽〕). 이에 반하여 슈미트는, 〔한편으로〕 법은 법을 실질적인 것이 되도록 만드는 역량으로부터 분리될 수 없으며, 〔다른 한편으로〕 이러한 법의 실질적 성격은 완전하게 정치적인 것의 영역에 속한다는, 즉 법이 이미 그 자체로 정치가 된다는 이중의 의미에서 법과 정치를 긴밀하게 연결 짓는다.

주권 권력의 정당성 문제를 실증법의 적법성 문제에 종속시킨다고 (더 정확히 말해서 주권 권력의 정당성을 실증법의 적법성 속에서 용해시켜버린다고) 법규범주의를 비난하는 이러한 법규범주의에 대한 비판은 근대 사회들 내에서의 법적-정치적 제도들의 변화에 대한 더 광범위한 부정적 평가 속에 기입된다. 여기에 법을 절차적이고 형식적인 기법으로 환원시키는 법의 기능화가 존재하는데, 이는 관료주의와 의회의 이중적인 측면하에서의 자유주의 국가의 발전을 보여준다. 법에서 정치적 결정의 모든 내용을 비워버리는 규범주의라는 법적 이데올로기가 증언하는, 총체성의 역량으로서의 주권에 대한 이러한 유기야말로 근대 대중의 당파들이 전도시키는 것이다. 슈미트에 따르면 이러한 상황 속에서 대중의 당파들만이 사실상 유일하게 사회적 삶에 대한 전체적인 재정치화를 수행한다. 하지만 이번에도 다시금 국가 권위의 도구화라는 대가를 치르면서 말이다. 국가 권위는 대중들을 조종하는 수단을 당파들의 손에 쥐어주고 마는 의회제의 유동적인 합의들에 내다 버려진다. 허약함으로 특징지어지는 이러한 총체적 국가에 슈미트는 총체적 국가의 실질적인 재정치화의 필요성을 대립시키는데, 이는 ("양적으로" 총체적인 자유주의 국가와는 대조적으로) "질적으로 총체적인" 또는 "질적으로 강력한" 국가 내에서 강력한 주권적 권위의 재구축을·부과한다. 슈미트가 1920년대 말부터 우선 명시적으로 이탈리아 파시즘에 준거시키는 이러한 통념은 사회의 유력한 경제적 집단들을 능가하는 상위의 권력puissance을 내포한다. 이 상위의 권력은 경제적 집단들이 지니는 권력들로 용해되는 대신에, 총체성을 대표하는 것으로서, 오직 그 권력만이 단순히 중립적인 조정자의 위상으로 축소되지 않고 경제적 집단들의 권력을 정치적으로 지도할 수 있다(Schmitt, 1932, p. 60-63〔국역 34~37쪽〕). 따라서 이는 특히 고전적인 선거 절차들을 희생시키는 국민투표plébiscitaire 민주주의에 대한 높은 가치부여를 거쳐야만 하며, 이와 상관적으로, 의회제도를 그저 제거하는 것은 아닐지라도, 의회 권력을 희생시키는 제국Reich의 총통président의 권한 강화를 거쳐야만 한다. 하지만 슈미트가 양적으로 총체적인 국가를 지정할 수 있게 해주는 핵심적인 기준을 분명히 제시하는 것은 특히나《정치적인 것의 개념》La notion de politique에서다. 이러한 기준은 우리가 앞서 근대 국가가 지니는 지표적인 특성들을 통해 서술한 바 있는 근대 국가의 발생과는 대조적인 의미를 가진다. 행정장치 및 입법장치의 행정적이고 관료주의적 발전, 법의 형식적이고 절차적인 합리화, 국가보다 언제나 더 넓은 사회적 활동 영역들 내로 국가를 끌고 들어가는 국가의 광범위한 사회화, 이 모든 것들은 슈미트에 따르면 정치적인 것이 지니는 의미 자체의 해소를 야기한다.

국가에 준거하거나 모든 것을 국가로 가지고 오는 데 만족하는 정치적인 것에 대한 가장 일반적인 정의들은, 국가가 바로 국가에 속하지 않는 비정치적인 집단들 및 사안들에 대해 분명하게 규정되어 구별되는 개체entité가 되는 만큼, 결과적으로 국가가 정치적 활동의 독점권을 방어하는 만큼, 가지적이며, …… 따라서 과학적으로 증명된다. …… 역으로 국가적= 정치적이라는 등식은 국가와 사회 간의 상호 침투가 발생하는 한에서 오류들을 유발하는 부정확한 것이 된다. 지금까지 사회에 관련된 사안들이 국가를 통해 처리되어온 반면에, 이제부터는 반대로 국가에 관련된 사안들이 사회에 책임을 부과하게 되는데, 이는 민주주의에서 조직된 정치적 통일성 내에서 필연적으로 일어나는 일이다. (Schmitt, 1932, p. 59〔국역 33~34쪽〕)

정치적인 것이라는 개념을 국가 개념의 전제로 만드는 이러한 역전에 근거해서, 문제시되는 것은 정치적인 것이라는 개념의 의미뿐만 아니라 그 개념에 일의적이고 결정적인 의미를 부여할 수 있는 가능성이다. 따라서 질적으로 총체적인 국가의 시기에는 오직 총체적인 주권적 결정 그 자체만이 정치적인 것의 기준을 재발견하도록 허용해줄 수 있다. 다시 말해 이러한 결정은 공동체의 통일성 자체를 낳으며, 이를 통해 심지어 공동체의 통일성의 정치적 성격을 드러내준다. 슈미트가 "친구"와 "적"의 구별 속에서, 즉 공동체의 실존 자체를 위태롭게 할 적대가 극단적으로 심화되는 (잠재적 내지는 현실적) 지평 속에서 식별한 것이 이러한 총체적 결정이다. 친구와 적의 지정을 결정하는 역량은 엄밀한 의미에서 정치의 정의를 제공하지는 않는다. 이러한 역량이 "특정한 인민이 다른 특정한 인민에게 영원히 친구 또는 적이 된다거나, 중립성은 불가능하며, 정치적으로 무의미하다"는 것을 의미하는 것 또한 아니다(Schmitt, 1932, p. 72(국역 47쪽)). 이러한 역량은 그저 이익 갈등 및 동맹의 형태들이 우연적이며 무의미해지는 경향이 있는 예외적 상황에 따라 정치적인 것을 이러한 여타의 모든 형태들로부터 구분해주는 기준을 제공해준다. 달리 말해서 "동맹과 반목, 협력과 분열의 극단적 단계"를 보여주는 친구와 적의 구분은 이러한 극단적 상황 속에서 "국가 내적 정치 주위에서 형성된 당파들과 그 당파들 간의 갈등들에 상대적인 중요성만을 남겨둠으로써 전체를 총괄하는 정치적 통일성(국가)의" 총체적 의미를 표시해준다(Schmitt, 1932, p. 70(국역 45쪽)).

그럼에도 불구하고 이러한 테제는 다음과 같은 애매성을 보존한다. 국가는 친구-적을 구분하는 이러한 총체적 결정이 그 속에서 실현되는 필연적인 형태인가? 아니면 국가는 그 자체로 국가가 그것의 도구가 될 또 다른 심급 내에서 구현되는 상위의 결정 원리로 되돌려지는가? 슈미트가 제3제국의 정치적이고 헌정적인 구조를 (완전하게 정당화하기 위해 그것을) 성찰하는 데 전념하는 1933년의 저서《국가, 운동, 인민: 정치적 통일성의 삼원성》 État, mouvement, peuple: la tripartition de l'unité politique에서 그는 이러한 두 번째 방향을 강조한다. 첫 번째 방향이 완전하게 사라지는 것은 아니지만 말이다. 이러한 삼원적 조직화 한가운데에서, 그는 국가를 체계의 정태적인 요소로, 그리고 인민을 공적인 삶의 비정치적인 요소로 규정한다. 이러한 두 영역들[국가, 인민]을 관통하고, 그것들의 종합을 수행하며, 인민을 국민공동체Volkgemeinschaft의 살아 있는 통일성 내로 집결시키는 것은 당이라는 역동적 요소의 소관이며, 이러한 당과 국가 그 자체의 통일성은 자신의 토대를 당의 수장이자 국가의 수장인 히틀러에게서 발견한다. 나치 체제와의 타협이 가장 공공연하게 인정되는 이 텍스트는 그럼에도 불구하고 나치 이데올로그들의 비판이 슈미트에게 쏠리도록 만든다. 첫째로, "정치적이지 않은 층위로의 인민의 격하는 총통이라는 인물[히틀러]la personne du Führer을 인종 공동체이자 당과 국가의 근본Urgrund으로서의 인민 의지의 화신으로 간주했던 교리와 충돌되는 것이었기" 때문이다(Séglard, 1995, p. 28). 둘째로, [슈미트의 삼원적] 배치dispositif는 공동체가 지니는 정치적 통일성의 구조 자체로서의 국가에 대한 이전의 개념화와, 즉 그때까지는 당에 의해 이데올로기적으로 조직된 운동을 전혀 필요로 하지 않는 것처럼 보였던 국가와 양립하기 어려운 것처럼 보이기 때문이다. 왜냐하면 당파들에 대항하여 자신의 주권의 제도적 실재성을 단언하는 것이야말로 바로 국가의 소관이었기 때문이다. 독재에 이르는 길에 슈미트가 가담했음을 두드러지게 보여주면서도 이처럼 국가를 토대적인 정치적 심급으로 보존하는 이러한 슈미트의 배치는 나치 교조주의자들의 의심을 불러일으켰다. 이에 1934년 알프레드 로젠베르크Alfred Rosenberg를 비롯한 나치 교주주의자들은 "운동"과 당을 희생시키고 국가에 너무나도 많은 중요성을 부여한다는 이유로 슈미트를 비난하게 된다. 슈미트의 총체적 국가 개념에서 나치의 전체주의적 지배 과정으로 이행하려면 추가적 인 단계를 통과해야만 하는 것 같다.

2.   대중과 당: 전체주의 운동

언급했던 대로, 전체주의는 대중 현상이며, 이는 이러한 대중이 즉각적으로 자연스럽게 그것의 대상이 되는 총체적 지배 의 기획 내지는 더 정확하게 말해서 그 과정에 대중운동이 동조 한다는 것을 함축한다. 그렇다면 이때 "대중"은 무엇으로 불리는 가? 독일의 철학자 한나 아렌트*는 이러한 물음에 그 자체로 접 근하고자, 그리고 이러한 물음에서 출발해서 당들의 다원주의와 당과 국가장치 간의 구분이라는 정치적 자유주의 전통의 주요한 두 요소들의 붕괴라는 배경 속에서 전체주의적 지배 내의 정치적 당 형태를 이해하고자 노력했다. 대중운동들의 출현과 국가-당 형태의 등장이라는 두 가지 구성요소들을 결합시키는 아렌트의 분석이 지니는 독창성은 우선 동시적으로 두 층위에서 전개되는 분석 과정에서 기인한다. 실제로 이러한 분석에서 나치와 스탈린 체제들(전체주의라는 유적 범주하에서 나치 체제와 스탈린 체제의 상호 접근이, 아렌트 고유의 비교방식을 감추어서는 안 된다. 실제로 그녀는 자 신의 분석의 세부사항들 속에서 양 체제의 차이점들을 적시한다) 내의 권력 구조들에 대한 정치사회학과 전체주의적 지배의 현상학, 즉

---

*   이 책 93~98쪽을 참고하라.

이러한 복잡한 현상이 인간 공동체의 특수한 경험들 속에서 나타나는 방식—우리가 보게 될 것처럼 이 방식은 그것이 인간 공동체의 붕괴의 경험에만 준거할 수 있을 뿐이라는 점에서 역설적이다—에 대한 기술이 서로 접합된다. 이러한 접합은 무엇보다도 이러한 두 차원들 간의 긴장들을 분명하게 밝히는 데 목적을 둔다. 즉 전체주의적 지배의 현상학은 기존에 주어진 것으로 전제되는 사회적 의식으로 되돌려지는 것이 아니라, 아렌트가 상세하게 분석하는 정밀한 권력 기법들(통제 시스템, 프로파간다와 공포 정치, 행정 조직과 당 조직, 당 내의 분파들 및 당의 기능들 사이의 그리고 당원들과 행정 관료들 사이의 내적인 권력 관계들 등등)로 되돌려진다. 하지만 역으로 이러한 현상학은 권력 구조들의 극심한 취약성을 드러내며, 전체주의적 지배가 지니는 매우 독특한 본성을 보여준다. 왜냐하면 전체주의적 지배는 (국가적 또는 준-국가적) **조직**보다는 **항구적인 운동**에 기초하기 때문이다. 이러한 차이를 명확하게 살펴보자.

실재적이든 외면적이든 국가와 당의 융합 현상은 아렌트에게 있어서 그저 19세기 의회제의 형식들 내에 자리했던 정치적 당들의 특별한 변화를 의미하지 않는다. 이러한 정치적 당들은 산업자본주의의 비약적 발전이 야기한 사회적이고 정치적인 급변들에 의해 타격을 받은 사회 구조를 정치적 차원에서 유지하기 위한 다소간의 불안정한 해법을 대표했다. 그것들은 특히 혁명 이후 분기하며 갈등을 빚는 이해관계 내의 계급들로 사회가 재구성되었음을 표현해주었고, 대의정치 체제는 이러한 계급들의 대립들을 법제화하고 제도화하는 것을 목표로 했다. 그런데 전체주의적 지배 내에서 작동하는 바대로의 당은 이러한 유약한 사회-

정치적 구조의 파탄을 확인해준다. 즉 계급의 당들에서 대중의 당으로의 이행은 19세기 후반부터 실현되었고 20세기 초반 정치적·경제적 위기들이 파멸로 내몬 사회-정치적 구조들의 심대한 변형의 상관물이다. 아렌트는 이러한 심대한 변형을 전체주의적 지배의 조건이자 동시에 그러한 지배를 재생산하고 확대시키는 특권적인 도구인, 사회의 "원자화"라는 용어로 지시한다(Arendt, 1951/1958 III, ch. 1〔국역 제10장 〈계급 없는 사회〉〕과 p. 224-232〔국역 276~284쪽〕). 이러한 원자화는 (시민사회라는 고전적인 개념의 경우에서 그러했던 것처럼) 사적 이익에 이데올로기적으로 그리고 경제적으로 더 높은 가치를 부여하는 것—이는 계급적 연대들에 대항하는 부르주아 이데올로기 투쟁의 도구이자 19세기 말 유럽에서 수적으로 늘어난 계층들이 보여준 탈정치화의 요인vecteur이었다(아렌트는 이렇게 탈계급화된 계층들에 대해 "군중foule" 내지는 "하층민populace"이라는 용어를 마련한다)—에서만 기인하는 것은 아니다. 계급 구조들의 파괴의 상관물인 원자화의 과정은 오히려 그것들을 통해 그때까지 이익들/관심intérêt들의 집단적 표상이 구성되었던 사회-정치적 매개들의 와해의 효과다. 1차대전의 결과로 나타난 유럽 국민국가들의 의회제 시스템의 위기들과 전후 경제적 위기들은 끝내 계급 구조들을 탈구시켰으며, 또한 이와 함께 사적인 이익/관심 및 행복의 개인주의적 가치들을 부추겼다 (Arendt, 1951/1958 III, p. 34-35〔국역 28~29쪽〕). 기묘한 사회학적 개체로서의 "대중들"은 바로 **이익/관심**(계급의 집단적 이익/관심 내지는 사적 개인의 특수한 이익/관심)의 좌표들의 붕괴와 그 자체가 하나가 되는 이러한 일반화된 탈정치화를 배경으로 등장하게 된다. 사회 구조의 파괴와 사회의 원자화라는 이러한 이중의 과정은,

"대중사회"라는 표현을 매우 모순어법적으로 만드는 동시에, 아렌트에 따르면, 대중운동의 구성원들이 보여주는 심대한 "무관심désintérêt"을 해명해준다. 여기서 이 용어는 사회학적으로 그리고 심리학적으로 다양한 의미로 이해될 수 있지만, 또한 정치적인 의미로 이해될 수 있다. 즉 이는 첫째로, 정치적인 것의 장소로서 공동의 삶의 골조와 견실함 자체를 구성하는 다양한 관점들의 대결 속에서 구성되는 바대로의 경험 세계에 대한 관심의 상실을 의미한다. 둘째로 이는 가장 기초적인 자기감정에까지 영향을 미치는 고유한 인격personne에 대한 관심의 상실을 의미한다.*
마지막으로 이는 집단들의 연대와 또한 적대 및 대립되는 노선들을 통해 그때까지 특정한 목적들, 즉 사회적 공간에서의 공통 경험(설령 이 경험이 갈등적일지라도)에 한정되고 언제나 그러한 경험에 준거하는 목적들을 정치적 행위로 결집시켰던 집단적 구성으로서의 관심이 함축하는 정치적 의미의 상실(아렌트에 따르면 이는 앞선 두 가지 상실들에 전제된 것이다)을 의미한다.

---

*   "전체주의의 성공 속에서 근심스러운 요소는 오히려 전체주의의 지지자들이 보여주는 진정한 자기상실이다. …… 문명화된 세계가 마비된 상태에서는, 그(운동의 구성원)는 사람들이 운동의 구성원으로서의 자신의 지위를 건드리지만 않는다면, 자신을 기소한 자들을 도우며 자신에 대해 사망선고를 내릴 준비가 되어 있을지도 모른다. 현실적인 모든 경험들보다 오래 살아남고 가장 직접적인 개인적 관심을 파괴하는 이러한 완고한 신념을 열렬한 이상주의의 단순한 표현으로 간주하는 것은 순진한 짓일 것이다. …… 운동의 조직화된 틀 내에서 그 운동이 유지되는 한, 광신도적인 구성원들은 경험에 의해서도 논증에 의해서도 동요될 수 없다. 운동과의 동일시와 절대적 순응주의는, 그것이 설령 죽음의 고통 내지는 공포만큼이나 극단적인 경험일지라도, 경험을 하는 그들의 능력까지 파괴시켜버린 것 같다."(Arendt, 1951/1958 III, p. 29(국역 18~20쪽))

대중들은 공동의 이익에 대한 의식을 통해 단결하지 않으며, 명확하고, 한정되며, 알기 쉬운 목적들의 추구에 의해 표현되는 계급들의 특수한 논리를 가지고 있지 않다. "대중들"이라는 용어는 오직, 그들의 단순한 머릿수나 무차별성 때문에, 아니면 두 가지 이유 모두 때문에, 공동의 이익에 기초하는 그 어떤 조직, 즉 정치적 당들, 시당국들, 직업 단체들이나 노동조합들 내로 통합되지 못하는 사람들에게만 적용된다. 대중들은 모든 나라에 잠재적으로 존재하며, 거의 투표를 하지 않거나 어떤 정당에도 결코 가입하지 않는 중립적이며 정치적으로 무관심한 다수의 사람들의 광범위한 계층을 형성한다. (Arendt, 1951/1968 III, p. 31-32〔국역 25쪽〕)

하지만 대중 당의 종별성은 이를테면 공백(이데올로기가 모든 현실성을 벗어나 가상적으로 채우게 되는 공백) 속에서 대중운동 그 자체를 재정치화하기 위해 바로 이러한 대중의 탈정치화에 의존한다는 점이다. 이러한 대중운동의 재정치화는 새로운 특정한 관심들에 부합하는 새로운 목표들 내지는 목적들을 정착시키는 것이 아니라, 관심의 부재 말고는 그 어떤 관심도 없이, 운동 그 자체와 그 고유의 지속성〔만〕을 목적으로 취한다.

국가-사회주의도, 볼셰비즘도 자신들이 새로운 체제를 확립했다고 선포한 적이 결코 없으며, 권력을 장악하고 국가를 통제함으로써 자신들의 목표가 달성되었다고 선언한 적도 없었다. 지배에 대한 그들의 관념은 국가에 의해서도, 단순한 폭력장치에 의해서도 실현될 수 없었으며, 오직 **부단히 운동**

중에 있는 운동에 의해서만, 즉 개인들의 모든 영역들 내에서의 개인들 전체에 대한 항구적인 지배에 의해서만 실현될 수 있었다. (Arendt, 1951/1968 III, p. 49[국역 47쪽])

그러므로 국가-당의 정치적 구조에 대한 물음은 대중운동이라는 전대미문의 현상에서 출발해서 제기되어야만 하는데, 이는 아렌트에 따르면 (시민적 독재 유형 또는 군사적 독재 유형과 같은) 여타의 권위적인 국가 형태들에 비해 전체주의적 지배들이 지니는 독특성을 심화시키는 일련의 역설들로 이끈다.

우리는 어떤 건물만이 어떤 구조를 가질 수 있다는 점을, 하지만 나치가 문자 그대로, 그리고 엄밀하게 행했던 그 말[운동]을 취해보자면, 운동은 오직 어떤 방향만을 가진다는 점을 명심해야만 할 것이다. 모든 종류의 법적 또는 행정적 구조는 점점 더 빠르게 특정한 방향으로 전파될 운동에 있어서 어떤 장애물을 구성할 뿐이다. (Arendt, 1951/1958 III, p. 127[국역 159쪽])

이로부터 다음과 같은 첫 번째 정정이 도출된다. 즉 국가와 당의 융합은 외면적일 뿐이며, 실제로 이러한 융합은 권위들의 이원성(예컨대 한편에서의 행정 및 정부부처의 기능들과 다른 한편에서의 당 내의 기능들의 분리, 영토의 행정적 분할과 당의 기관들에 따른 영토 분할 간의 양분. 이때 당 기관들에 따른 영토 분할은 행정 구역에 부분적으로만 일치한다)에 기초한다. 외면적 대립의 원천처럼 보이는 이러한 이원성은 실제로는 가상적인 권위와 실제적인 권위를 결합시키며, 정부장치를 "당에 의해 행사되는 실재적인 권력을 감추고 보호하는 단순한 외관"으로 만든다. 무엇보다도 우리가 이러한 이원성이 사회-정치적 공간의 층위들 전체에 전파되는 것을 목격할 때, 이 이원성은 문제가 되고 있는 지배 방식을 이해하는 데 있어서 자신의 온전한 의미를 갖게 된다. 즉 이 이원성이 시민들과 지도자들 모두에게 일의적인 방식으로 자신들이 어떤 권위하에 놓이는지, 또는 운동하고 있는 위계 내에서 자신들이 어떤 자리를 점하는지 알 수 없게 만드는 불가능성을 유발하는 것이다. 이러한 불가능성은 권력이 영구적으로 이동한다는 사실을 가리키며, 이는 "운동"을 권위들 및 기능들의 안정된 구조 내로 한정시킬 수 없도록 막는다.

> 기술적인 관점에서, 전체주의적 지배장치에 내적인 운동은 자신의 유동성을, 지도부가 종종 권력을 박탈당한 집단들을 해체시키거나 심지어는 정치적으로 드러내지 않고서도, 끊임없이 권력의 실제적 중심을 다른 기관들로 이동시킨다는 사실로부터 끌어낸다. …… 감추어진 실재적 권위와 가상적인 대표 간의 일관되고 영구적인 분할은 권력의 실제적인 자리를 정의상 미스터리한 것으로 만들어버렸다. (Arendt, 1951/1958 III, p. 129〔국역 162쪽〕)

다르게 말해서, 이러한 분할은 권력을, 권력들의 위계적 조직화의 정점이 아니라, 반대로 조직화의 부재 속에서 (혹은 오히려 부단하게 재생산되는 조직화의 불안정성과 불확실성 속에서) 자신의 출현의 종별적인 전체주의적 조건을 발견하는 최고 지도자의 형상 속에서가 아니라면, 위치를 결정할 수 없는, "자리" 없음으로 만든다.

　최고 권력(총통)과 피통치자들 사이에는, 자신들이 지니는 권위와 복종의 정당한 몫 각각을 부여받을 수 있는 책임 있는 매개적인 층위들이 존재하지 않는다. 총통의 의지는 모든 장소에서, 모든 시간에 구현될 수 있다. …… 부서들의 한없는 증가와 권위상의 혼동이 각각의 시민들이, 자신의 결정의 실행을 책임지는 기관을 자의적으로 선택하는 지도자의 의지에 직접적으로 대면하고 있다고 느끼는 상태를 야기하는 것과 마찬가지로, 제3제국의 150만의 총통들은 자신들의 권위가, 위계로 기능하는 매개적 층위들 없이, 히틀러로부터 직접적으로 유래한다는 사실을 완벽하게 의식했다. 직접적인 의존이야말로 진짜였으며, …… 매개적인 위계는 권위주의 국가를 외관상 그럴싸하게 모방하는 것일 뿐이었다. (Arendt, 1951/1958 III, p. 134-135〔국역 169~170쪽〕)

　요컨대, 흔히 하나로 통제되는 구조처럼 묘사되는 전체주의 국가에 대한 표상―이러한 표상은 전체주의 국가에는 부적합한, 국가 및 통치 구조에 대한 고전적인 관점에 여전히 의존한다―과는 반대로, 당-국가장치는 유일당의 국가화로 이루어지는 것이 아니라, 반대로 (행정적·법적·내각적…) 국가 제도들의 파괴로, 따라서 권력 행사의 양상들의 탈조직화로 이루어진다. 총체적 지배의 실현이 권위들과 그 기능들의 안정적인 분배를 보장하는 정치적·법적·행정적 구조의 틀 내에 부분적으로 남아 있다고 할지라도, 총체적 지배의 완전한 실현은 "계획화"되고 일반화된 "형태가 없음"을, 즉 권력 행사의 다양한 양상들(감시, 프로파간다, 위협, 억압 등등)하에서의 권력의 제도적 조직화의 불안정성을 경유할 수밖에 없다. 따라서 또한 이러한 실현은 아렌트가 기술하는 바대로, "국가뿐만 아니라 국민nation, 인민, 그리고 지도자들에게 부여되는 권력에 대해서도 운동이 절대적으로 우월성을 점한다"는 사실을 경유할 수밖에 없다(Arendt, 1951/1958 III, p. 142[국역 180쪽]). 국가 경제를 생산하는 힘이자 지탱하는 지렛대인 시민 인구 전체는, 국가가 그러한 것과 마찬가지로, 운동 그 자체를 가속화하고 확대시키는 단순 수단의 지위에서 이 운동 내로 통합되는데, 이러한 사실은 바로 총체적 지배가 총력전 그 자체의 과정으로 전개되는 데에서 목도된다. 이러한 관점에서, 전시de guerre 경제와 전시 정치는 총체적 지배 운동의 부차적인 옵션들이 아니라, 바로 이 과정에 내적인 요소들이거나 이 개념에 내적인 계기들이다. 곧이어 살펴볼 것처럼, 이 마지막 단계에서 국가 그 자체는 기이한 운명을 겪게 된다.

3. 경제와 총력전: 자멸적 국가

프랑스 철학자 질 들뢰즈(1925~1995)와 정신분석학자 펠릭스 가타리Félix Guattari(1930~1992)는, 그들이 공동으로 집필한 세 번째 저작인《천 개의 고원》Mille Plateaux에서 전체주의적 지배의 기획 속에서—전쟁이 지니는 사회적·경제적·정치적 차원들뿐만 아니라 심리적·리비도적 차원에서의—전쟁이 차지하는 위치에

대한 개념화를 제시했다. 그들의 축이 되는 테제가 지니는 함의
들을 풀어놓기 전에, 그 테제를 한마디로 요약하자면 다음과 같
다. 국가가 (시민사회의 군사화, 전쟁을 치루기 위한 노력에의 인구 전
체의 동원, 모든 경제의 전시 경제로의 조직화를 통해) 그 속에서 자신
의 "총체화"에 도달하는 총력전의 동역학을 해명하지 않고서는
총체적 국가는 완전하게 규정될 수 없다. 하지만 이러한 총력전
의 동역학 내부 자체에서 국가는 자기 자신이 그 속으로 빨려 들
어가는 파괴 과정을 가속화시키는 단순한 수단이 되는 경향이 있
다. 그러므로 전체주의는 **본질적인** 규정으로서 자신을 파괴하는
구성요소를 포함하며, 따라서 총체적 국가의 완전한 실현은 "자
멸적 국가" 내에서의 총체적 국가의 완성을 의미한다(Deleuze-
Guattari, 1980, p. 281〔국역 439쪽〕). 이러한 테제는 우선적으로 문명
사의 규모에서 전쟁과 국가 간의 관계에 관련된, 더 일반적인 사
정권을 지니는 어떤 가설에 근거한다. 이 가설은 전쟁이 "본질적
으로" 국가의 사안이며, 국가들 간의 상호작용의 한 방식이고 따
라서 (극단적일지라도) 정치의 한 양상이라고 가정하는 전제에 반
대한다. 그러므로 이 가설을 좇아 오히려 역사 속에서 국가들 전
체는 군사장치를 가졌던 적이 없었으며, 전쟁의 역량 그 자체는
(예컨대 원시 사회들이나 유목 부족들의 경우처럼) 비국가적인 물질
적·제도적 장치들 속에서 실현될 수 있거나 그래왔다는 사실을
확인하는 데에서 출발하는 것이 바람직하다. 따라서 우리는 출발
점이 되는 가정으로서 국가와 전쟁 역량 내지는 "전쟁 기계machine
de guerre" 간의 외재적 관계를 구상하게 된다. 이러한 전쟁 기계는
무한하게 다양한 사회적·기술적 환경들 내에서 현실화될 수 있
는, 역사를 관통하는 힘의 이념적 연속체continuum idéel et transhistorique

de puissance로만 구성되지만, (그렇다고 해서) 필연적으로 적을 복종시키거나 파괴시키는 전쟁을 자신의 목적이나 목표로 삼는 것은 아니다(Deleuze-Guattari, 1980, p. 518-526[국역 797~810쪽]). 따라서 이러한 가정이 개방하는 분석 지평은 전쟁 역량이 함축하는 이러한 "이념적인 (힘의) 흐름"을 역사적인 국가들이 자신들의 구조적이고 정세적인 좌표들에 따라 "전유"하는 방식들에 대한 역사적 연구 지평이다. 이러한 복잡한 전유 메커니즘들에 대한 경험적 연구는 국가들이 지니는 군사적 힘의 발생 프로그램을, 더 정확하게 말해서 문제가 되는 것이 국가에 이질적인 것이라고 전제된 어떤 힘을 (국가가) 포획하는 것이기 때문에, 국가의 군사적 힘의 이질발생학hétérogenèse 프로그램을 규명한다.

이러한 가정과 이러한 프로그램으로부터 개념적으로 기대되는 것들은 1930년대 총력전을 주장한 독일 이론가들의 주요한 준거점(Ludendorff, 1935)이었던, 위대한 전쟁 이론가인 카를 폰 클라우제비츠Carl von Clausewitz의 분석들에 부딪치게 된다. 클라우제비츠는 여전히 회자되는 다음과 같은 테제를 제시한 바 있다. 전쟁은 "정치적 도구이자, 정치적 관계들의 연장continuation이며, 다른 수단들을 통한 정치적 관계들의 실현이다"(Clausewitz, 1815-1831, p. 46[국역 79쪽]). 들뢰즈와 가타리는 클라우제비츠의 위대한 저작《전쟁론》De la Guerre 7장에서 이러한 테제의 골조를 구성하는 이론적인 배치에 이 테제를 결부시킨다.

1) 경험에서는 찾아볼 수 없는 이념으로서의 절대적이고 무조건적 전쟁이라는 순수한 전쟁 개념(적이라는 것 외에는 어떠한 규정도 갖지 못한 적을 정치적·경제적·사회적 고려는 전혀

배제하고 타도해버리는 것 또는 "몰살시켜버리는 것")이 존재한다. 2) 국가의 목적에 종속된 실제의 전쟁들만이 주어진다. 국가의 목적은 잘하건 못하건 절대 전쟁과의 관계에서는 "지휘자"가 되는 것이며, 어쨌든 경험상 절대 전쟁의 실현을 조건짓는다. 3) 실제 전쟁은 섬멸전과 제한전이라는 양극을 왔다 갔다 하는데, 이 두 극 모두는 국가의 정치에 종속되어 있다. 즉 섬멸전은 (섬멸의 목표에 따라) 총력전으로 상승될 가능성을 갖고 있으며, 극한을 향해 상승해 가다보면 무조건적인 전쟁이라는 절대 전쟁에 근접해가는 경향이 있는 데 반해, 제한전은 가능하면 "전쟁을 하지 않는다"는 의미에서가 아니라 제한적인 조건을 향해 하강적으로 근접하기 때문에 단순한 "무장 감시" 형태를 띨 가능성도 있다. (Deleuze-Guattari, 1980, p. 523(국역 805쪽))

저자들에 따르면, 클라우제비츠의 출발점은 소위 "전쟁 기계"가 지니는 힘과 국가 권력 간의 타율성 가설에 따라 정정된다는 조건에서 그 유효성이 인정된다. 경험 내에 주어지지 않는 이념으로서의 전쟁 기계는 "전쟁"이라는 **대상**에 의해 규정될 수 없다(저자들이 설명하는 바대로, 전쟁 기계는 오히려 공간과 시간의 합성 및 점유에 의해 정의되어야만 한다). 따라서 전쟁 기계는 "적을 몰살시키거나 타도해버리는" **목표**에 의해 규정되는 것도 아니다. 더 급진적으로 말해서, 전쟁 기계는 전쟁 역량이 필연적으로 정치적으로 규정된다는 클라우제비츠의 테제에 선험적으로 부합하지 않는다. 하지만 이것이 의미하는 바는, 오직 전쟁 기계의 이러한 힘을 국가가 전유함으로써만, 이 힘은 정치적인 의미를 취하게 되며, 국가들의 의지들에 부합하는 수단들, 대상, 목적들로 구성되는 특수하게 정치적인 삼단논법("정치적 의도는 목적의 추구이고, 전쟁은 이러한 목적의 수단이며, 따라서 이 수단은 목적 없이는 이해될 수 없다." Clausewitz, 1815-1831, p. 46(국역 80쪽)) 내로 도입된다는 점이다. 국가들에 의해 전유됨으로써, 전쟁 기계의 힘은 실질적으로 전쟁을 자신의 대상으로 취하게 되며, 적의 몰살을 자신의 목표로 삼게 된다. 따라서 전쟁 기계는 여기에서 "본성과 기능을 바꾸게 되는데, 왜냐하면 전쟁 기계는 이제 …… 국가를 파괴하려는 모든 자들에 맞서 지휘되거나, 그게 아니라면, 한 국가가 그저 다른 국가를 파괴하려고 하거나 그 다른 국가에 자신의 목적들을 강제하려고 하는 한에서, 국가들 간의 관계들을 표현하게 되기 때문이다"(Deleuze-Guattari, 1980, p. 521(국역 802쪽)). 따라서 해명되어야 할 물음은, 이러한 전유의 형태들이 무엇인지뿐만 아니라, 또한 국가들이 잘하건 못하건 좋은 "지휘자"가 되는 이러한 전쟁 역량을 그 국가들이 자신들의 필요들 및 정치들에 따라 전유하는 수단들은 무엇인지다(Deleuze-Guattari, 1980, p. 438(국역 679쪽)). 이러한 수단들은 그 자체로 군사적일 수 없다(왜냐하면 군사적 제도들은 전유로부터 귀결되기 때문이다). 이 수단들은 모든 국가 지배 형태가 전제하는, 영토의 국가 개발, 노동의 조직화 (내지는 최소한 상대적인 노동 통제), 과세 같은 핵심적인 국가장치들에 속한다.

이처럼 문제가 되는 것은 바로 **국가의 군사적 역량에 대한 계보학**인데, 이 계보학은 그 자체로 전쟁적인 것도 군사적인 것도 아니다. 이 계보학은 공간을 관리하는 수단들, 즉 **그것들 속에서** 국가들이 지니는 전쟁의 구체적 역량들이 구성되는, 인간들,

재화들, 자본들의 활동들 및 순환들을 대상으로 한다. 그런데 이러한 다양한 측면들하에서, 이 수단들은 근대 및 현대 역사에서 국가 자본주의와 전세계적 자본주의의 발전에 긴밀하게 연관된다. 이러한 발전은 국가에 의한 전쟁 기계의 전유 운동의 원인이자 동시에 효과다. 전쟁 형태들의 발전은 자본주의 발전과 분리 불가능하다. 하지만 자본주의 그 자체의 발전은 국가들의 근대 역사에 밀접하게 연결되며, 이 국가들은 자신들의 차례에서 정치적 조직 및 행정 속에서, 그리고 군사력의 사용 속에서 (경제적 투자, 과학 연구와 기술 혁신, 국토 개발, 산업과 교통 통신의 인프라 구축 등을 고무시키는) 자신들의 정치적이고 시민적인 기능들의 발전의 강력한 요인들을 발견한다. 따라서 군사력의 축적 과정과 자본의 축적 과정이라는, 근대 국가의 발전을 결정짓는 두 역사적 과정 사이에는 순환적인 상호조건화가 존재한다. 국가에 의한 전쟁 기계의 전유 운동은 산업 자본주의의 비약적 발전과 전쟁 경제들의 발전 간의 이러한 상호의존 관계에 기초한다. (국가들의 전쟁 역량이 17~18세기를 기점으로 점점 더 경제적·기술적·물질적·인간적 요소들을 통합하는 한에서) 국가들의 전쟁 역량 구성에서 자본주의의 요인들을 점점 더 결정적인 요인들로 만드는 이러한 운동은 총력전의 계보학에 융합된다.

국가의 전쟁을 총력전으로 만드는 요인들은 자본주의와 밀접하게 결합되어 있다. 즉 전쟁 관련 시설, 산업 그리고 전쟁 경제에 대한 고정 자본의 투자, (전쟁을 수행하는 동시에 희생자가 되는) 육체적·정신적 측면에서의 인구라는 가변 자본에 대한 투자와도 밀접하게 결합되어 있는 것이다. (Deleuze-

Guattari, 1980, p. 524〔국역 807쪽〕)

그렇다면 여기에서 "총력전"이란 무엇일까? 그것은 국가에 의해 전유된 전쟁 기계의 수단과 대상이 점점 더 무제한적이게 되는 형세다. 그 수단은 더 이상 군사적 제도들에 한정되는 것이 아니라, 전쟁을 위한 노력 안에 인구와 경제를 포함하여 국가 전체를 징집시키는 경향을 띤다. 마찬가지로 그 대상은 더 이상 적 군대를 쳐부수고 이 군대가 속한 정치적 권위를 무릎 꿇리는 것에 한정되는 것이 아니라, 적대 국가의 힘들 전체를, 절멸시키는 것은 아닐지라도, 복종시키는 것이 된다. 이처럼 총력전의 개념은 국가가 자신의 목표에 종속시켜야만 하는 수단들 내로 시민사회를 구성하는 경제적·재정적·과학-기술적·산업적·인구적·심리적·미디어적 요소들 전체를 통합시킨다는 것을 함축한다. 이처럼 (수단 및 대상의) 조건들의 총체성으로 고양된 전쟁 기계는 그럼에도 불구하고 "전쟁은 다른 수단들을 통한 정치의 연장이다"라는 클라우제비츠 테제의 틀 내에서 완전히 가지적인 것으로 남는다. 실제로, 전쟁 기계의 수단들과 목적이 무제한적일지라도, 그것들은 정치적 목표에, 즉 국가의 의지에 종속된 것으로 남는데, 이때 국가는 그 자체로 총체적인 것이 되며, 시민사회 전체는 국가의 결정 대상이 된다.

그럼에도 불구하고, 들뢰즈와 가타리에 따르면, 이처럼 이해된 총력전은 전쟁을 정치적인 것에 종속시키는 클라우제비츠의 원리를 무효화시킬 위험이 있는 어떤 경향성을 규정한다. 실제로, 전쟁 기계의 과정이 정치적으로 수행되는 "조건들의 최대치"의 수준에서 국가들이 완전히 이 과정을 전유할 때에, 모든 것은 마치 국가들이 계산상으로 모든 정치적 목표에서 벗어나는 경향이 있는 어떤 목적을 야기하는 것처럼 일어난다. 이처럼 정치적 목표는 단지 절대적인 것이 되는 경향(적의 완전한 절멸을 위한 정치적 의지)만 있는 것이 아니다. 그것은 또한 자율적인 또는 목표가 없는 무제한적인 전쟁 과정 그 자체에 종속되는 경향을 띤다. 전쟁 기계가 국가에 의해 완전하게 전유되어 총체화의 최대치에 도달하게 될 때(이때 전쟁 역량은 시민 인구, 경제, 공적 삶과 사적 삶을 아우르는 사회적 관계들을 통합한다), 전쟁 기계와 국가 간의 관계는 심대하게 양가적인 것이 된다. 하나의 의미/방향sens에서, 총력전의 과정은 정치적 국가를 전쟁 기획에 완전하게 종속시킬 수는 없다. 이러한 관점에서, 전쟁 과정에 대해 정치적 규정이 점하는 우월성은 유지되며, 클라우제비츠가 원했던 바대로, 전쟁은 국가의 목표들에 종속된다. 〔하지만 반대의 의미/방향에서〕 오직 전쟁 기획("대상")만이, 목표(정치적 지배, 정복, 적을 복종하도록 만들거나 절멸시키기)에 관해서 정치에 의해 규정되면서도, 무제한적이게 되는, 다시 말해 **극단적인 경우에** 스스로에 근거하여 목표를 정하는 **경향이 있다.** 매우 "극단적인 경우에" 말이다. 왜냐하면 스스로 정한 이 목표가 실제로 이러한 무제한적인 운동에 집중된다면, 이 목표는 정치적 목표이기를 그치게 되며, 이 운동 그자체는 국가의 자기보존을 토대 짓는 정치적 명령과 무관해질 것이기 때문이다. 이렇게 되면 전쟁 과정은 전체주의적 국가보다는 "자멸적" 국가를 동원하게 될 것이다. 그런데 바로 이러한 한계〔상황〕야말로, 들뢰즈와 가타리에 따르면, 2차대전 기간 동안 나치의 전쟁 기계에서 행해졌던 것이다. 자신의 총력전의 과정 속에서 이러한 전쟁 기계는 국가의 모든 정치적 목표들로부터 벗어나, 모든 정치적 조건들이 소거된 무조건적인 전쟁 과정이 되는 경향을 띤다. 정치적 목표는 전쟁 목적과 융화되는 경향을 갖지만, 이러한 전쟁 목적은 그 자체로 무제한적인, 끝없는 자율적 파괴 과정이 되는 경향이 있으며, 이때 정치적 목표들은 이러한 파괴 과정의 보조적인 수단들에 지나지 않게 된다. 총력전 기계 machine de guerre totale는 그저 국가에, 국가의 정치적 목표들에 전유되는 것이 아니다. 반대로 총력전 기계는 "파괴를 위해서만 가치를 지니는 국가장치"를 종속시키거나 만들 수 있는 것이 된다. 이때 국가장치는, 목표에 관한 정치적 규정에 대해서 자율화되며, 심지어는 그러한 규정과 더 나아가 정치적인 것의 근본적인 요청으로서의 국가의 보존과 모순을 빚는, 무제한적인 것이 된 대상을 위해서만 가치를 지닌다. 이로부터 국가-사회주의 국가와 전체주의 국가 간의 차이점이 도출된다.

> 전체주의는 국가의 문제다. 전체주의는 본질적으로 …… 국가 관계에 관련된다. 군부 독재의 경우에도, 권력을 장악하고 국가를 전체주의 단계로 끌어올리는 것은 국가의 군대이지 결코 전쟁 기계가 아니다. 전체주의는 특별히 보수적이다. 반면 파시즘에서는 분명 전쟁 기계가 문제가 된다. 그리고 파시즘이 전체주의 국가로 구성된다는 것은 국가의 군대가 권력을 장악한다는 의미가 아니라, 반대로 하나의 전쟁 기계가 국가를 탈취한다는 의미로 이해해야 한다. (Deleuze-Guattari, 1980, p. 281〔국역 437쪽〕)

이것이 말하는 바는, 여기에서 총력전 그 자체가 국가 기

획보다는 국가를 전유하고, "그리하여 국가의 자멸 그 자체 말고
는 다른 출구는 존재하지 않을 절대 전쟁의 흐름을 국가를 관통
해서 유포시키는"(Deleuze-Guattari, 1980, p. 282[국역 439쪽]) 전쟁
기계처럼 나타난다는 점이다. 재무장의 팽창이 소비의 증가를 대
체하고 생산 수단들에 대한 투자가 순수 파괴의 수단들에 대한
투자로 이동될 때, 경제적 하부 구조에서 나타나는 것이 바로 이
것이다. 바로 이러한 이유 때문에 국가-사회주의 국가의 독특성
은, 전쟁 기계의 이러한 힘의 형성이 국가장치들에 대해 권리상
지니는 이질성을 오인하는 국가 이론을 통해서는 이해될 수 없다
(심지어 전쟁 기계의 힘이 사실상 국가에 의해 전유될 때에도 상황은 마
찬가지다). 이미 아렌트가 적시했던 바대로, 국가-사회주의의 지
배에 대한 관념은 "국가에 의해서도, 단순한 폭력장치에 의해서
도 실현될 수 없었으며, 오직 부단히 운동 중에 있는 운동에 의해
서만 실현될 수 있었다. …… 운동의 목적을 구성할 수 있을 정치
적 목적에 대해 말해보자면, 그러한 목적은 전혀 존재하지 않았
다"(Arendt, 1951/1958 III p. 48-50[국역 46~47쪽]). 전쟁과 심지어는
전쟁이 없어진다는 위험성이, 들뢰즈가 첨언하듯이, 이러한 운동
을 무제한적인 것으로 "가속화시키는 것들"로 작용했을 정도로
말이다. [실제로] 1945년 3월 19일 히틀러는 71호 전보를 통해 다
음과 같이 말했다. "전쟁이 없어진다면, 국가는 소멸할 것이다."

2 장

혁명에서의 국가

국가의 문제는 혁명에 관한 "유토피아적" 표상들과 "과학적인" 혁명 이론들, 혁명적 사태 내지는 혁명적 관념에 대한 외적 담론들, 혁명의 장애물들, 난관들, 돌파들의 영향하에서 혁명 과정 내부로부터 야기된 담론들 같은 [다양한] 혁명 담론들의 핵심에 해당한다. 마르크스주의 이론의 역사가 여기에서 특별한 관심의 대상이 된다면, 이는 비단 그 이론의 역사와 분리 불가능한 사회-정치적 역사나, 그 이론이 정교하게 구성한 개념들의 풍부함과 다양성 때문만은 아니다. 이는 무엇보다도 마르크스주의 이론의 역사가 야기한 어떤 외면적인 역설 때문이다. 국가는 마르크스주의 혁명 사상의 핵심에 놓여 있지만, 이 사상이 보기에 혁명은 그저 국가 내의 혁명에 그칠 수 없다. "모든 혁명들이 [국가]기계를 파괴하는 대신에 그것을 완벽하게 만들었다면", 그리고 "순차적으로 권력을 쟁취하기 위해 투쟁한 모든 당들이 국가라는 거대한 건축물의 정복을 승자의 주요한 노획품으로 간주했다면"(Marx, 1852, p. 187〔국역 312쪽〕), 프롤레타리아트 혁명은 본질적으로 이러한 이전의 역사적 경험들로부터 구별된다. 프롤레타리아트 혁명은 추상적인 이상의 실현과 동일시되지 않는 것과 마찬가지로, 오직 권력 쟁취로만 환원되지도 않는다. (머지않아 공산주의자 동맹이라고 다시 이름 붙여질) 의인동맹Ligue des justes을 위해 1847년 엥겔스와 함께 마르크스가 작성한《공산당 선언》Manifeste du parti communiste의 핵심적인 정식들에 따라, 혁명은 추상적인 이상에 기초하는 어떤 명령이 아니라, 우선적으로 자본주의 사회구성체 내부에서 작동하는 과정이며, 자본주의 사회구성체의 내적 모순들은 자신의 고유한 붕괴를 "준비한다"(Marx, 1847, p. 53-54). 혁명은 자본주의의 내적 모순들을 집중시킴으로써 자본주의를 붕괴"시키고" 경제적 생산의 새로운 조직화를 확립하는, 따라서 더 이상 계급 분할과 계급 지배에 기초하지 않으며, 결과적으로 국가를 "무용한" 것으로 만드는 새로운 사회적 관계들과 권력 관계들을 확립하는 집단적인 조직들의 구성 과정과 긴밀하게 맞물린다.

그럼에도 불구하고, 이러한 과정 내에서, 국가는 (쟁취한 "뒤에" 파괴함으로써) 적절한 때에 극복해야 할 단순한 장애물처럼 나타나지 않는다. 마르크스가 보기에 국가는 혁명 과정의 다양한 국면들에서 불거지는 어떤 문제에 복잡한 방식으로 연결된다. 이 문제는 무엇보다도 (직접적으로 정치적인 것이 아니라, 경제적-정치적일 수 있는 계급 독재로서의) "부르주아 독재"를 "프롤레타리아트 독재"로 역전시킴으로써, 마르크스가 프롤레타리아트 그 자체를 지배 계급으로 조직하는 데 필요한 가장 중요한 것으로 파악한 것이다.

프롤레타리아트는 부르주아로부터 자본 전체를 점차적으로 탈취하기 위해, 생산수단들 전체를 국가의 손에, 다시 말해 지배 계급으로 조직된 프롤레타리아트의 손에 집중시키기 위해, 그리하여 생산력의 총량을 급속도로 증가시키기 위해 자신의 정치적 지배권을 사용할 것이다. (Marx-Engels, 1847, p. 67〔국역 63쪽〕)

역학 관계들의 수많은 역전들에 노출되는 불확실한 기간 동안, 이러한 헤게모니적 위치만이 노동계급으로 하여금, 모든 계급적 차이뿐만 아니라 모든 계급 독재를 철폐하는 사회적 생산 관계들의 재조직화를 실현할 수 있도록 해준다. 따라서 규명되어야 할 다음과 같은 핵심적인 난점이 제기된다. 지배 계급으로 조직된 프롤레타리아트는 어떻게 국가를 "이용하는" 동시에 국가를 변혁하는가? 즉 어떻게 이러한 프롤레타리아트는 한 계급이 다른 계급을 착취하지 않도록 생산을 재조직할 뿐만 아니라, 동시에 국가의 무용성에 그치는 것이 아닌 국가의 실제적인 몰락 및 소멸로 이끄는 정치적 실천들을 발명함으로써 국가를 변혁하는가?

발전이 진행됨에 따라 계급 적대가 일단 사라지고 나면, 생산 전체는 연합된 개인들의 수중으로 집중되며, 따라서 공권력은 자신의 정치적 성격을 잃게 된다. 고유하게 말해서, 공권력은 다른 한 계급을 억압하기 위해 한 계급으로부터 조직된 권력이다. 부르주아에 대항하는 자신의 투쟁 속에서 프롤레타리아트가 강력하게 계급으로 구성된다면, 프롤레타리아트가 혁명을 통해 지배 계급을 자처하며, 지배 계급으로써 폭력을 통해 생산의 구체제를 파괴한다면, 그는 동시에 계급 적대의 조건들을 파괴하며, 계급 일반을 파괴하고, 바로 이를 통해, 계급으로서의 자신의 고유한 지배를 파괴한다. (Marx-Engels, 1847, p. 69~70〔국역 65~66쪽〕)

여기서 문제가 되는 것은 "정치"라는 개념의 의미와 그 개념이 지시하는 실천들의 유형들의 변화인데, 이는 프롤레타리아트 정치와 종국적으로 "대중" 정치의 관념, 즉 대중들의 자신들에 의한 통치를 드러낸다. 하지만 이러한 물음은, 마르크스를 비롯해서 그 이후에도, 다음과 같은 사실과 분리 불가능하다. 즉 복잡한 심급으로서의 "국가"를 혁명 과정 외부에서 철폐할 수 있을 외적 항으로서가 아니라 혁명 과정에 내적인 요인으로, 따라서 특정한 측면들에서는 혁명 과정을 지탱하고 또 다른 측면에서는 혁명 과정의 장애물이 되는 불가피하게 양가적인 요인으로 마주하게 된다는 사실 말이다. 이미 고지된 자기 소멸의 극한 속에서, 국가는, 그 동기들 중 일부가 여기에서 설명될 극심한 관심의 대상이 된다. 마르크스주의 사상의 역사뿐만 아니라 그 정치적 역사 또한 관통하며, 무엇보다도 혁명 "과정"이라는 통념에 자신의 모든 중요성을 부여하도록 강제하는 여러 긴장들은 실제로 국가에서 행해진다. 이러한 관념은 변혁의 지속기간을 함축하지만, 이러한 지속기간은 (목적론적으로 그 향방이 정해진) 자신의 목적을 향해 미리 정해져 있는 진화에 따라 경과하는 것이 아니라, 필연적으로 그 한가운데에 모순들이 공존하는 내적 변증법에 따라 진행된다. 따라서 이러한 지속기간은 한 단계들이 다른 단계들에 잇달아 올 단계들의 단순한 병렬의 표상을 배제한다. 이 지속 기간은 반대로 "새로운" 것 속에 지속되는 "옛"것이 이 새로운 것 속에서만 소멸될 수 있는 방법들을 문제화하도록 강요한다. 즉 새로운 것은 옛것의 모순들과 함께 이 모순들이 포함하는 위험성들을 내면화하는 한에서만 옛것을 변혁할 수 있다. 상대적으로 추상적인 이러한 정식화는 사실상 마르크스주의의 이론적·정치적 역사에 영향을 미치는 가장 날카로운 대립들이 다음과 같은 마르크스주의 창시자들과의 이중의 대립에서 시작되도록 만든다. 즉 국가의 직접적인 폐지를 내세우는 무정부주의자들(미하일 바쿠닌Mikhaïl Bakounine)과의 대립뿐만 아니라 "국가-사회주의"의 신봉자들(라살주의lassallien 흐름*)과의 대립이라는 이중의 대립 말이다. 이 두 흐름들 사이에서 (처음에) 마르크스는 첫 번째 입장 (국가의 직접적 폐지)을 취하다가 점차 그 입장이 불안정해진다. 이러한 불안정성은 소비에트 혁명 내에 존재하는 이론적 갈등들의 핵심에서 발견되는데, 이러한 갈등들은 "이행" 기간의 문제와 이 기간 동안 정치 및 경제 권력을 노동자 대중으로 이전시키는 과정에서, 그리고 국가와 대중 조직들의 접합점, 즉 "프롤레타리아트 당"의 본성과 기능에 관한 이론적이고 실천적인 문제들 전체가 집중되고 격화되는 지점에서 국가가 점해야 하는 위치에 관련된다.

---

*   국가-사회주의의 지도자였던 페르디낭 라살Ferdinand Lassalle의 이름에서 따온 이 흐름에 마르크스는 특히 《고타 강령 비판》Critique du Programme de Gotha에서 명시적으로 반대한다(Marx, 1875, p. 22-50).

1.   마르크스-레닌주의의 국가와 혁명

국가에 대한 마르크스의 개념화가 1840년대 말 유럽, 특히 프랑스에서의 혁명들의 실패에 직면하여 어떻게 명확해졌는지는 앞서 살펴본 바 있다.* 1848년 혁명의 실패와 나폴레옹 3세의 권력 장악은 국가를 경제적으로 지배하는 계급의 특수 이익들을 정당화하는 데 봉사하는, 공동 이익에 대한 가상적인 표상들의 생산자로 만드는 국가의 의회적·법적 제도들에 집중된 앞선 비판으로부터 행정적·관리적·군사적 국가장치의 물질성을 더 많이 고려하는 국가 기능의 명시화로 이끈다. 사회에 대해 이러한 장치가 지니는 강력한 자율화는 계급 관계들과 부르주아 계급 지배의 측면에서 이 장치에 중심적인 역할을 부여한다. 이러한 자율화는 따라서 생산의 사회적 관계들을 변혁하기 위한 국가 권력의 장악과 국가장치의 활용이 혁명 과정에 대한 마르크스의 개념화에서 점하게 된 중요성을 해명해준다. 우선적으로 정치적인 이러한 굴절(이는 프롤레타리아트 독재를 확립하는 혁명적 전술에 관련된다)이 국가를 주제로 하는 다음과 같은 마르크스의 원리적인 테제들을 의문시하는 것은 아니다. 즉 국가는 사회의 계급 분할과 한 계급이 다른 한 계급에게 행하는 착취 관계들에 따라 결정되는 역사적 현실태이며, 이러한 착취 관계들의 결과물로서의 국가 지배는 역으로 이 관계들의 유지하고 재생산하는 조건이 된다. 하지만 이러한 지배의 물질적 형태 및 지배의 실행 양상들 그 자체는 역사적으로 가변적이며, 착취 관계들의 변화에 따

---

*   2부 3장 2절을 보라.

라, 즉 적대적 계급투쟁 내에서 그리고 그것을 통해서 재조직된다. 따라서 착취 관계들의 철폐, 즉 계급 분할에 의한 사회구성체의 구조화의 철폐—종별적으로 자본주의적인 착취 관계들은 그 역사의 흐름에 따라 변화되는 강도에서 스스로 자신의 철폐 가능성을 만들어낸다—는 그 필연적 결과로 사회로부터 "분리된" 지배, 강제, 관리의 심급으로서의 국가 그 자체의 철폐로 이어진다. 그럼에도 불구하고 이러한 테제들의 관점에서, 앞서 언급된 굴절은 국가와 양가적인 관계를 맺는 혁명 과정에 대한 사유에 영향을 미치는 새로운 이론적인 난점들을 유발한다. 자본주의 국가가 점점 더 정치적인 기능들, 심지어는 경제적이고 사회적인 기능들까지도 책임지면서부터, 국가의 철폐를 생산의 사회적 관계들의 변혁(노동 대중들 스스로가 생산 통제를 재전유함으로써 착취 관계들을 철폐함)이 야기하는 단순 효과처럼 이해하기가 점점 더 어려워진다. 〔오히려〕 국가의 철폐가 실상 생산의 사회적 관계들의 변혁의 조건이 되어야만 하는 것 같다. 이것이 의미하는 바는, 국가의 파괴가 생산관계를 변혁하는 실천들과 혼동될 수 없는 개입들 및 조치들을 요구하는 어떤 종별적인 정치의 대상이 된다는 점이다. 〔국가를 파괴하는〕 개입들 및 조치들과 생산관계를 변혁하는 실천들이 각자 서로의 조건이 되며, 이러한 한에서 서로 분리 불가능함에도 불구하고 말이다.

무엇보다도 이것이 마르크스가 1870~1871년 파리 코뮌의 현장에서 수행했던 분석 속에서 파리 코뮌에 대해 간직한 주요한 교훈인데, 이는 레닌 이론의 주요한 준거점들 중 하나로 남는다(Lénin, 1919). 이러한 사건으로부터 마르크스는, 국가의 파괴는 생산의 사회적 관계들의 점진적인 변혁이 야기하는 단순 효과로 이해될 수 있는 것이 아니라, 부르주아 지배로부터 물려받은 관료주의적·행정적·관리적·군사적 기계의 **직접적인** 파괴를 강제한다는 가르침을 끌어낸다.

> 노동계급은 국가장치를 있는 그대로 취해서 그 국가장치가 자신의 목적을 위해 작동하도록 만드는 데 만족할 수 없다. (Marx, 1871, p. 59[국역 402쪽])

이로부터, 코뮌이 피로 진압되지 않았다면, "사회로부터 영양분을 빨아먹으면서 사회의 자유로운 운동을 마비시켜버리는 기생하는 국가가 지금까지 흡수해왔던 모든 힘들을 사회체에 반환했을" 코뮌 헌법의 다음과 같은 최초의 법령들이 마르크스에게 얼마나 중요했는지가 도출된다(Marx, 1871, p. 62-66[국역 405~410쪽]). 상비군과 경찰을 철폐하고 그것들을, 노동자들 중에서 모집되어 코뮌의 통제를 받는 인민 민병대로 대체한다. 각 코뮌들은 자신들의 대표자들을 선출하며, 이 대표자들은 명령을 위임한 [자신들의 선거구민들의] 제약을 받으며, [그들에 의해] 해임될 수 있다. 공적 업무들을 관장하는 사람들(행정관료, 법관) 역시 각 코뮌들에 의해 선거로 "선출되며, 책임을 지고, 해임될 수 있다". 일반적으로 말해서, 공적 업무들 및 관리들이 최대치로 [코뮌으로] 이양되는데, 이는 프롤레타리아트 독재의 정치적 형태로서의 코뮌을 부르주아 국가에 특징적인 입법과 행정의 분리로부터 벗어나, 이러한 분리의 두 가지 주요한 상관물들인 의회제와 행정 관료주의로부터 단절하도록 해주는 틀로 만들어준다.

코뮌은 의회 기구가 아니라 활동하는 행정부인 동시에 입법부였다. (Marx, 1871, p. 63〔국역 406쪽〕)

보나파르트주의적 "통치 기계장치"를 파괴하는 열쇠로서의 코뮌 조직은 따라서 일반의지의 과업들과 소위 기술적이라고 일컬어지는 과업들 간의 분할을 극복하는 정치적 과업들과 행정 관리적인 과업들의 점진적인 융합 과정을 열어젖힌다. 그럼에도 불구하고, 코뮌들에서 재조직된 토대로 확장되고 모든 사회적 장의 층위들에서 제도화된 직접 민주주의의 이러한 즉각적인 건립이 목적 그 자체인 것은 아니다. 그것은 생산자들이 자주관리 하는 생산 통제를 설립하는 데서, 필수불가결한 조건 내지는, 마르크스가 쓰는 바대로, 정치적인 "지렛대"인 것이다.

코뮌의 진정한 비밀은 다음과 같은 것이다. 즉, 코뮌은 본질적으로 **노동계급의 정부**였으며, 착취 계급에 대항하는 생산 계급의 투쟁의 성과였으며, 노동에 대한 경제적 해방이 이루어질 궁극적으로 발견된 정부 형태였던 것이다. 이 마지막 조건을 제외한다면, 코뮌 헌정은 불가능한 망상이었을 것이다. 생산자의 정치적 지배는 생산자에 대한 사회적 노예제의 영속화와는 병존할 수 없다. 그러므로 코뮌은, 여러 계급들의 존재, 즉 계급 지배가 기초하는 경제적 토대를 전복하기 위한 지렛대 역할을 담당해야만 했던 것이다. 노동이 해방되고 나면, 만인은 노동자가 되고 생산적 노동은 하나의 계급적 속성이기를 멈추게 된다. (Marx, 1871, p. 67〔국역 411쪽〕)

이러한 역사적 경험은 이처럼 국가 **권력**의 쟁취가 자본주의적 국가 **기계**의 파괴를 겸해야만 한다는 점을 국가 권력 쟁취의 핵심적인 판별점으로서 보여준다. 그럼에도 불구하고, 권력은 물질적인 장치 내에서만 행사될 수 있을 뿐이며, 프롤레타리아트가 공적 기능들을 재전유하고 나서, 프롤레타리아트가 그 권력을 그것들 속에서 행사할 수 있는 구체적인 형태들의 문제가 제기된다는 점은 명확하다. 분명하게 말해서, 코뮌은 이렇게 모색되었던 "정치적 형태"를 제공했던 것이다. 그리하여 레닌은 1917년에 명시적으로 소비에트의 모델로서 코뮌을 표방하게 된다(Lénine, 1919, p. 86-87, p. 181-184). 하지만 이러한 구분은 이번에는 또 다른 구분, 즉 국가라는 기계의 **파괴**와 국가 일반(따라서 프롤레타리아트 독재의 국가를 포함하는)의 **소멸** 간의 구분을 함축한다. 국가 기계의 파괴는 정치적·사회적·경제적 기능들의 최대치를 지체 없이 "지배 계급으로 조직된 프롤레타리아트"로 이전시킨다는 점을, 그리하여 프롤레타리아트는 자신의 "독재"를 확장된 직접 민주주의의 형태 내에서 수행한다는 점을 함축한다. 필연적으로 이와 동시에 시작되는 국가 일반의 소멸은, 지배 계급으로 조직된 프롤레타리아트가 생산관계를 모든 착취 관계들 바깥에서 재조직하고, 이처럼 계급 지배의 현실적인 토대를 철폐하며, 이를 통해 일시적으로 지배 계급으로 조직된 "프롤레타리아트의 독재"가 동원하는 정치적인 "지렛대"를 철폐하기 위해 확립해야만 하는 권력의 실천들의 문제를 제기한다. 국가 기계의 파괴로부터 모든 국가 권력의 소멸로의 이행에는, 보다시피 바로 정치의 재정의라는 쟁점이 존재한다. 이때 정치는 노동의 사회적 계획화를 생산의 한복판으로 재삽입하는 것과 동일시된다. 다시 말해 정치는 노동의 사회적 계획화를 〔생산에 대한〕 결정과 그 실현이 더 이상 분리되지 않으며, 동일한 개인들이 그러한 결정과 실현을 동시에 책임지는 층위로 재삽입하는 것이다.

그럼에도, 장기적으로 지속되는 과정으로서의 이러한 "국가의 소멸"이 자신의 차례에서 다수의 난점들을 그러모은다는 사실에는 변함이 없다. 이 다수의 난점들은 실제적인 대중 민주주의화의 시작으로서의 프롤레타리아트 독재의 정치적 형태를 혁명 과정 자체 내의 계급들의 적대들에 대면시킨다. 이러한 난점들은 **당**을 독창적으로 이론화하고자 노력한 마르크스주의 사상가들의 주요한 동기들을 구성한다. 즉 19세기 혁명적 노동운동의 최초의 조직들과 그 이후 20세기를 뒤흔든 혁명들과 반-혁명들이 겪었던 역사적 부침들을 통과하면서, 마르크스주의 사상가들은 **당**을 국가로부터 구별될 뿐만 아니라, 국가 권력의 쟁취와 사회적 장을 통제하고 관리하는 국가장치들의 소멸이라는 〔이중의〕 목적(〔이 목적이 함축하는〕 긴장으로부터 면제되지는 않은 채)에도 부합하는 대중운동의 조직 형태로서 이론화하고자 노력했던 것이다.

2. 혁명 속에서의 당과 국가

1840년대 중엽부터, 당의 정치적 형태는 마르크스에게 노동자들 및 그들의 다양한 운동들을 단결시키는 문제의 응답이었다. 실제로 이 문제는 이중적이다. 즉 사회 내에 이미 존재하는 분파들에 응답하는 것을 강조하면서도 마르크스가 염원한 당은 부르주아와 그의 국가장치에 대항해서 분파들의 행동들을 단결시킬 수 있으며, 더 나아가 이러한 운동들 자체의 내부적인 또는 주체적인 통일성을 주조할 수 있는 조직이다. 레닌은 다음과 같은 급진적인 정식화를 통해 이 핵심적인 쟁점을 표명하게 된다.

> 프롤레타리아트들의 계급적 단결의 최고 형태는 프롤테라이트 혁명당이다. (이 당이 지도부, 계급, 대중을 하나의 분리불가능한 동질적인 전체로 결합시킬 수 없는 한, 이 당은 그 이름에 걸맞지 않을 것이다.) (Lénine, Œuvre, Tome 31, p. 45[국역 김남섭 옮김, 《공산주의에서의 "좌익"소아병》, 돌베개, 1992, 50쪽])

《공산당 선언》에서부터, 정치적인 노동자 당을 구축해야 할 긴급성은 자본주의 노동 시장이 야기하는 "노동자들 간의 경쟁"을 극복해야 할 필연성에 연결된다(Marx, 1847, p. 46[국역 34쪽]). 따라서 당은 노동자 프롤레타리아트를 단결된 **계급**으로 구성(동역학적인 구성)하는 데서 필수적인 부품이 되는데, 이때 당이 점하는 이론적 중요성은 마르크스가 《철학의 빈곤》Misère de la philosophie(1847)에서 도입하는 "즉자 계급"과 "대자 계급" 간의 구별에 연관된다. 다양한 운동들이 맺는 관계들을 조직할 수 있는 제도적인 단체를 통해 이러한 다양한 운동들을 통일시키는 당은 동시에 착취의 사회-경제적 구조들에 의해 객관적으로 결정되는 이익들의 토대(즉자 계급) 위에서 객관적인 이익들과 노동자 프롤레타리아트의 혁명적 목표를 통일시키는 데 적합한 집단적 계급의식(대자 계급)을 구축하는 수단이 된다. 이러한 문제는 마르크스와 엥겔스가 보기에 1860~1870년대 전환기의 정세 속에서 국제노동자협회Association internationale des travailleurs(여러 노동조합들, [이론적] 서클들, 협동조합들을 재규합한 "제1인터내셔널")―마르크스 는 이를 행동을 통해 단결하는 수단으로, 또한 논쟁과 이론적 통 일의 장소로 이해했다―에 결정적으로 긴급한 화두가 된다.

> 공동 행동, 공적 기구들을 통한 다양한 국가 지부들의 의견 교환, 평의회들에서의 직접적인 논쟁들은 차차 반드시 공동 강령을 만들어낼 것이다. (Marx, Conseil Général de l'AIT[국제 노동자협회 바젤 총평의회], 1869년 3월 9일)

하지만 동시에 마르크스는 제1인터내셔널 내부에서 미 하일 바쿠닌(1860년대 말에 그는 인터내셔널 내부에 국제사회주의민 주주의동맹Alliance internationale de la démocratie socialiste을 창설한다)에 의해 주도된 아나키스트 분파와 격렬하게 대립했는데, 이 대립은 파 리 코뮌 직후에 국가 및 혁명당 조직의 이론적·정치적 문제로 구체화된다. 국가의 즉각적인 파괴뿐만 아니라, 혁명운동 그 자 체 내에서 파괴되어야 마땅한 것을 모델로 삼는 어떤 조직을 개 혁하는 데 기여하게 될 모든 것에 대한 거부에 호소하는 바쿠닌 (Bakounine, La Commune de Paris et la notion de l'État, 1871)―바쿠닌 주의자들은 국제노동자협회의 총평의회가 인터내셔널을 집중 화된 정치적 당으로 만듦으로써 일인독재dictature personnelle를 창출 한다고 비난한다―에 대해서, 마르크스는 그가 국제노동자협회 를 내적으로 분열시킨다고 비난한다.* 그것이 무엇이든 간에, 모

---

*   사실상 국제노동자협회는 1872년 헤이그에서 총평의회가 개최되고 얼마

든 "권위"를 거부—이는 바쿠닌에게 정치 자체의 거부로 이어진다—하는 바쿠닌에 대해, 마르크스는 강압에 의해 그 자체가 유지되는 기존 질서와 단절하는 것으로서 혁명 과정은 필연적으로 그 자체가 "폭력적"이고 "권위적인" 과정일 수밖에 없으며, 현실 정치(지배 계급의 정치)는 **다른** 정치에 의해서만 타도될 수 있을 뿐이라고 반박한다. 문제는 무차별적으로 "권력" 일반을 폐지하는 것이 아니라, (다른 정치가 함축하는) 이러한 타자성의 보유자/내용teneur을 규명하는 것이다. 즉 어떤 조건에서 국가에 대항하는 전투는 서로 적대적인 두 힘들 간의 대칭성이 아니라, 정반대로 실제적으로 서로 이질적인 두 정치들 간의, 두 권력 실천들 간의, 그리고 두 조직화 수단들의 체계들 간의 발본적인 비대칭성을 표명할 수 있는가?

이러한 관점에서 본질적인 테제는 레닌에 의해《무엇을 할 것인가?》Que faire?에서 온전하게 끌어내어진다. 실제로 이 저작은, "부르주아" 국가는 단순히 정치적 행위의 도구 내지는 대리인에 그치는 것이 아니라, 동시에 정치가 의미하는 바를 한정하는 집행자이기도 하다는 사실을 강조한다. 더 구체적으로 말해서, 국가는 계급투쟁을 자리이동과 변형이라는 이중 작용에 종속시킴으로써, 계급투쟁의 장을 **제한하는** 것을 자신의 주요한 효과로 가진다. 즉 국가는 생산수단들의 소유와 정치 권력이라는 결

지나지 않아 해체되고 만다. 이 헤이그 총평의회에서 아나키스트주의자들은 축출되었으며, "유산 계급들의 집단적 권력에 대항하는 투쟁 속에서 프롤레타리아트가 계급으로 행동할 수 있는 것은 오직 지배 계급들에 의해 형성되었던 예전의 모든 당들에 대립하여 구분되는 정치적 당으로 스스로를 구성함으로써다(국제노동자협회 당규, 7a항)"라는 원칙이 재단언된다.

정적인 역사적 쟁점들을 대중들의 사정권 바깥에 고정시키는 방식으로 계급투쟁을 자리이동시키는 데 복무한다. 또한 국가는 계급투쟁을 부르주아 의회제의 "게임 규칙들"에 종속시킴으로써 이 투쟁을 변형시키는 데 복무하는데, 이 규칙들은 이렇게 함으로써 대중운동들 내로 지배 이데올로기를 침투시키는 데 기여한다(Balibar: in Labica-Bensussan, 1985, p. 50-51〔국역 〈장치란 무엇인가?〉 586~587쪽〕). 이로부터 계급투쟁의 장의 분할이 귀결되는데, 이 분할은 이미 계급투쟁을 중립화하거나 계급투쟁의 발전을 제한하는 방법이기도 하다. 따라서 레닌에 따르면 혁명당의 전략노선은 바로 이러한 분할 자체에 대항해서 규정되어야만 하는 것이다. 정치적인 측면에서 문제가 되는 것은, 국가장치가 계급투쟁을 "〔계급투쟁이〕 유보된" 특정한 "영역들"과 소위 "중립적"이라 일컬어지는 특정한 제도들(군대, 외교정책, 행정관리, 경찰. 사법)의 외부로 내모는 축출과 반대 방향으로 이끄는 것이다. 사람들이 문명의 생존이 걸린 경우가 아니라면 "사회" 일반을 보장하는 "공동선"을 위해 용인하는 이 특정 제도들은 오직 의회의 지반에만 노동자들의 요구들의 거주지를 지정할 수 있도록 해준다. 경제적 측면에서 당의 과업은 노동조합 내지는 "직종별 노동조합의trade-unioniste" 지반 위에 놓인 순전히 산업 부문별 또는 동종업계별 요구들 내로 계급투쟁을 격리시키는 것과 반대 방향으로 이 투쟁을 이끄는 것이다(Lénine, 1902, p. 98 sq., p. 155 sq.). 요컨대, 대중 혁명당의 실천적·정치적 문제는 특정한 지배 심급에 대항하는 데 그치는 것이 아니라, 더욱 근본적으로 정치적 투쟁과 경제적 투쟁 간의 이 단절 자체에 대항하여 투쟁하는 것이며, 경제적 톱니바퀴와 정치적 톱니바퀴가 사실상 서로 떼어놓을 수 없을 정도로 상호의존적으로 맞물린 사회 구조를 총괄적으로 문제시함으로써 양 투쟁들의 융합을 모색하는 것이다.

이러한 일반적인 지향점이 프롤레타리아트 정치의 종별성을 예견하는 프롤레타리아트 당의 전략적 노선을 명확하게 해준다고 해도, 이 지향점이 당을 실제적으로 "대중들의 수중에 놓여 있는" 도구로 만들 수 있는, 다시 말해 당을 기층 조직들(코뮌, 소비에트, 노동자 평의회 등)을 단결시키는 유기적 고리로 만드는 동시에, 이러한 대중 조직들이 국가를 통제하는 수단으로 만들 수 있는 조직 형태들의 문제를 일소하는 것은 전혀 아니다. 이러한 일반 노선은 혁명 과정 내에서 조직화의 문제가 그것들에 준거해야만 하는 전략적·정치적 좌표들을 결정하는 데 충분하지도 않다. 우리는 두 가지 질서들을 통해 이러한 전략적·정치적 좌표들을 구분할 수 있다. 첫 번째 좌표는 "이행기" 동안 국가를 유지해야 할 필요성을 이해하는 방식에서 기인한다. 예컨대, 국가 유지의 필요성을 계급투쟁의 국제적 또는 국내적 정세가 유발하는 긴장들(전형적으로 러시아에서는 1920년대 초까지 내전이 지속되었다) 탓으로 돌리거나, 아니면 그 필요성을 국가가 수행하는 경제적 기능들에 준거시킴으로써 말이다. 이 후자의 측면은 소비에트의 신경제정책Nouvelle Économie politique(NEP) 시기 생산 내에서 노동자들이 행하는 통제의 정확한 위치와 노동조합들의 역할, 그리고 "부르주아 전문가들"의 활용이라는 문제들과 관련된 수많은 논쟁의 핵심에 놓는다. 실제로 이 문제는 소위 "국가 자본주의" 또는 "국가 독점 자본주의"라는 진전된 자본주의 체제 내에서 부르주아 국가 자체가 사실상 담당하는 경제적 관리 및 계획화 기능들의 분석 속에서 자신의 원천들 중 하나를 발견한다. 국가 자본주의나 국가 독점 자본주의라는 통념들은, 자본주의가 〔자본의〕 흐름을 사적 소유들 간의 자유로운 경쟁과 "시장의 무질서에" 내맡기는 단계(경쟁 자본주의)에서 거대한 산업적·금융적 독점들이 형성되는 자본들의 강력한 집중화에 의해 규정되는 단계(독점 단계, 제국주의 단계)로 이행하게 될 때, 자본주의가 겪는 발전에 대한 분석에 속한다. 엥겔스에 의해 윤곽이 잡힌 이러한 분석은 레닌에 의해 특히 《자본주의의 최고 단계로서의 제국주의》 L'Impérialisme stade suprême du capitalisme와, 《임박한 파국, 그것에 어떻게 대처할 것인가》La Catastrophe imminente et les moyens de la conjurer에서 심화된다(Lénine, 1917a와 1917b). 이 저작들에서 레닌은 부르주아에 의해 (보다 정확히 말해서 독점화된 산업 자본들과 은행 자본의 집중화에 의해 특징지어지는 지배적 부분을 형성하는 "금융 과두제"에 의해) 확립된, "생산을 일반적으로 지휘하고 생산물들을 분배하는 장치"에 대한 필수적 분석을 끌어낸다. 그런데 이러한 장치에 내재하는 관료주의적(따라서 "반-혁명적") 경향들을 강조하면서도, 레닌은 이 장치에서 사회적 생산을 제어하는 과업들을 단순하고도 합리적으로 행할 수 있도록 해주는 강력한 도구를 보게 된다. 이러한 도구는 이제부터 "군사-관료주의적" 장치처럼 간주되어 그저 파괴되어야 하는 것이 아니라, 혁명을 위해서 "이용되어야"만 하는 것이다. 바로 여기에 당 자체의 국가화 현상을 직접적으로 건드리는 내적 긴장이 존재한다. 당의 국가화는 다음과 같은 주요한 특성들을 재생산함으로써, 파괴했어야 할 지배장치를 당 한가운데로 재도입한다. 즉 대중 조직들에 대한 경제적 관리 및 정부 기능들의 자율화, 대중 조직들의 단순한 집행 기관들로의 축소(스탈린은 이에 대한 이론을 만들게 된다), 사회 시스템의 모든 수준들에서 지적 노동과 육체노동 간의, 지휘 업무와 집행 업무 간의, 정부 결정과 기술적 관리 간의 분할들의 재생산, 당 내 분파들 간의 투쟁이 되어버린 새로운 형태의 계급투쟁이 국가장치 내에서 격렬해지는 것 등의 특성들 말이다.

두 번째 종류의 전략적·정치적 좌표는 당의 조직화를, "지배 계급"으로 조직된 노동자 계급을 단결시키는 이미 언급된 바 있는 문제에 대면시킨다. 이때 "지배 계급"이라는 일반적인 정식은 다수의 난점들을 포함하고 있는 것으로 드러난다. 실제로 당의 과업들은 다수의 논점들을 대상으로 한다. 핵심적인 논점은 "계급 동맹"이라는 개념을 개입시킨다. 여러 정치적 흐름들 간의 동맹과 혼동될 수 없는 이 개념은 프롤레타리아트 독재 내의 여러 계급들 내지는 계급적 분파들을 국내적·국제적 규모에서 단결시키는 전략들을 문제시한다(정세의 변동들과 급변들은 이 문제를 선험적으로 딱 잘라 해결하지 못하도록 만든다). 이때 국내적 규모에서 이론적으로 가장 중요한 문제는, 혁명 과정의 헤게모니적 "블록" 내로 동원된 다양한 계급들 간의 단결(특히 역사적으로 결정적인 노동자-농민계층 동맹의 문제)뿐만 아니라, 노동자 계급 자체의 다양한 분파들의 정치적·조직적 발전상의 불균등성을 고려해 봤을 때, 그러한 다양한 분파들 간의 단결이 맞닥뜨리는 문제다. "불균등한 발전"이라는 이 개념은 이제 "이행기" 동안 계급 적대들의 재형성에 대한 가지성의 도구를 제공하게 된다. 국제적 규모에서, 계급 동맹이라는 문제와 (세계적 분업 속에서 나라들을 연결시키는 여러 의존관계들에 의해 복잡화된) 나라들 간의 경제적·정치적 발전의 불균등성을 극복할 수 있는 프롤레타리아트 당들의 능력은 국가적 계급 이익들을 중심으로 결집된 부르주아 당들로부터 이러한 프롤레타리아트 당들을 구별시켜주는 것이 무엇인지를 결정짓는다.

이러한 난점들 전체는 결과적으로, 혁명당의 역사적 실현들의 성공과 실패 속에서 그리고 그것들을 통해, 혁명당에 대한 이러한 개념화를 다시 사유하려는 노력을 관통하는 다음과 같은 근본적인 문제로 집결된다. 즉 [대중의] 기층 조직들을 해방운동 내의 이론적으로 주도권을 쥔 실천적인 실험적 행위자들로 만드는 실제적인 대중 민주주의의 실천들을 포기하지는 않으면서도, 자본주의 국가의 관료주의적 중앙 집중화와는 대립적으로 최소한 평등한 힘의 또 다른 집중화를 허용하기 위해, 이론적 강령 및 행동력의 (최소한 상대적인) 통일성을 전제하는 노동자들의 투쟁들을 **전략적으로 지휘할 수 있는** 조건들을 확보하는 문제 말이다. 이러한 난점 때문에 "전위avant-garde"당의 구성에 연관된 다음과 같은 문제들—전위당의 필요성과 그것의 정확한 기능들을 어떻게 가늠할 것인가? 전위당이 함축하는 위험들은 무엇인가? 인민 투쟁의 현실 운동들로부터 단절된 당의 이데올로기를 퍼뜨리면서 "역사의 의미/방향sens"과 자신을 환상적으로 동일시하는 경향을 띠는, 대중으로부터 단절된 "직업적 혁명가들"의 집단에 의해 혁명의 지휘권이 독점되는 것을 어떻게 피할 수 있는가?—은 끊임없이 재활성화될 것이다. 마르크스주의에 의해 해결되지는 않았지만, 마르크스주의 바깥에서는 그 시효가 만료되고 마는 이러한 물음에 대한 표현들을 에티엔 발리바르에게서 빌려오도록 하자.

마르크스에서 레닌, 로자 룩셈부르크, 그람시, 그리고 현재의

"비판적인 공산주의자들"에 이르기까지 계급투쟁 그 자체로부터 돌발하는 다음과 같은 동일한 요청이 반복된다. 부르주아 국가 그 자체의 대의기구들의 "다원주의"가 구현하는 것보다 실제적으로 덜 "민주적인" 것이 아니라 더 민주적인 정치적 실천의 독창적인 형태를 발견하기, 혁명당을 권력 장악의 수단이자 동시에 새로운 방식에서의 권력 행사의 수단으로 만들기, 따라서 혁명당 내의 "육체노동과 지적노동 간의 분할"과 "통치자들"과 "피통치자들" 간의 대립을 점진적으로 극복하기, 이러한 정치의 또 다른 실천의 토대 위에 착취와 사회적 억압들에 대항하는 투쟁의 다양한 형태들을 단결시킬 수 있는 가능성을 정초하기, 정세의 급변들에 적응할 수 있으며 동시에 "기회주의적" 일탈들을 바로 잡을 수 있는 "대중 노선"을 규명하기… 이는 실현될 수 없는 것인가? 계급 지배에 연결되어 있는 "통치 가능성gouvernabilité"과 "사회화 가능성sociabilité"의 형태들을 불변의 것들로 간주하지 않는 한, 그렇지 않다. (Balibar, in Labica-Bensussan, 1985, p. 1139〔국역 〈"분파형성권" 개념의 모순들〉 61쪽〕)

3. 혁명적 사유 속에서의 위기, 국가에 대한 비판적 사유

1980년대 후반 이후 동유럽과 전 세계의 사회주의 국가들의 점진적인 붕괴는 마르크스주의의 이론적·정치적 역사에서, 그리고 150년 동안 마르크스주의에 밀접하게 결부되어온 혁명적 해방 사상의 역사에서 돌이킬 수 없는 전환점을 표시한다. 그렇다고 해서 이러한 광범위한 사건 때문에, 혁명 사상들이 봉착한 위기의 본성에 대한 명확한 규명을 유일하게 가능케 해주는 이론적이면서 동시에 실천적인 몇몇의 문제들이 은폐되어서는 안 된다. 이 문제들은 프롤레타리아트 독재, 당에 대한 개념화, 관료주의화와 대중 조직들의 국가화 문제, 끝으로 실제적인 대중 민주주의의 확립 조건들이라는 근본적인 물음 같은, 혁명적 해방에 대한 마르크스주의 이론의 중심적인 논점들과 맞물린다. 더군다나 이러한 문제들은 곧이어 20세기 노동운동들의 역사 속에 그 뿌리를 내리게 된다(Bidet-Kouvélakis, 2001, p. 41-78). 또한 이 문제들은 자본주의 "중심부"에 위치한 국민국가들에서의 어떤 변화들을 기록하는데, 이는 1930년대, 전후 수십 년, 1970년대 이후의 다양한 위기들을 거친 세계 자본주의 체계의 구조적 변동과 조직된 노동운동이 점차 결합된 효과 아래서 강제된 것이다. 이에 우리는 1950년대 이후 마르크스주의 그 자체의 이론적·정치적 역사에 의해 야기된 이러한 비판적인 문제들에 의해 취해진 지향점들의 다양성을 과소평가하지는 않으면서, 다음과 같은 복수의 일반적인 조건들을 고려해야만 한다. 첫째, (이를 해명하기 위해 다양한 이유들이 제시되었다손 치더라도) 소비에트가 보여준 전체주의적 국가주의 때문에 혁명 과정에 대한 소비에트식 모델은 돌이킬 수 없을 정도로 평판이 나빠졌고 위기에 처한다. 둘째, 서구유럽에서 사회-민주주의가 비약적으로 발전했다. 즉 사회권 및 사회보장제도가 발전했으며, 당과 노동조합 같은 노동운동 "기관들"이 사회적 갈등의 제도화라는 확장된 과정 내로 통합됨에 따라 사회-경제적 긴장들을 제어하는 (경제적·정치적·이데올로기적) 도구들이 개선되었다. 끝으로 앞의 두 일반적인 조건들이 결합된 효과로서, 마르크스-레닌주의 전통에서 혁명의 해방 전략의 구심점이었던 "당-형태"는 쇠퇴한다.

"자본주의 국가"에 대한 폭력적 전복을 점점 더 불확실하게 만드는, 세계 경제 시스템 속에서의 국민국가들의 제도적—행정적, 경제적, 대의 민주주의적—구조들의 강력한, 그렇지만 상대적이고 불균등한 안정화는, 그럼에도 불구하고 국가의 물질적 형태뿐만 아니라, 자본주의 생산의 사회적 관계들에 의해 영속화된 계급투쟁에 내부적인 국가의 전략적 기능 및 차원(이 기능 및 차원이 계급투쟁으로 환원되는 것은 아닐지라도)을 포함하여, 국가의 이유/근거raison들에 대한 비판적인 분석을 자극했다. 우리는 이 주제에 관해서, 마르크스주의 이론가인 니코스 풀란차스Nicos Poulantzas(1936~1980)가 제안한 몇몇의 성찰의 관점들을 제시할 것이다. 풀란차스의 관점들은 마르크스주의 정치사상의 유산에 대해 질문하는 현대 연구들의 다양성을 (총망라하여) 설명하는 데 충분한 예시에 해당하지는 않는다. 하지만 이 관점들은 그것들이 명시적으로 국가의 문제에 집중한다는 점에서 중요한 의미를 지닌다.

자신의 마지막 저서《국가, 권력, 사회주의》L'État, le pouvoir, le socialisme(1978)에서 풀란차스는 소련의 볼셰비키당이 저지른 "국가주의적 일탈"의 이론적인 원천들 중 하나를 국가에 대한 마르크스주의적 분석들이 되풀이해서 보여주는 어떤 경향성 속에서, 즉 국가를 지배 계급의 수중에서 "부르주아에 의해 마음대로 조작될 수 있는"—"이때 국가는 부르주아의 발현물인 셈이다"—단순한 도구처럼 간주하는 경향성 속에서 식별한다. (그럼에도 불구하고) 우리가 살펴봤던 바대로, 마르크스가 행한 정세 분석들, 전형적으로《루이 보나파르트의 브뤼메르 18일》의 분석들은, 국가를 관통하는 내적 모순들을, 다시 말해 다양한 국가장치들로의 계급투쟁의 내부화를 등한시하는 이러한 국가에 대한 도구적 개념화를 경계하도록 해준다. 순전히 상호외재적 관계에 따라 "부르주아 국가"와 "대중들" 간의 전면적인 대립의 이미지를 불러일으키는, 어떤 균열도 없는 하나의 돌덩어리처럼 파악된 국가(이해), 여기에 바로 소위 "이행"기 동안 당 내부뿐만 아니라 또한 사회주의 국가 내부에서의 계급 관계들의 재생산을 진단하고 해명하지 못하도록 막았던 (제3인터내셔널의 다양한 정치적·경제적 요인들에 덧붙여진) 이론적인 장애물이 존재했던 셈이다. 풀란차스는 이로부터 개념적인 관점에서 중요한 하나의 결과를 끌어낸다. 국가를 하나의 돌덩어리로 보는 이러한 관점에 대한 비판은 이 관점에 결속한 다음과 같은 복수의 전제들에 대한 더 광범위한 비판을 함축한다는 것이다. 즉 국가는 "고유한 권력을, 즉 국가로부터 뽑아낼 수 있는 수량화될 수 있는 실체-권력을 보유하고 있다고 간주"된다. 이러한 실체적 권력은 따라서 "정치엘리트들과 대의 민주주의의 메커니즘들만을 통해서 구현되는 내적 합리성을 지닌 주체-국가"의 소유물/속성propriété이다. 이러한 내적 합리성은 (앞서 언급되었던 "도구적 개념화"에 따라) 국가를 단순한 메커니즘으로 만들어버리며, "(국가의) 수뇌부들을 계몽된 좌파 엘리트들로 대체하고, 부득이한 경우에 제도들의 기능작용에 약간의 수정을 가함으로써", (우리는) 이 메커니즘을 점령─(이행기 동안에만) 잠정적으로, 하지만 이 잠정적인 상태는 오래 지속될 수 있다─하기만 하면 된다. 이는 "이러한 국가가 이처럼 위로부터 인민 대중들에게 사회주의를 가져다 줄 것이라는 점을 의미"하는데, 이것이 바로 스탈린 국가주의가 채택한 **"전문가들의 기술-관료주의적 국가주의인 것이다"**(Poulantzas, 1978, p. 280-282〔국역 329~331쪽〕).

따라서 풀란차스는 국가에 대한 개념화를 변경하여, 국가를 "세력 관계의 응축"으로 재정의할 것을 제안한다. 즉 국가는 계급들 중에서의 한 계급의 지배를 표현하는 동시에 예속된 세력들의 저항들 또한 표현하는 계급투쟁들이 응축되거나 "응집"된 세력 관계인 것이다. 이러한 국가의 정의가 끌어오는 은유적인 등록소는 문제가 되는 바로 다음과 같은 단절이 작동됨을 암시한다. 즉 국가를 그 자체로 견고한 어떤 사물처럼 취급하는 모든 "실체주의적" 개념화로부터, 국가가 본질적인 속성들 내지는 특성들(무엇보다도 특히 권력)을 지니고 있다고 간주하는 모든 "본질주의적" 개념화로부터, 그리고 국가를 의지, 결정, 행위의 통일된 원천으로서의 "주체"로 만드는 모든 관념론적인 개념화로부터의 단절 말이다.

> 국가는 본질적인 실체entité가 아니라, "자본"의 경우와 마찬가지로 어떤 관계로, 보다 정확하게는, 언제나 국가 내부에서 종별적인 방식으로 표현되는 바대로의 계급들과 계급 분파들 사이의 세력 관계의 물질적 응축으로 간주되어야만 한다.
> (Poulantzas, 1978, p. 141〔국역 165쪽〕)

이러한 〔국가의〕 정의는 다수의 결과들을 초래한다. 이 정의는 특히 사회적 계급투쟁들이 국가의 다양한 구성요소들 내지는 "국가장치들"의 내적 관계들 내로 반영되는 다양한 양상들에 대한 성찰을 부과하는데, 이는 "국가 공무원들personnels de l'État"을 구별할 수 있는 기준들의 확립을 요청한다. 이러한 기준들은 필연적으로 복잡한데, 왜냐하면 이 기준들은 (다양한 제도들 간의, 다양한 업무들 간의) 국가 조직에 내적인 분업과 사회적 장을 관통하는 계급 분할들을 동시에 참조하기 때문이다. 판별 기준들의 이러한 두 유형들과 그것들의 가변적인 상호 뒤얽힘을 통해 국가 공무원들이 당대의 사회적 투쟁들에 변별적으로 반응하는 방식은 해명되어야만 한다(Poulantzas, 1978, p. 170-174[국역 197~202쪽]). "계급 분파들 간의 세력 관계의 물질적 응축"이라는 국가의 재정의는 또한 정치적 장소를 개념화하는 데서 다음과 같은 핵심적인 결과를 함축한다. 즉 계급투쟁들과 국가는 상호외재적 관계 속에 있는 것이 아니다. 달리 말해서 국가는, 마르크스가, 그리고 엥겔스가 다시금 더 단호하게 주장했던 것처럼, [계급투쟁들로부터] "분리된" 심급이 아니다. 계급투쟁들이 국가라는 전략적 장소들을 광범위하게 "넘나든다"는 것이 사실이라면, 계급투쟁들이 국가로 연장된다는 것 또한 사실이다(심지어 대중 인민들이 국가에 "물리적으로" 현전하지 않을 때조차도 말이다). 이로부터 최소한 두 가지 테제들을 도출해내야 한다. 첫째, 국가는 계급 갈등들을 의회제, 행정관리, 법이라는 공식적인 틀들 속에서 "번역하는" 데 그치는 것이 아니다. 반대로 국가 또한 그 갈등들이 야기한 효과들을 자신의 물질적인 구조들 그 자체에서 겪는다. 국가는 따라서 사회적 세력 관계들의 형세들이 변화함에 따라 변형된다(국가가 스스로를 그러한 세력 관계들로부터 독립된, "중립적인" 제삼자나 초월적인 중재자로 내세울지라도 말이다). 종종 국가의 "조정" 기능이라 불리는 것은 사실상 (국가 "외부"와 국가 "내부"의) 계급투쟁들과, 국가 제도들이 이러한 투쟁들이 야기하는 갈등적인 효과들을 겪는 **한에서** 이러한 투쟁들에 개입하는, 국가 제도들 간의 이러한 변증법을 표현한다. 따라서 역으로 우리는 두 번째 테제를 이해하게 된다. 즉 국가는 투쟁들 중 하나에 봉사하기 위한 도구처럼 이러한 투쟁들 옆에 나란히 놓인 것이 아니라, 계급들을 그러한 것들로서 구성하는 데 협력한다.

국가의 내적 [노동] 분할, 국가 자율성의 구체적 작동과 국가에 자국을 남기는 균열을 관통하는 국가 정치의 확립은 권력 블록bloc au pouvoir의 계급들 및 분파들 간의 모순으로 환원되지 않는다. 반대로 **그것들은 무엇보다도 동일하게 피지배 계급들에 대한 국가의 역할에 의존한다.** 국가장치들은 권력 블록과 특정한 피지배 계급들 간의 (가변적인) 잠정적 타협 작용을 설정함으로써 헤게모니를 확고히 하고 재생산한다. 국가장치들은 피지배 계급들을 영속적으로 분열-파괴함으로써, 피지배 계급들을 권력 블록 쪽으로 집중시킴으로써, 그리고 피지배 계급들에 고유한 정치적 조직들을 단락시킴으로써, 권력 블록을 조직-통일한다. (Poulantzas, 1978, p. 154[국역 179쪽])

풀란차스의 이러한 명제를 급진화시키면서, 사람들은, 권력을 지닌 사회 계급(또는 이 계급의 지배적 분파)뿐만 아니라, 노동자 계급 그 자체에 대해서도 현대 자본주의 국가의 형태는 이처럼 구성되는 동시에 구성하는 것이라고 주장할 수 있었다. 노동자 계급은 자본주의의 착취와 예속화에 맞서는 인민들의 투쟁들과 이러한 투쟁들을 제도적으로 조정하는 방식들 사이의 변증법으로부터 독립된 자율적인 사회적 현실태가 아니다(Balibar, 1999, p. 136-155). 국가의 다양한 장치들의 의례화된 담론들과 실천들로의 지배 이데올로기의 주입(국가/국민/민족적national 동일성에 관련된 상상적·상징적 구축물, 법droit, 법의 중립성, 사회 질서 및 평화를 보장하는 법의 기능들에 관련된 표상들, 학교장치의 궁극적인 목적성들에 관련된 담론들 등등*)을 확고히 함으로써, 하지만 또한 직접적으로 경제적인 기능들을 확실하게 수행함으로써, 국가는 결정적인 방식으로 피지배 계급들의 형태들 및 그 경계들에 개입한다. 결과적으로 이는 "진전된 자본주의에서의 국가의 작동에 대한 혁명 세력들(당 또는 운동)의 '외재성'의 신화에 종지부를 찍도록" 만들며, 피지배 계급들의 투쟁이 야기하는 효과들을 국가의 제도적 뼈대 속에서 분석해야 하는 과업을 한층 더 필연적인 것으로 만든다.

> 국가는 단지 권력 블록 분파들 사이의 세력 관계만이 아니라 **권력 블록과 피지배 계급들 사이의 세력 관계도** 응집시킨다. …… 따라서, 국가가 생산관계와 맺는 관계 내의 국가의 물질적 골격과 자신의 내부에서 사회적 분업을 재생산하는, 국가의 위계적-관료주의적 조직화는 국가의 구조에서의 피지배 계급들 및 그들의 투쟁의 종별적인 현존을 표현한다. 이러한 국가의 물질적 골격과 위계적-관료주의적 조직화는 피

---

* 이러한 국가장치들 속에서의 이데올로기의 기능 및 물질적 작동에 대해서는 〈이데올로기와 이데올로기적 국가장치〉Idéologie et appareils idéologiques d'État를 시작하는 루이 알튀세르의 테제들을 보라(Althusser, 1970).

지배 계급들과 정면으로 대결하는 것이 아니라, 국가 내부에서 지배-복종 관계를 유지하고 재생산하는 것을 목표로 한다. 계급의 적은 언제나 국가 안에 있기 때문이다. 국가장치들 전체의 특정한 형세와 구체적인 이러저러한 국가장치 내지는 국가 부문(군대, 사법, 행정, 학교, 교회 등)의 조직화는 단지 권력 블록 내부의 세력 관계만이 아니라 권력 블록과 인민대중들 사이의 세력 관계에 의존하며, 따라서 국가장치들이 피지배 계급들에 대해서 완수해야만 하는 역할에 의존한다. (Poulantzas, 1978, p. 154-156[국역 179~181쪽])

풀란차스의 이러한 이론적 프로그램은 마침내 어떤 철학적-배경 위에 세워지는데, 이 철학적-배경은 이 프로그램에서 이런저런 굴절들을 겪음에도 불구하고, 그에게 굉장한 이론적 중요성을 점한다. 세력 관계들의 응축으로서의 국가의 개념화는 권력에 대한 완전하게 관계론적인 개념화를 강제하는데, 풀란차스는 이러한 관계론적인 개념화를 개척한 공을 미셸 푸코에게 돌린다. 1975년 자신의 저작《감시와 처벌》Surveiller et punir과 이어서 이듬해《지식의 의지》La Volonté de savoir에서 푸코는 사회구성체 내의 권력 관계들에 대한 분석의 방법론적 원칙으로서, "권력"을 (특정한 정치적 장치들 및 제도들 내지는 특수한 사회 계급에 의해) 독점될 수 있는 실체와 동일시하거나 또는 사회적 관계들(경제적 생산 관계, 지식들 간의 관계, 이러저러한 법적·의학적·가족적 제도에 고유한 관계 등)에 대해 상위의 외재적인 위치에 있을 어떤 심급과 동일시하는 공리를 포기해야 한다고 지적했다. 오히려 권력을 이러한 사회적 관계들 자체를 야기하는 세력 관계들의, 그리고 (개인, 한정된 집단, 사회 계급, 사회 전체의 규모에서) 이 세력 관계들을 대상으로 그것들을 포위하는 전술들 및 전략들의 다양하고 유동적인 효과처럼 이해해야 한다고 역설했다. "권력은 획득되거나, 잃게 되거나, 공유되는 어떤 것, 우리가 간직하거나 포기하는 어떤 것이 아니다. 권력은 무수한 지점들로부터, 불평등하며 유동적인 관계들의 작용 속에서 실행된다." 그리고 "이러한 권력 관계들이 사회적 관계들의 다양한 지층들에서 생산되는 분할들, 불평등들, 불균형들의 직접적인 효과들이며, 역으로 이 권력 관계들이 이러한 차이화들(분할들, 불평등들, 불균형들)의 내적 조건들이라는" 의미에서 이러한 권력 관계들 자체는 사회적 관계들의 다양한 지층들에 내재한다(Foucault, 1976, p. 123-124(국역 123~124쪽)).

　　권력에 대한 이러한 관계론적인 개념화는 대상(즉 권력)의 정의를 제시한다기보다는 방법론적인 원칙을, 더 근본적으로는 새로운 인식론을 부과한다. 주어진 사회구성체 속에서 집단적인 행위자들이 여타의 집단적인 행위자들의 "가능한 행위들에 작용을 가하는" 다양한 양상들을 분석하기 위해서 말이다. 이러한 개념화는 관계론적이고 전략적인 유형의 분석에 용이하도록 권력이 "갖는" 어떤 실체론적인 의미만이 아니라, 또한 전통적 마르크스주의가 보존했다고 풀란차스가 비난한 바 있는 어떤 도구주의적인 의미로부터도 단절하도록 해준다. (그렇다고 해서) 푸코가 "가능한 행위들에 대한 행위"의 도구들 내지는 기술들에 대한 가르침을 포기하는 것은 아니다. 정확하게 말해서, 그는 이러한 기술들을 그것들의 경험적인 다수성 내에서 직접적으로 포착된 분석 대상들로, 따라서 권력 기술들의 다양성으로 고찰한다(예컨대, 《감시와 처벌》에서의 조사, 감시, 신체들의 훈육, 품행들의 규범적인 성격 규정의 기술들 등(Foucault, 1975, p. 159-227〔국역 251~358쪽〕〕〕. 〔따라서〕 이러한 권력 기술들 그 각각의 계보학들을, 그것들의 고유한 변형의 계통들을, 특정한 역사적 시기에 발생한 그것들 간의 차용들 내지는 접합을 복원할 필요가 있다. 권력의 도구적 성격, 그리고 권력 기술들이 수행할 수 있는 다양한 합리화 방식들(합리화의 목적들, 수단들, 한계들이 반영되는 역사적으로 가변적인 방법들)과 국가 조직이 맺는 관계는 새로운 유형의 문제들의 대상이 된다. 여기서 문제는 우선적으로 국가를 하나의 도구**처럼** 조사하여 그러한 도구로서의 국가가 지니는 내적 합리성을 검토하고, 자신들의 목적들에 따라 국가의 향방을 결정할 사회 집단들이 이를테면 외부에서 수행할 국가 합리성의 용법들을 알려주는 것이 아니다. 문제가 되는 것은 국가장치로부터 독립적으로 확립되어 발전된 특정한 권력 기술들의 "국가화"라는 효과들을 역사적 층위에서 분석하는 것, 따라서 이러한 국가장치들이, 그러한 권력 기술들을 새로운 목적들에 종속시킴으로써, 그리고 이를 통해 이 기술들을 새로운 세력 관계들 속에서 작동하도록 만듦으로써, 이 기술들을 전유하여, 그것들이 지닌 사정권을 확장시키고, 이 기술들의 합리성을 변형시켰던 독특한 조건들을 분석하는 것이다 (Foucault, 1975, p. 249-251〔국역 391~394쪽〕; Legrand, 2007, p. 67-76). 이러한 접근법이 국가 속에서 계급 관계들의 우위성을 보존하는 마르크스주의 테제와 양립 불가능한 것인지, 아니면 그러한 마르크스주의 테제와 접합되어야만 하며, 이 테제가 자신의 도구주의적인 전제로부터 벗어나도록 강제함으로써 이 테제를 쇄신할 수 있게 해줄지 여부는 열려 있는 물음으로 남아 있다. 후자의 관점을 좇아, 풀란차스는 그러한 접근법에서 인민의 사회적 투쟁들이 국가 내부로 (즉 국가 제도들의 물질성과 국가가 점하는 정치적 행위의 "전략적 장" 그리고 국가가 수행하는 경제적 기능들 자체 내부로) 밀어 넣는 모순들에 대한 이해를 심화시켜줄 수 있는, 그리고 이를 통해 자본주의 국가의 대의 민주주의 제도들과, 인민의 투쟁들 자체 내부로부터 인도된, 직접 민주주의의 주도적 행위들intiatives 간의 변증법을 재사유할 수 있는 수단을 보았던 것이다.

국가의 가장자리들에서,
민주주의의 경계들

우리가 서론에서 암시했던 바와 같이, 20세기 국가들의 "양극단적인" 경험들은 국가 일반이 아니라 **정치적인 것의 전제조건으로서의 국가**를 다시 문제시하는 근본적인 요인vecteur들에 속한다. 모든 사회-정치적 공동체들의 현실적인 전제조건이자, 또한 국가만이 이러한 공동체의 조건들을 사유 가능하게 해주고, 이러한 공동체 조직화의 근본적인 요인들을 결정하며 이 공동체가 부딪치거나 야기하는 문제들을 가지적으로 만들어준다고 간주된 이론적인 전제조건으로서 말이다. 실제로 정치적인 것의 전제조건으로서의 국가에 대한 이러한 재문제화는 국가들의 양극단적인 경험들 그 자체로부터 갑작스럽게 돌출한 것은 아니다. 그것은 사실상 18~19세기 전환기로부터 오늘날에 이르기까지 모든 현대 정치사상을 관통한다. 1부에서 살펴봤던 바대로, 국가를 **기초**(주권 역량, 법질서, 시민권의 지위, 민족적nationale 공동체)에 결부시킴으로써 국가의 근거를 확립하는 과업을 위해 마련된 이론적인 정교한 구성물들은 역설적이게도 새로운 유력 집단들의 출현에, 즉 그 자체로 갈등들을 조정하는 새로운 방식들, 공권력을 제도화하는 새로운 형태들, 그리고 새로운 규범적 원천들 및 정당성을 부여하는 새로운 원리들을 요청하는, 새로운 권력 관계들과 갈등성의 형태들에 응답하기 위한 시도들로 간주될 수 있다. 2부에서 강조된 여타의 (역사학적·경제학적·사회학적) 지식 형태들에 대한 정치철학의 가변적인 의존들은 여기에서 자신들의 주요한 동기들 중 하나를 발견한다. 문제는 바로 **정치적인 것의 공간**과 **국가적인 것의 공간** 사이의 관계들을 새롭게 분석할 수 있게 해주는, 따라서 정치적인 실천들 및 그 문제들의 장을, 공권력을 제도적으로 독점하는 체계로서의 국가의 결정 및 개입이라는 유일한 영역으로 환원시킬 수 없도록 막는 것 또한 분석할 수 있게 해주는 가지성의 도구들을 구축하는 것이다.

성찰을 시작하기 위해 다음과 같은 사실을 언급하도록 하자. 수십 년 전부터, 국민nation국가가 지니는 결정적인 가치를 (조금도 무화시키지는 않으면서도) 상대화시키는 확장된 상호작용들의 체계 속으로 이러한 국가가 편입되면서, 여러 긴장들이 이러한 국가 형태를 관통하게 되었고, 바로 이러한 긴장들 속에서 국가적인 것과 정치적인 것 간의 분리에 대한 핵심적인 문제화의 장소가 발견된다. 경제 과정들의 세계화, 세계 지역들 간의 불평등한 의존 관계들을 조건 짓는 이러한 세계화의 가속화, 이로부터 야기되는 인간적·경제적·생태적·지정학적 문제들의 체계화, 문화적 직물들과 전 세계적 규모의 인구 이동들의 복잡화, 주권 및 국가들의 실제적인 행위 수단과 관련한 결정 회로들의 탈중심화, 이 많은 요인들은 (점차 초국가적인 사안이 되는 많은) 정치적 문제들의 좌표들과 이 문제들을 책임지고 그것들의 해결을 모색하거나 최소한 그것들로부터 야기되는 갈등적인 효과들을 중재하도록 해주는 (여전히 대부분 국가적인 수준에 있는) 제도적 수단들 사이의 격차를 두드러지게 보여준다. 그럼에도 불구하고, 이러한 격차로부터 발생되는 난점들을 국민국가들의 일반적인 막연한 "쇠퇴"의 탓으로 돌릴 수는 없을 것 같다. 오히려 현대 정치철학은 이 문제들을 이러한 국가들이 주권을 행사하는 형태 및 제약 상의 변동들에 결부시키는 데에 관심을 둔다. 서로를 배제하지는 않는 두 가지 관점들이 여기에서는 특히 중요하다. 첫 번째 관점은 국가들 전체가 연합하는 (정치적·법적·경제적) 조정 방식들의 제도화 형태들에 대한 분석으로 이끈다. 따라서 문제가 되는 것은 이러한 국제적 제도들과 국민국가들의 구조들 사이의 관계들로부터 제기되는 문제들을 검토하는 것이다. 이 문제들은 법적 또는 행정적 기술의 관점(예컨대 국제법과 국내법 간의 조화의 문제)에서, 정치적 원리의 관점(국가 주권의 우위성과 다국 간에 체결된 합의 내지는 규정들이 지니는 제약 효과 사이의 긴장들의 문제)에서, 그리고 실제 정치의 관점(국내 공간에서, 국민국가들 사이에서, 국가들과 초국가적인 경제적 행위자들 사이에서 다양한 수준으로 서로 맺어지는 현존하는 세력 관계들 간의 변증법의 문제)에서 제기될 수 있다.

두 번째 관점은 제도적인 층위에서, 마찬가지로 문화적 또는 상징적 층위에서 국가라는 공간은 계속해서 현대 세계의 정치적 문제들이 점하는 이론적·실천적 위치에 대해 주요한 준거 틀로 작용하며, 바로 여기에 공권력들이 직면한 어려움들의 핵심적인 사태가 있다는 사실을 일깨워준다. 따라서 국민국가 형태를 관통하는 긴장들은 단지 초국가적인 경제 과정 및 세력 관계의 효과들을 기록하는 데 그치는 것이 아니라, 동일하게 그리고 분리 불가능하게 **그러한 초국가적인 경제 과정 및 세력 관계들의 고유한 역사가** 국가들에 미치는 효과들 또한 기록한다는 점을 강조할 필요가 있다. 상기해보건대, 실제로 선재하는 정체성들 내지는 민족적national 공동체들을 정치적으로, 제도적으로 그저 승인함으로써만 살아남은 근대 국가들은 그렇게 많지 않다. 반대로 근대 국가들은 많은 경우에 그러한 정체성들 내지는 민족적 공동체들을 형성하는 주역들이었다. 국토를 행정적으로 단일화하는 조치들과 언어 통일 및 공교육 정책을 펼침으로써, 심지어는 상징적인 지표들과 집단적인 상상들을 동질화시키기 위해서 전통들의 "발명품들"을 변형함으로써 말이다. 따라서 역사적인 맥락 속에서 상이하게 성과를 거두었던 이 국가들은 사회들의 **국가화**nationalisation의, 다시 말해 국민국가 형태에 있어서 구성적인, 정치적 정당성 원리(주권 원리로서의 국민nation)와 상징적·상상적 구축(귀속 공동체와 문화적 정체성의 원리로서의 민족nation)의 역사적 통일화 과정의 주역이었던 것이다. 바로 이러한 조건들 속에서 법치국가와 사회적 국가의 현대적 형태들이 (더 말할 나위 없이 매우 불균등하게) 발전해왔던 것이며, 다음과 같은 세 가지 구성요소들이 다소간 안정적인 균형 속에서 고정되어왔던 것이다. a) 국적 내지는 국가의 귀속 원리, b) 정치적 자유, 대의, 공동의 사안들에 시민들의 참여를 보장하는 민주주의 제도들, c) 사회적 투쟁들의 제도화, 즉 그 투쟁들에 대한 상대적인 조정과 그 투쟁들의 국가적 통합(이러한 사회적 투쟁들의 국가적 통합은 노동운동이 표방한 국제주의적·반제국주의적 열망들에 반대되는 경향을 상징적으로 보여준다)

을 보장하는 사회권들의 발전 및 보호. 국민국가의 위기는 따라서 이 세 구성요소들의 이러한 종합의 위기로, 다르게 말해서 국가라는 틀이 민주주의 제도들에, 공적인 사회보장 체계들에, 갈등 조정의 도구들에 강제해왔던 한계들을 다시 문제시하는 것으로 이해될 수 있다. 이러한 측면에서 초국가적 세력 관계들이 이러한 제도들, 보장 체계들, 도구들에 가하는 압력들과 이와 상관적으로 **국적·정치적 시민권**(정치적 권리들의 실행 조건)과 **사회적 시민권**(시민들의 물질적 실존 조건들을 보장하는 사회권들의 보증물) 간의 등식이 점점 더 누설하는 문제적인 성격—소수자들(과 소위 "선진 자본주의" 국가의 이민자들)의 사회-정치적 실존 조건들이 압축적으로 보여주는 난점들이 이를 증언한다—은 현대 정치철학의 주요한 연구의 두 장들이다. 또한 그것들은 정치철학의 규범적인 요구들이 그에 관한 정치적 맥락들이 지니는 역사적·경제적·문화적 종별성들의 층위에서 수행된 분석들에 기초해서 뒷받침되어야 한다는 강력한 두 개의 권고들이기도 하다. 그럼에도 불구하고, 일반화의 위험성을 무릅쓰고 말하자면, 확실히 오직 국민들peuples의 것으로 한정되지 않는 이익들 간의 모순들에 의해 관통되는 국가 제도들을 통제할 수 있는 민주주의의 실천들이 얼마만큼 (어떤 조건에서, 부분적으로는 발명되어야 하는 어떤 정치적인 형태들 속에서) 현실적으로 사유 가능하게 될지, 따라서 이러한 국가 제도들이 뛰어넘을 수 없는 자신의 국가적 틀보다는 역설적으로 사회적 장들의 이러한 실제적인 민주주의화를 확장시킬 수 있는 추동력vecteur을 어떤 변증법 내지는 어떤 세력 관계들을 좇아 구성할 수 있을지는 근본적인 물음으로 열려 있다.*

*   Patrice CANIVEZ, *Qu'est-ce que la nation ?*, Paris, Vrin, 《Chemins philosophiques》, 2004; Jürgen HABERMAS, *Die postnationale Konstellation. Politische Essays*, Suhrkamp, Francfort 1998, tr. fr. partielle: *Après l'État-nation. Une nouvelle constellation politique*, Paris, Fayard, 2000; Étienne BALIBAR, *Les Frontières de la démocratie*, Paris, La Découverte, 1992와 *Droit de cité*, Paris, PUF, 《Quadrige》, 2002〔에티엔 발리바르, 《정치체에 대한 권리》, 진태원 옮김, 후마니 타스, 2011〕는 이러한 성찰을 연장하는 데 기여할 수 있을 것이다.

‹참고문헌›

1부 | 1장. 국가의 토대: 주권과 법적 질서

BURKE Edmund, *Reflections on the Revolution* (1790), trad. fr. P. Andler, *Réflexions sur la Révolution*, Paris, Hachette, «Pluriel», 2004〔에드먼드 버크, 《프랑스혁명에 관한 성찰》, 이태숙 옮김, 한길사, 2017〕.

BONALD Louis de, *Théorie du pouvoir politique et religieux dans la société civile, démontrée par le raisonnement et par l'histoire* (1796), in *Œuvres Complètes*, Paris-Genève, Slatkine, 1982, t. XII-XV.

CHANIAL Philippe, «Les libéralismes français anti-utilitaristes», in Alain CAILLÉ, Christian LAZZERI, Michel SENELLART (dir.), *Histoire raisonnée de philosophie morale et politique*, Paris, La Découverte & Syros, 2001; rééd. 2 t., Paris, Flammarion, «Champs», 2007, t. II, p. 228-239.

CONSTANT Benjamin, *De la force du gouvernement actuel de la France et de la nécessité de s'y rallier* (1796), *Des réactions politiques* (1797), Paris, Flammarion, «Champs», 1988.

_____ *Principes de politique applicable à tous les gouvernements* (1815), in *Écrits politiques*, Paris, Gallimard, «Folio», 1997.

_____ «De la liberté des Anciens comparée à celle des Modernes» (1819), in *Écrits politiques*, Paris, Gallimard, «Folio», 1997.

GUIZOT François, *Des moyens de gouvernement et d'opposition dans l'état actuel de la France* (1821), Paris, Belin, 1988.

_____ *De la peine de mort en matière politique* (1822), Paris, Fayard, 1984.

_____ *Philosophie politique: De la souveraineté* (1823), rééd. in *Histoire de la civilisation en Europe*, Paris, Hachette, 1985.

JAUME Lucien, *L'Individu effacé ou le paradoxe du libéralisme français*, Paris, PUF, 1998.

MACHEREY Pierre, «Bonald et la philosophie», *Revue de synthèse*, janvier-mars 1987, nouvelle série no 1, p. 3-30.

_____ «Aux sources des "rapports sociaux": Bonald, Saint-Simon, Guizot», *Genèses* no 9: «Conservatisme, libéralisme, socialisme», 1992, p. 25-43.

MAISTRE Joseph de, *Considérations sur la France* (1796), suivi de *Essai sur le principe générateur des constitutions politiques* (1814), Bruxelles, Éd. Complexe, 2006.

MILL John Stuart, *Essais sur Tocqueville et la société américaine* (1840); trad. fr. Paris, Vrin, 1994.

ROSANVALLON Pierre, *Le Moment Guizot*, Paris, Gallimard, 1985.

ROUSSEAU Jean-Jacques, *Du contrat social* (1762), Paris, Flammarion, «GF», 1966〔장 자크 루소, 《사회계약론》, 김영욱 옮김, 후마니타스, 2018〕.

TERREL Jean, *Les Théories du pacte social. Droit naturel, souveraineté et contrat de Bodin à Rousseau*, Paris, Seuil, «Points Essais», 2001.

TOCQUEVILLE Alexis de, *De la démocratie en Amérique* (1835, 1840), Paris, Garnier Flammarion, 2 t., 1981〔알렉시 드 토크빌, 《아메리카의 민주주의》 1(1835)·2(1840), 이용재 옮김, 아카넷, 2018〕.

_____ *L'Ancien Régime et la Révolution* (1856), Paris, Gallimard, «Folio», 1985〔알렉시스 드 토크빌, 《앙시앵 레짐과 프랑스혁명》, 이용재 옮김, 지만지, 2013〕.

1부 | 2장. 국가의 정초: 인민과 국민/민족nation

ARENDT Hannah, *The Origins of Totalitarianism*, 1951, 2ᵉ éd. augm. 1958; trad. fr. M. Leiris, *Les Origines du totalitarisme*, t. II: *L'impérialisme* (1951/1958 II), Paris, Fayard, 1982; rééd. Seuil, «Points», 1997〔한나 아렌트, 《전체주의의 기원》 1, 박미애·이진우 옮김, 한길사, 2006〕.

BALIBAR Étienne, «Fichte et la frontière intérieure: à propos des Discours à la nation allemande», in *La Crainte des masses*, Paris, Galilée, 1997, p. 131-156〔에티엔 발리바르, 《대중들의 공포: 맑스 전과 후의 정치와 철학》, 서관모·최원 옮김, 도서출판b, 2007〕.

_____ et WALLERSTEIN Immanuel, *Race, nation, classe. Les*

identités ambiguës (1988), Paris, La Découverte/Syros, 1997〔에티엔 발리바르·이매뉴얼 월러스틴, 《인종, 국민, 계급: 모호한 정체성들》, 김상운 옮김, 두번째테제, 2022〕.

CANIVEZ Patrice, *Qu'est-ce que la nation?*, Paris, Vrin, 2004.

FANON Franz, *Peau noire, masques blancs*, Paris, Seuil, 1952〔프란츠 파농, 《검은 피부, 하얀 가면》, 노서경 옮김, 문학동네, 2014〕.

_____ *Les Damnés de la terre*, Paris, Maspero, 1961; rééd. Gallimard, «Folio», 1991〔프란츠 파농, 《대지의 저주받은 사람들》, 남경태 옮김, 그린비, 2010〕.

FICHTE Johann Gottlieb, *Der geschlossene Handelsstaat* (1800); trad. fr. *L'État commercial fermé*, Lausanne, L'Âge d'Homme, 1980.

_____ *Reden an die deutsche Nation* (1807); trad. fr. A. Renaut, *Discours à la nation allemande*, Paris, Imprimerie nationale, 1992〔요한 고틀리프 피히테, 〈독일 국민에게 고함〉, 《독일 국민에게 고함/인간의 사명/권리를 위한 투쟁》, 권기철 옮김, 동서문화사, 2019에 수록〕.

GUIOMAR Jean-Yves, *L'Idéologie nationale*, Paris, Champs libres, 1974.

HABERMAS Jürgen, «Conscience historique et identité posttraditionnelle. L'orientation à l'Ouest de la RFA», in *Kleine politische Schriften*, Suhrkamp Verlag, 1985-1990; trad. fr. Christian Bouchindhomme, *Écrits politiques*, Paris, Cerf, 1990, réimp. Flammarion, 1999〔위르겐 하버마스, 〈역사의식과 전통지배 이후의 정체성〉, 《정치문화 현실과 의사소통적 사회비판이론》, 홍기수 옮김, 문예마당, 1996〕.

HERDER Johann Gottfried, *Histoire et culture. Une autre philosophie de l'histoire* (1774); *Idées sur la philosophie de l'histoire de l'humanité* (1784-1791); trad. fr. Paris, Flammarion, «GF», 2000〔요한 고트프리트 폰 헤르더, 《인류의 역사철학에 대한 이념》, 강성호 옮김, 책세상, 2002〕.

MICHELET Jules, *Le Peuple* (1846), Paris, Flammarion, 1992.

_____ *Introduction à l'histoire universelle* (1827), in *Œuvres complètes*, Paris, Flammarion, t. 35, 1897; rééd. Paris, Armand Colin, 1962.

PISIER Évelyne, CHÂTELET François (dir.), *Histoire des idées politiques*, Paris, PUF, 1982; rééd. «Quadrige», 2004.

RENAN Ernest, *Qu'est-ce qu'une nation ?* (1882), rééd. in *Qu'est-ce qu'une nation ? et autres essais politiques*, Paris, Pocket, «Agora», 1992〔부분 국역: 에르네스트 르낭, 《민족이란 무엇인가》, 신행선 옮김, 책세상, 2002〕.

SIEYÈS Emmanuel Joseph, *Essai sur les privilèges* (1788), *Qu'est-ce que le Tiers-État ?* (1789), Paris, PUF, «Quadrige», 1989〔E. J. 시에예스, 《제3신분이란 무엇인가》, 책세상, 박인수 옮김, 2003〕.

BALIBAR Étienne, *La Philosophie de Marx* (1993), 2ᵉ éd., Paris, La
   Découverte, «Repères», 2001〔에티엔 발리바르, 《마르크스의 철학:
   마르크스와 함께, 마르크스에 반해》, 배세진 옮김, 오월의봄, 2018〕.
HEGEL Georg W. F., *Grundlinien der Philosophie des Rechts* (1820), trad. fr.
   J.-F. Kervégan, *Principes de la philosophie du droit* (1998), Paris, PUF,
   rééd. «Quadrige», 2003〔게오르크 빌헬름 프리드리히 헤겔, 《법철학》, 한길사,
   임석진 옮김, 2008〕.
KERVÉGAN Jean-François, *Hegel, Carl Schmitt. Le politique entre
   spéculation et positivité*, Paris, PUF, 1992.
LEFEBVRE Jean-Pierre, MACHEREY Pierre, *Hegel et la société* (1984), 2ᵉ
   éd., Paris, PUF, «Philosophies», 1987.
MARX Karl, *Critique du droit politique hégélien* (1843a), trad. fr. A.
   Baraquin, Paris, Éditions sociales, 1975〔카를 마르크스, 《헤겔 법철학 비판》,
   강유원 옮김,이론과실천, 2011〕.
_____ *La Question juive* (1843b); trad. fr. M. Rubel, in *Philosophie*,
   Paris, Gallimard, 1982; rééd. Gallimard, «Folio-Essais», p. 47-88〔카를
   마르크스, 《유대인 문제에 대하여》, 김현 옮김, 책세상, 2021〕.
_____ *Manuscrits économico-philosophiques de 1844* (1844), trad. fr. F.
   Fischbach, Paris, Vrin, 2007〔카를 마르크스, 《경제학-철학 수고》, 강유원
   옮김, 이론과실천, 2006〕.
_____ et ENGELS Friedrich, *L'Idéologie allemande* (Première partie:
   Feuerbach) (1845), trad. fr. R. Cartelle et G. Badia, Paris, Éditions
   sociales, 1966〔카를 마르크스·프리드리히 엥겔스, 《독일 이데올로기 1》, 이병창
   옮김, 먼빛으로, 2019〕.
RENAULT Emmanuel, *Marx et l'idée de critique*, Paris, PUF, «Philosophie»,
   1995.
WEIL Éric, *Hegel et l'État* (1950), 6ᵉ éd., Paris, Vrin, 1985.

2부 | 1장. 경제와 정치 사이에서: 자유주의 국가 패러다임

BASTIAT Frédéric, *Propriété et loi, suivi de L'État* (1848), Paris, Éditions
   de l'Institut économique de Paris, 1983〔프레데릭 바스티아, 〈재산권과 법〉,
   〈국가〉, 《법》, 김정호 옮김, 자유기업원, 2016〕.
_____ «De l'influence des tarifs français et anglais sur l'avenir des deux
   peuples» (1844), in *Œuvres économiques*, Paris, PUF, 1983.
BAZARD Armand, *La Doctrine de Saint-Simon. Exposition. Iʳᵉ année*

(1828- 1829), 3ᵉ éd., Paris, Au Bureau du Globe et de l'Organisateur, 1835.

BENTHAM Jeremy, *Fragments sur le gouvernement* (1776), trad. fr. J.-P. Cléro, Paris, LGDJ, 1996.

_____ *An Introduction to the Principles on Moral and Legislation* [Introduction aux principes de morale et de législation](1789)〔제러미 벤담,《도덕과 입법의 원칙에 대한 서론》, 강준호 옮김, 아카넷, 2013〕.

_____ *Garanties contre l'abus de pouvoir*, trad. fr. M.-L. Leroy, Paris, Éd. ENS rue d'Ulm, 2001.

BOUGLÉ Célestin, *Socialismes français. Du «Socialisme utopique» à la «Démocratie industrielle»*, Paris, Armand Colin, 1932.

FOUCAULT Michel, *Sécurité, territoire, population. Cours au Collège de France 1977-1978*, Paris, Gallimard, «Hautes études», 2004 (2004a)〔미셸 푸코,《안전, 영토, 인구: 콜레주드프랑스 강의 1977~78년》, 오트르망 옮김, 난장, 2011〕.

_____ *Naissance de la biopolitique. Cours au Collège de France 1978-1979*, Paris, Gallimard, «Hautes études», 2004 (2004 b)〔미셸 푸코, 《생명관리정치의 탄생: 콜레주드프랑스 강의 1978~79년》, 오트르망 옮김, 난장, 2012〕.

FOURIER Charles, *Le Nouveau Monde industriel et sociétaire* (1829), Paris, Flammarion, 1973.

HAYEK Friedrich August von, «The Use of Knowledge in Society» (1945), *American Economic Review*, XXXV, no 4; trad. fr. C. Beauvillard, «De l'utilisation du savoir dans la société», in MANENT Pierre, *Les Libéraux*, Paris, Gallimard, «Tel», 2001, p. 764-776〔프리드리히 하이에크, 〈사회에서 지식의 용도〉,《개인주의와 경제질서》, 박상수 옮김, 자유기업원, 1998〕.

_____ *Road to Serfdom* (1944), trad. fr. G. Blumberg, *La Route de la servitude*, Paris, Librairie Médicis, 1945; rééd. Paris, PUF, «Quadrige», 1993〔프리드리히 하이에크,《노예의 길: 사회주의 계획경제의 진실》, 김이석 옮김, 자유기업원, 2018〕.

_____ *Law, Legislation and Liberty, vol. 3: Political Order of a Free People* (1979), trad. fr. R. Audouin, *Droit, législation et liberté. 3. L'Ordre politique d'un peuple libre*, Paris, PUF, «Quadrige», 1995〔프리드리히 하이에크,《법, 입법, 그리고 자유: 자유주의 정의원칙과 정치경제학의 새로운 시각》, 민경국·서병훈·박종운 옮김, 자유기업원, 2018〕.

HUMBOLDT Wilhelm von, *Essai sur les limites de l'action de l'État* (1792), trad. fr. H. Chrétien, Paris, 1867, rééd. Paris, Les Belles Lettres, 2004〔빌헬름 홈볼트, 〈국가 활동의 한계 규정 시도를 위한 생각들〉,《인간 교육론 외》, 양대종 옮김, 책세상, 2019〕.

JUSTI Johann Heinrich Gottlob von, *Grundsätze der Policey-Wissenschaft*, Göttingen, Van den Hoecks, 1756; *Éléments généraux de police*, trad. fr. partielle Eidous, Paris, Rozet, 1769.

LARRÈRE Catherine, *L'invention de l'économie au XVIIIe siècle*, Paris, PUF, «Léviathan», 1992.

LEROUX Pierre, *De l'égalité* (1848), in *Œuvres 1825-1850*, Genève-Paris, Slatkine, 1978, 1re série, vol. 3.

MARX Karl, *Misère de la philosophie* (1846), Paris, Éditions sociales, 1977(카를 마르크스, 《철학의 곤궁》, 이승무 옮김, 지만지, 2018; 《칼 맑스 프리드리히 엥겔스 저작선집 1》, 박종철출판사, 1997).

_____ *Le Manifeste du parti communiste* (1847), trad. fr. G. Cornillet, Paris, Éditions sociales, 1967(카를 마르크스·프리드리히 엥겔스, 《공산당 선언》, 심철민 옮김, 도서출판b, 2018; 《칼 맑스 프리드리히 엥겔스 저작선집 1》, 박종철출판사, 1997에 수록).

MILL John Stuart, *Principles of Political Economy* (1848), trad. fr., *Principes d'économie politique*, Paris, Guillaumin, 1861, 2 vol(존 스튜어트 밀, 《정치경제학 원리 2: 사회철학에 대한 응용을 포함하여》, 박동천 옮김, 나남, 2010).

MISES Ludwig von, *Die Gemeinwirtschaft, Untersuchungen über den Sozialismus* (1922), trad. fr. P. Bastier, A. et F. Terrasse, *Du Socialisme. Étude économique et sociologique*, Paris, Librairie de Médicis, 1938(루트비히 폰 미제스, 《사회주의》 1·2, 박종운 옮김, 지만지, 2015).

PROUDHON Charles, *Qu'est-ce que la propriété ? Recherches sur le principe du droit et du gouvernement* (1840), *Œuvres complètes*, Genève-Paris, Slatkine, 1982, vol. IV(피에르-조제프 프루동, 《소유란 무엇인가》, 이용재 옮김, 아카넷, 2013).

SAINT-SIMON Claude-Henri de, *Le Système industriel* (1821), rééd. Paris, Anthropos, 1966.

SAY Jean-Baptiste, *Traité d'économie politique* (1803), Paris, Economica, 2006, 2 tomes.

SENELLART Michel, «La science de la police et l'État de bien-être en Allemagne au XVIIIe siècle», in Alain CAILLÉ, Christian LAZZERI, Michel SENELLART (dir.), *Histoire raisonnée de la philosophie morale et politique*, Paris, La Découverte/Syros, 2001; 2ᵉ éd. Flammarion, «Champs», 2007, t. II: *Des Lumières à nos jours*, p. 99-114.

_____ «Caméralisme»; «Police», in M. BLAY (dir.), *Grand Dictionnaire de philosophie*, Paris, Larousse, 2003.

STOLLEIS Michael, *Histoire du droit public en Allemagne. Théorie du droit public impérial et la science de la police, 1600-1800*, trad. fr. M.

Senellart, Paris, PUF, 1998.

2부 | 2장. 사회적인 것에 대한 과학들과 사회적 국가

BOUGLÉ Célestin, *Le Solidarisme*, Paris, Armand Colin, 1907.

BOURGEOIS Léon (1851-1927), *La Solidarité*, Paris, Armand Colin, 1896.

_____ *Essai d'une philosophie de la solidarité*, Alcan, 1902.

CASTEL Robert, *Les Métamorphoses de la question sociale*, Paris, Fayard, 1995.

COMTE Auguste, *Plan des travaux scientifiques nécessaires pour réorganiser la société* (1822), Paris, Aubier-Montaigne, 1970.

_____ *Leçons de sociologie (Cours de philosophie positive. Leçons 47 à 51)* (1839), rééd. Paris, Flammarion, «GF», 1995.

_____ *Discours sur l'ensemble du positivisme* (1848), Paris, Flammarion, «GF», 1998〔오귀스트 콩트, 《실증주의 서설》, 김점석 옮김, 한길사, 2001〕.

DONZELOT Jacques, *L'Invention du social. Essai sur le déclin des passions politiques*, Fayard, 1984; rééd. Seuil, «Points Essais», 1994〔자크 동즐로, 《사회보장의 발명: 정치적 열정의 쇠퇴에 대한 시론》, 주형일 옮김, 동문선, 2005〕.

DUGUIT Léon, *L'État, le Droit objectif et la Loi positive*, 1901.

_____ *L'État, les Gouvernants et les Agents*, 1902.

_____ *Le Droit social, le Droit individuel et les Transformations de l'État*, 1908.

DURKHEIM Émile, *De la division du travail social* (1893), Paris, PUF, «Quadrige», 1998〔에밀 뒤르켐, 《사회분업론》, 민문홍 옮김, 아카넷, 2012〕.

_____ *Leçons de sociologie* (1950), 4ᵉ éd., Paris, PUF, «Quadrige», 2003〔에밀 뒤르켐, 《직업 윤리와 시민 도덕》, 권기돈 옮김, 새물결, 1998〕.

EWALD François, *L'État-Providence*, Paris, Grasset, 1986.

KARSENTI Bruno, *La Société en personnes. Études durkheimiennes*, Paris, Économica, 2006.

_____ *Politique de l'esprit. Auguste Comte et la naissance de la science sociale*, Paris, Hermann, 2006.

_____ «Autorité, pouvoir, société. La science sociale selon Bonald», in KAUFMANN L., GUILHAUMOU J. (dir.), *L'invention de la société*, Paris, Éd. de l'EHESS, «Raisons Pratiques», 2003.

LACROIX Bernard, *Durkheim et le politique*, Paris, Presses de la Fondation nationale des sciences politiques, 1981.

MACHEREY Pierre, (1992) «Aux sources des "rapports sociaux": Bonald,

Saint-Simon, Guizot», *Genèses*, no 9: «Conservatisme, libéralisme, socialisme», 1992, p. 25-43.

_____ (1991) «Le Positivisme entre la révolution et la contre-révolution: Comte et Maistre», *Revue de synthèse*, janvier-mars 1991, 4ᵉ série, no 1, p. 41-47.

MAUSS Marcel, «Division concrète de la sociologie» (1927), *Essais sociologiques*, Paris, Seuil, «Points», 1971.

2부 | 3장. 관료주의 국가

CASTORIADIS Cornelius, *La Société bureaucratique*, Paris, UGE, «10/18», 1973.

COLLIOT-THÉLÈNE Catherine, *Le Désenchantement de l'État de Hegel à Max Weber*, Paris, Éditions de Minuit, 1992.

_____ *La Sociologie de Max Weber*, Paris, La Découverte, «Repères», 2006. FOUCAULT Michel, Naissance de la biopolitique. Cours au Collège de France 1978-1979, Paris, Gallimard, «Hautes études», 2004(미셸 푸코, 《생명관리정치의 탄생》, 오트르망 옮김, 난장, 2012).

KOLLONTAÏ Alexandra, *L'Opposition ouvrière* (1921); trad. fr. in *Socialisme ou Barbarie* no35, janvier-mars 1964.

LEFORT Claude, *Éléments d'une critique de la bureaucratie*, Genève, Droz, 1971.

LENINE Vladimir Illitch, *L'Impérialisme stade suprême du capitalisme (Essai de vulgarisation)* (1917), *Œuvres*, Paris, Éd. de Moscou, t. 22; rééd. Pantin, Le Temps des cerises, 2001(블라디미르 일리치 레닌, 《제국주의, 자본주의의 최고 단계 대중적 개설》, 황정규 옮김, 두번째테제, 2017).

_____ *La Catastrophe imminente et les moyens de la conjurer* (1917), *Œuvres*, Paris, Éd. de Moscou, t. 25, p. 347-397(블라디미르 일리치 레닌, 슬라보예 지젝 엮음, 《혁명의 기술에 관하여: 파국과 혁명 사이에서 1》, 정영목 옮김, 생각의힘, 2017에 수록).

MARX Karl, *Les Luttes de classes en France* (1850), trad. fr. G. Cornillet, Paris, Éditions sociales, 1986(카를 마르크스, 《프랑스 혁명사 3부작》, 임지현·이종훈 옮김, 소나무, 2017에 수록).

_____ *Le Dix-Huit Brumaire de Louis Bonaparte* (1852), tr. fr. G. Cornillet, Paris, Messidor-Éditions sociales, 1984, réimp. 1992(카를 마르크스, 《프랑스 혁명사 3부작》, 임지현·이종훈 옮김, 소나무, 2017에 수록).

_____ *La Guerre civile en France* (1871), trad. fr. Paris, Éditions sociales, 1975(카를 마르크스, 《프랑스 혁명사 3부작》, 임지현·이종훈 옮김, 소나무, 2017에

수록).

MILL, John Stuart, *On Liberty* (1859), trad. fr. F. Pataut, *De la liberté*, Paris, Presses Pocket, 1990〔존 스튜어트 밀, 《자유론》, 서병훈 옮김, 책세상, 2018〕.

RIZZI Bruno, *La Bureaucratisation du monde* (1939), Paris, Champ libre, 1977.

WEBER Max, *Wirtschaft und Gesellschaft* (1909-1920), trad. fr. *Économie et société*, Paris, Plon, 1977; rééd. Presses Pocket, 2 tomes, 1995〔부분 국역: 막스 베버, 《경제와 사회 1》, 박성환 옮김, 문학과지성사, 2003〕.

_____ *L'Éthique protestante et l'esprit du capitalisme* (1904-1905), trad. fr. Isabelle Kalinowski, Paris, Flammarion, «Champs», 2000〔막스 베버, 《프로테스탄티즘의 윤리와 자본주의 정신》, 김덕영 옮김, 길, 2010〕.

_____ *Wissenschaft als Beruf. Politik als Beruf* (1919), trad. fr. J. Freund, *Le Savant et le Politique*, Paris, Plon, 1959; rééd. UGE, 1963〔막스 베버, 《소명으로서의 정치》, 박상훈 옮김, 후마니타스, 2021; 《직업으로서의 학문》, 문예출판사, 이상률 옮김, 2017〕.

3부 | 1장. 총체적 국가

ARENDT Hannah, *The Origins of Totalitarianism* (1951), 2e éd. augm., 1958; trad. fr. J.-L. Bourget, R. Davreu, P. Lévy, *Les Origines du totalitarisme*, t. III: *Le Système totalitaire* (1951/1958 III), Paris, Seuil, 1972; rééd. «Points», 1995〔한나 아렌트, 《전체주의의 기원》 2, 박미애·이진우 옮김, 한길사, 2006〕.

ARON Raymond, *Démocratie et totalitarisme*, Paris, Gallimard, «Idées», 1965.

_____ *Penser la guerre, Clausewitz*, t. II: *L'Âge planétaire*, Paris, Gallimard, «Bibliothèque des sciences humaines», 1976.

BALIBAR Étienne, «Le Hobbes de Schmitt, le Schmitt de Hobbes», préface à SCHMITT Carl, *Le Léviathan dans la doctrine de Thomas Hobbes. Sens et échec d'un symbole politique* (1939), Paris, Seuil, «L'ordre philosophique», 2002.

CLAUZEWITZ Carl von, *De la guerre*, trad. fr. L. Murawiek, Paris, Perrin, 1999〔카알 폰 클라우제비츠, 《전쟁론》, 김만수 옮김, 갈무리, 2016〕.

DELEUZE Gilles, GUATTARI Félix, *Mille Plateaux*, Paris, Minuit, 1980〔질 들뢰즈·펠릭스 가타리, 《천 개의 고원: 자본주의와 분열증 2》, 김재인 옮김, 새물결, 2001〕.

GAUCHET Marcel, «L'expérience totalitaire et la pensée de la politique», *Esprit*, juillet-août 1976.

KERVÉGAN Jean-François, *Hegel, Carl Schmitt. Le politique entre spéculation et positivité*, Paris, PUF, 1992, rééd. «Quadrige», 2005.

LEFORT Claude, *L'Invention démocratique*, Paris, Livre de Poche, «Biblio-Essais», 1981.

LUDENDORFF Erich von, *La Guerre totale* (1935), trad. fr., Paris, Flammarion, 1937.

REICH Wilhelm, *La Psychologie de masse du fascisme* (1933), trad. fr., Paris, Payot, 1998〔빌헬름 라이히, 《파시즘의 대중심리》, 황선길 옮김, 그린비, 2006〕.

SCHMITT Carl, *Théologie politique* (1922), trad. fr. J.-L. Schlegel, Paris, Gallimard, «Bibliothèque des sciences humaines», 1988〔칼 슈미트, 《정치신학: 주권론에 관한 네 개의 장》, 김항 옮김, 그린비, 2010〕.

_____ *Der Begriff des Politischen* (1932), trad. fr. M.-L. Steinhauser, *La Notion de politique*, Paris, Calmann-Lévy, 1972; rééd. Flammarion, «Champs», 1992〔카를 슈미트, 《정치적인 것의 개념》, 김효전·정태호 옮김, 살림, 2012〕.

_____ «Weiterentwicklung des totalen Staates in Deutschland» (1933a), in *Verfassungsrechtliche Aufsätze aus den Jahren 1924-1954. Materialien zu einer Verfassungslehre*, Berlin, Dunker & Humblot, 1958, rééd. 2003, p. 359-365〔카를 슈미트, 〈독일에 있어서의 전체국가의 발전〉, 《입장과 개념들》, 김효전·박배근 옮김, 세종, 2001〕.

_____ *Staat-Bewegung-Volk: Die Dreigliederung der politischen Einheit* (1933b), trad. fr. A. Pilleul, *État, Mouvement, Peuple. L'organisation triadique de l'unité politique*, Paris, Kimé, 1997〔카를 슈미트, 〈국가·운동·민족〉, 《카를 슈미트 헌법과 정치》, 김효전 옮김, 산지니, 2020〕.

SÉGLARD Dominique, «Présentation», in SCHMITT Carl, *Les Trois Types de pensée juridique*, trad. fr. M. Köller, D. Séglard, Paris, PUF, «Droit éthique société», 1995, p. 7-66.

3부 | 2장. 혁명에서의 국가

ALTHUSSER Louis, «Idéologie et appareils idéologiques d'État» (1970), rééd. in *Sur la reproduction*, Paris, PUF, «Actuel Marx», 1995〔루이 알튀세르, 《재생산에 대하여》, 김웅권 옮김, 동문선, 2007〕.

BALIBAR Étienne, *La Philosophie de Marx* (1993), 2ᵉ éd., Paris, La Découverte, «Repères», 2001〔에티엔 발리바르, 《마르크스의 철학》, 배세진 옮김, 오월의봄, 2018〕.

_____ «Communisme et citoyenneté. Réflexions sur la politique d'émancipation à la fin du XXe siècle» (1999), *Actuel Marx*, no 44, «Fin du néolibéralisme ?», Paris, PUF, novembre 2006〔에티엔 발리바르, 〈공산주의와 시민성: 니코스 풀란차스에 대하여〉, 진태원 옮김, 웹진 인-무브, https://en-movement.net/68?category=733236#footnote_link_68_6〕

BENSUSSAN Gérard, LABICA Georges (dir.), *Dictionnaire critique du marxisme* (1982), 2ᵉ éd., Paris, PUF, 1985〔부분 국역: 〈장치란 무엇인가?〉, 《알튀세르의 문제들: 알튀세르 탄생 100주년 기념 학술대회》, 알튀세르 탄생 100주년 기념 학술대회 집행위원단, 2018; 윤소영 엮음, 〈"분파형성권" 개념의 모순들〉, 《맑스주의의 역사》, 민맥, 1991〕.

BIDET Jacques, KOUVÉLAKIS Eustache, *Dictionnaire Marx contemporain*, Paris, PUF, «Actuel Marx», 2001.

ENGELS Friedrich, *Les Origines de la propriété privée, de la famille et de l'État*, trad. fr. Paris, Éditions Sociales, 1974〔프리드리히 엥겔스, 《가족, 사유재산, 국가의 기원》, 김대웅 옮김, 두레, 2012〕.

FOUCAULT Michel, *Surveiller et punir* (1975), Paris, Gallimard, «Tel», 1993〔미셸 푸코, 《감시와 처벌: 감옥의 탄생》, 오생근 옮김, 나남, 2020(번역개정 2판)〕.

_____ *Histoire de la sexualité. I: La Volonté de savoir* (1976), Paris, Gallimard, «Tel», 1994〔미셸 푸코, 《성의 역사 1: 지식의 의지》, 이규현 옮김, 나남, 2020(4판)〕.

LEGRAND Stéphane, *Les Normes chez Foucault*, Paris, PUF, «Pratiques théo- riques», 2007.

LENINE Vladimir Illitch, *Que faire ?* (1902), trad. fr. Paris, Moscou, Éditions sociales / Éditions du Progrès, 1966; rééd. Paris, Éditions Science marxiste, 2004〔블라디미르 일리치 울리야노프 레닌, 《무엇을 할 것인가? 우리 운동의 절박한 문제들》, 최호정 옮김, 박종철출판사, 2014〕.

_____ *L'impérialisme stade suprême du capitalisme (Essai de vulgarisation)* (1917), trad. fr. Œuvres, Paris, Éd. de Moscou, t. 22; rééd. Pantin, Le Temps des cerises, 2001〔블라디미르 일리치 레닌, 《제국주의, 자본주의의 최고 단계 대중적 개설》, 황정규 옮김, 두번째테제, 2017〕.

_____ *L'État et la Révolution* (1919), trad. fr. Paris, Moscou, Éditions sociales / Éditions du Progrès, 1976〔블라디미르 일리치 레닌, 《국가와 혁명: 마르크스주의 국가론과 혁명에서의 프롤레타리아트의 임무》, 문성원·안규남 옮김, 돌베개, 2015〕.

MARX Karl, ENGELS Friedrich, *Le Manifeste du parti communiste* (1847), trad. fr. G. Cornillet, Paris, Éditions sociales, 1967〔카를 마르크스·프리드리히 엥겔스, 《공산당 선언》, 심철민 옮김, 도서출판b, 2018; 《칼 맑스 프리드리히 엥겔스 저작선집 1》, 박종철출판사, 1997에 수록〕.

MARX Karl, *Les Luttes de classes en France* (1850), trad. fr. G. Cornillet,

Paris, Éditions sociales, 1986〔카를 마르크스, 《프랑스 혁명사 3부작》, 임지현·이종훈 옮김, 소나무, 2017에 수록〕.

_____ *Le Dix-Huit Brumaire de Louis Bonaparte* (1852), trad. fr. G. Cornillet, Paris, Messidor-Éditions sociales, 1992〔카를 마르크스, 《프랑스 혁명사 3부작》, 임지현·이종훈 옮김, 소나무, 2017에 수록〕.

_____ *La Guerre civile en France* (1871), trad. fr. Paris, Éditions sociales, 1975〔카를 마르크스, 《프랑스 혁명사 3부작》, 임지현·이종훈 옮김, 소나무, 2017에 수록〕.

_____ *Critique du programme de Gotha* (1875), in *Critique des programmes de Gotha et d'Erfurt*, trad. fr. Paris, Éditions sociales, 1972〔박종철출판사 편집부 엮음, 《칼 맑스 프리드리히 엥겔스 저작선집 4》, 박종철출판사, 1997에 수록〕.

POULANTZAS Nicos, *Pouvoir politique et classes sociales de l'État capitaliste*, Paris, Maspero, 1968〔니코스 풀란차스, 《정치권력과 사회계급》, 홍순권 옮김, 풀빛, 1986〕.

_____ *L'État, le pouvoir, le socialisme*, Paris, PUF, «Politiques», 1978〔니코스 풀란차스, 《국가 권력 사회주의》, 박병영 옮김, 백의, 1994〕.

〈찾아보기〉

인명

기조, 프랑수아 58, 59, 62, 113, 133
뒤귀, 레옹 199, 223~225
뒤르켐, 에밀 57, 171, 190~192,
　199~204, 206, 208~210, 213,
　214, 217, 220~222, 226
들뢰즈, 질 5, 8, 17, 287, 289, 293,
　294, 296
레닌, 블라디미르 일리치 302, 303,
　306, 308, 310, 311, 313, 315, 318
로와이에-콜라르, 피에르-폴 58
로크, 존 48
루소, 장-자크 27, 31, 40, 47~49, 69,
　78, 103, 115, 119, 126, 168
룩셈부르크, 로자 244, 315
르낭, 에르네스트 87

르루, 피에르 133, 170, 171
마르쿠제, 헤르베르트 235
마르크스, 카를 8, 9, 110, 111,
　122~129, 131~138, 173, 177,
　178, 221, 234, 235, 243~252,
　257, 297, 298, 300~305,
　307~309, 315~319, 321, 325,
　326
메스트르, 조제프 드 33, 191
몽테스키외, 샤를 드 세콩다 57, 117,
　191, 232
미슐레, 쥘 85, 86, 88~90
미제스, 루트비히 폰 178, 181
밀, 존 스튜어트 190, 236
바스티아, 프레데릭 164~166
바우어, 브루노 124~128
바쿠닌, 미하일 301, 309, 310

발리바르, 에티엔 82, 315, 334

버크, 에드먼드 33, 35~37, 39~43,
  48

베버, 막스 181, 234, 235, 251~255,
  257~262, 270

벤야민, 발터 93, 235

보날드, 루이 드 33, 38, 48, 113, 191

부르주아, 레옹 199, 208, 222, 228

생-시몽, 클로드-앙리 133, 160,
  167~178, 180, 181, 189, 196,
  212, 232, 243

세이, 장-바티스트 131, 160~162

슈미트, 카를 261, 262, 269~279

스펜서, 허버트 167, 210, 211, 212

시에예스, 에마뉘엘-조제프 75~77

아도르노, 테오도르 235

아렌트, 한나 17, 57, 93, 95~98,
  279~282, 284, 287, 296

엥겔스, 프리드리히 123, 131, 134,
  177, 298, 308, 313, 321

오리우, 모리스 199, 223

유스티, 요한 폰 150~152

제켄도르프, 루트비히 폰 149

칸트, 임마누엘 51, 78, 151, 210,
  232, 237

콩스탕, 뱅자맹 46~51, 54, 103

콩트, 오귀스트 167, 169, 189~192,
  195~200, 212

토크빌, 알렉시스 드 51~54, 56, 113,
  232, 236, 237

포이어바흐, 루트비히 123, 124,
  128, 131, 132

푸리에, 샤를 176

푸코, 미셸 17, 148, 152~154, 156,
  158, 187, 324, 325

풀란차스, 니코스 318~320, 322,
  324~326

프루동, 피에르-조제프 133

피히테, 요한 고틀리프 78~82, 84

하버마스, 위르겐 235

하이네, 하인리히 123

하이에크, 프리드리히 폰 178,
  181~185, 188

헤겔, 게오르크 빌헬름 프리드
  리히 99~102, 104, 105, 107,
  109~112, 114~117, 119~124,
  126~131, 133, 135, 137, 206,
  232, 241, 242, 245

헤르더, 요한 고트프리트 86

헤스, 모제스 123

호르크하이머, 막스 235

훔볼트, 빌헬름 폰 51, 237

개념어

개인적 자유 49, 53, 58, 179, 222,
226 → 정치적 자유

경제적 자유주의 143, 144, 158, 167,
210, 214 → 정치적 자유주의

계급 52, 111, 112, 133, 136~138,
171, 174, 229, 239~242,
245, 247~249, 280, 281, 283,
298~300, 302, 303, 305~308,
310, 314, 316, 318~326

계급투쟁 133, 134, 138, 173,
243, 244, 246~248, 251, 303,
310~312, 314, 316, 318~322

계약 43, 44, 60, 68, 208, 215, 222,
229 → 사회계약

계획화 170, 171, 175, 177~184, 187,
232, 234, 287, 306, 307, 312

공리주의 157, 158, 160, 176

공무원 240, 242, 253, 254, 256, 258,
321

공적 업무 201, 207, 221, 223, 224,
304

관료주의 121, 178, 180, 183,
231~253, 255~259, 261, 262,
270, 271, 274, 275, 304, 313,
315, 317, 320, 323

관방학 145, 147, 150, 154, 155 →
내치

국가-당 180, 235, 279, 284 → 당

국가-사회주의 178, 262, 267~270,
283, 295, 296, 301 → 사회주의

국가이성 164

국가장치 175, 202, 205, 212, 246,
249, 250, 252, 257, 279, 286,
291, 295, 296, 302, 304, 307,
308, 311, 314, 319, 321~324,
326

국민국가 17, 66, 281, 317, 319,
331~333

국민/민족국가 68, 72

국제(주의)적 91, 92, 146, 162, 169,
188, 312, 314, 331, 332

권리/법 111, 130, 146, 158, 159
사회권 187, 222, 226~228, 317,
333
자연권/법 103, 104
정치적 권리 27, 50, 95, 130,
144, 333

내치 112, 145, 148, 152, 155
내치국가 151, 152, 156, 163,
232
내치학 145, 148, 154, 155

뉴딜정책 179, 180

당 234, 243, 244, 256, 262,
268~271, 278~281, 283~286,
297, 301, 307~315, 317~319,
323

대중 40, 48, 52, 53, 74, 85, 234,
236, 244, 245, 250, 268, 272,
274, 275, 279, 281~284, 300,
301, 303, 307, 308, 311~313,
315~317, 319, 320, 321, 324

동업조합 34, 112~115, 121

마르크스주의 8, 9, 221, 234, 235,
243~245, 297, 300, 301, 307,

315~318, 325, 326
국가/국민/민족 137, 323
민족국가 89, 90, 92~98
민족주의 74, 80, 86, 90~92
민주주의 26~28, 33, 34, 45~47,
　　51~53, 55~61, 91, 133, 167, 194,
　　223, 234, 236, 239, 248, 250,
　　262, 266, 267, 272, 275, 276,
　　305~307, 315~319, 327, 329,
　　332, 333
법치국가 32, 68, 72, 78, 95, 98, 147,
　　152, 156, 180, 262, 269, 273,
　　332
부르주아-시민사회 128, 129, 151
사회계약 30, 31, 34, 37, 39, 40, 42,
　　43, 47, 49, 68, 104, 107, 191
사회적 관계 43, 132, 171, 227, 294,
　　298, 302, 303, 318, 324, 325
사회주의 9, 92, 131, 133, 160,
　　167, 170, 171, 176~178, 180,
　　181, 190, 199, 208, 221, 227,
　　228, 234, 235, 243, 262, 316,
　　318~320
생-시몽주의(자) 133, 160, 168, 170,
　　171, 173, 174, 178, 180, 181,
　　232, 243
소수자 95~97, 333
시장 141, 144, 146, 147, 155~157,
　　161~166, 170, 175, 179, 180,
　　182, 185, 187, 188, 233, 258,
　　308, 313
식민주의 166, 168 → 제국주의
신자유주의 178, 179, 181, 185, 243

양심의 자유 45
연대(주의) 34, 108, 169, 171, 190,
　　204, 205, 208~210, 214~216,
　　221~230, 281, 282
원민족 78, 81, 82
유럽의 (세력) 균형 90, 148, 163,
　　164
의식
　　의식의 환상 134
　　정치적 의식 92
이데올로기 18, 58, 67, 68, 70, 73, 87,
　　89, 91, 94, 136, 166, 171, 187,
　　190, 200, 232, 244, 267~271,
　　274, 278, 281, 283, 311, 315,
　　317, 323
일반의지 27, 31, 47, 55, 69, 74, 115,
　　119, 120, 244, 305
전쟁 25, 49, 70, 72~74, 212, 254,
　　260, 287~296
　　나폴레옹 전쟁 90
　　내전 25, 70, 94, 312
　　(미국의) 독립전쟁 26, 168
　　세계대전(1차대전, 2차대전) 93,
　　　94, 96, 98, 178~181, 187, 230,
　　　235, 261, 266, 270, 281, 294
　　식민지 전쟁 73
　　절대 전쟁 290, 296
　　종교전쟁 31, 147
　　프랑스혁명 전쟁 70, 72, 73
　　탈식민주의 전쟁 91
　　총력전 287~290, 292~295
　　해방 전쟁 73, 89, 91
　　30년전쟁 147, 149

정치경제학 16, 105, 109, 133, 142,
　　144~147, 150, 152, 154~156,
　　160, 161, 169, 170, 175, 177, 178,
　　180, 185, 192, 196, 197
정치적 자유(주의) 32, 45, 47,
　　49, 50, 52~54, 143, 145, 152,
　　156, 167, 180, 235, 236, 241,
　　242, 266, 279, 332 → 경제적
　　자유주의, 개인적 자유
제국주의 73, 74, 80, 90, 91, 93, 112,
　　164, 313
중상주의 147
중앙집중화 28, 37, 52, 181, 183,
　　184, 231, 232, 236, 242, 250
지배의 사회학 251, 260
총체적 국가 9, 262, 265, 269, 270,
　　272, 275, 279, 288
평등 34, 39, 45, 46, 52~54, 56, 88,
　　127, 132, 137, 194, 315
프롤레타리아트 111, 172, 177, 244,
　　248, 298~302, 304, 306~308,
　　310, 312, 314, 315, 317
합리(성/화) 101, 102, 108, 122,
　　123, 142, 144~146, 152~159,
　　161, 163, 164, 178, 180~182,
　　185, 288, 227, 231, 233~235,
　　242, 253~256, 258~260, 262,
　　266, 319, 326
행정학 149, 150 → 공적 업무
혁명 9, 25, 26, 28, 30, 32, 44, 57,
　　58, 59, 62, 77, 83, 90, 123, 132,
　　133, 168, 174, 193, 194, 244,
　　246, 249~251, 280, 297, 298,
300~303, 307, 309, 310, 312,
　　313~315, 317, 318, 323,
명예혁명 35
미국혁명 26
볼셰비키 혁명 94, 178
산업혁명 141
소비에트 혁명 301
프랑스혁명 9, 26, 30, 32, 33, 35,
　　36, 45, 52, 57, 59, 69, 70, 72, 73,
　　75, 78, 86, 88, 102, 115, 122,
　　247
프롤레타리아트 혁명 298
협회(연합, 결사) 43, 46, 54~57, 68,
　　70, 72, 113, 120, 147, 169~173,
　　220, 221, 241, 256, 309, 310

이 책은 2008년 프랑스대학 출판부 PUF에서 출간된 기욤 시베르탱-블랑 Guillaume Sibertin-Blanc의 *Philosophie politique(XIXe-XXe siècle)*를 완역한 것이다. 본래 이 책은 대학 학부의 각 전공 교과과정에서 활용될 수 있는 교과서를 제공할 일환으로 기획된 '리상스 licence' 총서 중 한 권이며, 그중에서도 철학 전공 카테고리에 속해 있다.

　　이런 집필 맥락을 고려해볼 때, 일차적으로 독자들은 이 책이 한 권의 교과서라는 점에 주목할 가능성이 크다. 그리고 자연스레 흔히 교과서가 갖는(다고 상정되는) 일종의 지식 전달을 위한 교육적 성격을 떠올릴 텐데, 이러한 성격은 보통 긍정적인 이미지보다는 부정적인 이미지를 동반하기 마련이다. 왜냐하면 실제로 기초 교육과정뿐만 아니라 대학의 전문 교육과정에서 우리가 접해온 대다수의 교과서들은 지식 전달의 합리성이라는 명목하에 분석 대상에 대한 체계적인 설명을 도식적인 설명으로, 더 나쁘게는 교조적인 설명으로 이해하는 경우가 많고, 역으로 교과서란 응당 순수하게 지식만을 전달해야 한다는 전제 속에서 이러한 방법론적 관점을 교육의 객관적인 중립성으로 포장하는 경우가 많기 때문이다. 따라서 교과서란 무엇보다도 지루하고 고루하며 별다른 입장을 지니지 않는 재미없는 책, 하지만 각 분과의 핵심적인 지식에 접근하기 위해서는 지나칠 수 없는 그런 책으로 여겨지곤 한다.

이 경우 사실 한 권의 교과서는 흡사 답이 정해져 있는 시험에 대비하기 위해 읽어야만 하는 수험서처럼 변질되고, 해당 책이 담고 있는 특정한 지식은 그 지식을 일종의 답지처럼 적재적소에 적용할 또 다른 소유자에게 전달되는 지식 상품으로 가공·유통된다. 어쩌면 우리는 바로 여기서 지식을 실체화하는 가장 비근하지만 동시에 가장 본래적인 방식을 보는 것일지도 모른다. 왜냐하면 이러한 방식 속에서 특정 지식은 그것이 구성될 수 있었던 복잡한 역사적·이론적·실천적 맥락으로부터 분리되기 때문이다. 심지어 때로는 그런 분리 작업이 필수적으로 요청되기도 한다. 그 지식이 담지하고 있다고 간주되는 일종의 보편성을 확보하기 위해 위와 같은 가변적인 맥락으로부터 필연적으로 그 지식의 불변적인 본질을 추출해내야 한다고 여기는 것이다.

이렇게 추출된 특정 지식의 본질적 의미야말로 그 지식의 일반적인 적용 가능성을 보증한다. 우리가 특정 분과 학문의 교과서들을 접할 때, 흔히 그 분과 학문을 구성하는 다양한 개념들과 그것들의 경계선을 포함하는 어떤 이질적인 지형도보다는 기초적인 보편 개념에서 출발하여 구성되는 보편학의 가계도를 마주한다는 인상을 받는 것도 바로 그 때문일 것이다. 이러한 의미에서 우리가 일반적으로 생각하는 교과서란 특정 지식을 실체화하여 전달하는 하나의 이론적 작업에 가깝다. 그러나 외적으로 아무리 객관적인 중립성을 표방하면서 그 어떤 입장도 내비치지 않는다고 할지라도, 그런 제스처 자체가 지식을 하나의 실체로서 취급하는 특정한 입장에 기초한다는 점에서 교과서는 분명 당파적인 성격을 지닌다고 할 수 있다.

그렇다면 이런 상황에서 또 다른 한 권의 교과서를, 그것도 정치철학 교과서를 번역해 출판하는 것이 어떤 의의를 가질 수 있을까? 이러한 의문을 품을 독자들에게 우선 이 책의 서문을 꼼꼼하게 읽어봐달라고 요청드리고 싶다. 사실 한 권의 이론서에서 '서문'은 그 책이 다룰 이론적 대상을 명시적으로 규정하고, 그 대상을 분석하는 방법론적인 원칙을 명확히 제시한다는 점에서 고유한 자리를 점한다. 실제로 이 책의 서문은 상대적으로 매우 짧은 분량임에도 불구하고 앞서 말한 사항들을 밀도 있게 담고 있다. 더 나아가 이 책이 어떤 의미에서 그간 발행된 여타의 교과서와 차별점을 지니는지, 더 정확히 말해 그런 교과서들이 전제하던 것과 다른 어떤 이론적·실천적 입장 위에서 집필되었는지를 웅변적으로 보여준다. 따라서 독자들은 서문을 통해 우리가 일반적으로 생각하는 교과서로서의 성격을 초과하는 이 책의 독특한 위상들을 발견할 수 있을 것이다. 이에 조금이나마 도움이 되고자 이 한국어판의 첫 번째 독자로서 옮긴이 나름의 해석을 제시해보고자 한다.

*
**

이 책이 규정하는 이론적 대상은 19~20세기에 걸쳐 국가라는 역사적 현실과의 관계 속에서 구성되어온 종별적인 담론으로서의 정치철학이다. 달리 말하면, 정치철학 담론은 19~20세기의 국가의 가변적인 역사적 현상들을 자신의 고유한 문제영역으로 삼음으로써 발전하고 변모해왔다고 할 수 있는데, 이는 역사적으로 유동적인 국가 현상들 중에서 어떤 특정 현상을 중심적인 문제설정으로 취하느냐에 따라 정치철학의 종별성 자체가 변화한다는 것을 함축한다. 다시 말해 우리는 애초에 이중의 가변성을, 즉 한편으로는 국가 현상의 역사적 가변성과 다른 한편으로는 그에 결부되어 있는 정치철학의 문제설정의 가변성을 상대하게 된다. 물론 이 두 가변성은 서로 긴밀하게 접합되어 있다. 따라서 서문에서 밝혀지듯이, 일차적으로 문제가 되는 것은 국가 현상들의 역사적 가변성의 요인이 되는 여러 심급, 장치, 제도, 기관의 배치로서의 국가 형태와 그것에 결부되어 있는 규범의 유형 및 권력의 양상, 그리고 비단 정치철학 담론만으로 환원될 수 없는 국가에 대한 여타의 지식, 실천의 변화이다.

즉 중요한 것은 국가적 현상들의 가변적인 구조와 그것의 현행적인 작동 양상이다. 이처럼 역사적으로 변모하는 국가의 복잡한 구조가 문제시된다는 점에서, 국가에 대한 본질주의는 방법론적으로 금지된다. 왜냐하면 국가의 구조가 이론적 대상인 한, 그 구조는 구조를 구성하는 특정한 요소들의 본질적 속성이 아닌, 그 요소들이 맺고 있는 관계에 의해 설명될 수 있기 때문이다. 이러한 방법론적 원칙은 우리에게 본질주의 자체를 국가 현상의 가변성에 대해 정치철학 담론이 취할 수 있는 하나의 응답으로서 분석할 수 있는 길을 열어준다. 국가에 대한 본질주의를 단순히 방법론적으로 기각시키는 데서 그치지 않고 정치철학 담론을 구성하는 하나의 학설로 상대화시킴으로써, 그러한 학설의 특정한 문제설정이 기초하고 있는 물질적·지성적 조건을 역사적으로 분석할 수 있게 된다.

예컨대 1부 3장에서 헤겔의 '국가이성'론과 그에 대한 마르크스의 비판을 함께 살펴보면, 헤겔의 국가론이 함축하는 본질주의적 경향성을 파악할 수 있을 뿐만 아니라, 그러한 경향성이 당대의 권위주의적 프로이센의 정치적 현실에 대한 일종의 정치철학적 응답이었으며, 동시에 내치학의 발전과 맞물려 새롭게 등장한 통치 합리성과 밀접한 연관이 있었음을 알 수 있다. 이에 더해 우리는 헤겔의 국가론이 전제하는 국가와 시민사회의 구분 및 시민사회의 국가로의 통합이라는 사유는 당대에 늘고 있던 경제적·사회적 불평등 및 모순을 (관념론적으로) 해소하기 위한 하나의 이론적 구축물이었음을 볼 수 있다. 이와 같은 '역사적 접근법'에 따르면, 다양한 정치철학 담론들은 국가 현상들의 역사적 가변성과의 관계 속에서 자신들의 고유한 물질적·지적 조건들로 되돌려질 수 있다. 결국 이 책이 제시하는 '정치철학 교과서'란 국가의 역사적 이유들을 결정하는 제도, 지식, 실천의 변화들과의 연관 속에서 정치철학 담론의 역사를 재구성하는 것이다.

저자가 두 번째로 제시하는 방법론적 원칙인 '이론적 관점' 또한 정치철학 담론을 탈실체화하는 또 다른 방향을 지시한다. 이때 저자가 강조하는 바는 앞서 말했던 두 가지 가변성 중 후자의 가변성, 즉 정치철학의 문제설정의 가변성이다. 앞서 말했듯이, 정치철학의 문제설정은 그것이 중심적인 분석 대상으로 삼는 국가 현상이 무엇인지에 따라 변화한다. 이때 문제설정의 변화는 비단 정치철학 담론 내부의 중심 개념들 및 그것들의 배치 관계의 변화에만 기인하지 않는다. 사실상 그 변화는 정치철학 이라는 하나의 분과 학문이 여타의 인접한 지식 형태들과 마주침 으로써 정치철학 담론의 경계들이 부단히 새롭게 그려지는 작용 에 의해 촉발된다. 정치철학 담론과 인접한 신학적·법적·역사 적·경제적·사회적 담론들로부터 정치철학 내로 이전되어 새롭 게 가공되는 개념들, 예컨대 주권, 법치국가, 'nation', 시장, 복지 등등의 개념들은 정치철학 담론 내부의 중심 개념들의 배치 관계 를 변화시킴으로써, 종별적인 문제설정의 변경을 야기한다.

여기서 중요한 것은 이러한 인접 담론들과의 접합이 일대 일 대응이나 일의적인 방식으로 이루어지지 않다는 점이다. 실 제로 12~13세기부터 왕권을 정당화하는 신학적 담론하에서 법 이라는 개념 및 그 제도들은 봉건제 권력들의 복잡한 체계가 야 기했던 저항 및 반란의 위험성에 맞서 군주제 권력을 집중화하고 강화시키는 주요한 도구로 작동했다. 반면, 17세기부터 발전한 내치학과 그 이후의 정치경제학 담론하에서 가공된 법치국가 개 념은 국가 권력의 집중화가 아닌, 제한 원리를 제공하게 된다. 이 처럼 법 담론과 정치철학의 마주침은, 그 마주침이 여타의 어떤 인접 학문과의 관계 속에서 접합되느냐에 따라 완전히 다른 효과 를 산출하게 된다.

무엇보다 이 책 2부에서는 정치경제학과 사회학이 정치철 학과 접합되는 방식을 논한다. 이를 통해 우리는 정치철학에 고 유한 생명력을 불어넣는 내재적인 변화와 그러한 변화 속에서 정 치철학이라는 담론의 장이 어떻게 경제적 자유주의, 사회주의, 신자유주의, 복지국가, 관료주의 국가와 같은 수많은 국가 형태들의 정치적·이론적 각축장이 되는지 입체적으로 살펴볼 수 있다. 그리고 이때 중요하게 부각되는 문제는 아마도 특히 경제학과의 접합 속에서 불거진, 국가의 사회에 대한 개입 행위가 지니는 합리성의 문제일 것이다. 즉 경제학이 주창하는 '시장'의 합리성에 발맞춰 정치적 행위가 정당성의 영역에서 '진실 진술의 장소'인 사실의 영역으로 자연화되었다고 할 때, 정치철학은 정치적 제도들 및 국가의 통치 기술들이 함축하는 합리성에 대한 분석으로 환원될 수 있는가 여부 말이다.

앞선 두 원칙의 논리적인 종합이라고 말할 수 있을 세 번째 원칙은 바로 정치철학에 대한 '비판적 관점'이다. 이 원칙이야말로 정치철학 담론을 가장 발본적으로 탈실체화(탈구축)한다. 저자는 정치철학의 고유한 대상으로서의 국가가 양차 세계대전을 겪으며 심대한 양가성을 띠게 되었고, 이에 따라 정치철학 담론이 그야말로 '위기'에 빠지게 되었다고 진단한다. 특히 20세기를 거치면서, 전체주의적 국가는 총력전 속에서 모든 정치적 목표를 무제한적인 전쟁 과정 그 자체에 종속시키면서 자멸적 국가로 전락했다. 다른 한편으로 혁명을 통해 국가를 소멸시키고자 했던 마르크스주의 혁명 이론은 역설적이게도 국가-당이라는 전체주의적 국가 형태를 초래하면서 러시아 사회주의 혁명의 실패라는 귀결을 맞았다. 이처럼 동전의 양면과도 같은 양 극단의 국가 형태와 더불어, 가속화되는 자본주의의 세계화가 야기하는, 국가의 외연을 아득히 초과하는 군사적·산업적·금융적인 초국가적 위력 앞에서, 특히 200년 가까이 유지되어온 국민국가 형태 또한 근본적으로 문제적인 것이 되었다.

이 모든 경향성은 정치의 공간 자체를 불가능하게 만드는 극단적 폭력의 위험성을 경고한다. 동시에 이는 국가라는 틀 속에서 우리가 여전히 정치적 권리의 귀속 원리와 민주주의의 제도들의 작동, 그리고 사회적 투쟁들을 조정하고 제도화하는 방식을 사유할 수 있는가라는 물음을 불러일으킨다. 이는 저자가 말하는 바대로, '국가의 역사적 이유들의 필연성과 동시에 또한 이러한 필연성의 우연성을 사유'해야만 한다는 요구 속에서 정치철학 담론의 고유한 유한성을 인식하고, 그 기초적인 개념들의 소멸 가능성과 대면하는 일이다. 즉 지금까지 국가 현상에 초점을 맞춰왔던 정치철학의 공간을 비판적으로 재검토함으로써 그것을 탈구축하는 작업이야말로 정치철학의 장을 새로운 문제설정으로 전화시킬 수 있을 것이다.

이처럼 저자가 강조하는 세 가지 원칙들은 그 자체로 철학에 대한 유물론적인 입장을 대변한다. 이러한 입장은 교과서로서 이 책이 지니는 독특한 개입적 성격을 한층 더 뚜렷하게 만든다. 첫 번째로, '역사적 접근법'을 취함으로써 국가가 취하는 특정한 구조화의 양상이 역사 속에서 어떤 이유들로 인해 어떤 과정으로 변화해왔는지에 대한 분석을 요구하는 동시에, 그 과정을 분석하는 정치철학 이론의 역사성에 대한 분석 또한 요구한다. 즉 정치철학 담론으로 하여금 그 스스로가 자신의 대상의 역사적 과정 속에 기입되어 있음을 인정하도록 요구하는 것이다. 두 번째로, '이론적 접근법'을 통해 정치철학 담론의 분석 원칙을 기존의 정치철학적 담론의 장에, 즉 정치철학이 여타의 담론들과 맺고 있는 관계에 부과한다. 이는 곧 각 담론의 한계와 자리를 지정하면서 그 담론의 장에 개입하는 시도다. 마지막으로, '비판적 접근법'은 정치철학의 고유한 이론적 실천을 규정한다. 정치철학적 작업들을 그것들이 발딛고 있는 특정한 정세에 결부시킴으로써 그 작업들의 물질적·지성적 조건들을 인식하고, 이를 토대로 현재의 정세에서 그 작업들을 새롭게 전화시킬 수 있는 가능성을 사유하기. 그리고 이러한 실천이 생산해낼 수 있는 효과들의 우연성을 다시금 성찰하는 것, 이것이야말로 이 책이 표방하는 정치철학의 고유한 이론적 실천일 것이다.

이 책의 독특성들을 조금이나마 잘 드러내기 위해, 불가피하게 원제를 수정할 수밖에 없었음을 밝혀둔다. 이 책의 원제를 있는 그대로 번역하면 '정치철학: 19~20세기'이지만, 이는 지나치게 포괄적이고 추상적으로 느껴진다. 편집부와 논의하는 과정에서 현재의 제목《국가에 관한 질문들: 정치철학의 역사》가 이 책의 이론적 대상과 분석 원칙들을 더 잘 표현해준다는 판단이 들었다. '정치철학의 역사'라는 부제를 정치철학과 여타 인접 담론들의 마주침의 역사로 읽어주시면 감사하겠다.

*
**

마지막으로 번역어와 관련한 한 가지 사항을 짚어두고자 한다. 이 책을 번역하면서 가장 옮기기 어려웠던 개념어가 바로 'nation'과 여기에서 파생된 'État-nation', 'État national', 'nationalisme', 'nationalité', 'national(e)'이다. 직접적으로 문제가 되는 장은 1부 2장이다. 해당 장은 인민주권 원리 속으로 편입된 새로운 개념인 'nation'이 어떤 정치철학적 쟁점들을 야기했으며, 이 쟁점들이 이후 특히 역사학적 담론과의 관계 속에서 어떠한 과정을 거치면서 더욱 복잡해졌는지를 면밀하게 추적하면서, 이 개념어가 내포하고 있는 이론적·정치적 긴장을 잘 보여준다. 통상적으로 'nation'은 우리말로 국민, 민족, 국가 등으로 다양하게 번역되어왔을 정도로, 의미층이 두터운 개념어이다.

우선 이 개념은 프랑스혁명 이후 근대적인 유럽 정치 질서 속에서 수립된 정치체의 정당한 주권을 행사하는 정치적 주체들의 집단을 지시하는 용어이다. 저자가 책에서 설명하듯이, 이런 식의 정치적 의미를 갖게 되기 전, 역사적으로 구성된 'nation'이라는 용어의 기본 의미는 '어떤 사람들의 집단'이었다. 즉 라틴어에서는 유대교와 기독교의 선민과는 구별되는 이교도 주민들을 지시하기도 했으며, 12세기에는 지역·언어·문화 공동체를 의미하기도 했고, 17세기에 이르러서는 특정 직업 공동체를 의미하는 용어로 확장되기도 했다. '하나의 정치적 권위에 대한 복종 영역을 한정하는 영토의 경계들에 결부되는' 인간 집단이라는 정치적 의미를 띠게 된 것은 18세기에 이르러서였고, 결국 이 개념은 인민주권 이론으로 편입되면서 정치적 복종이라는 의미보다는 정당한 정치적 주권을 행사하는 인간 집단의 외연을 지시하는 자율적인 의미로 변모했다. 즉 '인민peuple을 인민으로 만드는 것'이라는 동어반복적인 문제에 대한 일종의 이론적 대응물로서 구축된 'nation'은 인민의 보편성의 한계를 어디까지로 삼아야 하는가라는 물음을 촉발했다. 달리 말해 'nation'의 개념이 일종의 보편성을 담지한다면, 그것은 역설적으로 어떤 한계를 지정함으로써, 즉 어떤 배제를 작동시킴으로써 그러하다.

저자는 이러한 긴장을 "일반의지가 자신의 동일성 문제에 마주쳤을 때, 다르게 말해서 일반의지가 창설하는 보편성이 그 보편성의 한계들의 물음에 부딪쳤을 때 일반의지의 사유를 사로

잡았던 긴장"으로 정식화하고, 이어서 'nation' 개념이 타자라는 또 다른 보편성의 형상 속에서 발견될 수 있는 보편성의 상대화된 이미지, 특수성의 이미지를 함축하는 어떤 모순적 개념임을 밝힌다. 실제로 'nation' 개념은 정치체가 지니는 객관적인 정체성을 영토에 연결시키는 자연국경설과 결합하면서, 완전히 상반되는 모순적 효과를 내기도 했다. 즉 자연적으로 설정되어 있는 현재의 영토 경계에 근거하여 'nation'을 영토 내의 정치적 주체로 보는 주장과 함께, 영토 재정복(확장) 전쟁에 반대하고 혁명주의자들의 제국주의를 자제시키는 수단으로 작동할 수도 있었던 반면, 'nation'을 자유로운 인민 전체와 동일시하고 그러한 인민의 정치적 권력의 외연이 영토의 경계에 부합해야 한다는 주장 속에서, 세계 공화국의 명목으로 식민주의 전쟁을 부추기는 수단으로 작동할 수도 있었던 것이다. 특히 식민주의 전쟁은 'nation'의 모순적인 성격을 더욱 부각시킨다. 식민주의 전쟁은 실제로 인류 전체의 보편적 사명이라는 관점에서 이루어졌고, 그 결과 본국의 지배자들과 피식민지인들은 동일한 국민nation, 즉 국적nationalité을 부여받았지만, 불평등한 대우를 받았다는 점 역시 분명하기 때문이다.

이처럼 'nation' 개념에 내재하는 보편성과 배제의 논리적 긴장을 표현하기 위해 불가피하게 번역어를 하나로 통일할 수 없었다. 기본적으로 언어, 문화, 영토와 같이 상징적인 정체성에 기반한 'nation'의 경우 '민족'으로 번역했고, 보편성을 강조하는 구절로 판단되는 경우 '국민'으로 번역했다. 'nation'이라는 개념 그 자체가 문제가 되는 구절에서는 'nation'으로 원어만을 적시했다. 나머지 경우들에서는 관련 구절들의 내용에 최대한 적합하다고 판단되는 역어를 선택했으며, 원어를 함께 병기했다. 이에 따라

'État-nation'은 '국민국가', '민족국가', '국민/민족국가'로 혼용하여 번역했고, 'État national'은 앞의 경우와 동일하게 번역했다. 'nationalisme'은 일관되게 '민족주의'로 번역했고, 'nationalité'는 '국적' 혹은 '민족성'을 구절에 맞게 혼용하여 번역했으며, 'national(e)'은 '국민적', '민족적', '국민적/민족적'으로 번역하고 모든 경우에 원어를 병기했음을 밝혀둔다. 가급적 하나의 개념으로 통일하여 옮기는 것이 더 나은 선택이라고 생각하지만, 이 경우에는 그렇게 할 수 밖에 없었음을 양해 부탁드린다.

옮긴이 후기를 마무리하기 전에 감사의 말을 꼭 전하고 싶다. 우선 이 책의 번역을 제안해주시고 훌륭한 추천사까지 써주신 박이대승 선생님께 감사드린다. 마찬가지로 매우 값진 추천사를 써주신 진태원 선생님께도 감사 인사를 드리고 싶다. 진태원 선생님께서 해주신 여러 정치철학적 작업들은 후배 연구자에게 여전히 중요한 준거점으로 남아 있다는 점 또한 말씀드리고 싶다. 그리고 어려운 상황 속에서도 이 책을 포기하지 않고 출판해주신 오월의봄 출판사를 비롯해, 여러모로 고생이 많으셨던 임세현·박대우 편집자님께 깊은 감사의 인사를 전한다. 두 편집자님의 교정과 교열이 없었다면, 이 번역 작업을 결코 완성하지 못했을 것이다. 그리고 서문을 매우 가독성 있게 손봐주고, 한국어 참고문헌 전체를 정리해준 수고를 마다하지 않은 황재민 학형에게 감사드린다. 마지막으로 지지부진한 학업에도 불구하고 언제나 물질적·정신적으로 지원을 아끼지 않으시는 부모님께 감사의 말씀을 전한다.

2022년 12월
이찬선

국가에 관한 질문들

초판 1쇄 펴낸날   2023년 1월 12일
지은이   기욤 시베르탱-블랑
옮긴이   이찬선
펴낸이   박재영
편집   이정신·임세현·한의영
마케팅   신연경
디자인   조하늘
제작   제이오
펴낸곳   도서출판 오월의봄
주소   경기도 파주시 회동길 363-15 201호
등록   제406-2010-000111호
전화   070-7704-5240
팩스   0505-300-0518
이메일   maybook05@naver.com
트위터   @oohbom
블로그   blog.naver.com/maybook05
페이스북   facebook.com/maybook05
인스타그램   instagram.com/maybooks_05

ISBN   979-11-6873-046-5 03300

만든 사람들
편집   박대우·임세현
디자인   조하늘